W0326550

LA ESTAFA

IBERCORP Y EL FIN DE UNA ERA

Grandes Temas/3

Jesús Cacho
Casimiro García-Abadillo

LA ESTAFA

IBERCORP Y EL FIN DE UNA ERA

Ediciones Temas de Hoy

Primera edición: noviembre de 1992
Segunda edición: noviembre de 1992

El contenido de este libro no podrá ser reproducido, ni total ni parcialmente, sin el previo permiso escrito del editor.
Todos los derechos reservados.

Colección: Grandes Temas
© Jesús Cacho Cortés/Casimiro García-Abadillo Prieto, 1992
© EDICIONES TEMAS DE HOY, S. A. (T. H.), 1992
Paseo de la Castellana, 93. 28046 Madrid
Diseño de cubierta: Nacho Soriano
Depósito legal: M. 36.638-1992
ISBN: 84-7880-206-1
Compuesto en Fernández Ciudad, S. L.
Impreso en Grafiris Impresores, S. A.
Printed in Spain - Impreso en España

INDICE

Julio de 1986: Manuel de la Concha y Jaime Soto compran Sistemas AF al Banco Urquijo por 1.600 millones de pesetas.

Octubre de 1986: Se constituye formalmente la sociedad Investban. Esta sociedad coloca en bolsa el 35 por ciento de Sistemas AF por 1.200 millones de pesetas.

Diciembre de 1986: Investban cambia su nombre y pasa a denominarse Investcorp.

Enero de 1987: Salen como accionistas de Investcorp Manuel Soto, Daniel García Pita y Josechu Ysasi.

Marzo de 1987: La sociedad Investcorp, Manuel de la Concha y Jaime Soto compran el Banco de Trelles a Banesto por 600 millones de pesetas (posteriormente este banco se llamará Banco Ibercorp).

Abril de 1987: Entran como accionistas en Investcorp Juan Antonio Ruiz de Alda y Carlos Pittaluga en una ampliación de capital de 1.000 millones de pesetas.

Septiembre de 1987: Sistemas AF lanza su primera emisión de obligaciones convertibles por 1.000 millones de pesetas.

Octubre de 1987: Se constituye el First Iberian Fund, fondo norteamericano gestionado por Investcorp.

Noviembre de 1987: Investcorp no cumple su compromiso de asegurar una ampliación de capital de IB Mei de 397.000 acciones al 900 por ciento.

Diciembre de 1987: Investcorp cambia su nombre y pasa a denominarse Grupo Financiero Ibercorp.

Marzo de 1988: Se constituyen Ibercorp Leasing e Ibercorp Financiaciones.

Junio de 1988: Mariano Rubio es confirmado para su segundo mandato como gobernador del Banco de España.

Julio de 1988: Juan Antonio Ruiz de Alda muere en accidente de automóvil.

Diciembre de 1988: Sistemas AF compra el 90 por ciento de la sociedad Mecalux a José Luis Carrillo por 6.600 millones de pesetas.

Febrero de 1989: Sistemas AF vende sus activos industriales a Steelcase Strafor por 9.700 millones de pesetas.

Marzo de 1989: Sistemas AF cambia de nombre para denominarse Sistemas Financieros y se convierte en *holding.*

Junio de 1989: El Grupo Financiero Ibercorp compra por 500 millones de pesetas la aseguradora Munat. Por su parte, Sistemas Financieros aumenta sus recursos propios en 6.000 millones por medio de una ampliación de capital y una emisión de obligaciones convertibles. En esta emisión, entran masivamente Manuel de la Concha, Jaime Soto y sus amigos (Mariano Rubio, Miguel Boyer, Alberto Oliart...).

Julio de 1989: Se constituye la Sociedad de Valores y Bolsa Ibercorp. El Banco de España limita el crecimiento del crédito a los bancos y entidades financieras al 10 por ciento.

Octubre de 1989: El Grupo Financiero Ibercorp vende el 40 por ciento de Munat a La Mondiale por 1.300 millones de pesetas.

Mayo de 1990: Crédit Agricole compra el 70 por ciento de Ibercorp Leasing e Ibercorp Financiaciones por 5.234 millones de pesetas.

Junio de 1990: Ventas masivas de acciones de Sistemas Financieros para la autocartera de la sociedad. En ese mes venden la mayoría de los amigos de Manuel de la Concha a buen precio. Después se dejaron caer las acciones. En total se compraron para la autocartera acciones por valor de 4.300 millones de pesetas.

Agosto de 1990: Iraq invade Kuwait. Se desploman las bolsas de todo el mundo.

Octubre de 1990: Manuel de la Concha, Jaime Soto y Juan Abelló planean lanzar una OPA sobre el Banco Hispano Americano.

Mayo de 1991: Sistemas Financieros vende el 90 por ciento de Mecalux a José Luis Carrillo por 6.200 millones. En mayo se produce también la fusión del Banco Central y el Banco Hispano Americano.

Junio de 1991: Las juntas de accionistas del Banco Ibercorp, Grupo Financiero Ibercorp y Sistemas Financieros aprueban la fusión de las tres sociedades.

Julio de 1991: *El Mundo* publica tres artículos en los que se denuncia la elevada autocartera de Sistemas Financieros y se dan pistas sobre los enfrentamientos de Manuel de la Concha con los accionistas que han perdido dinero con ellos.

Octubre de 1991: En una reunión entre Manuel de la Concha, Mariano Rubio y Juan Tomás de Salas se decide iniciar la ofensiva contra *El Mundo.* Durante ese mes, la Comisión Nacional del Mercado de Valores pide las listas de accionistas de Sistemas Financieros que vendieron a la autocartera durante los primeros meses del año.

Noviembre de 1991: Mariano Rubio se entrevista con Cesare Romiti en Milán. Durante ese mes se sella el pacto de Mario Conde con el gobernador del Banco de España.

Febrero de 1992: Estalla el escándalo Ibercorp tras publicar *El Mundo* la noticia de la falsificación de la lista de accionistas de Sistemas Financieros por parte de Manuel de la Concha, solicitada por la Comisión Nacional del Mercado de Valores.

CAPITULO UNO

CENA EN PUERTA DE HIERRO

Aquella casa en la elegante zona residencial de Puerta de Hierro siempre ha estado unida para mí a una serie de percepciones sobre la riqueza, el éxito profesional y el nivel de vida. Aquella casa color siena de la calle Colmenarejo representa la materialización de ese confort que dinero y cultura destilan cuando caminan de la mano de un profesional de élite. Hacía ya mucho tiempo, quizá años, que no ponía los pies en ella.

Cuando llegué, la mayoría de los invitados ya estaban instalados en la biblioteca que había sido testigo, años atrás, de algunos de los momentos más deslumbrantes de mi apertura al sagrado mundo de los negocios y las operaciones financieras. En aquella estancia, un rectángulo abierto al cuidado césped del jardín, en el que se funden con habilidad libros y pintura moderna en un relajante tono rosa, había filósofos, periodistas, pintores de brocha fina, gentes de la ex *gauche divine*, del mundo del arte y la moda; había agentes de cambio y bolsa, y algunos ejecutivos de banca, bien vestidos y mejor lustrados, con sus mesocráticas señoras, chicas de la *ordinary people.*

Hacía ya tiempo que la anfitriona, May Rivas, una española menuda y llena de vida, había convencido a sus invitados para que pasaran al comedor y atendieran el *buffet. Gulash,* arroces y ensaladas se exhibían ante un inmenso tapiz del taller de La Granja representando el rapto de Europa, y uno de los más hermosos Antonio López que admirar se puedan en Madrid. Tras servirse a su gusto, los invitados se acomodaban en alguno de los grupos distribuidos por los salones.

Había transcurrido hora y media larga desde mi llegada, y me encontraba charlando con José Miguel Lombardía y Carmelo Lacacci cuando May llegó con un discreto mensaje al oído de Pedro J. Ramírez, sentado a mi lado.

—Te llaman por teléfono.

No me extrañó aquella llamada. Seguramente se trataría del redactor jefe de noche de *El Mundo*, con algún problema relacionado con la segunda edición del diario, o con la llegada de una noticia tardía.

La conversación había derivado en el grupo hacia derroteros periodísticos. En la mañana de aquel día, *El Mundo* había salido a la calle con una noticia de impacto sobre las dificultades por las que atravesaba Ibercorp, el entramado financiero de la llamada *beautiful people*, uno de los grupos de presión más influyentes, si no el que más, del país. «Ibercorp, banco de la "beautiful", en venta entre la desbandada de sus altos ejecutivos.»

Hacía apenas un par de horas que yo mismo había abandonado la redacción del diario. Una noticia me quemaba la boca. Me hubiera gustado pregonar a los cuatro vientos el titular que al día siguiente impactaría en la opinión pública española, pero un sentimiento de prudencia me aconsejaba callar. Pedro tardaba en volver.

Llegó un momento en que no pude guardar por más tiempo mi secreto. Y lancé algunas señales, como bengalas en la noche, sobre la gran noticia con la que el periódico abriría su portada al día siguiente, lo que no hizo sino acrecentar la expectación de mis interlocutores. Pero allí estaba el abogado Luis Cortés dispuesto, con su jarro de agua fría, a rebajar el tono de mis conclusiones.

—No creo que eso sea así, porque ahí está la auditoría de ese grupo, que es pública, y en ella nada se dice de esa cuestión.

Pedro seguía sin volver. Aquella misteriosa llamada se estaba prolongando mucho. Y comencé a sentir un pequeño desasosiego, en el mismo instante en que vi a May atravesar la biblioteca con su mejor sonrisa y dirigirse resuelta hacia mí.

—Que vayas al teléfono. Te están esperando en el *office*.

Una oleada de comentarios jocosos, cargados de expectativas, siguió mis pasos hacia la cocina de la residencia. En un habitáculo de intensa luz blanca, entre frigoríficos y lavadoras, me esperaba Pedro con el teléfono en la mano. Me apoyé contra la pared y tomé el auricular. El director de *El Mundo*, piernas abiertas, brazos en jarras, me miraba con cara de circunstancias. Al otro lado del aparato se encontraba Casimiro. Acababa de recibir una llamada telefónica muy preocupante.

—¡Nos han engañado!

—¿Cómo que nos han engañado?

—Sí. Me acaban de llamar para decirme que todo lo que publicamos mañana es mentira. Que es una trampa que nos han tendido para acabar con nosotros y con el periódico a la vez.

—Pero, ¿qué estás diciendo? ¿Quién ha dicho eso? ¿Dónde estás tú ahora?

—Estoy en mi casa, y me acaba de llamar un amigo con el encargo de pasarnos un recado urgente: que todo es una trampa...

—¿Un amigo de confianza?

—Sí.

—Y el encargo, ¿de quién es?

—De Javier de la Rosa. Le ha llamado desde Barcelona con ese mensaje, pidiéndole que nos contactara de inmediato por si pudiéramos levantarlo todo.

Algo parecido a una intensa sensación de pánico se había apoderado de mí a esas alturas de la conversación. Me sentía como el desgraciado que ha quedado atrapado en una zona de arenas movedizas y trata desesperadamente de encontrar un asidero mientras asiste en primera fila a su propio hundimiento. Intenté localizar con urgencia algún argumento tranquilizador.

—¿Y tú qué crees, Casimiro?

—Yo creo que lo que publicamos es verdad.

Pedro había empezado a dar cortos y rápidos paseos de un extremo a otro de la habitación. Con la cabeza baja, parecía buscar una respuesta a sus tribulaciones sobre las baldosas del *office* de May Rivas.

—Y lo peor es que la primera edición ya no se puede parar. ¡Las furgonetas de reparto ya están en ruta...! —musitó con un gesto de desaliento en la voz.

Aquella parecía una de esas situaciones límite que uno suele ver en las películas pero que jamás sospecha se puedan presentar en la vida real. Traté de serenarme y hurgar en mi cerebro en busca de algún elemento de juicio que me permitiera salir a flote.

Intenté repasar un proceso que duraba ya seis meses. La pista valenciana. Los viajes a la costa mediterránea. Las fuentes que se habían demostrado falsas. Aquellas que al final parecían haber ofrecido todas las garantías. ¿Nos habría engañado nuestra «garganta profunda»? ¿Podía un abogado prestigioso estar en una conspiración destinada a llevarnos al desastre? ¿Habríamos caído, como inocentes corderillos, en la cuidadosa trama urdida por un maquiavélico Manuel de la Concha y sus amigos? ¿Cómo era posible que no hubiéramos sospechado nada, a pesar de las muchas personas a las que habíamos «tocado»? ¿Habrían sido los de Ibercorp capaces de montar una estratagema tan perfilada, tan inteligente, tan sublime casi? ¿Estaría ahora Mariano Rubio frotándose las manos, muerto de risa, asistiendo en butaca de patio a nuestro final? ¿Es que también la Comisión Nacional del Mercado de Valores se había confabulado para desacreditarnos?

—Mira, Pedro, yo creo que todo lo que publicamos es verdad. Estoy convencido.

—Y, ¿por qué lo estás? Dame una buena razón.

—Porque es precisamente De la Rosa quien ha llamado para intentar parar la noticia. A éste le han presionado para ver si nos asusta y damos marcha atrás. Si fuera otro, tendría mis dudas, pero siendo él está claro que se trata de un montaje de los de Ibercorp. Estamos en el buen camino.

La fiesta en casa de May Rivas se había terminado para nosotros. Tanto Pedro como yo habíamos pasado del reino de la esperanza al mundo de las tinieblas y la incertidumbre. ¿Habíamos apostado demasiado fuerte? El titular de *El Mundo* para el día siguiente era de los más agresivos que yo recordaba en la historia de la prensa española. Era un titular para triunfar o morir. «Manuel de la Concha engañó a la CNMV para proteger a sus amigos Mariano Rubio y Miguel Boyer.» Un titular que no admitía atenuantes. El futuro que se adivinaba en este periódico joven, con apenas dos años y medio de vida, podía quedar violentamente truncado en las horas siguientes si resultara que nos habíamos equivocado, que todo había sido una farsa, un gran engaño destinado a acabar con nosotros.

Ya no hubo más copas en casa de May. Los invitados notaron la tensión del momento, percibieron que algo gordo se había estado guisando en aquella cocina, y muy pronto enfilamos la puerta de salida.

Era una noche de invierno despejada y brillante. No se podía ir a comprar la primera edición del diario, porque Pedro había dado orden al departamento de distribución de no entregar ejemplares en la cadena VIPS para proteger la exclusiva.

Nos despedimos casi en silencio, deseándonos suerte, como quien al día siguiente va a embarcar con destino a las playas de Dunkerke para el «día D».

Monté en el coche y enfilé hacia el nudo de Puerta de Hierro, carretera de La Coruña, en dirección Aravaca. Todo parecía desierto. Pasé por delante de mi casa y di una vuelta a la manzana, despacio, intentando descubrir en el interior de los escasos coches aparcados en la calle algún signo de vida, a alguien apostado esperando mi llegada. Me sorprendió sentirme con miedo, por primera vez en mi larga vida periodística. No quise meter el coche en la penumbra del garaje. Preferí dejarlo en la calle, gozando de la compañía de la luz de la Luna y el alumbrado eléctrico. Entré en casa y cerré la puerta de mi habitación con llave.

No pude conciliar el sueño. La tensión de la jornada

parecía querer surgir a borbotones en el silencio de la noche. Recordé el aldabonazo con el que aquella mañana habíamos inaugurado la serie sobre la situación de Ibercorp. Conscientemente habíamos pretendido lanzar una noticia de calentamiento, previa a la gran cita del día siguiente, pero el entremés se había revelado como un plato demasiado fuerte para el delicado estómago de Ibercorp.

«Manuel de la Concha y Jaime Soto ponen a la venta su Banco Ibercorp. Sus primeros ejecutivos les han abandonado.» Bajo una foto de la fachada del banco Ibercorp, en la calle Velázquez 150, figuraba un recuadro titulado «Boyer quiere un banco».

Había sido aquella una mañana de gran presión. No sabíamos qué tipo de reacciones iba a provocar la noticia de las dificultades de Ibercorp, a la que se había apuntado el diario *El País* en su segunda edición. Con todo, el aperitivo del martes, 11 de febrero, se había convertido en algo baladí comparado con la bomba que ese día teníamos que dejar perfilada para que explotara al siguiente. Manuel de la Concha había engañado a la CNMV para proteger a sus poderosos amigos, entre los cuales se encontraban tres ex ministros y el gobernador del Banco de España.

Habíamos decidido jugarnos el tipo aferrándonos a las informaciones de nuestra «garganta profunda». Confiábamos en ella, pero había que intentar confirmar con Luis Carlos Croissier si, efectivamente, la Comisión Nacional del Mercado de Valores había pedido a Ibercorp una lista con los nombres de los accionistas de Sistemas Financieros que habían vendido sus títulos en los primeros meses de 1990.

Afortunadamente, Casimiro consiguió entrar en contacto con el presidente de la CNMV. Fue una conversación muy escueta. Tras insistir repetidas veces en que no podíamos utilizarle como fuente, terminó reconociendo que, en efecto, la Comisión había pedido a Ibercorp una lista de «ordenantes finales de Sistemas Financieros».

Esta forma de expresarse nos llamó poderosamente la atención. Era la primera vez que la CNMV y su presidente hablaban ante nosotros de una lista de «ordenantes finales» de Sistemas, ya que antes siempre nos habíamos referido a la lista de accionistas, sin más, que habían vendido sus acciones de SF a la propia SF. Alivio. No dejaba de ser una confirmación, si bien tangencial, de que íbamos por el buen camino.

Sin embargo, Croissier se encargó de frenar la excitación de Casimiro.

—La petición de esa lista no implica que se haya abierto ninguna investigación. Es algo parecido a lo que ocurrió meses atrás con las acciones del Hispano compradas por Ibercorp.

—¿Qué quieres decir con eso?

—Que pedimos información, pero no investigamos, en el sentido que aplicáis los periodistas al término investigar, porque hayamos detectado algo irregular o anormal.

Había que intentar comunicar con el abogado de Carlos Sebastián [1], para que el letrado nos pusiera en contacto con su cliente y poder obtener así algún detalle de la falsificación de las listas.

Durante aquella mañana Casimiro entró varias veces en comunicación con Cobo del Rosal. El letrado tenía una idea bastante aproximada de lo que íbamos a publicar al día siguiente, ya que se lo habíamos adelantado como un arma de presión para que nos ayudara a localizar a Sebastián. Pero el mensaje del abogado siempre era el mismo.

—Me es imposible hablar con este hombre —Carlos Sebastián siempre era «este hombre»—. En Ibercorp no he podido localizarle y en su casa resulta complicado, porque por lo visto está separado y vive en varios sitios. De todas formas le he dejado algunos mensajes para que me llame, y en cuanto sepa algo te lo comunicaré.

A las dos de la tarde, los mandos del periódico vivían ya la tensión de las grandes ocasiones. La bomba informativa que se iba a publicar al día siguiente, ya estaba escrita. Casimiro había perdido la cuenta de las veces que Pedro le había llamado a su despacho. Había que aclarar esto, lo otro y lo de más allá, yo esto no lo diría así, yo cambiaría este subtítulo. Y siempre con la misma cantinela.

—Pero, ¿estáis completamente seguros de que lo que decís es cierto?

Comimos juntos en el Gourmet de Palacio. Al almuerzo asistieron Isabel Velloso y Javier Moratalla, un periodista amigo de Paco Justicia, redactor jefe de economía. La crisis de Ibercorp monopolizó enseguida la conversación. Algo flotaba en el ambiente que nos hizo presentir a todos que el periódico estaba entrando en un campo minado, al final del cual todo sería distinto, para bien o para mal. Y algo, un sentimiento inconcreto, nos hacía intuir también que nuestras vidas podían cambiar en los días de vértigo que se avecinaban.

Javier vino, sin embargo, a poner la nota distendida en aquel encuentro cargado de preocupación, cuando relató el contenido de un programa de televisión que acababa de ver en Francia sobre los pescadores vascos. En las bravías aguas del Cantábrico, una lancha patrullera francesa navegaba con toda la potencia de sus motores, hasta ponerse a la altura de un pesquero vasco, momento en que el oficial francés, megáfono en mano, ordenaba al capitán del barco español parar de inmediato sus motores, a lo que el vasco, ayudado también por un altavoz, replicaba entonando con buena voz un «tócame la minga, Dominga, que vengo de Francia...», para a continuación, y ante la perplejidad del marino galo, meter motores y dejar a los patrulleros con dos palmos de narices.

Fue el momento para la risa, en una jornada que tenía poco de festiva. Por la tarde, la tensión se disparó. Había que dar los últimos toques a la «bomba». Seguíamos intentando desesperadamente lograr nuevas confirmaciones a la noticia. Teníamos fe plena en nuestra «garganta profunda», porque colateralmente habíamos chequeado la bondad de sus informes, pero, como el aventurero que se va a lanzar a la práctica del *puenting*, queríamos contar con nuevos puntos de amarre antes de saltar al vacío. Necesitábamos sentirnos totalmente a salvo.

La reunión para preparar la primera página tuvo lugar aquella tarde a hora temprana. Como de costumbre en las grandes ocasiones, llegó el momento de titular la información. Había que hacer un titular en el que entraran los nombres de Manuel de la Concha, Mariano Rubio y Miguel Boyer. La clave radicaba en encontrar el verbo adecuado. Cuando saltó sobre el tapete «engañar», algunos pensaron que aquello era demasiado fuerte. Había otros verbos, como «mentir», que parecían menos rotundos, menos audaces. Se discutieron pros y contras. Se había producido, en efecto, una mentira, pero «engañar» resultaba más adecuado, porque los autores habían conseguido su propósito de embaucar a la CNMV.

Igualmente complicado resultó elegir el segundo verbo de la frase, hasta que, tras muchas vueltas y después de barajar los de «proteger», «ocultar» y «encubrir», se optó por el primero como el más idóneo, porque de aquel engaño se había derivado un beneficio para los poderosos amigos de Manuel de la Concha.

Resuelta la cuestión de los titulares, Casimiro acometió la tarea de llamar a Mariano Rubio y Manuel de la Concha para intentar confirmar con ellos el punto crucial de la falsificación de las listas. Por una cuestión de estrategia —evitar que pudieran reventar la información—, habíamos decidido no emprender ese chequeo hasta pasadas las seis de la tarde de aquel martes.

Habló en primer lugar con Jesús Carrillo, el hombre de Imagen y Comunicación que apenas tres meses antes había asumido la compleja tarea de asesorar y llevar las relaciones externas de Ibercorp. Tras comentarle lo que íbamos a publicar, le explicó la urgencia de contactar con su cliente. Iba a ser muy difícil lograrlo, porque llevaba todo el día reunido y, además, estaba «muy cabreado» por la información aparecida en el periódico esa misma mañana.

—Jesús, el tema va a ir en portada, así que, por favor, intenta contactarle porque queremos recoger su versión.

A continuación llamó a Anselmo Calleja, el hombre encargado de las relaciones externas del Banco de España, para que hiciera otro tanto con Mariano Rubio. Era importante que el gobernador aclarara si estaba al corriente de la manipulación efectuada con su nombre por su mejor amigo.

Pedro había ideado una pequeña trampa para la ocasión. Se trataba de no revelar a Rubio hasta el último momento el material exacto que íbamos a publicar. En su lugar, había que anunciarle que teníamos una documentación referente a un pago de doce millones de pesetas efectuado por el banco Ibercorp a su favor. Con ello pretendía confirmar o desmentir los papeles aportados por el «agente secreto» mediterráneo, en cuya verificación tantos meses habíamos perdido, para salir al día siguiente con la artillería pesada.

Calleja anunció que Rubio estaba en Basilea, y que no regresaría hasta primera hora de la noche, pero prometió comunicar a Mariano nuestro requerimiento en cuanto aterrizara en Barajas y le llamara, como de forma pertinente suele hacer cuando viaja, para conocer las novedades de la jornada.

Casimiro volvió a llamar a Carrillo. La respuesta del portavoz de De la Concha fue concisa.

—Se lo he comunicado, y me ha dicho que no piensa hacer ningún tipo de comentario al respecto.

¿Se trataba de una confirmación, o de una trampa? Cualquiera de las posibilidades podía ser válida, para desesperación de los que buscaban afanosamente una luz cierta.

Poco después, Casimiro volvió a entrar en contacto con Anselmo Calleja. Queremos ver o hablar con Mariano para saber si es cierto que cobró un cheque de Ibercorp por valor de doce millones de pesetas, por Dios, Casimiro, qué barbaridad estás diciendo, no me mates, el hombre se alarma, y con gran susto deja el teléfono de su casa para ser localizado de cualquier manera.

Casimiro marcó de nuevo el teléfono del abogado Cobo del Rosal. Seguía sin noticias de Carlos Sebastián, pero se reafirma en la existencia de los listados falsificados. Es un dato que consideramos definitivo.

Y comienzan a llegar noticias poco tranquilizadoras desde la trinchera de Ibercorp. Manolo de la Concha y Jaime Soto han celebrado una rueda de prensa, no se sabe muy bien si ha sido por la mañana o por la tarde, a la que no han invitado a *El Mundo* y en la que han desmentido nuestra información sobre las dificultades del banco de «la gente guapa». Desmienten tajantemente, con esa seguridad que brota innata en los dueños del dinero. Con esa tranquilidad con que parecen manejar la verdad los ricos de cuna. Con esa sensación que transmite la alcurnia, según la cual ellos, tan bien criados, tan poderosos, de gustos tan exquisitos, no se pueden equivocar, no pueden mentir, no pueden hacer algo malo, ni nada mal. Ellos no pueden ser unos golfos.

Lo más preocupante, a tenor de lo que cuentan algunos amigos de otros medios, es que Carlos Sebastián, a quien nosotros habíamos dado por dimitido irrevocablemente ante notario, ha comparecido al lado de sus jefes como testigo fiel de nuestra radical equivocación. ¿Sería verdad? Probablemente se trataba de un hombre amedrentado, a quien sus poderosos jefes habían obligado a dar la cara para vender sensación de normalidad.

A las ocho de la tarde nos dimos cita en Mayte, en la plaza de la República Argentina, con dos periodistas de una revista semanal de gran tirada. Tenían en sus manos un asunto muy feo de tráfico de drogas, en el que estarían involucrados algunos destacados personajes de la *beautiful people.* La policía había descubierto varios lotes de cocaína colombiana introducidos en España en los tubos de una máquina segadora exhibida en una feria agrícola celebrada en Valencia. Los periodistas argumentaban que ellos no podrían investigar el asunto, a causa de la dependencia de su publicación con algunos de los supuestos implicados, y estaban dispuestos a pasarnos el material del que disponían para que nosotros lo utilizáramos.

Desde Mayte, Casimiro llamó de nuevo a Calleja, pero Rubio no había llegado todavía al aeropuerto de Barajas. Ibercorp monopolizó pronto la conversación con estos compañeros, a quienes dimos algunas pistas sobre la noticia que iba a aparecer al día siguiente, y que a esas horas estaría ya en los talleres de impresión del diario. Todos estábamos de acuerdo en que el envite era definitivo.

Salimos de Mayte y entramos en la cafetería Richmond, en la misma «plaza de los delfines». Casimiro seguía intentando entrar en contacto con el abogado Cobo del Rosal. Se trataba de saber si había logrado localizar a Sebastián y si íbamos a poder verle, aunque fuera a las doce de la noche. Sería la prueba del nueve. Pero el abogado seguía sin contactarle. Trató igualmente de saber algo de Rubio, pero el gobernador continuaba en paradero desconocido.

El reloj había sobrepasado ya las nueve y media de una noche fresca y clara. Caminamos hacia el coche llenos de incertidumbre. Casimiro estaba seguro de lo que habíamos escrito, y eso me producía tranquilidad, me infundía confianza. Estaba plenamente convencido de la valía del «garganta profunda». Oro puro. Arrancamos y bajamos por Vitruvio, para enlazar con Ríos Rosas y torcer por Bravo Murillo en silencio. Nos despedimos con un apretón de manos. «Hoy es un día importante para nosotros.» Estamos de acuerdo. Le dejé en la puerta de su casa y seguí en dirección a la Ciudad Universitaria, hasta la casa de May Rivas.

Mientras yo permanecía en la calle Colmenarejo, Casimiro consumía las horas de espera en su casa, en compañía de su mujer. La televisión estaba encendida, pero la pantalla permanecía ociosa. La pareja sólo tenía un motivo de conversación. Y de preocupación.

Sobre las once de la noche sonó el teléfono. Un íntimo amigo le hacía partícipe de su preocupación, a cuenta de los desmentidos que Manolo de la Concha había realizado ante distintos medios de prensa a lo largo de la jornada.

Nada más colgar, Casimiro marcó el número del domicilio de Anselmo Calleja. Había noticias.

—He estado hablando con Mariano Rubio y me ha dicho que lo del cheque es absolutamente falso.

Casimiro decidió entonces jugarse la carta buena. No se trata de ningún cheque, sino de una lista de accionistas de Sistemas Financieros en la que el nombre del gobernador ha sido falsificado. Es importante conocer la versión de Mariano, pero Calleja argumenta que no va a ser tarea fácil, porque Rubio asiste a una cena fuera de casa, aunque lo intentará.

—De todas maneras —argumenta—, eso tampoco puede ser cierto, porque Mariano no va a ser tan tonto como para tener su dinero en Ibercorp.

Al poco rato, Casimiro recibe una nueva llamada de su amigo. Parecía muy asustado.

—Tengo un recado urgente para ti.

—¿De qué se trata?

—Me piden que te transmita que todo lo que vais a publicar mañana es absolutamente falso, y os vais a meter en un lío de cojones...

—Pero, ¿quién ha dicho eso?

—Un amigo vuestro de Barcelona... Javier de la Rosa.

—Pues mira, no sé en base a qué opina tal cosa ese caballero, porque nosotros estamos seguros del asunto.

—¿Lo tenéis bien amarrado?

—Absolutamente.

—Pues si vosotros estáis seguros, adelante. Es lo que yo haría en vuestro caso. Me limito a transmitir el mensaje, porque a mí en esta historia los únicos que me preocupáis sois vosotros dos. Si te soy sincero, el hecho de que éste intervenga es la mejor prueba de que todo es verdad.

Nada más colgar con su comunicante, Casimiro marcó el número de la casa de May Rivas.

Eran ya pasadas las doce de la noche cuando el abogado Cobo del Rosal llamó al domicilio de Fernández de los Ríos. Había estado hablando con Carlos Sebastián y le encontró muy asustado, después de haber recibido una llamada de De la Concha en la que el señorito de Ibercorp, en tono amenazador, le adelanta la bomba que *El Mundo* se dispone a publicar.

—¿Le has dicho que queríamos hablar con el?

—En absoluto. Con el susto que tiene en el cuerpo, si le digo que queréis verle se va de España.

—Pero, ¿por qué tiene tanto miedo?

—Porque De la Concha le culpa a él de lo que vais a publicar mañana.

Me desperté de madrugada, con el cuerpo agarrotado y la mente confusa. Con ganas irrefrenables de poder apretar un botón y cambiar de país y de situación. Algunos, como Pedro, tampoco habían tenido mejor noche que la mía. El director de *El Mundo* tuvo que tomarse una pastilla para dormir, cosa que le ocurre de Pascuas a Ramos, cuando una idea fija se instala en su cerebro.

Decidí darme una larga ducha. A las 7.30 sonó el teléfono. Estuve dudando si descolgar o no, y al final decidí no hacerlo. A las 8.30, cuando consideré que ya era una hora prudencial, marqué el número de Casimiro. Tampoco había podido dormir gran cosa.

Le planteé de nuevo mis cuitas, aquellas dudas de las que durante la noche parecían haber brotado hojas nuevas, el temor a que el envite que habíamos lanzado se volviera contra nosotros. A esas horas, la noticia estaría ya corriendo como la pólvora. No sé por qué seguía viendo al abogado Cobo del Rosal como el último asidero del que se debate con un pie en el vacío. ¿Era posible que un hombre de prestigio como él formara parte de una gran conspiración para engañarnos?

Casimiro seguía insistiendo en que no, aferrado a su confianza en la «garganta profunda».

Intentando alcanzar una tranquilidad de espíritu que no tenía, comencé a redactar mi columna semanal para la revista *Tribuna*. Recibí una llamada de Julián Lago, con signos mezclados de expectación y alarma ante la noticia. «Esto es muy importante; esto es muy importante», repetía sin cesar.

Sobre las nueve de la mañana me llamó la secretaria personal de Javier de la Rosa, desde Barcelona. Quería que entrara en contacto con su jefe cuanto antes. Lo hice pasadas las once de la mañana. Al otro lado del hilo, la voz del financiero sonaba con el tono quedo y monocorde propio de los días de luto, reales o fingidos.

—Estoy hundido. Me están echando la culpa de todo. Dicen que me van a matar.

Había decidido desplazarse de inmediato a Madrid.

—De verdad, Javier, no entiendo por qué coño tienes que

meterte tú en medio de la melé. No entiendo por qué tienes que venir hoy a Madrid, a menos que vengas para ponerte a los pies de la «biutiful», de rodillas, como de costumbre...

—Ni hablar, ni hablar, estás muy equivocado, pero tengo que estar allí.

Aquel 12 de febrero Pedro llegó al periódico pasadas las 10.30 de la mañana, después de haber participado en el programa de Antonio Herrero en Antena 3. Antes de sentarse en su despacho, descubrió sobre la mesa de trabajo un aviso de llamada de Isabel Falabella, la segunda y egregia esposa de Manuel de la Concha. Necesitaba hablar con él con suma urgencia. Había dejado los teléfonos de la casa y del coche. Establecido al fin el contacto con el móvil, la bella Falabella se muestra entre compungida y excitada, altiva por momentos, no se la entiende bien, pero queda claro que está dispuesta a defender con uñas y dientes a su hombre. Quiere ver al director de *El Mundo*, el sonido va y viene, quiero verte, la voz se pierde, ¿o es la pasión que pone la señora?, de forma que Pedro le recomienda apearse en algún lugar y telefonearle con tranquilidad.

—Te llamo sin que lo sepa Manolo, porque quiero que me ayudes, Pedro, necesito que me ayudes, mira Pedro, hace muchos años que nos conocemos, y quiero verte porque lo que le está pasando al pobre Manolo es terrible y quiero ayudarle.

—Yo estoy dispuesto a ayudarte y a ayudarle si se deja, ¿por qué no te vienes al periódico?

—¡Uy, ni hablar, por Dios, sólo faltaba que me vieran por allí!

La pareja quedó citada en Serrano 240, para la una de la tarde. A la hora convenida, la ejemplar heroína de Manolo de la Concha apareció en Príncipe y Serrano como si de una estrella de Hollywood ligeramente entrada en peso y años se tratara, con su traje sastre y sus gafas negras, dispuesta a guardar el anonimato a toda costa. La hermosa Falabella, ex mujer de José Salama, el multimillonario dueño de Transáfrica, o del comercio de materias primas agrícolas, se manifiesta desolada. El pobre Manolo no sabe nada de este encuentro furtivo, una iniciativa plenamente femenina. El pobre Manolo no ha hecho nunca nada malo, y es una víctima de las envidias y rencores ajenos.

—Necesito tu ayuda, Pedro, por favor, Manolo está atravesando un momento muy difícil. El es un hombre honrado a carta cabal, y no sé cómo habéis podido pensar algo así, que haya podido engañar a la Comisión, él, incapaz de engañar a nadie.

—Hombre, Isabel, tú dices que es honrado y yo no soy quién para llevarte la contraria, pero ahí están los hechos...

—Pero, ¿quién os ha podido contar una cosa así? ¿Quién puede haber dicho semejante barbaridad? ¿Ha tenido algo que ver Paloma [2] en todo esto? Esa mujer le ha hecho mucho daño, porque el pobre Manolo tuvo que vender en el verano del 90 esas acciones de Sistemas Financieros por culpa de su divorcio, para pagar los dineros que se llevó esa mala mujer, que le ha dejado arruinado, arruinado, Pedro, que te lo digo yo...

—No, no, un momento. Por lo que yo sé, y desde luego lo sé casi todo, Paloma no ha intervenido para nada en esta historia.

—Pues no entiendo quién ha podido ser vuestra fuente. No sé cómo has podido publicar eso, porque, ¿cómo sabes tú que es verdad?

—¿Es que no es verdad, Isabel?

—Pues no lo es, o por lo menos no del todo. ¿Tú sabes si, por ejemplo, los DNI que figuraban en esas listas estaban bien? Porque también podría ser que se hubieran cambiado algunos apellidos de amigos de Manolo y que el resto estuviera todo bien, el DNI, las señas correctas...

En aquel momento, Pedro J. supo que Isabel Falabella le estaba confirmando lo que realmente había pasado.

—Bueno, ¿y por qué no nos da Manolo en persona su versión de los hechos? Podía ver a Jesús y a Casimiro.

—¡Uy, ni hablar, ni hablar! Manolo no se fía de ellos, especialmente de Cacho, que lleva tiempo persiguiéndole implacablemente. Yo misma me fío de ti, pero no de ellos.

—Pues que me vea a mí. Estoy dispuesto a entrevistarme con Manolo ahora mismo.

—Vamos a hacer lo siguiente, Pedro. Le digo a Manolo que me has llamado, y que quieres verle. Yo te lo arreglo, pero no le digas que nos hemos visto. Por favor, esto hay que arreglarlo como sea. Esto lo arreglo yo si tú me dejas, Pedro.

—De acuerdo, Isabel. Por cierto, ¿tú sabes lo que es Afinbur?

—Ni idea. Le preguntaré a Manolo, pero a mí no me suena de nada.

Llegué a Sánchez Pacheco 61, sede de *El Mundo*, pasadas las doce del mediodía. A esa hora había ya abundante *feedback* del impacto que la noticia había producido en los ambientes financieros. Pero la incógnita, nuestra gran incógnita, seguía abierta. Ni una reacción aparente de los interesados. No había noticias.

Pedro acababa de recibir una llamada de Mario Conde. El banquero ha estado serio y circunspecto, como midiendo las distancias, como si quisiera dejar claro ante alguien que él no tiene ni ha tenido nada que ver con el «bombazo».

—Eso que habéis publicado es muy grave, Pedro, supongo que serás consciente de ello, porque afecta a una institución como el Banco de España.

—Pues sí, es grave, ciertamente, pero si esa es la verdad...

—No, si yo no quiero poner en duda vuestra información. Está claro que si no estuvierais seguros de ello no lo hubierais publicado, porque en caso contrario es que te cargas el periódico.

Pasada la una de la tarde recibí una llamada interesante. José María Amusátegui, presidente del Banco Central Hispano, estaba al otro lado del aparato.

—Bueno, Jesús, he visto lo que publicáis hoy, tremendo, y también he visto la columna que dedicas a la *beautiful* y quiero agradecerte el que no me hayas mencionado.

—No tienes nada que agradecerme, José María.

—Sí, sí, no creas que tu gesto me ha pasado desapercibido. Te lo agradezco de verdad porque yo no tengo nada que ver con esa gente, y no quiero que se me relacione con ella para nada.

—No te preocupes, José María, yo sé que estás al frente de una institución muy importante y hay que cuidar las instituciones.

—Estoy de acuerdo y te lo agradezco de verdad. El tuyo ha sido un detalle de los que no se olvidan. Muchas gracias.

La tarde llegó sin que se hubiera producido ninguna reacción. Sentado a mi izquierda en la redacción, Casimiro me dirigía de cuando en cuando miradas llenas de expectación, tío, nos van a capar, miradas mudas, miradas cargadas de sensaciones, miradas que iban de la esperanza a la intriga, pasando por el miedo. Tratábamos de animarnos mutuamente. Al fin y al cabo, la ausencia de noticias era una buena noticia, lo dice el refrán inglés, *no news, good news,* una buena señal, si lo que habíamos publicado fuera falso, a estas horas ya habrían dejado caer sobre nosotros todo el peso de su soberbia ofendida. A estas horas ya estaríamos condenados.

Casimiro entró en contacto con Pedro Cases, portavoz de la CNMV. La Comisión no pensaba hacer público comunicado alguno. Eso nos pareció una excelente noticia, porque indicaba que la CNMV no pensaba solidarizarse con los «ofendidos» de Ibercorp, no iba a hacer causa común con De la Concha y su gente.

Decidí llamar a Jesús Carrillo, el relaciones externas de Ibercorp, en busca de algún indicio basado en la amistad. Y entonces recibí el primer soplo de esperanza.

—He estado hablando con De la Concha, y te puedes imaginar cómo está, dice que los DNI se han respetado, aunque parece que sí hay alguna cosilla en esa lista, algún nombre cambiado...

¡Ya está! ¡Algún nombre cambiado! Hemos dado en la diana.

La vuelta de Pedro a la redacción, que había abandonado por la mañana para ir a reunirse con la mujer de De la

Concha, fue recibida con expectación en la sección de economía. Está ansioso por recibir noticias, pero la noticia la trae él. Isabel Falabella ha reconocido la manipulación de las listas, como minutos antes lo hizo Jesús Carrillo.

¡Ya tenemos apertura para el día siguiente y, sobre todo, tenemos confirmación de que no hemos fallado, de que hemos dado en la diana!

Minutos antes de las siete de la tarde, el propio Manuel de la Concha llamaba a Pedro en su despacho de *El Mundo.* Había recibido el mensaje de Isabel. Tenía que acudir a entrevistarse con Luis Carlos Croissier en la sede de la CNMV, pero podían quedar perfectamente a partir de las ocho de la tarde.

—¿Te parece bien el hotel Villamagna?

—De acuerdo.

Le deseamos suerte. El periodista llegó puntual al elegante *hall* del hotel Villamagna. Refugiado en un rincón de la barra, durante media hora trató de paliar su ansiedad imaginando historias imposibles sobre aquel zoo humano que, recostado en los mullidos sillones del local, parecía víctima del tedio. Decidió regresar al periódico, pero antes de alcanzar el despacho su secretaria le puso al corriente de lo ocurrido: De la Concha acaba de anunciar su salida hacia el lugar de la cita, que lo siente mucho, pero su entrevista con Luis Carlos Croissier se ha demorado en exceso.

De modo que Pedro dio media vuelta y regresó al hotel para toparse en la misma entrada con un De la Concha que acudía dispuesto a jugar su rol de cordero degollado, impecablemente vestido, como siempre, haciendo gala de todas sus dotes de simpatía, cordialidad incluso, pues sí, qué lío, chico, exclama mientras junta las manos en actitud beatífica, como si no fuera con él, pobre víctima.

—Tú sabes de sobra, Pedro, que siempre he sentido una gran simpatía hacia ti. Por desgracia hay cosas en la vida que separan a la gente, pero tú sabes y quiero que lo tengas claro ahora, que yo nunca quise entrar en la guerra que tuviste con Juan Tomás, yo nunca he querido entrar en guerras periodísticas...

—Pero, Manolo, perdona, si aquí nadie está hablando de guerras periodísticas, afortunadamente aquí nos ha traído otra cosa bien distinta.

—Si ya lo sé, hombre, de sobra lo sé, no lo voy a saber yo, que me estáis dando por los cuatro costados, pero quiero que sepas que aquella no fue mi guerra, es más, quiero decirte que yo estoy muy distanciado del Grupo 16, le hemos retirado la publicidad de la Bolsa a *Diario 16*, y hasta le hemos tenido que cortar el grifo del crédito desde el banco porque lo había sobrepasado ampliamente.

—Manolo, te repito que todo eso no tiene nada que ver con el tema que nos ha traído hoy aquí, que no es otro que el que te ha llevado a entrevistarte ahora con Croissier. Por cierto, ¿cómo ha ido eso?

—¡Ah, muy bien! Ningún problema. Luis Carlos ha estado muy correcto, muy amable conmigo. Me ha pedido que le enviemos otra lista con todos los datos correctos y eso es todo. No va a pasar nada. Ningún problema.

—Pero bueno, esas listas falsas...

—¡Hombre, Pedro, no quieras crucificarme más de lo que estoy! ¡Tanto como falsas!

—Pues a ver, dime, ¿qué ha pasado ahí?

—Muy sencillo, por razones de confidencialidad y para evitar que esos listados pudieran caer en manos de la prensa, con el morbo que tienen algunos nombres que sabemos, decidí que en algunos casos se quitaran los primeros apellidos, aunque respetando la dirección y los DNI.

—¿Y qué nombres han sido esos?

—¡Ves, ya estás con el morbo... Los periodistas sois terribles! Pues mira, el de Mariano, el de Miguel Boyer y el de García Díez.

—¿Y cómo les has llamado?

—Pues hombre, a Mariano creo que le pusimos M. Jiménez; a Miguel Boyer, M. Salvador, y así más o menos.

—¿Y tú, no estás?

—No, sólo mis hijos y con muy poco dinero.

—¿Y lo de P.K. Banken?

—Hombre, yo puedo hablar por mí, no por otros. Eso es

de Jaime, y el hombre, pues sí, parece que se ha pasado un poco, porque necesitaba liquidez...

Pasadas ya las ocho de la tarde, con Pedro en su cita del Villamagna, y cuando ya habíamos redactado la apertura del diario con la confirmación de la noticia («Manuel de la Concha reconoce que se alteraron algunos nombres, aunque se respetó el DNI»), comenzaron a llegar los ecos de movimiento entre los afectados.

Un colega me llamó para advertirme de que Ibercorp iba a pasar un comunicado, o lo había hecho ya, ¡a todos los periódicos, menos a *El Mundo*! Cuando me lo leyó, me quedé frío. Aquella primera lectura sugería que De la Concha lo tenía todo atado y bien atado. No había cometido ninguna irregularidad y, por lo tanto, habíamos metido la pata.

Pero el asunto podía tener truco. Pedí al amigo que me remitiese por fax el comunicado. Cuando estuvo en nuestras manos, descubrimos enseguida la trampa. Los de Ibercorp habían dispuesto de todo un día para pergeñar cuatro engañosos párrafos que al final no desmentían nuestra información. El truco de De la Concha parecía bastante infantil. Cada vez estábamos más seguros de haber acertado.

Y entonces llegó por teletipo un comunicado de Miguel Boyer. El ex ministro reconocía haber invertido en Sistemas Financieros y haber ganado cinco millones en la operación de autocartera de esta sociedad, pero rechazaba cualquier responsabilidad en la manipulación de los nombres de ordenantes finales.

El último en salir a la palestra fue precisamente el Banco de España. El gobernador rechazaba igualmente cualquier intervención en el *affaire*, y aseguraba haber perdido dinero en la operación de Sistemas Financieros.

Cerca ya de las diez de la noche, nos dirigimos al restaurante Prada a Tope, en la Cuesta de San Vicente, donde la sección había decidido acudir a festejar el *scoop* y celebrar el final de dos jornadas plenas de tensión.

En medio de la cena, Casimiro se levantó para llamar a Pedro. Queríamos saber cómo había ido la entrevista con Manuel de la Concha en el Villamagna. Cuando regresó a la mesa, Casimiro traía una indefinible sonrisa dibujada en el rostro. El amo de Ibercorp lo había reconocido todo.

Pedro había vuelto como unas castañuelas a la calle Sánchez Pacheco. Nada más entrar en su despacho, cerró la puerta y llamó al restaurante Horcher.

—Oye, Mario, que acabo de venir de hablar con Manolo de la Concha y este tío me lo ha reconocido todo.

—¡Me parece increíble!

—Te lo anuncio para que estés tranquilo, porque te noté preocupado antes del almuerzo.

—Hombre, claro, es un asunto muy gordo para todo el sistema. Pero mira, ahora puedo decírtelo, cuando vi la historia esta mañana, pensé que te habías vuelto loco y te estabas jugando el periódico...

En Prada a Tope brindamos por el éxito, y más tarde, en Le Ki, ahogamos nuestras risas en *ginlets*, la bebida de Bogart en *Casablanca*. Aquella noche nos sentimos los amos del mundo. ¡Qué lejos estábamos de sospechar que aquella victoria nos iba a costar sangre, sudor y lágrimas!

NOTAS AL CAPITULO UNO

[1] Consejero delegado de Ibercorp Bolsa.

[2] Paloma Jiménez Altolaguirre, primera esposa de Manuel de la Concha.

CAPITULO DOS

AQUEL JULIO DEL 91

Mis cuadernos de notas de junio de 1991 están llenos de citas, direcciones y teléfonos del escándalo Filesa, un asunto que, en compañía de Jesús Cacho, me ocupó varios meses de investigación. Cerca ya del verano, el escándalo añadido de Viajes Ceres, concesionario de los viajes del Inserso para la tercera edad, había venido a suplantar al monotema Filesa, entrado ya en los arcanos del Parlamento, el Tribunal de Cuentas y demás cuevas de perdición oficiales.

Con la llegada del verano, me sentía animado ante la perspectiva de coger las vacaciones y poder huir de Madrid y las constantes exigencias de la profesión. Pero el 1 de julio de 1991 una curiosa llamada se iba a instalar en mi cuaderno con vocación de permanencia. Aquel día había almorzado en un restaurante del hotel Meliá Castilla con un amigo, socio de una importante firma de auditoría situada en Madrid: «Me cuenta que Manuel de la Concha se ha forrado con la fusión Hispano-Central, pero no sabe cuánto ni cómo», decía la referencia tomada por mí tras la comida. «Pero asegura que hay una vía para poder penetrar en el escándalo que consiste en estar atento a la próxima fusión que va a hacer el Grupo Ibercorp, porque hay alguien dispuesto a impugnarla, y ese alguien está bien pertrechado de información contra Concha.»

Muchas de las fuentes de un periodista son así: tiran la

piedra y esconden la mano. Muy pocas veces se encuentra uno con el mirlo blanco que, además de dar la pista, tiene información suficiente para completar el «soplo». Algunas de esas fuentes podrían hacerlo, pero la gente inteligente, y quienes manejan información lo suelen ser, prefiere no comprometerse en los detalles. No hay que enseñar nunca la oreja. Además, se considera casi una cuestión de mal gusto preguntar en exceso después de haber sido puesto sobre la pista de algo con sustancia. Las fuentes importantes suponen que uno es tan influyente que será capaz de completar el trabajo marcando un número de teléfono. Así que, con frecuencia el periodista, partiendo de un valioso apunte inicial, casi un brochazo, debe completar el cuadro en todos sus matices de una forma bastante arrastrada: contactos con otras fuentes, teléfono, chequeo de datos, registro mercantil, archivo, y zapatilla, mucha zapatilla, es decir, calle, mucha calle. En suma, una laboriosa tarea de rastreo. A este tipo de vida los estudiosos del tema lo suelen llamar «periodismo de investigación». Al final, *porca miseria,* la noticia verá algún día la página de un periódico. Si la suerte acompaña.

Mis notas iban aliñadas con los ingredientes típicos de uno de estos casos. «No me dice de quién se trata. Secreto profesional. Pero en todo caso se puede saber mirando la lista de accionistas del antiguo Sistemas AF, porque es alguien que tiene más del 5% del capital. Ojo. Mirarlo.» Para terminar de completar el morbo de la situación, mi informante se había despachado con una frase que suena cruel en oídos de un periodista: «Asegura que si él pudiera contarme todo lo que sabe de Ibercorp, seguramente tendría tema para varios meses...»

Si un periodista consiente que una de sus fuentes le ponga los dientes largos con frases tan impías como esa y la deja ir viva es que es un masoquista o alguien a quien le gusta su trabajo. Había, pues, que ponerse a trabajar. ¿Por dónde empezar? Mi cuaderno de notas registra en días sucesivos varias acotaciones repletas de un interés casi morboso, como el asombro que habían causado en La Moncloa unas palabras de Su Majestad el Rey sobre la corrupción, con los comentarios de Solchaga al respecto, o el enfado tronante que había agarrado Jesús Polanco con Plácido Arango a cuenta de un premio periodístico otorgado a Luis María Ansón (Plácido parecía contrito en su finca de Valdemorillo), o una curiosa conversación oída al pasar por un despacho madrileño, sabrosa fuente de Ibercorp, de *broker* a abogado famoso: «Oye, dile a tu cliente que yo dispongo de 40.000 millones para lo que quiera» transcribo literalmente, «Lo que quiera, pero que la operación la hacemos Emilio y yo».

Ni Filesa ni Viajes Ceres ni el Inserso me interesaban ya gran cosa. Prácticamente agotados, muertos informativamente, se antojaban material marchito, a punto de derribo, faltos de *glamour*. La tarde de aquel 1 de julio, nada más poner pie en la redacción del periódico, comuniqué a mi amigo Jesús el elemento informativo más descollante de los aparecidos durante mi almuerzo. ¡Ibercorp, tío, pata negra! El «*tout* Madrid» murmurando extrañas historias sobre los «Concha-*boys*», esta es la nuestra. La experiencia del trabajo a dos en el caso Filesa había dado excelentes resultados, y aquella pista de Ibercorp parecía de entidad suficiente como para pensar de nuevo en un trabajo compartido.

La investigación se presentaba muy atractiva. Apenas tres meses antes, la noticia de la fusión entre los bancos Central e Hispano Americano había sido para mí una de esas sorpresas que lo dejan a uno con cara de bobo. Desde hacía varias semanas yo estaba firmemente instalado en la pista de una operación bancaria con un protagonista distinto: el Banco Santander tenía a punto su gran golpe sobre el Hispano. Emilio Botín y su equipo habían estudiado a conciencia los detalles de una operación que, después de la experiencia de Sánchez Asiaín con Mario Conde, deseaban llevar a cabo de forma amistosa. A veces, los banqueros se comportan como buena gente, y cuando lo hacen así, generalmente se equivocan. Eso le pasó al millonario santanderino, que enseñó galante sus cartas enviando de embajador a su segundo, Rodrigo Echenique, a pedir relaciones a la plaza de Canalejas. Pero cuando José María Amusátegui, recién estrenada su condición de gran banquero, se enteró del nombre de su pretendiente, se asustó. El no quería ingresar de segundón en el harén de Botín. Tenía otra solución a mano: ofrecerse como *prima donna* a un *senior* a punto de jubilarse como Alfonso Escámez. De aquel enlace no podía salir a corto plazo más heredero que él.

Mariano Rubio se burlaba del recién llegado, que eso no te va a salir, hombre, éste te enredará, te dirá que sí, luego que no y después de marear la perdiz, te hará lo que a Boada. Pero salió, y hoy José María Amusátegui es el primer banquero del reino.

Como en los tiempos de la abuela, Escámez y Amusátegui —complicado apellido para don Alfonso, quien por aquel entonces solía trabucarlo con su peculiar gracejo por «Anchústegui»— arreglaron la boda en un fin de semana en La Moraleja, dejando a Emilio Botín compuesto y sin novia. Aquel lunes, 11 de mayo, la noticia de la fusión Hispano-Central me dejó alelado, a pesar de haberla apuntado yo mismo en un artículo que publiqué el domingo en *El Mundo*. Y no era la primera vez que me ocurría algo parecido. Ya en noviembre de 1987 había hecho un viaje a Cuba pensando que a la vuelta estaría madura la OPA del Bilbao sobre el Hispano, siempre el Hispano, y cuando una semana después aterricé de buena mañana en Barajas, me encontré con el Banesto opado en la primera página de los periódicos. Está visto que fiarse de una fusión en ciernes es como ennoviarse por correo con Michelle Pfeiffer y esperar que te guarde la ausencia en Rodeo Drive. La operación entre el Hispano y el Central cogió en mantillas a la comunidad financiera madrileña. Por lo que parecía, a todos menos a Manuel de la Concha. Algún alma caritativa había puesto al corriente a don Manuel para permitirle ganar fácilmente unos duros.

Había llegado el momento de hincarle el diente a Ibercorp. En el Madrid adinerado, el Madrid de la *beautiful people*, el Madrid del cóctel a las ocho y cena a las diez en los salones de la señora marquesa, corría una historia alucinante sobre un monumental fiasco financiero del que había sido víctima la mayor parte de esta élite entregada al *dolce far niente.*

Los socios fundadores del Grupo Ibercorp habían tocado a rebato tiempo atrás entre las gentes de su entorno social, en busca de dinero para invertir en un fabuloso negocio: una emisión de obligaciones convertibles de Sistemas Financieros. Don Manuel en persona solía llamar a sus amigos, a las mujeres de sus amigos, a las amigas de los amigos y a todo aquel que tuviera cuartos, oye fulanita, con un mensaje tentador, te aviso porque eres amiga, una oportunidad, aquí nos vamos a forrar todos y sería una pena que te quedaras fuera. Don Manuel, como los miembros de la secta Moon, hacía su trabajo casi puerta a puerta, listado en mano, pasando revista a los ricos de Madrid que se ponían a tiro y a gentes menos ricas que tenían sus ahorrillos, sus cincuenta millones, sus cien millones de pesetas, oye, guapa, tú eres decoradora y lo haces muy bien, pero yo soy tu banquero, ya lo sabes, seguro, sonriente, simpático, *bon vivant,* y tu dinero te lo muevo yo, nada, no me repliques, y espero que inviertas ahí, porque va a ser un gran negocio, te lo aseguro.

Alguna gente advertida le daba educadamente esquinazo, Manolo, hijo, si soy una pobre viuda y no tengo más que deudas, pero una amplísima mayoría entregaba su dinero a los ilustres dueños de Ibercorp, y lo hacía confiadamente, convencida de que Manolo era un gran tipo, no quiere forrarse solo, quiere hacernos ricos a todos, y realmente, ¿quién iba a desconfiar de Manuel de la Concha, el sin par Manolo Concha para los amigos, el mago del dinero, el hombre que convertía en oro lo que tocaba en la Bolsa? Mucha gente había ganado dinero con él, algunos mucho dinero, como José María P. A., que a primeros de marzo de 1988 le entregó 65 millones de pesetas para invertir en acciones de Sistemas AF y tres meses después ordenó que le vendieran su paquete por 375 millones de pesetas, ¿hay quien dé más?

Manolo era un tipo discreto, pero a los peces gordos, a la gente con dinero de verdad, la animaba a invertir con él sacando sutilmente a colación algunos de los ilustres a quienes él llevaba la cartera de inversiones, seguridad absoluta, de eso se trata, si fulano, mengano y zutano están conmigo, quiere ello decir que esto es sólido, esto es apostar sobre seguro, no hacía falta ni explicitarlo, Manolo, hijo, porque Manuel de la Concha era algo así como el Banco de Inglaterra, un Banco Central tan seguro que hasta tenía su propio gobernador, tenía a don Mariano Rubio, su íntimo amigo, gobernador del Banco de España, era el mensaje, si hasta el gobernador del Banco de España está conmigo, ¿qué más se puede pedir? ¿Hay quien dé más?

Realmente no lo había. Las cosas fueron bien hasta que comenzaron a ir mal. Dicen que la culpa, como la estrella, vino de Oriente, que la tuvo la invasión de Kuwait por las tropas de Sadam Husein, agosto de 1990, y el pánico bursátil internacional que generó. Pero el caso es que la cotización de Sistemas Financieros, como la del resto de valores, comenzó a caer de forma alarmante. Y lo que al principio fue sólo preocupación de algunos de los enterados a quienes Soto/Concha manejaban su dinero, al cabo de unas semanas empezó a extenderse por la capital y aledaños como un trueno. Las cosas del sexo y del dinero corren como la pólvora por el Madrid de los ricos. Los ricos viajan mucho, usan mucho teléfono y salen mucho a cenar por la noche. Y algunos, hasta juegan al golf juntos.

La alarma empezó a cundir. Isabel Azcárate, hija del senador por designación real Justino Azcárate y primera esposa del gobernador Mariano Rubio, llevaba días sin poder pegar ojo, insistiéndole a Mariano, oye Mariano, ya no te lo digo por mí, pero el caso de mi madre es dramático, habían vendido la finca de La Dehesilla en Extremadura, tantas historias de la oposición a Franco plasmadas en aquellas piedras, y habían ingresado el dinero en Ibercorp, se lo habían dado a Manolo, y que lo pierda yo, vale, Mariano, pero es que mi madre se queda en la calle, entérate a ver qué está pasando, que me dicen que se ha perdido todo, por favor habla con Manolo, te lo pido por favor.

Los damnificados se contaban por decenas. Era el caso de Haydee González Barranco, prima ella de Isabel Azcárate y gran amiga del propio Mariano Rubio, o el de «Chita» Sobrino, de soltera Ana María de Santiago, hija del teniente general Fernando de Santiago y Díaz de Mendivil, ministro y vicepresidente del Gobierno de Franco, novia durante años de José María Entrecanales, ahora viuda de Carlos Sobrino, un hombre muy rico, a quien Soto/Concha habían dejado en la estacada con más de 1.500 millones de pesetas, se decía en Madrid, una cifra ciertamente imposible, pero en todo caso importante.

Había casos flagrantes, como el de Pilar Moreno, viuda de Ruiz de Alda, mujer de uno de los mejores amigos de Manolo Concha, el mejor amigo, que había apostado muy fuerte en Ibercorp, varios cientos de millones, y ahora andaba angustiada por su dinero. Estaba en la lista Francisca Garrigues, «Fran» Garrigues para los amigos, esposa de Antonio Garrigues Walker, abogado de multinacionales e íntimo amigo de Manolo y Mariano, una de las perlas ella de la *high society* madrileña, que había entregado a los chicos de Ibercorp unos ahorrillos, doce millones de pesetas.

Pero no todos los afectados pertenecían a esa clase social de pudientes, gentes notorias, sí, como el ex presidente del Gobierno de UCD, Leopoldo Calvo Sotelo, o como la infanta Pilar, hermana de Su Majestad el Rey, a quien Manuel de la Concha llevaba su cartera, o el propio duque de Arión, o Luis Alberto «Beto» Salazar Simpson, o Eva Pedraza, Miss España, o Isabel Preysler.

Había también mucho «blue collar», simples trabajadores, asalariados a punto de jubilarse que se habían desprendido con miedo de sus ahorrillos con la sana esperanza de hacer unas perras suplementarias con que engordar su magro porvenir. Como muchos de los trabajadores de la antigua factoría de Sistemas AF, Gonzalo Manchón, un hombre con mucho mérito, analfabeto hasta los catorce años, se hizo después ingeniero industrial y era director general de la fábrica. Tras comprarla los Concha/Soto lo pusieron en la calle con una buena indemnización que colocó en Ibercorp, craso error, o Antonio Muñoz, jefe de contabilidad, cuatro millones, o Deogracias Tebar, maestro de taller, unas

750.000 pesetas, «La gente de la fábrica entregó el dinero a Quesada padre y a Antonio Holguín, ellos sacaron Sistemas a Bolsa al 525% y a ese cambio compramos, después fuimos a la emisión de convertibles al 700% y el último cambio fue a 150%, una ruina, una estafa».

Gente humilde, casos dramáticos, como ese trabajador de la construcción a quien liquidaron el seguro de desempleo de una estacada y metió las 850.000 pesetas en Ibercorp, o el albañil Fernando Martínez Ruiz, que colocó en Sistemas Financieros a nombre de su hijo inválido sus 2.700.000 pesetas ahorradas, para mi hijo, para el día de mañana, gente muy modesta, pobre gente.

Muchos podrán argumentar que Manolo lo hizo de buena fe, él pensaba sinceramente que iban a ganar dinero, mucho dinero, tan de buena fe que cogió la fortuna de su segunda esposa, Isabel Falabella, ex Salama, el dinero de su divorcio del millonario de origen judío, dicen que más de mil millones, e invirtió una parte en Sistemas Financieros, y la bella ex Salama pasó sus angustias hasta que Manolo se lo arregló.

Cuando cambió la coyuntura, cuando Manolo se vio acosado, la cotización cayendo, ya estaba claro, ya no se iban a forrar, Manolo siguió pidiendo, entonces con falsas promesas, con engaño, incluso a gente importante, con información, incluso a un miembro del consejo de administración de un gran banco, eso no se lo podré perdonar nunca a Manolo, que tratara de engañarme, nunca.

Había mucho dinero negro recogido por Manolo entre los ricos, era el diezmo de Manolo Concha, que han perdido su pasta, pero que jamás dirán esta boca es mía por miedo a la Hacienda Pública, y porque no se han quedado en la calle, que ellos se quedan en la casa de Biarritz, en la de Sotogrande, y en la de Somosaguas o La Moraleja.

Con la cotización por los suelos y su nombre de boca en boca, mala boca, para Manolo Concha comenzó un verdadero purgatorio de llamadas, quejas, por Dios, Manolo, eso me lo tienes que arreglar, que me dejas tirada, amenazas, gritos y algún insulto, muchos insultos, como la mujer de Fernando Asúa, «Magacha» Cano, que un día se tropieza con Paloma Altolaguirre, la ex de Manuel de la Concha, Paseo de La Habana arriba, disco en rojo, y de coche a coche, ¡ay, Paloma, el golfo de tu ex nos ha arruinado, pero arruinado...! y disco en verde, tronar de bocinas, ¡ya te contaré!, arrancando. Fernando Asúa, vicepresidente del Banco Central Hispano, había entregado a Manolo los setenta millones de pesetas que recibió como indemnización tras su salida de IBM, los ahorros de su vida, y ahora a empezar de cero.

No todos tendrán que empezar de cero, desde luego no ellos mismos, los dueños del tinglado, ni sus más íntimos amigos, que para ellos los dueños de Ibercorp prepararon una operación especial, de jugadores de ventaja como se verá, la operación de autocartera de Sistemas Financieros.

Algunos arreglaron sus problemas con De la Concha/ Soto de una forma un tanto expeditiva. En el «*tout* Madrid» circuló durante meses la versión de que José Antonio Torrontegui y Germán López Madrid, concesionarios durante muchos años de Volvo en España, habían recuperado su dinero por las bravas, después de que el gordo Torrontegui, millonario Torrontegui, casado con Cuqui Fierro, se topara un día almorzando en Jockey, ¡si esos manteles hablaran!, con Soto, mala suerte para Jaime, porque el gordo Torrontegui agarró decidido a su tito por las solapas de su impoluto traje, y casi lo puso a levitar. Y aseguran que Soto, escándalo en el comedor real, racimos de circunspectos comensales mirando hacia otra parte, se asustó tanto ante el fornido Torrontegui, a mí me devuelves mi dinero o te pongo la cara del revés, que él y Concha devolvieron religiosamente su dinero a la pareja, los quinientos millones invertidos, hasta la última peseta, con sus intereses [1].

Otros/as tuvieron suerte, porque Manolo se apiadó de ellos. Durante semanas, meses incluso, Manolo se dedicó a la tarea enloquecida de tapar agujeros, sacando dinero de aquí y poniéndolo allá, sólo él sabe dónde, reparó algunas situaciones particulares, se asegura en Madrid que Pilar Ruiz de Alda ha recuperado su dinero, se les vio juntos tiempos después cenando en Horcher, la cena más comentada de todo Madrid, señal de bien avenidos, signo de que Manolo no había dejado en la estacada a la viuda de su mejor amigo. Se dice que también ha arreglado lo de Isabel Azcárate, lo de Pilar de Borbón, y un día se presentó Manolo en casa de «Magacha» Cano Asúa, su marido en el banco, llevaba un talón al portador por importe de ocho millones de pesetas, y Carmen lo cogió al vuelo, mejor pájaro en mano que ciento volando.

Con estos ingredientes, el asunto Ibercorp se presentaba para nosotros como una fruta exótica absolutamente tentadora, un objetivo merecedor del trabajo que fuera menester, una meta llena de alicientes profesionales. Había que tener cierto valor, seguro que sí. Nadie se había atrevido a entrar en este asunto, que los señores de Ibercorp eran muy poderosos, parte integrante de ese nuevo *establishment* fraguado en torno al «felipismo», con amigos poderosos, gente que los apoyaba y respaldaba desde el mundo de la empresa, el Banco de España y el propio Gobierno.

El «soplo» de las acciones compradas al Hispano días antes del anuncio de fusión con el Banco Central era una buena oportunidad para intentar el asalto a la fortaleza de la «biuti». Moví mis relaciones en las Sociedades de Bolsa y pronto tuvimos información detallada del movimiento accionista del Hispano en la Bolsa española en los días previos a la operación. Una gestión ante la CNMV completó el panorama.

Nos faltaba por conocer un dato muy importante: quién era el accionista rebelde, la persona que había puesto en un brete la fusión del Grupo Ibercorp y que lo sabía todo sobre él.

Por aquellos calurosos días de julio efectuamos numerosos rastreos entre nuestras fuentes del mundo de la empresa y la banca, tratando de localizar el nombre de ese accionista. Las pesquisas no dieron resultado. Dos o tres personas habían oído hablar del asunto, y de que el rebelde reclamaba a los de Ibercorp «un montón de dinero», pero no dimos con la clave. Sin embargo, alguna de nuestras fuentes debía conocer bien el episodio y quiso ayudarnos sin arriesgarse a dar la cara, que los de Ibercorp imponían mucho respeto, porque cuando ya habíamos decidido publicar únicamente la historia de la compra de acciones del Hispano por Ibercorp, una voz anónima llamó a la redacción de *El Mundo* preguntando por Jesús Cacho: «El hombre que están buscando, el que quiere "cargarse" a De la Concha se llama Carrillo, José Luis Carrillo, y es el propietario de una empresa de Barcelona que se llama Mecalux.» El «soplo» fue suficiente para comenzar a trabajar en la que realmente fue nuestra primera aproximación seria al negocio Ibercorp, a la maraña de sociedades y a los usos de los «reyes del pelotazo».

El 1 de diciembre de 1988, Manuel de la Concha y Jaime Soto habían comprado, a través de Sistemas AF, el 90 por ciento de la empresa Mecalux, dedicada a la fabricación de muebles de oficina. El precio pagado por ese paquete se elevó a 5.400 millones de pesetas, aunque, en la misma operación, Mecalux compró por 1.200 millones de pesetas los inmuebles y edificios de la compañía, que no estaban en su balance y eran propiedad personal de José Luis Carrillo.

A pesar de tratarse de una inversión importante para el tamaño del grupo, ni Manuel de la Concha ni Jaime Soto se personaron jamás en la empresa que iban a comprar, hasta el mismo 1 de diciembre en que se cerró la adquisición. Ese día, De la Concha se presentó en Barcelona, junto con el consejero delegado de Sistemas AF, Ignacio Loring, para sorpresa de José Luis Carrillo, que no podía entender cómo aquellos señores de Madrid podían comprar por tanto dinero algo que ni siquiera habían visto con sus propios ojos.

Carrillo, un empresario catalán de la vieja escuela, conocedor de su negocio, acostumbrado a ir a la fábrica cada mañana, a ver crecer su empresa día tras día, no podía sospechar que el objetivo de aquella compra no era otro que sacar la sociedad a Bolsa, y dar con ella otro pelotazo como el de Sistemas AF. De hecho, los planes para colocar Mecalux ya estaban diseñados, incluso antes de cerrar definitivamente su adquisición. La idea de los dueños de Ibercorp era valorar el 90 por ciento del capital de Mecalux en 8.400 millones, 3.000 millones más de lo que les había costado.

Una de las peculiaridades en la operación de compra de Mecalux fue que el Banco Ibercorp, que no intervino para nada en la transacción, percibió una comisión de 200 millones de pesetas, configurándose así lo que sería una práctica habitual en la operativa del grupo: cada «pelotazo» se repartía en pequeños trozos entre las empresas del grupo [2].

Al mismo tiempo que se cerraba la compra de Mecalux, Jaime Soto negociaba con el banco de inversiones británico Schroeders la venta de las fábricas y los edificios de Sistemas AF. En Schroeders, Soto contaba con un buen amigo, Mikel Wellman, quien lo mantenía siempre bien informado de las oportunidades que aparecían en la vieja Europa.

En febrero de 1989 se cerró definitivamente la venta a Steelcase del 80 por ciento de los activos de Sistemas AF por 7.200 millones de pesetas. El contrato establecía el pago del 20 por ciento restante en el plazo de un año, y a un precio de 2.500 millones de pesetas. Es decir, 9.700 millones de pesetas por el 100 por cien de los activos de la compañía [3].

El ingreso de los primeros 7.200 millones de pesetas permitió a Sistemas AF devolver el crédito puente para la compra de Mecalux y engordar su saneada caja.

A los pocos días de producirse esta operación se celebró una junta extraordinaria de Sistemas AF, en la que se acordó cambiar su denominación por la de Sistemas Financieros y, lo que era sin duda más importante, la transformación de su objeto social, convirtiéndola en una sociedad *holding*.

De esta forma, el origen de la aventura de Manuel de la Concha y Jaime Soto, una empresa dedicada a la fabricación de material de oficina, se trocó en una sociedad cuyo objetivo era conseguir participaciones en otras compañías. Es decir, una sociedad de cartera, cuyo negocio no iba a ser otro que comprar y vender empresas obteniendo con ello su beneficio.

Este cambio supondrá para muchos ejecutivos de Ibercorp, que se opusieron a la misma, el principio del fin de un grupo que hasta entonces no había hecho otra cosa que ganar dinero.

Los opositores, capitaneados por Mónica Morales y Carlos Sebastián, argumentaron que la conversión en *holding* de

Sistemas AF implicaba para esta sociedad tener que destinar parte de su tesorería a arreglar problemas de otras empresas del grupo (como así sucedió con la ampliación de capital llevada a cabo ocho meses después en las empresas Ibercorp Leasing e Ibercorp Financiaciones, o en la compra de acciones del Banco Ibercorp). Pero había también otras objeciones no menos importantes, que suponían una merma en la fortaleza del grupo [4].

Pero Manuel de la Concha, Jaime Soto y Benito Tamayo se veían ya lanzados al estrellato de las grandes finanzas y de poco valieron las advertencias de sus ejecutivos. Al fin, y a la postre, con la adquisición catalana estaban seguros de repetir la misma jugada que con Sistemas AF.

En efecto, a comienzos de 1990 se puso en marcha la salida a Bolsa de Mecalux. En realidad, Ignacio Loring había sido partidario de colocar la empresa un año antes, pero Jaime Soto se opuso a ello con el argumento de que para un año ya estaba bien con la plusvalía obtenida por la venta de los activos industriales de Sistemas AF.

—Si vendemos también este año Mecalux, ¿qué les vamos a ofrecer a los accionistas el año que viene? —objetó Soto.

De modo que la operación no se inició hasta febrero de 1990. Para ello, se valoró la compañía en 10.000 millones de pesetas, lo que representaba obtener unas plusvalías del 30 por ciento sobre el precio de compra [5].

Para buscar aseguradores a la colocación de Mecalux en el mercado, Ibercorp recurrió a los servicios de BSN. Pero para sorpresa de Manuel de la Concha y sus socios, ni una sola compañía se arriesgó a asegurar dicha colocación.

Los tiempos habían cambiado a velocidad de vértigo. La Bolsa perdía cada día fuelle, y los operadores consideraban una locura pretender vender una empresa a doce veces su beneficio (PER) [6] como era la intención de Ibercorp con Mecalux.

A pesar de que hasta el prospecto de la colocación de Mecalux había sido enviado a la Comisión Nacional del Mercado de Valores, Manuel de la Concha y sus socios decidieron posponer *sine die* la salida de la empresa al mercado, ya que a los precios propuestos la plusvalía a obtener quedaba reducida a cero.

Los señores de Ibercorp decidieron cambiar radicalmente de estrategia con Mecalux. Ahora se trataba de vender el 100 por cien de la sociedad a una compañía extranjera, intentando alcanzar el precio inicialmente previsto, 10.000 millones de pesetas.

En los primeros meses de 1990, BSN localizó en Francia a la sociedad Ferralco [7], líder de ese sector de fabricación de estanterías en el país vecino, con unas ventas anuales de 9.000 millones de pesetas. La idea de comprarla, sin embargo, fue desestimada por De la Concha y Soto, que se limitaron a comentar: «Somos financieros, no industriales.»

Aparte de tan radical consideración sobre la filosofía del negocio, la verdad es que los tiempos ya no estaban para nuevas aventuras. Los problemas del grupo hacían necesaria la realización de activos, y la venta a toda costa de Mecalux se convirtió en un objetivo prioritario.

Los primeros contactos se llevaron a cabo con la empresa francesa GPRI, filial del gigante Usinor [8]. De nuevo parecía que la suerte iba a venir a sacar del apuro a los atribulados dueños de Ibercorp, pero, en esta ocasión, Alá no estuvo de su lado. El 2 de agosto de 1990 se produjo la invasión de Kuwait por las tropas de Sadam Husein y el mundo entero comenzó a temblar. Nada más conocer la noticia, los franceses dieron por concluidas las negociaciones.

Las Bolsas de todo el mundo sufrieron caídas históricas y Sistemas Financieros aceleró su ya apuntado derrumbamiento.

Ya en el otoño, Mikel Wellman, el viejo amigo de Soto perteneciente al banco británico Schroeders, consiguió una nueva oferta para Mecalux por parte de una gran empresa británica, Wagon Industries.

Los británicos realizaron una puja inicial muy pobre para las aspiraciones de Ibercorp: 5.000 millones de pesetas, que fue respondida con un «no» rotundo por De la Concha y Soto. Vender por esa cifra significaba causar una pérdida a Sistemas de casi 2.000 millones.

Pero Wellman insistió ante Soto y le recomendó encarecidamente viajar a Birmingham, sede de Wagon Industries, garantizándole que la visita podría ablandar el corazón de los británicos.

En una gélida y desapacible mañana de diciembre de 1990, Jaime Soto, Ignacio Loring y Carlos Sebastián, remontaron el vuelo rumbo a las Islas Británicas a bordo de su recién adquirido Cessna Citation III.

Pero la expedición resultó un rotundo fracaso. Por lo visto, a los ingleses no les conmovió lo más mínimo la prestancia de los tres caballeros hispanos, de forma que, en contra de lo que suponía el bueno de Wellman, no subieron ni una peseta su oferta inicial de 5.000 millones.

Todo parecía haber salido mal en aquel absurdo viaje a Birmingham. En medio de un temporal de lluvia y viento que no cesó en todo el día, Loring y Sebastián barruntaban un terrible regreso a través de la tormenta, a bordo del pequeño avión.

El inefable Soto, sin embargo, no perdió jamás la compostura. Mucho más relajado que sus acompañantes, ni las inclemencias del tiempo ni la frustrada venta de Mecalux parecían importarle lo más mínimo. Aquellos eran asuntos menores, no merecedores de sus desvelos.

En cuanto el pequeño Cessna despegó de Birmingham, Soto ordenó al piloto que se dirigiera a uno de los aeropuertos de Londres, con objeto de realizar allí una pequeña escala.

En la terminal londinense aguardaba la esposa de Soto, la fiel Marina Fernández de Córdoba, cargada con un enorme bulto.

En su interior, bien empaquetadas, reposaban dos magníficas escopetas Holand and Holand, que un siglo atrás habían acompañado las correrías de dos marajás hindúes en la caza del tigre, y que habían sido adquiridas por el financiero jerezano en una reciente y reñida subasta, por el módico precio de cinco millones de pesetas pieza.

El regreso a España fue un auténtico suplicio. La avioneta, sacudida por los embates del viento, se movía arriba y abajo como una pluma. Todos asustados menos el impertérrito Soto, quien sólo interrumpía su actitud hierática para manifestar la preocupación que le causaba el camuflaje de sus armas a la llegada a Barajas.

No hubo ningún contratiempo en la aduana, y las escopetas «matatigres» salvaron sin dificultades los rutinarios controles.

A pesar del fracaso de la venta de Mecalux, una operación que era vital para el futuro del grupo, y del accidentado viaje de regreso, para Jaime Soto aquel fue, sin duda, un día feliz. A la salida de Barajas, camino de Madrid, Loring y Sebastián se mostraban de acuerdo: ellos podrían llegar algún día a ser tan ricos, pero jamás tener la clase de Jaime Soto.

A primeros de 1991, Margarita Torres, directora financiera de Mecalux y representante en el consejo de administración del paquete del 10 por ciento que todavía conservaba en su poder José Luis Carrillo, anunció al consejo la existencia de un potencial comprador dispuesto a ofrecer hasta 6.000 millones por el 90 por ciento de la empresa en poder de Sistemas Financieros.

Carlos Sebastián y Fernández Fontecha sospecharon enseguida que tras aquella oferta estaba emboscado el propio José Luis Carrillo, quien, alertado de los reiterados fracasos en el intento de colocar la compañía allende las fronteras, imaginó la posibilidad de recomprarla a buen precio.

La propia Margarita Torres se encargó de desvelar el nombre de su candidato en un consejo de Mecalux que tuvo lugar en marzo. En dicha ocasión, la representante de Carrillo elevó la oferta hasta 6.200 millones de pesetas, aunque puso como condición que los vendedores renunciaran al reparto de beneficios de aquel ejercicio, a lo que se opuso Sebastián, para quien ello suponía infligir una importante minusvalía en Sistemas Financieros.

De la Concha y Soto no se decidían a firmar el acuerdo con José Luis Carrillo, pero tampoco estaban dispuestos a cerrar una puerta que podía representar la última oportunidad para obtener una liquidez que necesitaban con urgencia. Decidieron dar largas al asunto, en espera de que surgiera algún comprador más generoso.

Algo que Ignacio Loring estuvo a punto de conseguir. En efecto, tras unos contactos infructuosos con Advent (sociedad de capital riesgo en la que están presentes algunos de los principales grupos empresariales españoles), el consejero delegado de Mecalux consiguió que la compañía alemana TCR (participada por la familia Barenberg, una de las grandes fortunas argentinas), hiciera una primera oferta por 8.000 millones de pesetas.

Sin embargo, Carrillo, que parecía estar siempre bien informado de lo que ocurría en la cocina del grupo Ibercorp, lanzó un ultimátum. Advirtió que si no se cerraba en unos días el acuerdo, retiraría definitivamente su oferta. El catalán, además, consentía en el reparto de dividendos si se cerraba el trato en un plazo razonable.

Asustados ante la posibilidad de quedarse sin compradores, Manuel de la Concha y Jaime Soto decidieron vender. El acuerdo definitivo, firmado el 29 de mayo de 1991, establecía el pago de 6.200 millones por el 90 por ciento de Mecalux.

El empresario catalán se mostró como un alumno aventajado de los profesores de Ibercorp: recompró su empresa casi por el mismo dinero por el que la vendió, incluyendo además un paquete del 4,5 por ciento de Sistemas Financieros en su cartera.

La habilidad de Carrillo se hizo patente a la hora de instrumentar la forma de pago. En efecto, en lugar de utilizar el dinero que había recibido a finales de 1988 por la venta de la empresa, endeudó Mecalux en más de 4.000 millones de pesetas, financiando el resto con créditos de La Caixa y Multibanca Sabadell con la garantía de los propios activos de sociedad. Este es seguramente uno de los pocos casos en la moderna historia financiera en que el propietario le hace un *leverage buy out* a su propia compañía.

Para Sistemas Financieros, la guinda del pastel de Mecalux consistió en tener que afrontar una pérdida contable de casi 2.000 millones de pesetas, al haber aceptado vender su 90 por ciento a un precio muy inferior a los 7.100 millones que tenía contabilizados en balance.

Pero los sustos para Sistemas no terminaban ahí, porque José Luis Carrillo, a través de una sociedad de Bolsa de Barcelona, se había hecho con un 6,5 por ciento adicional del capital de SF, lo que, sumado al 4,5 por ciento existente en la cartera de Mecalux, lo convertía en uno de los accionistas más importantes de la empresa, con casi el 11 por ciento de las acciones.

Cuando comenzamos a husmear en Ibercorp, el insaciable Carrillo tenía contra las cuerdas a Manuel de la Concha y a Jaime Soto a cuenta de este paquete. El empresario lanzó un órdago en toda regla: pedía que le recompraran todas sus acciones de Sistemas Financieros a precios históricos, lo que equivalía a exigir la nada despreciable suma de 1.576 millones de pesetas, amenazando con que, de no ver satisfechas sus demandas, estaba resuelto a impugnar la junta de accionistas donde debía ratificarse la fusión de dicha sociedad con el Banco Ibercorp y con el Grupo Financiero Ibercorp.

Para demostrar que no hablaba en broma, el empresario puso el asunto en el mes de junio en manos del abogado Oscar Alzaga, quien se mostró dispuesto a llevar a los tribunales a los señores de la *beautiful*.

El jueves, 11 de julio de 1991, teníamos lista una información al respecto. Había llegado el momento de chequearla, el momento de afrontar un cara a cara con De la Concha y Soto, algo desagradable, te pueden engañar, te pueden pinchar la noticia filtrándola a otro medio, no es plato de gusto ir a anunciarle a alguien, heraldos negros, que le vas a buscar las cosquillas, pero había que hacerlo, había que llamarlos.

La sorpresa fue mayúscula cuando recibimos una llamada del abogado Matías Cortés, inteligente Matías, brillante, finísimo sentido del humor, nunca una puntada de más, siempre todo con su porqué, se disculpaba Matías, no quería interferir, pero él estaba ahora ayudando a «estos chicos», se lo había pedido su amigo el duque de Arión, que echara una mano a su yerno Jaime Soto, tenían un problema muy gordo con una empresa llamada Mecalux, un golfo apellidado Carrillo, quería dársela con queso al mismísimo Manolo Concha, un temerario, yo les he dicho a «estos chicos» que tienen que veros, ellos son muy reacios, claro, están escocidos, dicen que la experiencia con Cacho ha sido mala, pero yo les he dado seguridades de que todos vamos a jugar limpio, de que nadie va a hacer ninguna barbaridad, les he tenido que convencer por activa y por pasiva, tenéis que verlos, explicarles las cosas, no tenéis nada que ocultar, y bueno, parece que al final se han convencido, han aceptado, así que vamos a quedar a una hora y os pasáis por allí.

El lunes 15 de julio, a las 9.30 de la mañana, traspasábamos el umbral de Ibercorp en la calle Velázquez 150, para reunirnos en una de las salas de juntas de la sexta planta, el poder y los secretos de Ibercorp, como en la embajada americana, estaban en la sexta planta, entre risas que trataban de aflorar espontáneas, ofertas amables de café, café con pastas para todos, que Soto admira todo lo «british», yo con mi libretita de apuntes, parece la mísera chuleta donde un prestamista apuntara los nombres de sus deudores, y toda la plana mayor en frente, han tenido que madrugar hoy los señoritos de Ibercorp, Manolo Concha y Jaime Soto, tan repeinados, y el último en llegar que ha sido Benito Tamayo, su gesto de cura de pueblo que quiere colarse en la sacristía, su risa gatuna, y allí estaba ya el bueno de Manolo dando explicaciones, se ha calado su mejor piel de cordero, amable, pacífico, buena gente, sería una temeridad suponer siquiera que este hombre fuera capaz de meter miedo.

Viéndolos allí dispuestos a dar todo tipo de explicaciones, las que les convienen, eso sí, dispuestos a hacer lo que sea menester con tal de convencer a dos periodistas que no tienen dónde caerse muertos, uno siente de pronto el vértigo de la historia, el vértigo de ese tiempo fugaz que encumbra y destruye imperios, príncipes y fortunas como en un suspiro.

Cuando abandonamos Velázquez 150, eran ya bien pasadas las 11.30 de la mañana. Ya en la calle, Jesús, que ha permanecido en prudente silencio la mayor parte del encuentro, está dando sus impresiones al abogado Cortés, aparentemente satisfecho, bueno, han contado todo, no podéis estar de queja, y ciertamente yo iba dando secretos saltos de alegría, como una peonza, en efecto, han largado de lo lindo, tremendo, suficiente para destrozarlos, no hacía falta arriesgarse, bastaba con atenerse a lo que habían dicho. Nos encaminamos Velázquez abajo, y torcimos a la izquierda por Joaquín Costa para acomodarnos en un pequeño bar cercano. Matías lo tenía claro, no puedo pediros que no saquéis nada, no lo voy a hacer, nunca lo haré, pero creo tener derecho a comentar delante de vosotros mi convencimiento de que si publicáis cualquier cosa los hundís, acabáis con ellos, así que, por favor, meditadlo mucho.

Al día siguiente, 16 de julio, *El Mundo* comenzaba su serie. «Se investiga la compra masiva por De la Concha de acciones del Hispano días antes de la fusión.» Tres días más tarde dábamos un repaso a la autocartera de Sistemas, sacando a la luz por primera vez la desconocida sociedad RTS. Al día siguiente, publicamos la historia del industrial Carrillo y la reclamación de más de mil millones a Manuel de la Concha.

Para los chicos de Ibercorp todo aquello era demasiado terrible. Acababan de saldar sus cuentas con el violento Torrontegui y su amigo Germán López; tenían soliviantada a la élite madrileña, que no paraba de reclamar con impertinencia su dinero y, para colmo, la prensa revelaba el *affaire* Carrillo, la autocartera de Sistemas Financieros y la operación del Hispano. Todo un cúmulo de sobresaltos.

El asunto Carrillo, sin embargo, era de lejos el más preocupante a corto plazo, porque podía dar al traste con la fusión del Grupo Ibercorp, su tabla de salvación, que se colocaba tras la operación con unos recursos propios de más de 10.000 millones, y unas exenciones fiscales de unos 2.000 millones. Una plataforma ideal, en suma, para «dar el pase» al producto resultante, colocándoselo a algún inversor desprevenido, y a otra cosa, mariposa.

Los trabajos periodísticos causaron una verdadera conmoción en el cuartel general de Ibercorp. Manuel de la Concha y Jaime Soto se sintieron obligados a convocar una reunión de altos ejecutivos en la planta sexta. No faltó ni uno: Benito Tamayo, Ignacio Loring, Carlos Sebastián, Manuel Fernández Fontecha, Gonzalo Milans del Bosch, José Manuel Quesada, Mónica Morales, Gustavo Barrajón...

—Quiero transmitiros un mensaje de tranquilidad sobre la situación y el futuro del Grupo. Estamos siendo víctimas de los ataques de un único medio de comunicación, unos ataques de todo punto intolerables. Estos ataques del «inmundo» [9] sólo buscan dar una patada al Hispano en el culo de Ibercorp, y eso conviene que lo tengáis todos muy claro.

—¡Pero tenéis que hacer algo inmediatamente, no podéis quedaros con las manos cruzadas —reclamó uno de los coroneles de Ibercorp—, permitiendo que nos ataquen de esta forma!

—Yo estoy seguro de que detrás de todo esto está el cabrón del Carrillo... —añadió un tercero, todavía más insuflado de lealtad a la casa.

Tras haber encendido la mecha, De la Concha tuvo que intervenir para apagar el fuego.

—No os preocupéis. Ahora me pillan con un escudito así —aseguraba, mientras hacía un gesto con ambas manos simulando un invisible y minúsculo parapeto—, pero dentro de poco, tal vez después del verano, voy a tener un escudo así de grande —abría los brazos cual Pavarotti en pleno «do de pecho»—. Entonces se van a enterar éstos de lo que vale un peine.

¿Estaba Manolo de la Concha preparando el asalto a alguna mercería? ¿Por qué esa confianza en que, tras el verano, podría defenderse mejor de los ataques contra Ibercorp?

Sin saberlo, acabábamos de entrar a formar parte de los objetivos a batir por parte de la *beautiful*. Cualquier medio era legítimo para alcanzar los resultados perseguidos. Sólo los hombres de máxima confianza de Manuel de la Concha iban a estar en el ajo de la operación puesta en marcha por el ex síndico para agrandar su minúsculo escudo.

Lo primero que había que hacer era descubrir al traidor, a la persona que, desde dentro de Ibercorp, según su idea, nos había puesto sobre la pista de asuntos tan confidenciales como secretos.

El rico, el elegante *alma mater* de Ibercorp ha sido siempre muy aficionado al espionaje. En su despacho cuenta con un sofisticado sistema para grabar conversaciones, no sólo telefónicas, sino cara a cara, de modo que para él no representaba ningún problema de conciencia poner en marcha un dispositivo de espionaje para localizar al traidor.

Las sospechas recayeron desde un principio sobre Ignacio Loring, el consejero delegado de Sistemas Financieros y de Mecalux, y hombre clave en las negociaciones para la venta de dicha sociedad.

Siempre había sorprendido a todos lo informado que parecía estar José Luis Carrillo sobre los continuos traspiés sufridos en los intentos de venta de Mecalux, así como lo ajustado de sus ofertas. Las sospechas habían sido concretadas por algunos ejecutivos de Ibercorp, quienes ya en el mes de mayo habían comentado a De la Concha las estrechas relaciones existentes entre Loring y el empresario catalán.

La filtración a la prensa de algunos de los asuntos que Carrillo utilizó como amenaza contra Ibercorp si no le pagaban lo que pedía por las acciones de Sistemas Financieros —el empresario había deslizado en su amenaza de demanda datos sobre algunas operaciones realizadas por el grupo, susceptibles de ser llevadas ante un juez, lo que implicaba que había tenido acceso a datos internos de la compañía—, llevaron a Manolo de la Concha al convencimiento de que había en marcha una complicada operación para acabar con el imperio de la «gente guapa».

En el mes de julio, tras la aparición en *El Mundo* de las informaciones sobre Ibercorp, De la Concha y Soto pusieron en marcha un sistema de espionaje para atrapar al traidor y conformar así la primera capa de su gran escudo.

El dispositivo montado constaba de dos niveles. El primero, el más complejo, consistía en investigar los movimientos, las cuentas corrientes, y las personas que se relacionaban con Ignacio Loring. Para llevarlo a cabo De la Concha y Soto contrataron los servicios de José Luis Alcocer, hermano de Alberto Alcocer y primo de Alberto Cortina, los famosos «Albertos».

José Luis Alcocer, casado con Beba Fernández Longoria, no destacó nunca por su habilidad en los negocios. Por eso, su hermano y su primo lo colocaron en una empresa de seguridad cuyo capital correspondía, casi a partes iguales, a Prosegur y Construcciones y Contratas. A través de la empresa Prosegur Contratas, José Luis Alcocer había tenido ocasión de adentrarse en el proceloso mundo de la seguridad. Pero la profesión de espía no parece haber sido hecha para un hombre de las cualidades de José Luis Alcocer.

Uno de sus hombres, Miguel López López, estuvo durante meses escuchando las conversaciones de Javier de la Rosa cuando Cartera Central —propietaria de casi el 12 por ciento del capital del Banco Central— estaba en su fase terminal. Los servicios de seguridad de De la Rosa no tardaron en descubrirlo, lo que dio oportunidad al financiero catalán de montar una divertida trama llamada «Operación G-3», que después ha sido reproducida en tono pretendidamente serio por la revista *Cambio 16*.

La contratación por parte de los dueños de Ibercorp de los servicios de José Luis Alcocer sólo puede tener como explicación la amistad, fraguada en selectas monterías, que une a Jaime Soto con «los Albertos» y en el más que probable desconocimiento por parte de los *beautiful* del elevado porcentaje de errores que suelen acompañar el trabajo del mayor de los Alcocer.

Ataviado con elegantes trajes a rayas, Bond-Alcocer fue visto a finales de julio en diversas ocasiones por algunos ejecutivos de Ibercorp atravesando el umbral de Velázquez 150.

Su aspecto no dejaba de llamar la atención. Hasta tal punto que uno de los prohombres del grupo, presa de mortal curiosidad, se atrevió a preguntar a Fandila Mesa quién demonios era aquel individuo con trazas de *dandy* trasnochado que tanto circulaba últimamente por los pasillos de la casa. «Es el jefe de los espías», contestó, escuetamente y en voz baja, el fiel servidor de Manuel de la Concha. Por aquellos días era normal toparte en cualquier despacho de la sexta con Fandila y un par de desconocidos con el oído pegado a un magnetofón, aplicados en la tarea de escuchar cintas grabadas y no precisamente de música.

Fandila Mesa quedó al mando del segundo dispositivo puesto en marcha para detectar las fugas de información de Ibercorp.

Aprovechando el sistema telefónico especial montado en Ibercorp Bolsa para grabar las conversaciones de los operadores con los clientes, Fandila grabó todas las de Ignacio Loring, como sospechoso número uno.

Las cintas con las conversaciones de Loring fueron escuchadas en la sexta planta, en presencia de los dueños de Ibercorp, por varios altos ejecutivos del grupo, como demostración de la pretendida traición del que, en esos momentos, era uno de los hombres clave de la casa.

Comoquiera que Jaime Soto se resistía a creer que Loring, con el que solía cazar, estuviera inmerso en una conspiración contra él y su socio, Fandila tuvo que hacerle oír una cinta entre el consejero delegado de SF y varios personajes en la que se vertían opiniones poco favorables para el señorito de Jerez.

Durante un cierto tiempo, la investigación llevada a cabo por los hombres de José Luis Alcocer se extendió también a los responsables de la publicación en *El Mundo* de las informaciones sobre el grupo.

Un anochecer de aquel verano, y a la salida del trabajo, Fandila Mesa, víctima de un repentino sentimiento de culpa, llegó a comentar en privado a dos altos ejecutivos de Ibercorp:

—¡Si Jesús Cacho supiera lo que le están haciendo! Estos han perdido el juicio, y yo ya no sé si estoy haciendo bien o mal, pero creo que estos métodos no pueden ser buenos.

A pesar de estas contradicciones, sin duda agudizadas

por sus arraigadas creencias religiosas, en Fandila Mesa pudo más la fidelidad que la rectitud de conciencia, de forma que tragó sapos y culebras sin rechistar y, mucho menos, sin denunciar ante un juez las poco edificantes fechorías de sus señores.

En su descargo hay que decir que, a punto de jubilarse y con un currículum en el que sólo destacan sus largos años de servicio intachable a don Manuel de la Concha, muy pocas alternativas tenía a mano. Sobre todo, si quería seguir manteniendo su Mercedes y asegurarse un buen retiro. El silencio, a veces, es rentable.

Tras el verano, la operación de espionaje pareció entrar en su fase final. El optimismo invadió Velázquez 150. El escudo de Manuel de la Concha crecía por momentos.

Manuel Fernández Fontecha, letrado de las Cortes y abogado despierto y ambicioso, relató a un grupo de ejecutivos de Ibercorp, a la vuelta de sus vacaciones en la Costa del Sol, el increíble episodio de un casual encuentro en Marbella con «el jefe de los espías».

La discreción, que suele figurar entre los activos más preciados de los que se dedican a husmear en la vida de los demás, tampoco parece engrosar las virtudes del bueno de José Luis Alcocer.

Resultó que Fernández Fontecha entró un buen día en uno de los restaurantes de moda en la costa, siempre repleto de gente *in*, para toparse por sorpresa con Alcocer, quien, entre grandes aspavientos y a voz en grito, espetó al corrido abogado:

—Por aquello que tú sabes no te preocupes, que a esos ya los tenemos «trincaos».

A finales del mes de septiembre, las conexiones entre Loring y Carrillo estaban ya más que probadas. El 1 de octubre de 1991, Matías Cortés firmaba en el despacho de Oscar Alzaga el acuerdo por el que Carrillo vendía sus acciones y las de Mecalux a los dueños de Ibercorp por el precio de 576 millones de pesetas. Es decir, 1.000 millones menos de lo que pretendía el empresario catalán cuando amenazó a los dueños de Ibercorp con la demanda para paralizar la fusión del grupo.

¿Quién compró las acciones de Ibercorp a Carrillo? ¿Con qué fondos se financió esa compra? La pregunta tiene fácil respuesta para quien conozca los métodos de don Manuel.

El día 30 de septiembre el Banco Ibercorp concedió tres créditos a otros tantos supuestos cuentacorrentistas de la entidad. En realidad, los que firmaron las pólizas no eran más que testaferros de Manuel de la Concha, Jaime Soto y Benito Tamayo, que se aseguraron a buen precio (a precio de chantaje) y con dinero ajeno (el dinero del banco), la compra de un importante paquete de Sistemas Financieros.

Tras el estallido del escándalo Ibercorp, esta operación sería motivo de expediente por parte del Banco de España, con fecha 26 de mayo de 1992.

A la misma hora en que Matías Cortés hacía firmar la rendición a Carrillo y su lugarteniente Alzaga, su hermano Luis Cortés entraba en el despacho de Ignacio Loring, en Velázquez 150, para comunicarle el despido inmediato.

Ese mismo día, ya al anochecer, un irónico Matías Cortés observaba desde el ventanal del despacho de Manolo de la Concha, en la planta sexta de Ibercorp, cómo Carrillo y su abogado acudían a la notaría situada justo enfrente de Velázquez 150, para firmar la transacción.

—Estoy seguro de que esos señores llamarán a mi puerta entre el Pilar y Santa Teresa.

Manolo de la Concha sonrió henchido de orgullo. Había sido una gran victoria. Una nueva victoria que demostraba el poder de la *beautiful*. Sin embargo, el escudo, su escudo, no era aún lo suficientemente grande, y tenía que ser todavía reforzado. El rey del parqué ya estaba maquinando cómo hacerlo.

[1] La versión, sin ser incierta, es por lo menos parcial. Cuando, en octubre de 1989, los socios de Volvo Concesionarios decidieron vender el negocio, Torrontegui y López optaron por invertir 250 millones de pesetas cada uno en Sistemas Financieros, en una operación que se cerró el 7 de mayo de 1990.

Ya a primeros de septiembre, Germán López empezó a sospechar que lo de Ibercorp no era normal, tras pasar varios meses sin recibir ninguna información sobre su dinero. Pronto ambos inversores decidieron recuperar su dinero y poner tierra de por medio. Tras varios almuerzos cargados de tensión y una serie de tumultuosas reuniones en Velázquez 150, De la Concha y Soto accedieron a devolver el dinero a sus dueños. No todo, por supuesto, porque entregaron a los inversores de Volvo sendos pagarés a tres años, avalados por el Banco Ibercorp, de 220 millones de pesetas cada uno, al 13,5 por ciento de interés. Unos días después, Torrontegui y López consiguieron endosar los citados pagarés al Isbanc (Banco de las Islas Canarias).

[2] Sistemas AF pagó 2.000 millones al contado y el resto aplazado a un año, sin costes financieros. La operación se financió utilizando para ello un crédito puente facilitado por La Caixa (1.000 millones); Banco Santander de Negocios (500 millones), y Banco Central (500 millones). Este crédito puente tenía como garantía una emisión de obligaciones convertibles de 1.000 millones de pesetas, llevada a cabo en diciembre y, sobre todo, el dinero que se esperaba obtener con la venta de los activos industriales de la propia Sistemas AF, operación que ya se estaba negociando con la empresa franconorteamericana Steelcase Strafor.

[3] En julio de 1986, De la Concha y Soto habían comprado Sistemas AF por 1.600 millones al Banco Urquijo. A los tres meses obtuvieron 1.200 millones sacando el 35 por ciento del capital de la compañía en Bolsa. Y, prácticamente al mismo tiempo, vendieron casi todas sus acciones a través

del despacho de Manuel de la Concha, embolsándose cada uno 1.500 millones de pesetas. Los 9.700 millones procedentes de la venta de los activos segregados de Sistemas AF entraron íntegramente en la caja de la empresa que controlaban De la Concha y Soto sin pagar impuestos, gracias al mecanismo de la venta de derechos de suscripción.

Los artífices fiscales del magnífico negocio fueron, por un lado, Dionisio Martínez, asesor fiscal de Manuel de la Concha y Mariano Rubio, y, por otra parte, Enrique Hervás, que fue hasta 1987 subdirector general de Transacciones Exteriores. Hervás trabajó de forma constante para Ibercorp como asesor en asuntos relacionados con el movimiento de divisas. Hasta tal punto que todos los meses cobraba 186.000 pesetas del Banco Ibercorp a través de una de sus empresas, Estudios e Inversiones Agrícolas, ubicada en la plaza Cervantes de Ciudad Real. Esta sociedad estuvo percibiendo dicha cantidad hasta febrero de 1992. Es decir, hasta que estalló el escándalo Ibercorp.

[4] Una de ellas era que se prescindía de una buena empresa (Sistemas AF) comprada a un precio muy barato, por otra, no tan buena y comprada a un precio mucho más caro, lo que hacía más difícil rentabilizar su adquisición sacándola a Bolsa.

[5] Al desembolso inicial se le sumó una ampliación de capital de 1.000 millones de pesetas que se produjo en diciembre de 1989, de los que 600 se utilizaron en comprar el 4,5 por ciento del capital de Sistemas Financieros, ayudando así a mantener la cotización de dicha empresa.

[6] Como máximo, las sociedades aseguradoras estaban dispuestas a colocar a un PER 7, que era la media, entonces, de las sociedades metalúrgicas cotizadas en la Bolsa de Madrid.

[7] La mala organización de Ferralco era la causa de sus constantes pérdidas. Carrillo, Loring y Sebastián propusieron a De la Concha y Soto su adquisición por el módico precio de 1.500 millones de pesetas. Para Mecalux hubiera sido una buena operación, ya que la hubiera situado como líder europeo y podría haber afrontado en mejores condiciones su salida a Bolsa, no sólo en España, sino en Francia. Según las estimaciones del propio Carrillo, unos pequeños ajustes en su sistema de producción habrían posibilitado una generación de una cifra de beneficios de 500 millones al año.

[8] Carlos Sebastián, presidente de la compañía, e Ignacio Loring, consejero delegado, asumieron la responsabilidad de la negociación. Mecalux se integraba perfectamente en la estructura de GPRI, que contaba con otras dos compañías de similares características a la española en Francia y Alemania. En principio, los franceses aceptaron la valoración de 10.000 millones, en el marco de la creación de un grupo, cuya cabecera sería la empresa española, y en el que Sistemas Financieros conservará el 30 por ciento del capital, siendo el 70 por ciento restante de GPRI.

[9] Así llamó Manuel de la Concha a *El Mundo.*

CAPITULO TRES

EL ESPIA QUE VINO DEL MAR

Aquella me pareció una llamada más de las muchas que suelen recalar en la redacción de un periódico. Lunes, 22 de julio de 1991. El sonido de una voz anónima hablando en castellano con un marcado acento entre catalán y valenciano, iba y venía de forma caprichosa, alternado con brevísimos períodos de silencio. Me di cuenta de que el interlocutor estaba hablando desde el teléfono de un coche. Quería contactar con Jesús Cacho, hablar con él, yo respondía que lo estaba haciendo, pero el sonido desaparecía, llamaba desde Barcelona, desde un coche, ¿Jesús Cacho? Sí, Jesús Cacho al habla.

Comencé a impacientarme, y estaba a punto de colgar el auricular cuando el anónimo comunicante consiguió trasladar un mensaje apresurado. Iba camino de un bar, desde donde podríamos hacernos entender sin los inconvenientes de la telefonía móvil.

A los cinco minutos, el teléfono volvió a sonar en mi mesa de trabajo. La misma voz de tendero valenciano. ¿Cómo se llama usted? ¿Quién es usted? No se lo puedo decir, pero tengo algo que puede ser de su interés, usted dirá, con aplomo, con seriedad, estirando mucho las palabras, he estado siguiendo lo que han publicado usted y su compañero García-Abadillo sobre el Banco Ibercorp, bueno, dirá usted sobre el Grupo Ibercorp, sí, eso es, grupo, ¿y bien?, que yo podría facilitarles mucha información sobre ese grupo, ¿es usted accionista?, no, ¿un antiguo ejecutivo, entonces?, tampoco, bueno, pues usted dirá, tengo información muy valiosa sobre todos esos señores de Ibercorp, pero tendría usted que venir a Valencia o a Barcelona si le es más fácil, tendríamos que quedar para que yo le explicara de qué se trata, hombre, yo creo que está usted pidiendo un imposible, hacer un viaje así, a botepronto, sin conocerle, sin saber con quién estoy hablando, ni siquiera se ha identificado usted... No puedo identificarme, como comprenderá, pero a ustedes, a su periódico, ¿le interesa este material?, pues claro que nos interesa, naturalmente, pero habrá que ver de qué se trata, pues yo le aseguro que es un material de primera, de máxima calidad, se lo digo yo, muy bien, le creo, pero comprenda que coger un avión sin tener la menor idea de quién es usted y sin poder calibrar si lo que dice vale la pena o no es un poco fuerte, no se enfade, compréndalo, hay mucha gente que llama ofreciendo cosas que luego no valen nada, se pierde tiempo y dinero, usted no lo perderá aquí, se lo aseguro, se lo aseguro, tengo en mi poder cosas que usted ni siquiera se imagina, ¿y qué podemos hacer entonces?, pues usted dirá, ¿no podría enviarnos una breve descripción del material que tiene en su poder antes de tomar una decisión?, hombre, no me haga reír, está usted hablando con un profesional, comprenderá que no voy a ser tan ingenuo, perdone, no he querido... No sé, se me ocurre una idea, ¿no tendrá que hacer ningún viaje a Madrid estos días?, seguramente sí, en los próximos días, ya le llamaré...

Y antes de que pudiera amarrar el más mínimo compromiso, el secreto interlocutor colgó, dejándome la sensación de haber desaprovechado una oportunidad que había empezado a revelarse muy interesante.

Unos días después, el jueves 25, a media mañana, el anónimo comunicante reapareció como una marea veraniega, rescatando de mi memoria la emoción que el juego olvidado de espías y ladrones había producido en mí el lunes anterior. Acababa de llegar a la redacción de *El Mundo*, y de inmediato reconocí la misma voz metálica, exacta, decidida. Estaba en Madrid y quería saber si aún seguíamos interesados en poder colaborar en el asunto Ibercorp.

—Yo estoy ahora mismo en Barajas, y quiero coger un vuelo de vuelta a Valencia a las 14.10. Si usted quiere le puedo ver un momento antes de embarcar.

Aquella ocasión no se podía desaprovechar.

—De acuerdo. Tardaré en llegar unos veinte minutos. ¿Dónde nos vemos?

—Para no perdernos, lo mejor es que quedemos en la cafetería nueva del puente aéreo.

—¿Y cómo nos reconoceremos?

—Llevo un jersey rojo, y estaré sentado leyendo *El Mundo*.

En el tiempo previsto me encontré oteando el mar de mesas y cabezas de la cafetería La Paloma del puente aéreo Madrid-Barcelona. Estaba a punto de identificarle en la parte más alejada de las escaleras mecánicas cuando él mismo levantó el brazo y me hizo una seña para que me acercara.

Con una sonrisa me tendió la mano, uno de esos apretones enérgicos, casi violentos, con los que alguna gente pretende intimidar secretamente al contrario. Pero enfrente no tenía a ningún tipo misterioso, capaz de infundir respeto a primera vista, sino a una persona muy normal que difícilmente llamaría la atención si no fuera por su indumentaria, un pantalón negro de corte impecable, y un *nicky* de un rojo llamativo e intenso.

De unos cuarenta y cinco años, más bien bajo, relativamente musculoso, con el pelo muy corto poblado ya de canas, y aquella indumentaria, podría pasar perfectamente por un profesor de educación física, quizá un entrenador deportivo, los bíceps bien formados, trabajados en gimnasio, apuntando sobre aquel deslumbrante rojo de su camiseta. La cara redonda, sin embargo, junto a una sonrisa cálida, familiar, y sobre todo aquellas gafas de antiguo maestro de escuela daban al hombre un indefinible aire doméstico, quizá de gerente de un colmado familiar en la Boquería barcelonesa, un *mosén* desprovisto del menor tono épico que cabría suponer en un espía vendedor de altos secretos financiero-bancarios.

El hombre realizó una somera descripción de su identidad y quehaceres. Asturiano de nacimiento, había pasado gran parte de su vida profesional como agente de los servicios de seguridad del Estado en toda la zona levantina. Desde hacía cuatro años, se había establecido por su cuenta en Valencia creando un empresa dedicada a lo que llamó «trabajos industriales», y que más tarde puntualizó como espionaje industrial, además de aclarar que su firma, que acababa de abrir representación en Barcelona, «prestaba servicio integral a las empresas en materia de seguridad». Nuestro hombre, en suma, trabajaba por activa y por pasiva.

¿Y en qué puede ser útil a un periodista un tipo de empresa como ésta?

—Lo que vas a oír —anuncia con un brillo de dureza en los ojos, pasando directamente al tuteo— te parecerá muy fuerte, pero disponemos de un sistema informático que nos permite penetrar en los sistemas informáticos de cualquier entidad bancaria y conocer extractos, movimientos de cuentas y otras cosas.

—Eso suena realmente muy sugerente...

—Sí, lo sé, por eso te he llamado. Vosotros habéis estado publicando cosas de Ibercorp, ¿qué te interesaría conocer de este banco?

—Hombre, pues ahora que lo dices, no me importaría nada saber si Mariano Rubio tiene cuenta en Ibercorp y de qué clase, y qué movimientos tiene. ¡La verdad es que eso es algo que le gustaría saber a mucha gente en Madrid!

—Se puede intentar, ¿por qué no?

—¿Hablas en serio?

—Desde luego. Pero eso vale dinero, naturalmente.

—¡Vaya, la jodimos! ¿Y cuánto dinero?

—Depende del material, de la calidad e importancia del material que suministremos, de la gente que haya tenido que colaborar, porque yo hablo en serio, yo hago bien mi trabajo, doy datos, cifras, todo comprobado, todo chequeado, con pruebas... Y eso a menudo tiene muchos gastos, porque hay que tocar a mucha gente.

—Mira, hablar de pagar dinero en un periódico por una información es un asunto peliagudo. De entrada se rechaza, normalmente se rechaza, pero yo me atrevo a adelantar que si eso que dices es verdad, podríamos estar dispuestos a considerar el tema. Naturalmente tendría que hablarlo con mi director, que es quien al final tendría que dar el visto bueno, y además, claro, siempre a la vista del material.

—Por supuesto, por supuesto... Muy bien, de acuerdo. Puedo prepararos un estudio previo de lo que podemos hacer para vosotros en este tema. ¿Qué te interesa exactamente?

—Todo lo relacionado con Mariano Rubio e Ibercorp. Absolutamente todo.

—Conforme, te enviaré en unos días ese informe, acompañado de una oferta económica, y sobre ello hablamos.

—¿Cómo contactaremos en el futuro?

—Yo te llamaré por teléfono. Me identificaré siempre como el «señor Nebot».

Aún no repuestos de la sorpresa, el lunes 29 el enigmático «señor Nebot» reapareció al teléfono llamando desde Valencia. Era evidente que tenía prisa. Su propuesta de trabajo para *El Mundo* ya estaba lista, y estaba dispuesto a enviarla por mensajería.

Al día siguiente el pequeño informe estaba en nuestras manos. No era gran cosa. Se trataba de tres folios tan aseados como escuetos. En el primero, tras el encabezamiento de «Asunto Ibercorp», se aseguraba lo siguiente:

«De acuerdo con las informaciones de carácter estrictamente confidencial recabadas sobre el tema de referencia, después de realizar diversas gestiones y sondeos acerca de los puntos básicos en que debía centrarse la presente investigación, procedemos a facilitar la siguiente agenda de trabajo, pudiendo ir ampliándose a medida que las informaciones que se vayan analizando así lo requieran.»

El segundo folio proponía una «Agenda de Trabajo» dividida en cuatro apéndices. El primero estaba dedicado a «fallidos o semifallidos del Grupo Ibercorp». El segundo hacía referencia a las empresas patrimoniales de Manuel de la Concha y Jaime Soto. El tercero anunciaba una interesante «sociedad cuya administración corre a cargo de Carmen Posadas», la esposa de Mariano Rubio, y el cuarto versaba sobre las «conexiones financieras de Mariano Rubio con el Grupo Ibercorp».

El tercer y último folio de aquel escueto programa de trabajo estaba dedicado a los «Plazos de Entrega». El «señor Nebot» parecía tan seguro del buen fin de la investigación planteada que se comprometía por escrito a hacer entrega del material en el plazo de un mes, aunque estableciendo una cláusula de diferimiento para el caso de «la posible aparición de nuevos elementos que tratar durante la investigación, no contemplados en la agenda de trabajo, cuyo desarrollo aconseje una pequeña demora en la entrega».

En esta presentación inicial no se hablaba de dinero, ni figuraba ninguna propuesta de precio.

Globalmente considerado, el asunto no podía presentar mejores trazas. Las potenciales relaciones entre el gobernador del Banco de España y el Grupo Ibercorp eran una cuestión que durante años había excitado la imaginación del mundo financiero madrileño, una fuente inagotable de rumores y especulaciones, a menudo exacerbados por los comentarios sobre el nivel de vida del gobernador, muy por encima del estrecho horizonte de su sueldo oficial, 25 millones de pesetas brutos, en torno a 12 netos. Se suponía que De la Concha y Rubio eran socios desde los tiempos en que el primero era síndico de la Bolsa de Madrid. Un asunto oscuro del que se solía hablar en los cenáculos del dinero, del que mucho «enterado» decía conocer detalles escandalosos, pero del que jamás nadie había conseguido aportar la menor prueba.

Un nuevo factor había venido a añadirse meses atrás al morbo tradicionalmente originado por el banco de la *beautiful people*. En efecto, se decía que un montón de señoras importantes de la *jet* madrileña había perdido cantidades importantes de dinero a causa de Manuel de la Concha y

Jaime Soto. Se hablaba de Isabel Preysler, de Isabel Azcárate, de Pilar Ruiz de Alda... Se citaban nombres y cantidades, y el asunto se había convertido desde primeros de año en la comidilla escandalizada del «*tout* Madrid». ¿Qué había pasado realmente en Ibercorp? ¿Qué secreto maremoto había sacudido el poderoso barco de la «biutiful»?

Nosotros podíamos estar a punto de desvelar ese arcano. Alguien, un desconocido «señor Nebot», aparecía ante nosotros como caído del cielo, rodeado de una aureola de intriga y misterio, en disposición de revelar tanto secreto, aportar luz entre tanto rumor envenenado. Además, parecía poder hacerlo con relativa facilidad, con la misma mecánica facilidad con la que alguien se toma un café con leche por las mañanas. Y para colmo, se había ofrecido a nosotros para catapultar el «bombazo».

Comenté con mi compañero Casimiro la situación. Con avidez leímos y releímos las tres magras cuartillas que se presentaban ante nosotros como la antesala de un *scoop* periodístico de grandes dimensiones. Tras la excitación surgían siempre los temores. Había que ser extremadamente cautelosos en este asunto. ¿Quién era en realidad el «señor Nebot»? ¿Por qué había acudido a nosotros? ¿Dónde iba a conseguir esa información? ¿Por qué métodos?

Hasta que la agenda de trabajo llegó a nuestro poder, las explicaciones del valenciano parecieron suficientes. Había acudido a nosotros porque habíamos roto el muro de silencio existente hasta entonces en la prensa en torno a Ibercorp. Y quería ser remunerado por la información. En suma, hacía su trabajo por dinero. Pero a la vista, excitante y prometedora al tiempo, de aquella agenda, las anteriores explicaciones se antojaban estrechas. Debíamos preguntarnos algo más. ¡Si al menos supiéramos algo del «señor Nebot»! ¡Si pudiéramos fiarnos de él!

Repasamos la agenda con Pedro J. Ramírez. El asunto parecía apasionante en extremo, pero había que tomar precauciones. No fue necesario dedicar al tema muchos minutos. Seguiríamos adelante en los contactos con el «espía», hasta ver qué tipo de material era capaz de aportar. Nos dejaríamos querer. Sólo hablaríamos de dinero con las pruebas delante. Y al mismo tiempo deberíamos iniciar alguna investigación paralela para tratar de conocer algo en torno al misterioso «señor Nebot».

Empezó la cuenta atrás de un mes que prometía mantenernos en vilo hasta que llegara a nuestras manos el resultado final de los trabajos del enigmático valenciano. Todo un acicate para iniciar las vacaciones de verano en un estado de ánimo excelente. El viernes 2 de agosto, antes de despedirnos, dejamos tendidas algunas redes en las que intentar apresar la verdadera personalidad del «señor Nebot».

No volví a saber nada del «espía» hasta el martes 3 de septiembre, cuando una llamada telefónica me devolvió su existencia a un primer plano. Nuestro hombre en Valencia estaba aparentemente enfadado porque había detectado que gente de *El Mundo* trató de hacer averiguaciones sobre su persona en ambientes próximos al Ministerio del Interior.

El «señor Nebot», que decía detestar las vacaciones de agosto, argumentaba que la investigación que tenía entre manos era tan delicada que una indiscreción por nuestra parte o una sospecha que pudiera llegar a Ibercorp podría alertar a los afectados haciendo que éstos le bloquearan cualquier posibilidad de seguir adelante. Su protesta me pilló desprevenido, y con escasos argumentos a mano para replicar. ¿Decirle que no nos fiábamos de él? Era una obviedad tan grosera que debía quedar entre nosotros. «Nebot» reclamó para sí un margen de confianza. Si volvía a enterarse de que seguíamos tratando de hacer averiguaciones, desaparecería del mapa. No hubo más remedio que aceptar.

¿Y el trabajo? El trabajo bien, gracias. Estaba prácticamente listo, aseguraba, en espera de algunos detalles finales. En tres o cuatro días, quizá el siguiente viernes, tendríamos el material en nuestras manos.

Llegó el viernes, 6 de septiembre, y el «señor Nebot» no dio señales de vida. Pero no fue hasta la semana siguiente cuando la intranquilidad empezó a hacer mella en las tres personas —Pedro, Casimiro y yo— que estábamos al tanto del asunto, y ello por una razón: los teléfonos de contacto que había dejado el «señor Nebot» en Valencia y Barcelona no respondían, aunque en el de la capital levantina un contestador a nombre de una tal compañía Expecta invitaba a dejar un mensaje.

El jueves 12 de septiembre, cuando ya temíamos lo peor, el «señor Nebot» reapareció en escena más serio que nunca. Se disculpaba por la tardanza, que atribuyó a trabajos de última hora para completar el informe. Me advirtió que no llamara más a los teléfonos de sus oficinas porque, a pesar de tratarse él de un experto en la materia —en casa del herrero, cuchillo de palo—, sospechaba que podían estar intervenidos. En su lugar me facilitó el número de un teléfono móvil que a partir de entonces serviría de contacto.

Y lo importante: el trabajo estaba a punto y en los términos convenidos, listo para ser entregado a principios de la semana siguiente. Pero el «señor Nebot» tenía preparada una sorpresa. Quería dinero a cambio del informe.

—Pero hombre, no es de recibo hablar de dinero sin haber visto el material. Yo desde luego no me atrevo a plantear aquí esa cuestión, porque me van a correr a gorrazos, sé lo que me van a responder...

No resultó difícil convencerle de que primero había que catar la mercancía, antes de ponerle precio. Quedamos de acuerdo en llamarnos el lunes para concertar un encuentro, que podría tener lugar en Madrid o en Valencia.

¿Estábamos de verdad en vísperas de tener en nuestro poder las pruebas que con tanto ahínco había perseguido tanta gente en Madrid durante tantos años? Desde primeros de septiembre, a la vuelta de las vacaciones, tanto Casimiro como yo habíamos dedicado mucho tiempo a intentar entrar en contacto con los numerosos ejecutivos que habían desfilado en los últimos años por los despachos de Ibercorp y habían sido expulsados del regazo de Manolo de la Concha por los más variados motivos.

La tarea se había revelado sumamente ingrata. Algunos se habían negado en redondo al simple hecho de recibirnos, y los que habían consentido en ello se cerraban en banda. Silencio absoluto. Aquello era lo más parecido a una orden o secta que uno podría imaginar. Ni uno solo de los ejecutivos que habían pasado por Ibercorp perdiendo su empleo habían quedado en buenos términos con los dueños, De la Concha y Soto, o con el tercero en discordia, Benito Tamayo. Todos referían pestes de los señoritos de Ibercorp, pero lo hacían en familia o ante sus mejores amigos. Cuando uno intentaba vencer la resistencia a hablar, siquiera *off the record*, se topaba inmediatamente con un muro de silencio. ¿Por qué? La respuesta era común: miedo. Miedo incluso al daño físico.

Mi sorpresa no podía ser mayor. ¿Cómo era posible que señores tan elegantes, de tan buena familia, tan altamente considerados, insuflaran miedo en la gente? ¿Tenía el refinado Manolo de la Concha, un hombre normalmente simpático y de aspecto bonachón, hechuras de vulgar mafioso a lo Chicago años treinta? Hubiera resultado difícil convencer a cualquiera que hubiera tratado al ex síndico de la Bolsa de Madrid de que aquel hombre tenía amedrentadas a tantas personas adultas como habían pasado por su negocio.

La negativa general a hablar sólo conseguía excitar más nuestro interés por penetrar en los secretos de Ibercorp. ¿Qué secretos guardaban los grandes maestres De la Concha y Soto en el templo de Velázquez 150 para tener que amenazar de aquella manera a los que abandonaban la orden?

Nosotros podíamos estar a punto de saberlo gracias al desconocido «señor Nebot». Nuestro entusiasmo estaba justificado. La cita con el misterioso informante quedó finalmente acordada para el 17 de septiembre, en el hotel Tryp Fénix de Madrid.

Mi sorpresa fue grande cuando a la una de la tarde de aquel martes, el «señor Nebot» se presentó en la lujosa cafetería del Tryp Fénix vistiendo ropa deportiva y de la mano de una niña de unos seis años. Era su hija, explicó, y no había tenido más remedio que traérsela de viaje ante la imposibilidad de poder recogerla a la salida del colegio. Al lado de aquella niña morena que se apretujaba en silencio contra su padre, el «señor Nebot», con una carpeta negra tipo archivador, parecía más que nunca un pastueño padre de familia, un contable cuyo rostro bonachón acentuaban aquellas gafas de viejo seminarista reconvertido.

El «señor Nebot» se extendió en explicaciones sobre su vida privada, pero yo no tenía ojos más que para la carpeta negra que descansaba con sus secretos a poco más de un metro de mi mano derecha, se había separado hacía relativamente poco, su «ex» era profesora en un colegio de la Bonanova barcelonesa, muy inteligente, pero la aventura en común se había agotado, nada nuevo bajo el sol, peleas domésticas, y aquella carpeta negra guardando sus secretos, me moría de ganas de atraparla, la paternidad era lo más hermoso de la vida, o eso decía convencido el «señor Nebot» mientras pasaba su diestra cariñosa por el pelo negro de la niña, al tiempo que con la punta de los dedos de la mano izquierda recorría arriba y abajo el lomo de la negra carpeta.

Finalmente optó por dejar a un lado los asuntos consuetudinarios de la vida misma, y decidió centrar su atención en la carpeta. En silencio y con cierto ceremonial retiró la goma que sujetaba las tapas, y al abrirla dejó al descubierto casi dedo y medio de papeles. En primer lugar, una especie de informe de unas treinta páginas, bien encuadernado, en cuya cabecera se leía: «Ibercorp, S. A.»

El informe estaba subdividido en los cuatro apartados prometidos en la agenda de trabajo. Por «fallidos» el redactor entendía «aquellas operaciones con resultados negativos para la entidad, cuyo desenlace final no ofrece una lógica razonable».

Se especificaban los casos de tres fondos de inversión colectivos (Nirmal, Dad y Gestemar), y dos sociedades instrumentales controladas por Ibercorp (Viriato de Inversiones y A. F. Sistemas), a los que se atribuían varios traspiés en distintas operaciones de inversión, como los casos de Interclisa o Uralita [1].

En el apartado de «patrimoniales e instrumentales», el informe mencionaba un total de treinta y tres compañías, nombres perfectamente desconocidos excepto para sus creadores. En la lista figuraban A. B. Master y A. C. Holding, dos nombres que pocos días después se iban a convertir en una pesadilla para nosotros. Los datos societarios y registrales de estas firmas fantasma eran prácticamente idénticos, y los autores del relato incluían varios casos para ilustrarlo.

El grupo de empresas fantasma era descrito como «un nutrido entramado de sociedades instrumentales, administradoras las unas de las otras como así se demuestra, que recuerda los entramados empresariales de otras entidades bancarias, fallidas en su día, tales como Banca Catalana, Banco Occidental, Banca Más Sardá o Banco de Levante, verdaderos profesionales en este tipo de montajes, a los que Ibercorp nada tiene que envidiar».

El capítulo dedicado a Carmen Posadas descubría unas sorprendentes conexiones entre la esposa del gobernador del Banco de España y el Grupo Ibercorp. La Posadas era identificada como accionista, con el 35 por ciento del capital, de un grupo empresarial «de dudosa rentabilidad económica» que en 1989 había recibido créditos de Ibercorp por importe de 60 millones de pesetas. Se decía además que aparecía como acreedora de Ibercorp por una cifra de 98 millones de pesetas, según la declaración de operaciones con terceros efectuada por la entidad bancaria relativa a 1990, consecuencia de un pago efectuado a una sociedad denomina Gescín, de la que Posadas era presidenta y consejera delegada.

No había información directamente concerniente al propio gobernador del Banco de España en el informe, que finalizaba con una larga lista de ejecutivos del Grupo Ibercorp.

El resto de la carpeta constaba de fotocopias de inscripciones registrales de algunas de las sociedades instrumentales citadas en el trabajo.

No parecía gran cosa. Y sobre todo no justificaba la exigencia que el «señor Nebot» se atrevió a formular en cuanto hubo terminado de presentar el material: cinco millones de pesetas. Esbocé una sonrisa, que a él debió de parecerle una afrenta.

—¿Te parece mucho? —preguntó con gesto sorprendido.

—Me parece una exageración, una cifra fuera de lugar teniendo en cuenta que este material no vale nada...

—¡Cómo que no vale nada!

—Lo que oyes. Esto no vale nada sin pruebas. Según está, esto no se puede publicar, hay que tirarlo a la papelera.

—¿Quieres pruebas? ¡Las tendrás!

—Muy bien, entonces hablaremos. Pero de todas maneras debo advertirte que debes rebajar tus pretensiones. No creo que Pedro J. acepte siquiera oír hablar de cinco millones de pesetas, vamos, eso es una pasada.

El «señor Nebot», preocupado por el almuerzo de su hija, se fue corriendo en busca de un restaurante cercano que yo mismo le recomendé, no sin antes asegurarme que las pruebas estarían en mi poder antes del fin de semana.

Regresé a la redacción de *El Mundo* con un cierto sentimiento de frustración. En compañía de Casimiro, examiné más detenidamente el material aportado. Estábamos de acuerdo. Aquello no pasaba de ser un apunte prometedor de algo que había que seguir esperando: las pruebas.

Aquella fue una semana de tensa espera. Prácticamente todos los días entraba en contacto telefónico con nuestro investigador privado. Todo marchaba sobre ruedas, afirmaba, todo por buen camino, quizá esté todo listo este mismo jueves, mis infiltrados están trabajando bien, vamos a esperar a mañana viernes, no había ningún problema aparente, el lunes, definitivamente sería el lunes.

El nuevo *rendez-vous* quedó fijado para el lunes 23 de septiembre, en Valencia. Aquel día tomé un vuelo con destino a la ciudad del Turia poco antes de la cinco de la tarde. Cincuenta minutos más tarde me encontraba sentado en la cafetería, prácticamente desierta, del aeropuerto levantino, frente a un «señor Nebot» coloquial, ya casi familiar, que estaba vendiendo su mercancía al tiempo que hablaba de lo difícil que había resultado conseguir las pruebas que a continuación me iba a entregar, esta vez no había carpeta negra a la vista, el «señor Nebot» jugaba con algo escondido en el bolsillo interior de su chaqueta, un sobre, por fin lo sacó, blanco, poco abultado, y extrajo con ceremonia una serie de folios grapados.

El párrafo de encabezamiento aseguraba que las compañías «AB Master y SF Trust, controladas directamente por

Manuel de la Concha y Jaime Soto, recibieron determinadas partidas dinerarias procedentes del Grupo Ibercorp [2], por un total —hasta el 31 de diciembre de 1990— de 210 millones de pesetas».

A continuación se incluía una relación de sociedades fantasma de De la Concha y Soto que mantenían cuentas abiertas en la propia entidad bancaria, todas ellas operativas, con sus saldos a 31 de agosto de 1991. Se trataba de Katana Internacional, Viriato de Inversiones, Anónima, Indice Mil, Igna, Firena, Agropecuaria El Cijaral, AC Holding e Invertan. De todas ellas se había producido un goteo de millones, que entraban en las cuentas personales que De la Concha y Soto mantenían en la entidad, en una serie de operaciones que se pormenorizaban.

Pero el folio más impactante estaba escondido casi al final. «Recabadas diversas informaciones confidenciales, se ha podido establecer la relación entre el Grupo Ibercorp y Mariano Rubio Jiménez, a través de los ingresos que el segundo ha registrado en sus cuentas procedentes de sociedades vinculadas al primero.»

Una bomba. Se decía que esos ingresos le habían sido efectuados a Rubio en la cuenta número 46708236 que el gobernador mantenía en el Banco Ibercorp. Los abonos habían sido realizados por las sociedades AB Master, SF Trust y AC Holding [3]. En total, y según esta historia, Mariano Rubio había recibido 55 millones de pesetas en el espacio de un año. ¿Sería verdad?

Como prueba, el «señor Nebot» aportaba una fotocopia de la declaración anual de operaciones con terceros, correspondiente a las compras (adquisición de bienes y servicios) del ejercicio de 1990 de la sociedad AB Master S. L., en cuya «relación de declarados» figuraba Mariano Rubio Jiménez por un importe de 12 millones de pesetas. Me extrañó que el impreso estuviera escrito a mano, con rotulador negro, y sin ningún tipo de firma o sello de recepción en la oficina de Hacienda correspondiente.

Aquello olía a pescado rancio. No me di por satisfecho con esta prueba. El impreso era real, pero podía haber sido sustraído de cualquier oficina y rellenado a mano por un desaprensivo. No había ningún rasgo de autentificación del mismo. De todas maneras, mi particular espía tenía a punto una respuesta tranquilizadora: estaban a punto de entregarle las pruebas definitivas, las reales, que se habían demorado por una cuestión puramente accidental.

El «señor Nebot» había decidido mostrarse generoso. Cinco millones de pesetas eran muchos millones, también él había llegado a esa conclusión, y estaba dispuesto a rebajar la cifra a cuatro, pero ni uno menos, este asunto le estaba ocupando a él tiempo y dinero, colaboradores que había que pagar, temas abandonados, gastos de viaje, así que ni uno menos. Traté de hacerle ver que cuatro millones me seguían pareciendo una barbaridad, ¿qué dice tu director? Mi director no dice nada, porque yo no le he dicho nada, ¿por qué? Porque no quiero plantearle el asunto hasta tener en las manos algo más sólido que lo que me has presentado hasta ahora, ¡te parece poco!, pues te advierto que no estoy dispuesto a seguir sin un compromiso de tu periódico de asumir ese coste, por primera vez, agrio, áspero en aquella tarde oscura levantina, yo con ganas de regresar, de volver a Madrid, ganas de olvidarme de un personaje que empezaba a producirme cansancio, que había ocupado ya demasiadas horas en mi vida.

A la mañana siguiente comenté los nuevos papeles con el «gabinete Ibercorp», mi compañero Casimiro y Pedro. Unanimidad de criterio. El material de Valencia era bastante más interesante que lo recibido en el hotel Tryp Fénix, pero la prueba de esa declaración de Hacienda era muy endeble, burda incluso. Había que seguir apostando por el «señor Nebot», ver qué daba de sí. Nada perdíamos con ello. Para nosotros, el riesgo era nulo, puesto que al final la decisión de publicar o no sería nuestra. El único asunto que podía torcer este planteamiento era el dinero. Planteé la cuestión a Pedro. No hubo respuesta, pero fue suficiente aquel gesto de echarse las manos a la cabeza como quien espera el estallido de una granada de mortero.

Las pruebas, las ansiadas pruebas finales, no acababan

de llegar. A estas alturas de la historia, ya teníamos en nuestro poder todas las inscripciones registrales de las sociedades fantasma enumeradas por el «señor Nebot» en su informe del hotel Tryp Fénix. Ya conocíamos el papel clave desempeñado en todas ellas por el abogado Vázquez Padura, amigo personal de Manuel de la Concha, pero todo aquello se antojaba como el chocolate del loro comparado con la posibilidad de poder hincarle el diente al gobernador del Banco de España, poder demostrar una conexión pecuniaria entre el Grupo Ibercorp y Mariano Rubio.

De nuevo me vi enfrentado al trago de presionar al «señor Nebot» en busca de la prueba definitiva. Mi particular «inspector Clouseau» tenía una sorprendente habilidad para escurrirse cuando no le interesaba ser localizado, hasta el punto de que la letanía que recitaba aquella voz femenina de Telefónica con acento impecable, «el abonado llamado se encuentra fuera de cobertura o con su terminal apagado», se convirtió en una especie de pesadilla con la que llegué a soñar.

A partir del mes de octubre, mi presión sobre el «señor Nebot» comenzó a ser asfixiante. Trataba de apretarle las tuercas con llamadas casi diarias. Todo estaba a punto, siempre estaba a punto, pero aquel tren no acababa de entrar en agujas. Comenzamos a desconfiar del mensajero. Se trataba de papeles muy confidenciales, insistía, lo que llevaba tiempo y exigía discreción absoluta. Pasaban los días y nuestra desesperación aumentaba. Hasta que por fin el 11 de octubre se encendió la luz verde. Todo estaba a punto. Tendría que llamarle el lunes para fijar un nuevo encuentro que, estaba seguro, iba a resultar definitivo.

El encuentro que se presumía clave quedó fijado para el 18 de octubre, y esta vez tendría que viajar a Barcelona, donde quedamos para almorzar, en busca del material.

Poco antes de las dos de la tarde de aquel martes, hacía mi entrada en el lugar de la cita, el bar restaurante José Luis, Diagonal esquina Tuset, donde con su mejor sonrisa me esperaba ya el «señor Nebot» acodado en la barra, con un vaso de cerveza en la mano.

Rápidamente subimos la escalera circular que conduce al primer piso, donde está instalado el restaurante. Mi acompañante había reservado una mesa para dos personas, situada al fondo del local, que tenía el inconveniente de estar pegada a una enorme cortina que cubría toda la pared. Nos situamos frente a frente, sobre un mantel de un rosa desvaído, un humilde jarrón con pequeñas flores silvestres, simulacro de naturaleza con polvo, que casi me hizo toser cuando, ante mi sorpresa, el «señor Nebot» lo cogió resueltamente, extrajo las flores de papel, las extendió sobre la mesa como si de viejos cadáveres disecados se tratara, y procedió a examinarlas cuidadosamente, como un profesor de anatomía con su bisturí. Antes de que me atreviera a preguntar sobre el sentido de aquella acción, me espetó.

—Hay que tomar precauciones, no sea que haya algún micrófono escondido.

Pasó también su mirada escrutadora por las mesas vecinas, deteniéndose con descaro en los rostros de sus ocupantes, ¿habría algún agente secreto camuflado entre aquel ejército de funcionarios y empleados que consumían sus viandas sin el menor ceremonial?

Ordenamos la comanda con rapidez, y entramos en materia. El «señor Nebot» extrajo dos papeles que, aseguró, eran la prueba irrefutable de todo un trabajo de meses. Se trataba de las fotocopias de dos órdenes de pago internas del banco Ibercorp. En la primera de ellas, la sociedad AB Holding, S. L. ordenaba el abono de 12 millones de pesetas de su cuenta número 46703330 en favor de la cuenta número 46708236 abierta a nombre de Mariano Rubio Jiménez. La fecha del abono era el 20 de diciembre de 1990.

En la segunda, la mandante AB Holding, S. L. ordenaba igualmente el abono de 4.630.000 pesetas desde su cuenta a la número 46708143, cuyo beneficiario era Manuel de la Concha López-Isal. La fecha era el 13 de diciembre de 1990.

No había más pruebas, pero aquellas podían ser más que suficientes para protagonizar uno de los mayores escándalos de la vida política y financiera española. El «señor Nebot» debió ver mis ojos abiertos como platos, cuando con una sonrisa socarrona procedió con lentitud a doblar cuidadosamente los dos impresos e introducirlos en un sobre blanco alargado, que guardó a continuación en el bolsillo interior de su americana.

—Comprenderás que no te voy a dar la prueba sin haber llegado a un compromiso formal sobre el dinero que vais a pagarme. Todo esto cuesta dinero, yo ya he adelantado mucho y necesito recuperarlo.

Era evidente que tenía la sartén por el mango, o eso parecía, y yo no me encontraba nada inspirado para contraargumentar e invertir mi posición de inferioridad. Sólo acerté a abrir los brazos con un gesto de desaliento.

—Os voy a hacer una última oferta —dijo, mirándome fijamente a los ojos—. Tres millones de pesetas y ni una menos. Díselo a tu director en cuanto llegues a Madrid, pero quiero tener una respuesta mañana, y además la quiero por escrito. En caso contrario, ya tengo a quien colocar este material y a mucho mejor precio.

¿Se trataba de un farol? Seguramente, pero el riesgo de que acudiera con la historia entera a otra publicación era una eventualidad, un riesgo cierto, que habíamos barajado en la redacción de *El Mundo.* Nuestro misterioso informador no iba a encontrar demasiadas dificultades para colocar el material en algunos semanarios acostumbrados a pagar fuertes sumas por información simplemente escandalosa. Incluso habíamos considerado la posibilidad de que llegara a hacerlo, aun en el caso de llegar a un acuerdo con nosotros. El «señor Nebot» podía estar pensando en rentabilizar por partida doble o triple su trabajo de meses. Se me ocurrieron varios nombres de publicaciones para las que el *«affaire* Ibercorp» podía ser el gordo de Navidad. Un material de esta clase podría incluso encontrar acomodo, y a mejor precio, en más de una institución financiera dispuesta a pertrecharse de munición contra el gobernador del Banco de España.

Meses después, ya estallado el escándalo Ibercorp, sabríamos que el «señor Nebot» no hablaba en broma cuando en el restaurante José Luis, en plena Diagonal barcelonesa, amenazó con colocar su material en otras manos y a mejor precio. En realidad, para entonces lo había hecho ya.

Pero en José Luis, tras una comida detestable y ayuno de argumentos, lo único que se me ocurrió fue jugármelo todo a una carta.

—Muy bien, se lo diré a Pedro J. Ramírez, pero veo muy difícil que se avenga a razones si te guardas las pruebas, si me haces volver a Madrid sin esas fotocopias.

«Nebot» esbozó una sonrisa de suficiencia, mientras metía la mano en el bolsillo interior de su chaqueta y extraía un sobre, ¿el sobre?, que me pasó a continuación.

—Me fío de ti... Me fío de vosotros, pero quiero una respuesta inmediata. Estoy perdiendo tiempo y dinero en este asunto.

Yo estaba deseando escapar del José Luis con mi valiosa mercancía, cosa que hice cuando apenas pasaba una hora desde que nos sentamos. El «espía» no era precisamente un *gourmet*, ni el restaurante José Luis aspiraba a tanto. El comía por obligación, sin ninguna ceremonia, de la misma forma que conducía o hablaba por teléfono.

Salimos a la calle y cogí un taxi en dirección al aeropuerto. Lo primero que hice fue abrir con emoción el sobre. No sabía por qué, pero me asaltaba el temor de que «Nebot» me hubiese entregado otro sobre, gato por liebre, no precisamente el bueno. Con gran alivio comprobé que aquellas eran las fotocopias que yo había visto en su poder. O eso parecía.

En Madrid los documentos causaron parecido impacto al que experimenté yo en Barcelona. Aquello parecía la prueba definitiva. Pero había que tomar precauciones. Teníamos que asegurarnos, para empezar, de que aquellas fotocopias correspondían a impresos de uso interno en el banco Ibercorp. ¿Podían ser falsos tales impresos? Verificar, además, si las operaciones que en ellos se detallaban habían sido efectivamente realizadas iba a resultar, por lo demás, una misión imposible.

De momento, el chequeo emprendido sirvió de argumento convincente para enfriar las urgencias dinerarias del «señor Nebot». No se podía pagar por algo cuyo valor no estaba contrastado.

Pero aquella primera comprobación se mostró enseguida muy complicada. Los hombres a quienes pudimos dirigirnos habían trabajado en el grupo, pero no en el Banco Ibercorp, y por tanto desconocían el tipo de impresos y operaciones en él realizados. Airear demasiado las fotocopias, por otra parte, implicaba el riesgo de poner a los de Ibercorp sobre la pista de lo que tramábamos, dificultando o haciendo imposible la investigación posterior. ¿Qué hacer? Tras enseñar los famosos papelitos —fotocopias de fotocopias, en las que habíamos ocultado los nombres de los beneficiarios— varias veces, llegamos a la conclusión de que estábamos en un callejón sin salida.

Con el apoyo de un amigo bancario, intentamos ingresar 50.000 pesetas a favor de la cuenta número 46708236 del banco Ibercorp, a través de una sucursal del Banco Exterior de España. Si el *test* salía adelante, sería la prueba del nueve de la existencia de la cuenta en cuestión. Pero cuando nuestro amigo preguntó las claves al banco Ibercorp para efectuar el ingreso, en Velázquez 150 contestaron que aquella cuenta no correspondía a Ibercorp, y que la clave de acceso no existía. El funcionario de Ibercorp debió sospechar algo extraño, porque de forma insistente comenzó a pedir datos sobre la identidad de su comunicante. Nuestro amigo se batió en retirada de forma vergonzante, tratando de echar las culpas sobre la falta de consistencia a un supuesto cliente.

Nuestra intentona no pasó desapercibida en el Banco Ibercorp. Gustavo Barrajón, director general de la entidad, subió inmediatamente a poner en conocimiento de Manuel de la Concha el extraño caso de un sujeto que había intentado hacer una transferencia a una cuenta que no correspondía a Ibercorp. En el banco de la *beautiful* sonaban ya vientos de fronda, y la más ligera brisa hacía temblar las cuadernas de la nave.

En este tráfago nos encontrábamos cuando descubrimos un detalle increíble en las fotocopias de marras. En efecto, la entidad que figuraba como ordenante en ambas transferencias internas era una supuesta AB Holding, S. L. que no existía, parecía increíble, esa sociedad no figuraba en la plétora del «Ibercorp sumergido» que habíamos detectado. Sí existía, en cambio, una AC Holding, una simple letra, un engaño muy estudiado, una B en lugar de una C, un truco perverso para hacernos picar. Había también una AB Master, S. L. en la nómina del «Ibercorp sumergido», que poco tenía que ver en el asunto como no fuera por la evidente intención de los autores del truco de confundirnos con tanta mayúscula y llevarnos al huerto. La manipulación era evidente, alguien estaba tratando de conducirnos a un error de graves consecuencias, pero, ¿quién?

Inmediatamente entré en contacto con el «señor Nebot», quien, más que sorprendido, parecía perplejo. Le costaba entender la sutileza de la manipulación, se hacía un lío monumental con la AB y la AC, y no sabía de qué podía tratarse, quizá un error de informática, adelantó, totalmente involuntario, seguro que un error, pero yo ya no estaba para bromas, empezaba a lamentar el tiempo perdido durante los últimos meses con el caballero, y sobre todo la humillación que significaba saberme víctima de lo que parecía un engaño en toda regla.

Le exigí explicaciones inmediatas. Piqué espuelas diciéndole que aquellas fotocopias estaban falsificadas, no era posible, replicaba el «señor Nebot» con aparente convicción, su gente era de la máxima confianza, pues entonces te han engañado a ti también, desafiaba yo, imposible, llevo años trabajando con ellos en montones de casos, siempre a entera satisfacción, pues quizá hayan engañado a tus hombres, podía ser, podía ser, pero se iba a poner en movimiento enseguida, me daría todas las explicaciones, y seguía intentando quitarle importancia al cambio de letras, un asunto poco relevante para él, insistía una y otra vez.

Pronto se vio que la «operación Nebot» había entrado en vía muerta. Aquel era un pozo que se había secado, o mejor, estaba lleno, pero de agua ponzoñosa. Había, sí, un prurito de orgullo, una cuestión de amor propio en llegar a saber quién era realmente «Nebot», y si «Nebot» nos estaba engañando y por qué. Con todo, no había que descartar que su comportamiento fuera sincero, de forma que también él estuviera siendo manipulado por alguien cuya intención última sería conducirnos a un error de graves consecuencias.

Mi entusiasmo por el «señor Nebot» se enfrió considerablemente. Habíamos perdido casi toda esperanza de llegar a sacar algo en claro. Dejé de llamarle, y fue entonces cuando él empezó a hacerse presente a través del teléfono, se invirtieron los papeles, preguntaba por mí pero yo no estaba o no me ponía, se quejaba a Casimiro, tu amigo cree que le he engañado, y éste, pues sí, razones no le faltan, hasta que un día de la segunda semana de noviembre apareció en la redacción, las cinco de la tarde y por sorpresa. Le presenté entonces a Casimiro, había venido a Madrid a otros asuntos, pero quería vernos para que supiéramos que no se había olvidado del tema, quejoso, él no había engañado nunca a nadie, y yo podría comprobar al final cómo el material era bueno. Tenía un especial empeño en resolver el misterio del AC y AB Holding, y había puesto a un hombre a trabajar en Madrid exclusivamente en el asunto. Los resultados no tardarían en llegar.

Con el paso de los días, el ansia por desentrañar el «misterio Nebot» se convirtió en obsesión. Había que verle una vez más, y ésta para plantearle a cara de perro todas las dudas, pedirle explicaciones, entrar a saco en sus fuentes, indagar para quién trabajaba y quién o quiénes podían estarle suministrando información falsa.

Nuestro hombre se volvió de pronto remiso a un nuevo encuentro. Estaba esperando las pruebas finales, las que iban a despejar todas las dudas, centrando de forma definitiva el tema, estaban al caer, las esperaba de un día para otro, aquello no podía demorarse mucho, se las iban a enviar de Madrid, tenía un hombre trabajando a tiempo completo en este asunto, pero nosotros no podíamos esperar más, y el 9 de diciembre accedió a una entrevista fugaz que se realizaría en el aeropuerto del Prat.

Llegué a Barcelona ya de noche. El «señor Nebot», ataviado con una «chupa» de cuero marrón sobre una camisa amarilla y su inseparable bolso en bandolera, que le sirve para guardar «la pipa», me pareció más bajo que nunca, más chaparro. Me saludó efusivamente, parecía de la familia, el muy cabrito, y me propuso salir fuera del aeropuerto en busca de un bar, un sitio discreto, algo cercano, no, entrar en Barcelona no, el tráfico, y bien, ¿por qué no acercarnos a Castelldefels?

Así que nos introdujimos en la riada de coches que abandonaban Barcelona rumbo a la costa, los aviones en aproximación al Prat pasando en vuelo rasante sobre nuestras cabezas, en una noche suave y estrellada. Tratamos de localizar un bar tranquilo en la playa, pero todo parecía cerrado o todas las calles estaban en obras, todo en obras. Al final optamos por un *pub* convencional en el centro del pueblo, un lugar tranquilo al lado de un paseo peatonal, entre adornos que anunciaban la inminencia de la Navidad.

Sentados en dos sillones de paja casi a ras del suelo, mientras tomábamos dos *gin tonics*, aquel hombre me pareció definitivamente algo familiar, nada sofisticado, un hombre que busca excusas, disculpas, un amigo que trata de explicarse ante otro amigo, ¿podía aquel amigo haberme engañado? Aquella noche me pareció que el «señor Nebot», cada día más volcado hacia Barcelona, decía, no poseía ninguna de las cualidades que la lírica guerrera supone a los espías peligrosos. Más *mosén* que nunca, aquella noche llegó provisto de una carpetita bajo el brazo, pero esta vez una carpeta común, cincuenta pesetas de cartón azul y unas gomas, que abrió para extraer unos papeles.

Sus fuentes estaban radicadas en el Banco de España en Madrid y Barcelona, tenía fe ciega en ellas, también en su gente, habían llevado a buen puerto decenas de trabajos complicados a plena satisfacción de los clientes, ¿por qué iba ahora a desconfiar de su trabajo? Pero, ¿e Ibercorp? ¿Quién está sacando los papeles de Ibercorp? Porque ahí puede estar el origen del truco, ahí te pueden estar engañando, y a nosotros contigo...

Me extendió un papelito mecanografiado. «La cuenta

señalada con el número 46703330 corresponde a la sociedad AB Master, S. L.», aseguraba el escrito. «El por qué aparece en los justificantes bancarios el nombre de AB Holding en lugar de AB Master es algo que se desconoce. Asimismo, las firmas que aparecen en los citados documentos corresponden a Ramón Tejada y Antonio González Sosa, apoderados de la entidad.»

¿Y bien? ¿Qué es esto? Pues la explicación de lo que ha ocurrido, la respuesta a tu preocupación, ¡pero, por Dios, amigo mío, esto es una porquería, con perdón, esto no vale nada! Estamos igual que estábamos, a mí no me vale que me digas que la razón de esa manipulación «es algo que se desconoce», esto es una tomadura de pelo, no, perdona, no te pongas así, estoy intentando resolverlo, estamos buscando el documento verdadero, lo tendremos el miércoles, y estoy seguro de que se va a solucionar el problema, pero, ¿quién nos está engañando? Nadie, no nos está engañando nadie, seguro, el cambiar una letra por otra es un problema de orden interno del banco, un error del banco, ¡por favor, no, eso sí que no!, créeme, Jesús, es un error motivado por la condición de banco casi familiar y por las decenas de sociedades fantasma con las que operan, el cajero o quien haya tecleado el documento se ha confundido, ha pulsado una B en lugar de una C, no lo veas todo tan negro, Jesús, por favor, es que está negro, amigo mío, esto es una tomadura de pelo, que no, que no, déjame de plazo hasta pasado mañana, pasado mañana, te lo pido por favor.

Pero, ¿quién es tu fuente? Ya hace casi cuatro meses que nos conocemos, y creo que estoy en mi derecho a preguntarlo, el «señor Nebot» me miraba con gesto sorprendido, me lo va a preguntar Casimiro, seguro que también Pedro, es que no te lo puedo decir, es que eso es muy confidencial, pero tendré que darles alguna explicación cuando vuelva a la redacción mañana, compréndeme, me van a decir que si no conozco mi oficio, tienes que darme una respuesta, acorralado, no puedo irme sin una explicación, ¿quién nos está engañando?, asustado, ¿quién nos manipula? Hasta que por fin el «señor Nebot» comenzó a hablar, había agotado ya dos *gin tonics*, teníamos una fuente en el propio banco, en Madrid, un infiltrado, nos pasó las primeras informaciones, pero desapareció, se fue, le perdimos la pista, y nos costó mucho entrar en contacto con otro, tiene poco rango y hemos tenido que untarle, no sabemos si es de fiar, eso está claro, no es nada de fiar, amigo mío, puede que tengas razón, es una situación muy compleja, no puedes presionar a alguien que no conoces, te pide más y más dinero, pero, ¿te pasa él directamente la información a ti? No, eso no se hace nunca así, sería demasiado arriesgado, lo hacemos a través de un contacto permanente mío en Madrid, de toda confianza, pero espérate al miércoles, ya te lo he dicho, yo tengo más interés que tú en saber si nos están engañando, y he enviado a uno de mis hombres específicamente a Madrid para resolver este asunto, pasado mañana está resuelto, seguro, seguro.

El «señor Nebot» estaba de rebajas en aquella apacible noche de Castelldefels. Me regaló la inscripción registral de una sociedad denominada Terrenos y Recintos, S. A., radicada en Barcelona, que era propiedad de Manuel de la Concha y en la que al parecer había un escándalo de grandes proporciones, para ti, muy gordo, muy gordo, te lo contaré todo, y otra operación de cien millones que han hecho a través de Invertan, S. A., los dos, los dos, también te lo contaré, con todo detalle, para ti solo, y además, mira, como hemos sufrido este contratiempo, os hemos dado este pequeño disgusto, pues estoy dispuesto a rebajaros la cifra a dos millones de pesetas, ¿qué te parece? Dos millones de pesetas nada más, y entonces por primera vez el «señor Nebot» me dio cierta pena, inconsistente, blando, utilizado, ¿por quién? Me hubiera gustado ser rico para regalarle los dos «kilos», pero también tuve entonces la certeza de que aquella vía estaba agotada, fiasco total, no iba a ser posible sacar nada en claro de nuestro falso espía. Derrota.

Fue un triste regreso a Madrid, en uno de los últimos vuelos del día. Ya no esperaba nada de aquel absurdo galimatías. Cuatro meses de trabajo perdidos. Al día siguiente, martes 10 de diciembre, el «señor Nebot» llamó a media tarde hecho unas castañuelas. Tenía formidables noticias de su hombre en Madrid. Todo resuelto. En veinticuatro horas tendríamos todo el material, con las pruebas, en nuestras manos.

Pero al día siguiente, ante la insistencia de mis llamadas, el «señor Nebot» se descolgó con un relato increíble. Su hombre había tomado un taxi desde el centro de Madrid para dirigirse a Barajas con intención de coger un vuelo a Barcelona. Pero en la sala de espera del puente aéreo, ya con el billete en su poder, Luis, que así se llamaba el joven correo, había sido abordado por dos individuos que a punta de pistola, o tal parecía ser lo que escondía uno de ellos bajo un periódico que ocultaba su brazo y mano derecha, le habían obligado a acompañarles a los lavabos. Una vez allí, forzaron al hombre, muerto de miedo, a introducirse en un retrete. Con los tres encerrados en tan estrecho habitáculo, los pistoleros le arrebataron la pequeña cartera de piel que contenía los secretos de Ibercorp, y con cierta parsimonia procedieron a revisar el material, seleccionando lo que les pareció conveniente y dejando el resto para inventario. Antes de despedirse, ordenaron al afectado que no saliera del retrete antes de cinco minutos y le recomendaron que viajara en tren a Barcelona, ¿en tren?, sí, en tren, es más seguro para ti, ¡pero si no sé dónde está la estación!, pues coge un taxi y que te lleve a Chamartín...

El hombre de «Nebot» cumplió al pie de la letra el mandato de sus agresores. En la estación pudo coger un tren con destino a Barcelona, pero el joven se apeó en Zaragoza ya de madrugada para llamar al timbre de la casa de unos familiares, presa de un ataque de nervios, y rogarles que le dieran cama.

Aquella me pareció la historia más fantástica que el «señor Nebot» podía haberme contado. De no haber ocupado mi tiempo en este asunto durante meses, seguro que me hubiera parecido incluso fascinante. Pero mi ánimo no estaba para fiestas, y despedí al «señor Nebot» con cajas destempladas.

—Amigo mío, todo esto es muy poco serio.

—¿No me crees? ¿No me crees? ¿Han amenazado a uno

de mis hombres a punta de pistola y tú no me crees? ¿Me estás llamando mentiroso?

—Perdona, no te creo, y en todo caso a mí no me importa gran cosa esa historia, lo que me importa es que hace muchas semanas adquiriste el compromiso de entregarnos las pruebas y seguimos sin ellas y cada vez más metidos en líos extraños.

—Puede que para ti el que un hombre se juegue la vida por unos papeles sea un lío extraño —parecía de verdad enfadado—, pero para mí no lo es, yo estoy hablando de algo muy serio, yo he sido seguido estos días atrás en Valencia y Barcelona, me he notado seguido estos días, yo sé cuándo me siguen, lo olfateo, y estoy seguro de que a mi hombre lo han seguido desde Barcelona y le han asaltado cuando tuvieron la certeza de que ya tenía el material.

—Perdóname si te he ofendido, pero dime una cosa, ¿cómo puede un hombre que se dedica a esos menesteres, y que por tanto debe estar acostumbrado a tomar medidas de seguridad, llevar encima durante varias horas el material que acaba de recibir, sin ocurrírsele hacer una fotocopia y depositarla en lugar seguro?

—No lo ha hecho, de acuerdo, un fallo, pero parece que todo lo ves muy sencillo, ¿tú lo haces siempre todo bien?

—Ni hablar, por desgracia, pero el resultado es que no tenemos nada. Estamos como antes, como hace semanas.

—No te preocupes, hombre, no te preocupes, que se va a poder reconstruir todo...

—¿Y cómo?

—Pues pidiéndolo en el mismo sitio donde sacamos lo anterior.

—Mira, querido «Nebot», yo creo que debemos poner fin a este juego. Ya he perdido demasiado el tiempo contigo. Adiós.

Fue un triste final de una relación en la que yo mismo llegué a menudo a confundir ficción con realidad. A partir de entonces, y hasta el final por muerte lenta de la «vía Nebot», sería Casimiro quien mantendría línea abierta con nuestro frustrado agente secreto.

El hombre trató de congraciarse con él, le pasó información colateral interesante del Grupo Ibercorp, información cierta. Algún papel, pistas, datos. De vez en cuando preguntaba por mí, ¿dónde está Jesús? Pero yo había decidido pasar la página. Un día remitió una curiosa carta, carta de amigo quejoso, «estoy muy ofendido con Jesús, porque no ha sabido apreciar mi trabajo...» Estábamos a punto de doblar enero, y para entonces el «señor Nebot» había rebajado ya sus pretensiones económicas a ochocientas mil pesetas, pero ni una menos, ni una. A fin de mes su figura se fue haciendo una reliquia, ante la potente irrupción de una verdadera «garganta profunda» en el caso Ibercorp. Pero, ¿quién nos había engañado? Manuel de la Concha se estaba partiendo de risa.

NOTAS AL CAPITULO TRES

[1] «En mayo de 1990», señalaba el autor del informe, «Ibercorp se deshacía en elogios para Uralita, aconsejando la compra de títulos sin limitaciones, según la disponibilidad de cada bolsillo. Según Ibercorp, en enero de 1991 Uralita cotizaría por encima de las 4.000 pesetas. El precio medio por acción es, en la actualidad y desde hace meses, de 1.480 pesetas, sin que jamás se haya alcanzado, ni por asomo, la cotización aventurada en su informe.»

«A través de Ibercorp se compraron 80 millones nominales de "uralitas", con una pérdida para los clientes de Nirmal, Dad y Gestemar del 21 por ciento al día de la fecha. La operación denota una evidente dosis de "amiguismo" en la persona del presidente de la compañía estrella del grupo March, el ex ministro de la UCD Juan Antonio García Díez, amigo personal de Manuel de la Concha, Jaime Soto y del gobernador del Banco de España, Mariano Rubio, que resultó determinante a la hora de recomendar la inversión.»

[2] Se detallaban las cantidades y fechas en que ambas firmas habían recibido envíos, a través de cuentas abiertas en el propio banco Ibercorp (número 46708925 para AB Master, y 46709144 para SF Trust) de distintas sociedades del Grupo, así del propio Banco Ibercorp, como de Ibercorp Gestión, de Igna, de Firena, de Agropecuaria El Cijaral, y de Ibercorp Financiación.

[3] Según ello, AB Master había realizado en la cuenta del gobernador un abono de 12 millones de pesetas el 20/12/90, y otro de 10 millones el 4/5/91. Por su parte, SF Trust le había ingresado 16,5 millones de pesetas con fecha 8/3/91. La misma cantidad, y en idéntica fecha, le había sido transferida por AC Holding.

CAPITULO CUATRO

EN BUSCA DEL TIBURON

Sabía que no tenía otra alternativa que llamar a su viejo amigo Javier de la Rosa. Finales de julio de 1991. La fina inteligencia granadina, incisiva, sarcástica, de Matías Cortés conoce como pocas las virtudes y flaquezas del financiero catalán. El abogado sabe que hay muy poco donde elegir en este país, y llama a Barcelona, necesito hablar contigo, pues háblame, no, lo que quiero decirte no es para el teléfono, pero Matías, ¿tan importante es? Sí, esto merece de sobra un viaje a Barcelona.

Ambos se encuentran a las 9.30 de la mañana del 23 de julio en el despacho del financiero, en plena Diagonal.

—Estos están muy solos. El batacazo de la prensa les ha dejado temblando, más que un jarro de agua fría. Creían que tenían amigos y no tienen a nadie, tremendo. Yo, que he sido estas semanas como su médico de cabecera, te puedo decir que ha sido dramático ver cómo se han escondido los que supuestamente pertenecen a su grupo.

—Bueno, eso es Madrid y ese mundo de Madrid, ¿no? ¿De qué se extrañan?

En julio de 1991, los dueños de Ibercorp, que se creían con patente de corso para hacer mangas y capirotes de la legislación mercantil, que se imaginaban a salvo de las acechanzas de la prensa en razón de su proximidad al poder, prueban por primera vez la hiel de ver sus ilustres nombres cuestionados en negrita del cuerpo 36. Los Conchas y Sotos se quedan solos. ¿Dónde están las risas de Sotogrande, las cenas de Marbella, las estadías de Guadalmina? De pronto parece claro que el espíritu que anima y sirve de argamasa al clan es sólo el éxito. En esta honorable sociedad sólo funciona la solidaridad del éxito, del triunfo, pero se disgrega, se diluye como un azucarillo con la llegada de los malos tiempos, con las vacas flacas, con el fracaso.

Los dueños de Ibercorp contemplan asustados y enfadados al tiempo cómo los grandes nombres de sus supuestos amigos desaparecen de su entorno como por ensalmo, se esconden para no verse salpicados por un escándalo que intuyen, pero cuya profundidad desconocen.

De la Concha y Soto, la segunda línea de la *beautiful*, se quedan solos, como apestados. Nadie acude en su ayuda. No eran tan poderosos como parecían, ni tan invulnerables, ¿o era todo un espejismo?, se preguntaba contrito Manuel de la Concha. Sólo acude en su defensa el editor Juan Tomás de Salas, pero hubiese sido mejor que no lo hiciera. Su dialéctica entre «guapos» y «feos» horroriza el buen gusto del propio De la Concha, y contribuye a su descrédito más que otra cosa.

Paradójicamente encuentran a su lado a alguien a quien no apreciaban gran cosa. Contar con los buenos oficios de Matías Cortés es casi una bendición del cielo. Matías ha movido con pericia el timón de Ibercorp entre los bajíos de Mecalux y su propietario, el catalán José Luis Carrillo, y ahora va a prestar nuevos servicios a la causa de los Concha/Soto en la búsqueda de nuevos socios capitalistas para la aventura de Ibercorp. No había otra forma de salir del atolladero.

El drama del Grupo Ibercorp, aquel dechado de virtudes destinado en sus orígenes a causar el asombro de la comunidad financiera nacional e internacional, al tiempo que a llenar los bolsillos de sus dueños, comenzó a fraguarse en la primavera de 1989, coincidiendo con la salida de Carlos Viada y la llegada a la casa de Manuel Fernández Fontecha. Precisamente, la primera misión de envergadura encargada a éste por Manuel de la Concha será la causa de todos los males que afectarán al Grupo Ibercorp a partir de entonces.

En el mes de mayo de dicho año, una repentina alarma sacudió el grupo, ante las compras misteriosas de acciones de Sistemas Financieros (SF) que se estaban detectando en bolsa. La empresa tenía entonces 5.000 millones de pesetas de tesorería, provenientes de la venta de los activos industriales de Sistemas AF, y un balance saneado.

Manuel de la Concha, para el que Sistemas era su obra maestra, ordenó efectuar un rastreo interno para detectar quién podía estar tras aquellas órdenes de compra. Pero el resultado de la investigación fue nulo.

Tras mucho cavilar, De la Concha llegó a la conclusión de que solamente podía existir en España una persona con la audacia suficiente para intentar arrebatarles su juguete favorito, un hombre con bastante dinero como para no temer la capacidad de respuesta de un grupo tan poderoso como el suyo. Ese hombre no podía ser otro que Javier de la Rosa. No había ningún dato, ninguna base real para apoyar tal tesis, pero una deducción lógica suponía por entonces al financiero catalán detrás de cualquier operación bursátil de enjundia que estuviera en marcha en España.

Con el miedo en el cuerpo, De la Concha, Soto y Tamayo llegaron al convencimiento de que Javier de la Rosa estaba preparando una OPA sobre SF, sabiendo de antemano que ellos ya no la controlaban accionarialmente. En efecto, los dueños de Ibercorp, no contentos con haber hecho un gran patrimonio a cuenta de la empresa vendida a precio de saldo por el Urquijo, habían ido realizando sus beneficios con la venta de sus propias acciones, hasta el punto de que en la primavera de 1989 su paquete inicial del 65 por ciento en Sistemas había quedado reducido prácticamente a cero.

Para hacerse con el control de SF, Javier de la Rosa debía estar en connivencia con Carnegie, un activo banco de inversiones británico que había estado comprando paquetes de Sistemas desde 1988 y que ya contaba con un porcentaje muy importante de la empresa. Carnegie se movía en España como pez en el agua, de la mano del agresivo Marc Giacopazzi, un londinense de origen italiano que con sólo veinticinco años movía al año más de cien mil millones de pesetas desde el Reino Unido hacia nuestro país.

Ibercorp tenía la exclusiva de Carnegie en España y, como a otros *brokers* extranjeros, el dinámico departamento de Internacional le había colocado montones de acciones de SF, hasta tal punto que en 1989 tenía bajo su control más del 20 por ciento de la empresa. Bastante más que sus dueños originarios.

Los rumores de que el paquete colocado por Carnegie estaba en poder de una sola mano corrieron como la pólvora en los círculos bursátiles. Algunos artículos publicados en la prensa especializada a primeros de año consideraban a Sistemas como una de las sociedades «opables» de la bolsa española.

La sombra de Javier de la Rosa comenzó a flotar sobre la máquina de hacer dinero de Manuel de la Concha. El propio asesor de comunicación de Ibercorp, al tiempo que jefe de prensa de la Bolsa de Madrid, Jaime Sanz, se dedicó a filtrar el rumor de la OPA de Javier de la Rosa sobre SF.

A primeros de mayo de 1989, Manuel de la Concha era un manojo de nervios. «Si nos hacen una OPA es como si nos metieran un gol en casa», comentaba a sus amigos, presa del pánico.

De la Concha creyó ver la luz. Ya está, se dijo, sólo una persona del grupo con información suficiente sobre la posición accionarial de Ibercorp en Sistemas Financieros podía haber puesto sobre la pista al tiburón desconocido. En la casa había un traidor. Una constante de la casa cuando surgen problemas.

Las sospechas se dirigieron inmediatamente a las personas que trabajaban en el departamento de extranjero de Ibercorp Bolsa: Javier Fernández Galiano, Diego Prado, Alvaro Yanza y Enrique Pérez Plá. «Los chicos», como se les conocía en Ibercorp a causa de su juventud y precocidad (en torno a los veinticinco años), habían desarrollado en poco tiempo un enorme negocio canalizando inversión extranjera. Eran ambiciosos, hablaban idiomas y disfrutaban con su trabajo en la bolsa. Eran, en suma, la quintaesencia del *yuppy* triunfador y sin complejos que Tom Wolfe había elevado a los altares un año antes.

Giacopazzi acababa de formular al grupo una oferta para constituir una sociedad de valores en España, aprovechando la reforma del mercado que ya estaba en marcha y su descontento con el trato recibido diariamente por parte de Manolo de la Concha, para quien «los chicos» no eran más que unos niños de buena familia que habían tenido la suerte de trabajar a su sombra.

Pero la constitución de Carnegie en España era un peligro para Ibercorp, no sólo porque le privaba de una de sus fuentes más saneadas de ingresos (sólo con la intermediación extranjera, Ibercorp Bolsa ganaba más de setecientos millones al año), sino, y esto era lo realmente preocupante, porque con su marcha «los chicos» podían arrebatarle el control de SF.

El día 11 de mayo, los cuatro jóvenes comunicaron a Carlos Sebastián —responsable del departamento de análisis de Ibercorp Bolsa— su decisión de abandonar la casa para establecerse por su cuenta. Sebastián trasladó inmediatamente la nueva a De la Concha, quien, tajante, respondió destemplado:

—Quiero que se marchen hoy mismo.

El 17 de mayo tuvo lugar una tensa reunión en la sala de juntas de Ibercorp. Galiano, Prado, Yanza y Pérez Plá habían pedido audiencia al presidente de la empresa para anunciarle su intención de montar su propio negocio. Manuel de la Concha perdió su tradicional flema y amenazó a «los chicos» con utilizar sus influencias para que no les fuera concedida licencia para operar como sociedad de valores [1].

Las amenazas sólo tuvieron un efecto: acelerar la salida de los jóvenes de Ibercorp. Aquel 17 de mayo fue el último día que «los chicos» pusieron los pies en Velázquez 150. Sin embargo, la política de intoxicación de Manuel de la Concha dio sus frutos [2].

En pleno mes de junio, Benito Tamayo convocó a Diego

Prado a una reunión en su despacho, en la que le acusó, a él y a sus amigos, de haber montado una estrategia para quitarles SF y vendérsela a Javier de la Rosa.

Prado rechazó las acusaciones y ofreció a Tamayo un pacto: vender los títulos de Sistemas controlados por Carnegie al Grupo Ibercorp o a cualquier cliente que éste designara. Tamayo no aceptó el acuerdo. La gran estrategia antitiburón ya estaba en marcha.

En efecto, de cara a la junta de accionistas de SF que debía celebrarse en el mes de junio, De la Concha, Soto y Fernández Fontecha, nombrado secretario del consejo, pusieron manos a la obra en el diseño de un complejo plan de blindaje de la compañía.

Lo primero que había que hacer era diluir la participación del presunto tiburón. Para ello, se acordó aumentar los recursos propios de Sistemas Financieros en casi 6.000 millones de pesetas [3].

Pero la estrategia de defensa no sólo se circunscribió a la emisión de papel. Fernández Fontecha, ya plenamente integrado en su rol de abogado de confianza de De la Concha y Soto, propuso también en la junta de SF la reducción del consejo de administración a cinco miembros, lo que obligaba a tener un 20 por ciento del capital, al menos, para formar parte del mismo.

Esta operación, sin embargo, no sirvió para identificar al comprador desconocido, como tampoco el pago de una prima de asistencia a la junta de accionistas.

La propuesta de Fernández Fontecha, avalada por sus jefes, sí fue útil, en cambio, para dejar caer a un miembro tradicional del grupo: Juan José Macaya. El presidente de Sistemas AF, que había colaborado desde el principio en la conformación del grupo, ya no tenía sitio en la casa. Macaya llevaba ya bastante tiempo cuestionando la forma de actuar de los propietarios de Ibercorp. La última de sus disputas tuvo lugar precisamente con ocasión de la ampliación de capital y la emisión de convertibles diseñada por Fontecha. Para Macaya esta operación traería como consecuencia la ruina del grupo. Pero De la Concha no le dio más oportunidades para criticar sus métodos. Sencillamente lo cesó, colocando en su puesto a Benito Tamayo.

El nulo resultado de las pesquisas para descubrir al tiburón emboscado tras las compras de Carnegie, llevó a Manuel de la Concha y a Jaime Soto a agarrar el toro por los cuernos. Decidieron echar mano de Juan Peláez, marqués de Alella, amigo de Javier de la Rosa y que, a la postre, había sido abogado y secretario del consejo de SF hasta la llegada de Fontecha, para que les gestionara un encuentro con el financiero catalán.

La reunión tuvo lugar a finales del mes de junio en un restaurante madrileño. Pero De la Rosa negó cualquier implicación por su parte en la operación contra Sistemas, y mostró a los compungidos comensales su disposición a ayudarles como y cuando hiciera falta.

Fueran o no ciertas las palabras de De la Rosa, el caso es que, tras aquella reunión, las acciones de SF comenzaron a caer. Y la aparente desaparición de la amenaza no desactivó, sin embargo, la ofensiva contra los supuestos traidores en el seno del Grupo Ibercorp [4].

Fernando Escardó, abogado de Ibercorp, fue el encargado de hacer explícita y formal la acusación de traición a Sistemas que, unos meses antes, no se había atrevido a formular Manuel de la Concha. Escardó amenazó a «los chicos» con llevarles a los tribunales y denunciarles a la Comisión Nacional del Mercado de Valores por haber utilizado información confidencial y haber facilitado a Carnegie la posición accionarial del Grupo Ibercorp en SF.

La intervención del abogado Rodrigo Uría, cuñado de Diego Prado, evitó en septiembre del mismo año que la sangre llegara al río. Uría despachó el bicho de dos muletazos.

—Esto se arregla enseguida. Cogéis a vuestros clientes, yo aviso a «los chicos», y todos juntos nos vamos de la mano a ver a Croissier y a hablarle de información confidencial...

—¿Nos estás amenazando?

—¡No, sois vosotros quienes amenazáis con el juzgado!

¿Cómo podía Manuel de la Concha colocar sobre la mesa una acusación de información confidencial? Era como si el inventor de la nitroglicerina acusara a sus empleados de manejar explosivos.

Uno de los acuerdos que se adoptaron en aquellas reuniones fue la puesta en práctica del plan que Diego Prado había ofrecido a Benito Tamayo: vender las acciones controladas por Carnegie a Ibercorp [5].

La política de capitalización llevada a cabo en el verano de 1989 (ampliación de capital y emisión de convertibles) para diluir la participación de Carnegie y recobrar el control de Sistemas Financieros fue acompañada de la puesta en marcha de un complicado mecanismo para evitar que dicha operación supusiera coste alguno para los bolsillos de sus beneficiarios.

En la operación de reconquista de Sistemas, De la Concha, Soto y Tamayo, flamante presidente de la sociedad tras la junta de junio, emplearon 3.000 millones de pesetas, es decir, el 50 por ciento del papel puesto a la venta.

Si en la operación de blindaje de SF tuvo un papel destacado Fernández Fontecha, el auténtico cerebro de la estrategia paralela para recuperar el control de la sociedad a coste cero iba a ser el asesor fiscal de Jaime Soto, el abogado Rafael Vázquez Padura [6]. Estaba naciendo el Ibercorp paralelo.

Vázquez Padura iba a realizar un trabajo de filigrana. Semanas antes de que se produjera la emisión de convertibles de Sistemas, esta sociedad realizó tres depósitos en otros tantos bancos —Bankinter, Banco del Comercio y Bankers Trust— por valor de 1.000 millones de pesetas cada uno. Los depósitos se hicieron a plazo fijo y con un interés de entre el 10,57 y el 12 por ciento.

Con la garantía de dichos depósitos, los tres bancos concedieron otros tantos créditos de 1.000 millones de pesetas cada uno a tres sociedades, Sirne, Ratiol y RTS Internacional, que habían sido creadas para tal fin por el despacho del propio Padura y tenían como accionistas a otras tantas sociedades fantasma —Igna, Katana y Anónima—, creadas con capitales de 100.000 pesetas y sin actividad alguna.

Con los 3.000 millones, Sirne, Ratiol y RTS Internacional

se dedicaron a comprar acciones y convertibles de SF. Al margen de quedarse con la mitad del papel salido al mercado, logrando la recuperación del control de Sistemas y dejando fuera de juego a Carnegie y al pretendido tiburón, De la Concha, Soto y Tamayo se aseguraron un pingüe negocio [7].

Además de hacer ganar al fabuloso trío unos 1.700 millones de pesetas, la emisión de obligaciones convertibles sirvió para apuntar al negocio a los viejos amigos de toda la vida. El gobernador del Banco de España, Mariano Rubio; el ex ministro de Economía y Hacienda, Miguel Boyer, y su esposa Isabel Preysler; el también ex ministro de Economía, Juan Antonio García Díez; el ex ministro de Defensa, Alberto Oliart; el abogado Fernando Escardó, gran amigo de Rubio y de De la Concha; el presidente del Real Madrid, Ramón Mendoza, y un sinfín de nombres ilustres, deseosos de rentabilizar su dinero, fueron invitados al banquete de las convertibles de Sistemas Financieros.

Para el trío De la Concha-Soto-Tamayo, la llamada a rebato a sus amigos era mucho más que un «caramelo» a repartir de forma comunitaria entre la *beautiful people*, cuyos miembros nunca hicieron ascos a ganar unas perras. Era una llamada de socorro, envuelta en papel de seda, para evitar que un desaprensivo les arrebatara de las manos SF, su gran máquina de hacer dinero.

Al repique acudieron todos. Nombres menos frecuentes en los enjuagues de De la Concha, pero personas todas de gran patrimonio, como Alfonso Cortina, Federico Lipperheide, José Antonio Torrontegui (el marido de «Cuqui» Fierro), Germán López Madrid (que acababa de vender el concesionario de Volvo en la capital de España), Ana María de Santiago («Chita» Sobrino) y la viuda de Ruiz de Alda, Pilar Moreno, cuyo hijo, Alvaro, se había incorporado al consejo del Grupo Financiero Ibercorp tras la muerte de su padre. También el fondo de Prudential Bache gestionado por Ibercorp, el First Iberian Fund, compró casi el 10 por ciento de la emisión de convertibles.

Para celebrar el éxito de la «operación antitiburón», y como adelanto de los sustanciosos beneficios que esperaban obtener de la misma, Jaime Soto y Manuel de la Concha cumplieron uno de sus más íntimos anhelos: la compra de un avión privado.

Todos los hombres de negocios realmente importantes del país, los March, los Botín y algún que otro nuevo rico como Mario Conde, tenían ya su propia aeronave. Viajaban de un lado a otro sin tener que pasar por la humillación de utilizar los servicios de Iberia. Soto, para el que los viajes y la caza suponen las dos cosas más importantes de este mundo, estaba cansado de repetírselo a su socio y amigo.

—Tener un avión es una cuestión de nivel, Manolo, y nosotros somos el *top* en este país.

Aunque menos viajero que su *partenaire* jerezano, De la Concha tuvo finalmente que rendirse ante argumento tan demoledor. Así fue como el 27 de julio de 1989 adquirieron un Cessna Citation III de segunda mano, por el módico precio de ochocientos millones de pesetas [8].

Por supuesto, De la Concha y Soto tan sólo pagaron una pequeña parte del coste del capricho (cien millones cada uno), que ni siquiera llegaron a desembolsar, porque el avión se compró bajo la fórmula del *leasing*. Los seiscientos millones restantes fueron costeados por SF y RTS Internacional.

Pero la euforia iba a durar poco tiempo. Tres días después de la compra del Cessna, el Gobierno decidió poner en práctica las primeras medidas duras para enfriar la economía.

Efectivamente, el 30 de julio el Banco de España publicó una circular en la que limitaba el crecimiento del crédito al 10 por ciento y obligaba a todas las entidades financieras a cubrir coeficientes sobre riesgos, al igual que sucedía en la banca [9].

Aquella fue una nefasta noticia para Ibercorp. La nueva normativa, en efecto, suponía un golpe mortal para las sociedades más agresivas del grupo, Ibercorp Leasing e Ibercorp Financiaciones. Por un lado, les imposibilitaba crecer al ritmo que lo estaban haciendo. Por otro, obligaba a sus propietarios a capitalizarlas para cubrir sus riesgos. En una palabra, había que poner más dinero sobre la mesa para hacer menos negocio. Un asunto ciertamente grave.

La situación era tan acuciante que en octubre de 1989 las dos sociedades tuvieron que ampliar capital en 800 millones de pesetas cada una, para lo que se recurrió a la cada vez más exhausta tesorería de Sistemas Financieros, que, de esta forma, se hizo con el 20 por ciento de Ibercorp Leasing e Ibercorp Financiaciones. A comienzos de 1990, SF tuvo que comprar otro 10 por ciento de las dos empresas, llegando así a alcanzar su definitiva participación del 30 por ciento.

El frenazo al crecimiento de estas empresas no sólo era malo porque les impedía ganar cuota de mercado, sino porque ponía de manifiesto la mala calidad de sus riesgos. Dicho y hecho, al poco tiempo comenzaron a proliferar los fallidos y, con ellos, las pérdidas.

La luz roja de las dos sociedades financieras era sólo un síntoma de la enfermedad, mucho más grave, que aquejaba al conjunto del grupo. En efecto, a pesar de la buena acogida que tuvo la emisión de obligaciones convertibles de Sistemas, la ampliación de capital puesta en marcha en el mes de agosto no cautivó a casi nadie. Hasta tal punto que la mitad del papel puesto a la venta (1.481 millones de pesetas) tuvo que ser adquirido por la propia sociedad para su autocartera, evitando así que la cotización se desplomara, lo que hubiera arruinado al trío y a todos sus amigos.

A pesar del fabuloso drenaje producido por SF, la cotización de sus títulos sufrió un recorte de más de 400 puntos en cinco meses.

Junto a este panorama externo realmente poco alentador, la situación interna de Sistemas, la joya del grupo, comenzaba a ser preocupante [10].

Como colofón de la mala racha que comenzaba a amenazar la buena salud de los negocios de Ibercorp, en noviembre de 1989 se produjo la incorporación al grupo de Gonzalo Milans del Bosch y seis hombres de su equipo procedentes de Banif [11].

En noviembre de 1989 se cerró el acuerdo redactado por Escardó y que suponía el ingreso de los «siete magníficos» de Banif con contratos blindados de cuatro años. Los salarios negociados por el grupo de amigos suponían para la nómina de Ibercorp Bolsa 140 millones de pesetas al año. Para cubrir esta cifra (que no incluía otras prebendas, como coches o tarjetas de crédito), Milans del Bosch y sus muchachos tendrían que haber aportado al grupo la gestión de fondos por cuantía de 25.000 millones de pesetas.

La realidad demostró que, entre los siete, sólo consiguieron atraer desde Banif patrimonios valorados en 3.000 millones de pesetas. Al año siguiente, Ibercorp Bolsa comenzó a sufrir en sus cuentas el desastre de esta operación, perdiendo para empezar 160 millones de pesetas.

Los operadores de bolsa bautizaron humorísticamente el desembarco de Milans y sus hombres en Ibercorp como «el timo del sotomocho».

Por primera vez desde 1986, Manuel de la Concha y Jaime Soto comenzaron a sentir el vértigo de perderlo todo. Para situar la nave en aguas seguras, tomaron la determinación de poner a la venta las sociedades financieras, acelerar la salida a bolsa de Mecalux y aguantar la cotización de Sistemas por encima del 700 por ciento, de modo que la conversión de las obligaciones no fuera un completo descalabro.

A finales de 1989 De la Concha y Soto pusieron en marcha la venta de Ibercorp Leasing e Ibercorp Financiaciones. Teodoro Bergés, máximo responsable de las dos empresas, recibió el encargo de cerrar cuanto antes la operación. Bergés entró en contacto con el banco francés Crédit Agricole a través de un *broker* domiciliado en Madrid, MGM Patricof Group, cuyo máximo responsable, Nicolás Bonilla, era un experto conocedor del sector del *leasing* [12].

Ibercorp Leasing e Ibercorp Financiaciones fueron liquidadas en un proceso relativamente rápido. En mayo de 1990 estaba ya completamente perfilada la operación, a realizar en dos fases, que se firmó el 5 de julio de dicho año. En la primera, Crédit Agricole pagó 5.234 millones de pesetas por el 70 por ciento de las dos compañías. De esta cantidad, 3.809 millones fueron a parar al Grupo Financiero Ibercorp (propietario del 43 por ciento del capital). Pero los 1.425 millones restantes fueron directamente a los bolsillos de Manuel de la

Concha, Jaime Soto y Benito Tamayo, que, entre los tres, controlaban el 27 por ciento de ambas sociedades [13].

El pago del 30 por ciento restante de ambas sociedades, propiedad de Sistemas Financieros [14], quedó aplazado al 31 de diciembre de 1994. El hecho de que vendieran sus propias acciones y las del Grupo Financiero Ibercorp, dejando aplazada la venta de los títulos en poder de SF, empresa cotizada en bolsa, es una muestra más que evidente de que De la Concha, Soto y Tamayo habían decidido liquidar a toda prisa sus participaciones personales antes de abandonar definitivamente a su suerte a los incautos accionistas que habían decidido invertir en su sociedad.

Con todo, lo más llamativo del acuerdo con Crédit Agricole fue el pago de una comisión del 8 por ciento sobre el precio mínimo de venta, unos 610 millones de pesetas, a una sociedad domiciliada en Zurich, cuyos honorarios fueron percibidos en concepto de «intermediación». La comisión fue desembolsada por el Grupo Financiero Ibercorp (unos 410 millones) y por SF (200 millones), y fue ingresada en la sociedad Unifinter. La desconocida sociedad suiza, sin embargo, jamás apareció en el escenario de las negociaciones, que fueron pilotadas siempre por Teodoro Bergés, por parte de Ibercorp, y por Jean Paul Vacogne, en nombre de Crédit Agricole [15].

Benito Tamayo era por aquellos días un hombre en el umbral de la felicidad. No sólo había ingresado sus buenos millones con la venta de su participación en las empresas, más la comisión añadida que se había metido en el bolsillo allá donde Solchaga no puede llegar, sino que, además, había reforzado su imagen como artífice de fenomenales «pelotazos» frente a sus socios. Con meliflua sonrisa, Benito no se recataba al contar a sus amigos con pelos y señales los pormenores de la operación, en un relato que siempre concluía con la misma frase:

—No es que yo haya engañado a los franceses. Es que ellos han comprado mal.

Al mismo tiempo que los dueños de Ibercorp intentaban encontrar comprador para Mecalux y vendían las dos financieras a Crédit Agricole, se produjo la compra masiva por parte de Sistemas Financieros de las acciones procedentes de la ampliación de capital lanzada en junio de 1989.

La caída de los títulos retrasó la puesta en circulación de las acciones nuevas para la conversión de las obligaciones, incumpliendo así la normativa vigente. Por fin, entre finales de 1989 y principios de 1990, se produjo la conversión de la mayoría de tales obligaciones. Hubo, sin embargo, quien se quedó fuera de juego, como el First Iberian Fund, al que no convirtieron sus títulos, provocándole una fuerte pérdida [16].

Viendo la evolución de la bolsa, la inmensa mayoría de los accionistas de Sistemas Financieros decidió poner a la venta sus títulos. Estaba comenzando a fraguarse la tragedia del Grupo Ibercorp.

Aquellos que, en su día, acudieron al reclamo del gran negocio que les ofrecía Manuel de la Concha, querían realizar sus plusvalías antes de que se las llevara el viento. En los primeros meses de 1990, con el valor todavía por encima del 900 por ciento, se podían hacer buenos duros, ya que con la conversión al 700 por ciento, aún se ganaban más de 1.000 pesetas por cada acción convertida.

Naturalmente, si todos ponían sus acciones a la venta al mismo tiempo, el negocio se venía abajo, ya que el valor no podía ser soportado *sine die* al 900 por ciento, a pesar de que ya se había puesto en marcha otro sofisticado mecanismo de autocartera para reforzar el ya existente con Sirne, Ratiol y RTS Internacional.

Entre marzo y junio de 1990 se llevaron a cabo toda una serie de operaciones que tuvieron por objeto la venta de las acciones de Manuel de la Concha, Jaime Soto, Benito Tamayo y algunos amigos importantes, a precios todavía rentables, dejando fuera a una mayoría de accionistas que son los que, a la postre, corrieron con las pérdidas originadas por las prácticas irregulares que aquéllos ordenaron.

La división entre buenos y malos (amigos y no amigos) era tan burda, que incluso las carteras de los que estaban asignados a uno y otro grupo estaban gestionadas por sociedades distintas [17].

El 90 por ciento de las operaciones que se realizaron entre los meses de marzo y junio de 1990 correspondieron a autocartera, bien porque los títulos los compró directamente Sistemas Financieros, bien porque fueron comprados por el Grupo Financiero Ibercorp [18], o bien porque los títulos fueron comprados por sociedades fantasma, creadas a tal fin por el despacho de Vázquez Padura. En esa operativa entraron, cómo no, Ratiol, Sirne y otra sociedad de nombre revelador, Sincapital. En total, la cuantía de las compras realizadas por estas tres vías en aquellos tres meses se elevó a 4.300 millones de pesetas.

Todas las sociedades fantasma creadas por Vázquez Padura, que llegó a constituir hasta veinte empresas distintas, operaban con créditos de la propia Sistemas. Su fin era doble: comprar acciones de los dueños de Ibercorp y sus amigos y, además, mantener altos los precios de los títulos para que hicieran un buen negocio con su venta. Una vez que estas sociedades cumplían su función, eran compradas por SF, que asumía así la pérdida por las minusvalías de sus carteras y sus deudas.

Los beneficiados por esta operativa no necesitan presentación: Manuel de la Concha y toda su familia (quienes vendieron acciones directamente y a través de sociedades patrimoniales como Afinbur o Terrenos y Recintos); Jaime Soto y su hermano Pedro (que vendieron a través de Padilla de Inversiones); Benito Tamayo (quien, a través de la sociedad instrumental PCP Internacional, se embolsó 125 millones); Mariano Rubio; Miguel Boyer y su esposa; los ex ministros Alberto Oliart y Juan Antonio García Díez (éste en una cuantía ridícula); y un largo etcétera en el que aparece también una misteriosa sociedad denominada Schaff Investments.

En el mes de julio de 1990, el triunvirato formado por Manuel de la Concha, Jaime Soto y Benito Tamayo había liquidado prácticamente todas sus acciones en Sistemas Financieros. Detrás suyo, el diluvio. Había llegado el momento de dejar de sostener la cotización. ¿Consecuencia? Los títulos comenzaron a caer.

En los meses siguientes, con la cotización en picado, Madrid se convirtió en un hervidero de rumores sobre nombres ilustres que habían resultado seriamente perjudicados a causa de la operación especulativa llevada a cabo en Sistemas por los dueños de Ibercorp. La primera mitad de 1991 demostró a De la Concha y Soto que el negocio estaba huero, se había acabado. Las condiciones del mercado habían empeorado, y era preciso hacer caja y salir corriendo. Se imponía llevar a cabo la triple fusión prevista, y «dar el pase» al producto resultante. La aparición, en julio de 1991, de las noticias en *El Mundo* contribuyó a empeorar la situación.

De modo que cuando Matías Cortés viajó a Barcelona, el 23 de julio de 1991, el abogado tenía muy clara su misión.

—Creo, Javier, y te lo digo de corazón, que sería bueno para ti echarles una mano. Las cifras a invertir ahí no suponen nada para ti, una coña marinera, y a cambio podrías conseguir algunas cosas que desde hace tiempo vienes persiguiendo.

—¿Quééé? ¿Quééé? ¿A qué te refieres?

—Lo sabes muy bien. Tú siempre te has quejado de no ser aceptado en ese mundo, entre esta gente, y ayudarles ahora podría franquearte definitivamente la entrada a ese club difícil y elitista de Madrid.

—Mira, a lo mejor no te lo crees, pero me importa un pito formar o no parte de ese mundo madrileño; yo miro otras cosas, por ejemplo si eso que me propones es o no negocio.

—¡Bueno, Javier, que nos conocemos hace mucho tiempo y sabemos de qué pie cojeamos todos! Claro que se trata de un negocio, como bien dices, pero además puede ir acompañado de otras ventajas que siempre te han importado, porque no me dirás que nunca te ha importado el gobernador del Banco de España y sus relaciones contigo...

—Al grano. ¿De qué se trata?

—Pues de que entraras ahí tomando un tercio del grupo.

Javier de la Rosa acepta mantener una entrevista con De

la Concha y Soto en Madrid para tratar el asunto. Lo hace ante Cortés con gesto resignado, pero en el fondo se siente encantado de pensar que la poderosa «gente guapa» de Madrid tiene que pedirle ayuda porque no hay nadie dispuesto a prestársela.

El encuentro se concreta para el día siguiente, 24 de julio, en Madrid, ya todo son prisas en Ibercorp, en un almuerzo en Jockey, el restaurante/escaparate por el que diariamente desfila el mundo del dinero madrileño para ver y ser visto. Los tres comensales toman asiento en el comedor principal, nada de saloncito privado en la primera planta, a la vista de todos, dispuestos a poner en práctica un consumado ejercicio de cinismo.

—Oye, Javier, que Matías nos ha dicho que a lo mejor tú estarías interesado en tomar una participación en...

—¡Yoooo..! No, no, a mí Matías me ha dicho lo contrario, que sois vosotros los que queréis que os eche una mano.

Se trataba de «ir a tercios», dijeron, unos 3.500 millones por el bocado, lograr una entrada de capital nuevo para dar un cambio radical al negocio, ahora emboscados tras la máscara de la ortodoxia bancaria, moverlo todo de arriba abajo. Ellos no habían sido nunca industriales, por eso habían vendido Mecalux, y tenían que concentrarse en lo que sabían hacer, banca, y para ello tenían planteada la fusión de Sistemas Financieros, Grupo Financiero Ibercorp y Banco Ibercorp. De aquella operación saldría un banco, únicamente un banco, con unos recursos propios muy interesantes [19].

—Esta es para ti una oportunidad de volver a la banca, tú que siempre has querido regresar después de tu experiencia en la Garriga-Nogués... —asegura De la Concha.

—Te equivocas, te advierto que a estas alturas me importa un bledo la banca.

—Además, ya sabes que entrar aquí conllevaría el final de tus problemas con Mariano y, en fin, cierta protección del gobernador.

—¡Yo no necesito protección de nadie, tú sí, Manolo!

—Bueno, pelillos a la mar —interviene Soto—. Creo que ésta es una buena oportunidad para ti y punto.

—Yo me lo puedo mirar como un favor a vosotros —advierte De la Rosa—. Acabo de hacer lo de la Corporación Nacional del Leasing y tengo liquidez suficiente. Es cuestión de estudiarlo. Así que podéis enviarme los números, me los miro, y ya os diré algo a la vuelta de las vacaciones.

A los pocos días Javier de la Rosa tenía en su poder cierta documentación de Ibercorp, nada exhaustivo, los Concha no se fiaban un pelo, cuatro papeles que De la Rosa no llegó a estudiar en serio durante sus vacaciones en el Caribe, porque estaba predispuesto a no entrar en la operación.

El catalán había consultado con un amigo influyente, muy bien relacionado con la alta sociedad de Madrid y los propios dueños de Ibercorp.

—Oye, mira, me han ofrecido esto... ¿qué te parece?

—Ni mirártelo.

—¡Cómo que ni mirarlo! ¿Por qué?

—Nada, ni mirártelo. Deja pasar un par de meses o tres y en septiembre les dices que no, educadamente para que no se enfaden, pero vamos, ni hablar.

—¿Pero hay algo malo, hay alguna porquería ahí dentro?

—No lo sé exactamente, pero te diré que hay gente que ha perdido dinero de forma extraña en una sociedad de estos dos. Eso debe estar podrido por dentro, y éstos pueden estar intentando pasar el muerto a otro.

A la vuelta de septiembre, coincidiendo con uno de los ataques de Juan Tomás de Salas al financiero en *Cambio 16*, éste aprovechó la oportunidad para enviar un fax a De la Concha y Soto, excusándose de todo compromiso.

Concha se sintió ofendido por el sistema empleado, y llamó por teléfono a De la Rosa.

—Comprenderás, querido Manolo, que encima de puta no voy a poner la cama. Yo no puedo entrar ahí cuando un amigo tuyo me está poniendo a caer de un burro.

—¡Mira, Javier, te he dicho muchas veces, y te lo repito ahora, que yo no tengo nada que ver con eso!

—No sé si tendrás que ver o no, pero eres consejero de

ese grupo y comprenderás que no puedo tolerar esos ataques.

Y no hubo más. O eso pensaba Javier de la Rosa.

Craso error, porque a partir de entonces el financiero, representante de la Kuwait Investment Office (KIO) en España, empezó a notar ciertas dificultades en los bancos con los que el grupo kuwaití había hecho buenos negocios hasta entonces. El Banco Santander, por ejemplo, la entidad que mejor entendió y aprovechó el fenómeno KIO en nuestro país, le cierra la espita y no le renueva algunas líneas de crédito.

Manuel Guash, el elegante Manolo Guash, el bello, educado Guash, embajador plenipotenciario de Javier de la Rosa en Madrid, presidente de la azucarera Ebro Agrícolas (grupo KIO) y consejero de Torras por delegación de De la Rosa, además de presidente *rubber & stamp* de Fasa-Renault, con importantes apoyos en el mundo de la «biutiful» madrileña, se echaba las manos a la cabeza, oye Javier, que es Mariano, ¡pero qué cosas dices, Manolo!, que sí, que me lo han jurado por activa y por pasiva, que anda por detrás sembrando cizaña...

De la Rosa se negaba a creerlo, pero Guash repetía hasta la saciedad que el culpable era Mariano, no daba más explicaciones, prefería callar lo que sabía, y sabía mucho, hasta que un sábado de la segunda mitad de septiembre, en el curso de una cena entre ambos matrimonios, Mercedes y Margarita como testigos, Manolo volvió a acusar con total determinación a Mariano Rubio, es él, lo que yo te diga, créeme, si hubieras entrado en Ibercorp no hubiera pasado esto.

El gobernador no estaba atravesando uno de sus mejores momentos. Los problemas conyugales se habían agudizado en Sotogrande, la urbanización de lujo propiedad de «los Albertos» donde Rubio había alquilado una casa a Ortiz Patiño durante el mes de agosto, al lado de la de sus buenos amigos los Garrigues (Antonio y «Fran») y los Gómez-Acebo («Paddy» e Isabel), entre otros. A primeros de septiembre, las desavenencias amenazaban convertirse en una nueva edición de la espantada protagonizada años antes por su primera mujer, Isabel Azcárate. «No le encontrarás con muy buena cara», advertían sus íntimos a quien fuera a visitarle, «pero es que tiene problemas con Carmen». El gobernador, sin embargo, estaba dispuesto a sublimar sus problemas emocionales con la misma tremenda actividad subterránea que siempre desplegó en el terreno bancario. Ahora le había tocado el turno a KIO. Se iba a arrepentir Javier de la Rosa.

A la vuelta del verano, el gobernador realizó algunos discretos comentarios sobre la situación de KIO y Javier de la Rosa ante determinadas audiencias bancarias muy selectas. Rubio aseguraba manejar información de primera mano, facilitada nada menos que por su amigo Leigh-Pemberton, gobernador del Banco de Inglaterra y hombre muy enterado, en razón de su cargo y de la importancia de las inversiones kuwaitíes en el Reino Unido, de todo lo concerniente a KIO. Según ello, la «Office» podría estar estudiando una retirada estratégica de España, entre otros motivos por las necesidades financieras derivadas de la reconstrucción del propio emirato tras la invasión iraquí. Además, la salida de Fouad Jaffar, amigo personal de De la Rosa, de la dirección de KIO-Londres, había supuesto un debilitamiento considerable de la posición de Javier en España. Sus días pueden estar contados como hombre de KIO en nuestro país.

El efecto de los comentarios de Mariano Rubio fue inmediato. La ventaja del gobernador de un banco central es que no necesita ser muy explícito a la hora de manifestar sus intenciones a un banquero. Entre sus colegas españoles, Emilio Botín era, con José María Amusátegui, entonces copresidente del BCH, el hombre más cercano al gobernador del Banco de España. Es una relación de amistad que viene de lejos, y que Emilio Botín *jr.* heredó de su padre, el viejo Emilio Botín Sanz de Sautuola y López, actualmente recluido en su castillo-residencia de Santander. Botín *junior* acababa de hacerle un favor importante a Rubio facilitándole financiación para la compra de un piso contiguo al que el gobernador y su esposa ocupan en la calle Jovellanos de Madrid. Y Botín *junior* presta oídos a las sugerencias de Rubio y cierra el grifo de la financiación al grupo Torras/

Ercros, no renovando las líneas de crédito que le tenía concedidas.

Javier de la Rosa se vio entre la espada y la pared. Más de una entidad financiera quería amortizar a toda prisa su riesgo con las sociedades del grupo KIO en España. En pleno desconcierto en la sede de Torras, el consejero delegado del Banco Santander, Rodrigo Echenique, reconoció un día a Javier de la Rosa la situación. El financiero, sometido a la humillación de tener que reclamar fondos frescos del emirato para tapar necesidades de tesorería, salvó la situación instrumentando un crédito *jumbo* por importe de 500 millones de dólares, 50.000 millones de pesetas, con aval de KIO, que fue concedido por el Bank of America y el Crédit Suisse. El financiero catalán canceló al tiempo todo su riesgo personal con el Santander, y prometió vengarse.

Las dificultades bancarias de KIO no llegaron a trascender a los medios de comunicación, pero mucha gente estaba convencida de que no había otra explicación para lo que estaba ocurriendo.

Las tribulaciones financieras de KIO no habían conseguido enturbiar el horizonte personal de Javier de la Rosa, que aquel otoño se sentía muy fuerte. Seguramente 1991 era el año que más dinero había ganado nunca. Personalmente no tenía problemas de liquidez, con más de 35.000 millones de pesetas listos en CNL [20] para ser utilizados. El proyecto de fusión de CNL con Tibidabo, que debía dar origen a Grand Tibidabo, estaba en marcha, y con él la progresiva entrada en órbita de Javier de la Rosa como potencia financiera individualizada, desvinculado ya de su lanzadera kuwaití.

Fracasada la «operación De la Rosa», Manuel de la Concha y Jaime Soto adoptaron a finales de octubre de 1991 una iniciativa mucho más arriesgada en busca de comprador para el futuro Banco Ibercorp resultante de la fusión de esta entidad con Sistemas Financieros y el Grupo Financiero Ibercorp, operación que las juntas de accionistas de las tres sociedades habían aprobado en el mes de junio de dicho año.

El lunes, 11 de noviembre, Manuel de la Concha llamó a la sede de Banesto, quería hablar con don Mario, sin previo aviso, Manolo Concha al aparato, me gustaría verte, tengo algo importante que contarte, pues nada, hecho, vamos a fijar hora, irá Jaime conmigo, estupendo, el banquero les cita, qué querrán estos dos, se dice mientras cuelga el teléfono, un punto intrigado.

El 14 de noviembre, De la Concha y Soto hacían su entrada en Alcalá 14, sede central del Banco Español de Crédito. La entrevista entre tan preclaros representantes de dos bandos antagónicos, trinchera contra trinchera, fue un modelo de exquisito diálogo versallesco. Los de Ibercorp educados, cordiales, muy en su papel, el futuro de la banca en España pasa por las grandes unidades, Mario, lo sabes mejor que nosotros, y los bancos pequeños y medianos lo van a tener cada día más crudo, y bueno, esto de ser banquero en pequeña escala se ha puesto realmente difícil y más que se va a poner, sospechamos, muy difícil, y el de Banesto que sí, que por supuesto, ya lo vengo diciendo yo, creo que podrán subsistir unidades muy especializadas en cierto tipo de banca, pero siempre que estén incardinadas en un gran grupo, cierto Mario, cierto, esa misma reflexión nos la hemos hecho nosotros, y eso es precisamente lo que nos trae hoy aquí, en fin, para qué más rodeos, estaríamos dispuestos a ceder la mayoría del control de Ibercorp, hemos estado pensando largamente en el socio ideal para nosotros, pensando a quién podíamos ofrecerle esto, lo hemos hablado largo y tendido, muchas veces, bancos nacionales o extranjeros, pero no hay muchas alternativas y, pues, la verdad, al único que vemos con capacidad para operar en unidades funcionales especializadas es precisamente a Banesto, así que hemos tomado la determinación de venir a hablar contigo, sí, antes de ofrecérselo a otro, antes que a otro nos hemos dicho Banesto, ya está, la mejor solución para nosotros...

Y hay un momento en que Mario Conde, su gomina impoluta, los dedos índice y pulgar de su mano derecha describiendo imposibles arabescos con un retazo de pelo, coletilla torera que le asoma tras la oreja derecha, un ir y venir de abeja obrera tejiendo y destejiendo sortijas en la nada, círculos enloquecidos, y aunque no se le mueve un músculo, que parece todo atención, está riendo por dentro, está riendo a carcajadas, viendo enfrente, casi de rodillas, a dos eximios representantes del grupo que cien veces ha querido matarle, cien, y ahora pidiendo árnica, no tienen mejor árbol donde ahorcarse, precisamente a Banesto, y Conde, que no olvida, no olvida nunca, se acuerda de aquel Manolo de la Concha ebrio de poder, del poder delegado de su amigo Rubio, de sus amigos de la «biuti», que movió Roma con Santiago en noviembre de 1987, OPA del Banco de Bilbao sobre Conde/Abelló, buscando desesperadamente acciones de Banesto para cedérselas al Bilbao a buen precio y sacar tajada, rastreando aquel macropaquete que decía poseer Javier de la Rosa, acabar con aquella pareja de *outsiders* salida de nadie sabía dónde, barrerlos, no eran nadie en el mapa del poder madrileño, y ahora la venganza, había tardado cuatro años y medio, casi cinco, en llegar, mejor así, más sabrosa, lo dice el proverbio árabe, la venganza es plato que debe tomarse frío...

Y sí, pudiera ser que nos interesara, dice Mario, habría que estudiarlo, responde por fin el banquero con gesto interesado, ha dejado de hacer bucles imposibles con su pelo, pudiera ser, mandadme los datos del banco, se los pasaré a Juan Belloso y que los vea, por supuesto el asunto tendría que ir a comisión ejecutiva, por supuesto, por supuesto, replican a dúo los de Ibercorp, no te preocupes, vas a tener toda la documentación que quieras, te la mandamos enseguida.

Que Manuel de la Concha y Jaime Soto escogieran Banesto para colocarle su «perla», no puede por menos que resultar insólito para quien haya seguido, siquiera someramente, la reciente historia financiera española. Acudir a la puerta de Mario Conde, el personaje más denostado por la «biutiful», parecía algo contra natura, cosa digna de libros de caballerías. A no ser que, como era el caso, no se tratase de una ganga, sino de un muerto de proporciones descomunales [21].

A *sensu contrario*, no menos sorprendente resulta comprobar que el banquero que con mayor ardor ha resistido el rodillo de la *beautiful* y su embestida, aprobara entrar en tratos con sus más preclaros enemigos.

¿Qué ocurrió en el otoño de 1991 para que el presidente de Banesto aceptara siquiera negociar un acuerdo de este tipo? ¿Acaso sucumbió seducido por los argumentos del ex síndico? ¿Pensó por un casual que el Banco Ibercorp le daría a Banesto la rentabilidad que por sí solo no podía alcanzar? ¿O, sencillamente, todos se volvieron locos con la caída de las hojas?

No. Todo fue mucho más sencillo, pero, a la vez, mucho más maquiavélico o, por utilizar una expresión popular, también más adecuada a la calificación de los hechos, más golfo.

En la primera semana de noviembre, Mario Conde acudió al Banco de España, a petición del gobernador, para darle cuenta de la marcha del ejercicio de su banco. El año 1991 fue un mal año para toda la banca en general y para Banesto en particular. La incipiente crisis había provocado una caída en la demanda de crédito, el número de morosos se disparó y, para colmo, los bancos estaban sufriendo todavía las consecuencias de haber elevado sus costes de pasivo con cuentas únicas, supercuentas y requetecuentas.

Todos estos problemas afectaban a Banesto de forma especial, al haber iniciado una agresiva política de crecimiento tras la ruptura de la fusión con el Banco Central. El banco presidido por Conde se había quedado además sin plusvalías de fusión y, por lo tanto, necesitaba sacar del negocio, y no de la milagrería contable, recursos suficientes como para cubrir los agujeros históricos heredados de la etapa Garnica.

Con todo, lo peor para Banesto consistía en que, como consecuencia de la creación de su grupo industrial, la Corporación Banesto tenía enquistados dos cánceres que parecían incurables: su déficit de recursos propios y su excesiva concentración de riesgos [22].

Dos asuntos que hacían bastante delicada la situación de la entidad. Si el Banco de España le hubiera forzado a cumplir estos requisitos a rajatabla, Banesto tendría que haber puesto en marcha de forma urgente una ampliación de su base de capital (empeño ciertamente difícil, dada la situación del mercado), o bien haber reducido sus beneficios en el mismo porcentaje que su déficit de recursos propios. En suma, aquello significaba dejar ese año a Banesto sin beneficios, colocando a Mario Conde en la tesitura de tener que presentarse ante sus accionistas con un lacónico «lo siento, pero este año no repartiremos dividendos».

En esta situación estaba Conde la primera semana de noviembre cuando fue a ver al gobernador del Banco de España. Pero el encuentro en la cumbre, por increíble que parezca, discurrió como una seda. Mariano Rubio, que suele recibir a los banqueros, especialmente a algunos, con cara de pocos amigos, mostróse incluso amable. Simpático y dicharachero, el gobernador parecía otro hombre. Ante ese panorama, Mario Conde, de natural chistoso, desplegó también sus dotes de encantador de serpientes.

—No te preocupes por los recursos propios, ni por la concentración de riesgos. Te voy a dar un plazo especial de seis meses a partir de diciembre para que cubras coeficientes. No voy yo ahora a ponerte la zancadilla, que bastantes enemigos tienes.

—¡Qué me vas a contar a mí, Mariano!

Ambos tenían *in mente* al ministro de Economía y Hacienda, Carlos Solchaga, que continuaba, ahora con renovados bríos, su particular duelo con Mario Conde desde que éste rechazara la OPA del Bilbao sobre Banesto.

Solchaga se había opuesto a la concesión de exenciones fiscales para la Corporación Banesto y, por aquellas fechas, mantenía una pelea a brazo partido con el banquero a cuenta de la venta de La Unión y el Fénix a la aseguradora francesa AGF, cuya autorización por parte del Ministerio de Economía y Hacienda estaba paralizada.

¿Qué acontecimiento habría hecho cambiar el humor de Mariano de forma tan llamativa? Agotada a estas alturas su capacidad de asombro, Mario Conde creyó haber dado pronto con la explicación para actitud tan solícita, ya está, no puede ser otra cosa, éste se quiere presentar a la reelección y anda buscando apoyos, trata de estar a bien con todo el mundo.

En efecto, el segundo mandato de Rubio como gobernador del Banco de España expiraba en el mes de julio de 1992, y Mariano estaba decidido a pujar por tercera vez por el sillón de Alcalá 50.

Esta explicación, con todo, no parecía suficiente para despejar totalmente el enigma. ¿Cómo era posible que mientras Carlos Solchaga intentaba acorralar a Conde para darle el puntillazo final, su fiel escudero, el gobernador, le dejara escapar concediéndole un plazo especial para cubrir coeficientes? Si Rubio hubiera forzado la mano en ese momento, con la posición de choque frontal del Ministerio de Economía contra Banesto, Conde quizá hubiera tenido que dimitir. Ofrecer al ministro Solchaga la cabeza de Conde en bandeja de plata hubiera sido para Mariano su mejor carta para lograr la reelección. Lo tenía fácil, en el punto de mira y, sin embargo, no había querido apretar el gatillo. Era como tener a tiro la pieza soñada durante años para, cuando está encañonada, dejarla escapar con un gesto galante. ¿Por qué?

Por aquellos días, Casimiro tuvo la fortuna de toparse en los alrededores del Ministerio de Economía y Hacienda con un viejo amigo que ocupa en éste un cargo relevante. Se trata de una relación intermitente pero viva, basada en la confianza y el afecto mutuo. Aquel encuentro casual iba a tener una gran trascendencia en meses venideros para el desarrollo de la investigación sobre el escándalo Ibercorp. Tras los saludos de rigor se encaminaron a una cafetería cercana para, en el amable abrazo de un café, dar un rápido repaso a las novedades más recientes de la actualidad. «El topo», como en meses venideros llamaríamos en clave a nuestra fuente en Economía, pareció mostrar un especial interés por un tema que, lógicamente, captó enseguida la atención de Casimiro.

—Hay un asunto bonito ahora, que parece tener preocupado al navarro.

—¿Cuál?

—Mario Conde ha estado en el Banco de España viendo a Mariano Rubio.

—¿Y qué tiene eso de especial?

—Pues que salieron muy amigos, que no hubo combate.

—¡Qué me dices, eso sí que es una novedad! ¿Y se sabe qué pasó para que no acabaran a hostias?

—Sí, pues que parece que Mariano ha llegado a un pacto con él.

—¿Un pacto? ¿De qué tipo?

—Desgraciadamente no lo sé, pero llama al Banco de España. Es difícil que te digan algo, pero a lo mejor te dan alguna pista. O llama a Conde a ver qué pasa.

Cuando «el topo» no quiere soltar prenda, es inútil insistir. Llega hasta donde quiere llegar y punto. Ni en el potro de tortura consentiría en decir una palabra de más. Parecía un tanto extraño que Rubio y Conde hubieran hecho las paces de repente. No había una explicación razonable para semejante alianza.

Sobre la base de aquella revelación, Casimiro comenzó a trabajar y a los pocos días tuvo información suficiente como para publicar en *El Mundo* una pequeña historia sobre el acuerdo entre ambos personajes. «El gobernador del Banco de España y el presidente de Banesto firman la paz», aseguraba el titular del diario aparecido el 7 de noviembre.

Antes del mediodía, Casimiro ya había tomado conciencia cabal de la importancia de la noticia que había redactado como una más. Estaba claro que había tocado fibra sensible.

Tanto el presidente de Banesto como el gobernador del Banco de España llamaron aquella mañana a la redacción de *El Mundo.* La preocupación de ambos, sobre todo del gobernador, parecía desmesurada. Quien haya trabajado alguna vez en la información económica, podrá atestiguar que Mariano Rubio, con alguna singular excepción, no acostumbra a telefonear a los periodistas. Un gobernador de un banco central no puede rebajarse tanto. Y cuando quiere dar un recado se dirige siempre al editor o al director del medio. Pero aquel 7 de noviembre de 1991 llamó personalmente.

—No le voy a preguntar de dónde ha salido esa información, porque sé que no me lo va a decir, pero quiero que usted sepa que hay temas que afectan a las entidades que son confidenciales y que no es bueno que se vayan contando por ahí o que se publiquen.

Seco y conciso, como siempre, Rubio estaba preocupado por la repercusión que la noticia pudiera tener en el Ministerio de Economía y Hacienda. ¿Qué opinión tendría Solchaga de ese pacto?

En plena luna de miel entre el Banco de España y Banesto, la documentación sobre el grupo Ibercorp recaló en la ensenada de Banesto como habían prometido De la Concha y Soto. Conde remitió la documentación a su consejero delegado, Juan Belloso, y se olvidó momentáneamente del asunto hasta que, a primeros de diciembre, una nueva llamada de Manuel de la Concha le devolvió repentinamente a la memoria el envite Ibercorp, oye Manolo, perdona, no hemos resuelto todavía nada, lo estamos mirando, no, Mario, no te preocupes, quería comentarte otra cosa, y es que me gustaría verte de nuevo porque tenemos un problema de autocartera en una de nuestras sociedades y quería pedirte que nos ayudaras a solucionarlo.

De la Concha pidió a Conde que Banesto adquiriera un cinco por ciento del capital de Sistemas Financieros [23]. Era un suculento aperitivo del gran banquete que, necesariamente, habría de venir después con la compra de todo el grupo.

Si alguna duda le quedaba al presidente de Banesto sobre la repentina fiebre amistosa del gobernador del Banco de España hacia su persona, la segunda visita de Manolo de la Concha la despejó totalmente. Durante los meses de diciembre y enero, rara era la semana en que no recalaba en los predios del banquero el testimonio de alguna cena, reunión o ágape en que el gobernador no hubiera resaltado discretamente las virtudes de Conde y su buen hacer en Banesto, siempre incidentalmente, como de pasada, siempre cerca de algún espía, de alguien que pudiera poner a Conde al corriente del buen tono vital de la autoridad monetaria hacia su persona.

La otra cara del pacto, el precio que tenía que pagar por la paz, no era otro que la compra de Ibercorp. Unos 14.000 millones de pesetas. Ese era el precio en que Mariano Rubio tasó la cabeza de Conde.

Pero el banquero pensó que su testa valía mucho más y estaba decidido a comprarla. La primera letra de esa curiosa transacción se pagó el 27 de diciembre de 1991, cuando Corpobank, una sociedad de la Corporación Banesto, compró Beut y Supraholding, dos empresas que, además de autocartera de Sistemas Financieros, tenían unas deudas de 800 millones de pesetas. Antes de dar el visto bueno a la compra, Conde consultó con el gobernador del Banco de España. La operación no era cualquier cosa. Banesto, un banco con problemas de recursos propios, iba a adquirir el cinco por ciento de una sociedad en práctica situación de quiebra. Aquello necesitaba el permiso de la autoridad. No hubo problema: el placet le fue concedido con la mayor naturalidad.

Pero Conde estaba dispuesto a rentabilizar aún más su favor a los «biutifuls», porque antes de aprobar la compra de aquella autocartera exigió a los dueños de Ibercorp que la operación se hiciera con pacto de recompra, lo que convertía la transacción en un simple «aparcamiento» de acciones. A punto de cerrar los balances anuales, la situación de los amigos de Rubio era tan apurada, que no tuvieron más remedio que aceptar una operativa que atenta contra el Derecho Mercantil. Mario Conde los tenía ya bien prendidos en sus redes.

Para Sistemas Financieros, la adquisición de esas sociedades suponía una forma de enmascarar ante la Comisión Nacional del Mercado de Valores una autocartera que sobrepasaba con creces los límites legalmente permitidos. Conde tenía claro el juego que estaba jugando el gobernador.

Por esas fechas, Mariano Rubio ya tenía conocimiento de un primer informe de la inspección del Banco de España sobre el Banco Ibercorp (el correspondiente a todo el grupo se terminaría posteriormente). En dicho informe, elaborado por la inspectora María Luisa Tallón, se dice claramente que el valor del 400 por ciento establecido para el canje de las acciones del Banco Ibercorp en la fusión con Sistemas Financieros y con el Grupo Financiero Ibercorp es «arbitrario».

Por lo tanto, la cifra de 4.000 millones en la que sus dueños valoraban el banco no se correspondía con su valor real, mucho menor [24].

A la vuelta de la Navidad, la decisión en torno a la operación planteada por los dueños de Ibercorp estaba clara en Banesto. Juan Belloso no había necesitado demasiado tiempo para saber que aquel era un negocio poco o nada interesante para su banco. ¿Qué podía aportar Ibercorp al Español de Crédito? Aquel era un banco de *goodwill*, con muy poca banca tradicional, pocos acreedores, poca inversión, y unos profesionales dedicados a un tipo de actividad que Banesto ya tenía cubierta con Bandesco.

Con la decisión del «no» ya tomada, el asunto pasó a una comisión ejecutiva abierta. Entre las miradas de sorpresa de alguno de los presentes, Conde presentó la operación de forma circunspecta, se ha recibido este ofrecimiento, comprar Ibercorp, sí, sí, comprar Ibercorp, pero hemos estado estudiándolo y hemos llegado a la conclusión de que al banco no le aportaría nada esta compra, Ibercorp sólo tiene ahora *badwill*, no nos interesa.

La respuesta oficial de Banesto estaba lista a mediados de enero. Por entonces, en Velázquez 150 ya habían dado por descontada la negativa y estaban en contacto con otros potenciales compradores. A primeros de febrero, De la Concha y Soto viajaron en un par de ocasiones a París para negociar con la Banque D'Argill.

Mario Conde dio telefónicamente su «no» definitivo a la compra de Ibercorp el 12 de febrero. Jaime Soto escuchó la noticia de forma resignada, porque las desgracias nunca vienen solas. Aquel día la «bomba» Ibercorp había estallado en las páginas de *El Mundo*.

[1] La amenaza fue acompañada de una dura acusación. Ante la sorpresa de los allí reunidos, De la Concha les echó en cara haber sido copartícipes en una operación de tiburoneo sobre Dragados y Construcciones. El hombre fuerte de Ibercorp se guardó en aquella reunión el verdadero motivo de sus miedos y se sacó de la manga una compra masiva de acciones de Dragados para Carnegie, intermediada por Ibercorp Bolsa, con el objetivo de vender el paquete de la constructora a Javier de la Rosa, dejando fuera de juego a su tradicional accionista, el Banco Central.

[2] A los tres días, un periódico nacional recogía el rumor de la compra de acciones de Dragados por Carnegie y su pretendida oferta a Javier de la Rosa. La ofensiva contra los traidores no había hecho más que comenzar. De la Concha y Benito Tamayo llamaron personalmente a los clientes extranjeros de Ibercorp para ponerles sobre aviso de las malas artes de sus, hasta entonces, fieles empleados.

[3] Una parte se cubriría con la emisión de obligaciones convertibles que se lanzó ese mismo mes de junio, por 3.000 millones de pesetas. La otra con una ampliación de capital con prima del 700 por ciento, que se puso en marcha en agosto por 2.828 millones de pesetas. Los fondos propios quedarían de esta forma consolidados en 12.000 millones de pesetas.

[4] Manuel de la Concha movió sus influencias en el Ministerio de Economía y Hacienda y en la Comisión Nacional del Mercado de Valores para paralizar la autorización administrativa a Carnegie. Hasta finales de diciembre de 1989, siete meses después de haber cursado la solicitud, la Comisión no autorizó la constitución de Carnegie España.

[5] La primera de dichas operaciones se fijó para el 23 de octubre. Tamayo se comprometió a comprar para unos clientes de Ibercorp un porcentaje de aquellos títulos a un precio determinado. El día de la operación, cuando ya todo estaba listo, Sistemas sufrió una fuerte caída en la bolsa y Tamayo no respetó su compromiso. Quiso cerrar la operación al

precio del día y no al precio pactado. «Los chicos» tuvieron que comprar el paquete de Sistemas a su cliente con una pérdida de seis millones de pesetas. El incumplimiento del acuerdo, en aquella primera operación experimental, provocó que Carnegie no volviera a operar más con Ibercorp Bolsa para la colocación de sus acciones de Sistemas Financieros.

[6] El despacho de Vázquez Padura es conocido en Madrid por ser uno de los más efectivos en el montaje de sistemas para no pagar impuestos. Vázquez Padura es un ambicioso letrado muy conocido en el mundo inmobiliario. Tras el secuestro de Emiliano Revilla por parte de ETA, fue asesor de la familia, y también ha sido representante legal de otros, como «Puchi» Montenegro, una de las mayores fortunas españolas, amasada en los años del *boom*.

[7] El precio de conversión de las obligaciones era del 700 por ciento, igual que la prima de emisión de la ampliación de capital. En esos momentos, verano de 1989, las acciones de Sistemas Financieros cotizaban al 1.300 por ciento. Los tres socios habían previsto que el efecto dilución haría bajar el valor en torno al 1.100, con lo que las plusvalías generadas por convertibles y acciones compradas por Sirne, Ratiol y RTS Internacional hubieran supuesto para el trío De la Concha-Soto-Tamayo unos 400 puntos por acción. Es decir, que además de recuperar el control de Sistemas Financieros, podían ganar con esta operación unos 570 millones de pesetas cada uno.

[8] El aparato fue comprado a Lynton Aviation, propiedad de Frank Williams, dueño de la escudería de Fórmula 1 del mismo nombre, y donde trabajaba Christopher Tennant, amigo personal de Manuel de la Concha.

[9] El objetivo de estas medidas era restringir el aumento del consumo, que había sustituido a la inversión como motor del crecimiento y era el principal causante del recalentamiento de la economía.

[10] En efecto, Sistemas Financieros contaba con una autocartera de 1.481 millones de pesetas y tenía pignorados los depósitos de 3.000 millones que habían servido de contrapartida a las sociedades Sirne, Ratiol y RTS Internacional para la compra de acciones y convertibles. Además había tenido que hacer frente a unas inversiones improductivas de 1.600 millones en Ibercorp Leasing e Ibercorp Financiaciones para sus respectivas ampliaciones de capital; había destinado otros 300 millones a comprar a De la Concha y Soto el 7,5 por ciento del Banco Ibercorp; y, por si fuera poco, había firmado un acuerdo leonino con el Grupo Financiero Ibercorp por el que se comprometía a pagar a esta sociedad todos los años el 2,5 por ciento de su patrimonio en concepto de retribución por la gestión y administración de sus bienes.

[11] Dos meses antes, Claudio Boada, como presidente del Hispano, había puesto en marcha la transformación de la histórica sociedad de gestión creada por Ruiz de Alda en el banco, cumpliendo así uno de los viejos anhelos del fundador, que ya en sus tiempos soñó con convertir Banif

en el Banco Financiero, que tal era la denominación elegida, lo que le fue impedido por el entonces ministro Barrera de Irimo.

Milans del Bosch, presidente de Banif, había pretendido la presidencia del banco, lo que no consintió Boada, que nombró para el cargo a Javier Sampío, un hombre del Hispano de toda la vida. Enfadado con Boada, Milans llamó a su amigo el abogado Fernando Escardó, para que negociase con De la Concha y Soto su incorporación al Grupo Ibercorp.

[12] Los franceses, deseosos de crecer en España, vieron en estas dos empresas una buena plataforma para conseguir su objetivo, y el director general del Crédit Agricole en España, Jean Paul Vacogne, tomó directamente el mando de la negociación con Bergés a partir de diciembre de 1989.

[13] Utilizando un método habitual, ninguno de ellos tenía las acciones a su nombre, sino en tres sociedades de curiosa denominación. Manuel de la Concha ingresó en diversos cheques del Crédit Agricole en AB Master un total de 475 millones de pesetas. Soto cobró otros 475 millones a través de AC Holding, y Tamayo hizo lo propio con sus 475 millones en SF Trust.

[14] El precio de ese paquete se fijó en función de resultados, quedando comprendido entre un mínimo de 2.400 y un máximo de 4.800 millones de pesetas. Esto implica que las dos empresas fundadas en 1988 con un capital de 125 millones fueron vendidas a un precio mínimo de 7.634 millones.

[15] El contrato de la sociedad que se embolsó 610 millones de pesetas como comisión fue redactado por Dionisio Martínez, el experto fiscalista que ya había asesorado al grupo en otras operaciones, como la venta de los activos industriales de Sistemas AF a Steelcase Strafor.

[16] La SEC (Securities & Exchange Commission) multó a Iberiancorp Gestión (sociedad creada para gestionar el fondo norteamericano por Ibercorp) con 300.000 dólares, aunque este asunto fue convenientemente silenciado ante la opinión pública.

[17] Los tocados por la diosa Fortuna (los clientes de Manuel de la Concha de toda la vida) tenían sus dineros en la Sociedad de Valores y Bolsa Ibercorp; los abandonados a su suerte estaban adscritos a Ibercorp Cartera, una sociedad de gestión perteneciente al Grupo Ibercorp. Los primeros no tenían contrato de gestión firmado con la sociedad; los segundos sí. En el primer paquete había 25 personas y sociedades; en el segundo, 40.

[18] El Grupo Financiero Ibercorp esfumó de esta forma 1.800 millones de las plusvalías obtenidas por la venta de su participación en Ibercorp Leasing e Ibercorp Financiaciones a Crédit Agricole.

[19] Según el proyecto de fusión redactado conjuntamente por Dionisio Martínez (asesor fiscal de Manuel de la Concha y de Mariano Rubio, entre otros ilustres) y por Manuel Fernández Fontecha, secretario de los consejos del Banco Ibercorp y de Sistemas Financieros, y que tiene fecha de 20 de marzo de 1991, el valor patrimonial del Banco Ibercorp era de

14.386 millones de pesetas. Por su parte, el informe elaborado por el auditor de Price Waterhouse, José Wahnon Levy, señala que el Banco Ibercorp nacía tras la fusión con unos recursos propios de 10.898 millones de pesetas.

Estas cifras dan idea de la magnitud del negocio que De la Concha y sus socios se traían entre manos en la segunda mitad de 1991 y que justificaba, al menos sobre el papel, la tasación de 14.000 millones como precio del tinglado.

[20] Consorcio Nacional del Leasing.

[21] Precisamente por esas fechas ya estaban trabajando en el chequeo a fondo del grupo Ibercorp los sabuesos del servicio de inspección del Banco de España, un asunto que tendrá graves repercusiones algunos meses más tarde.

[22] Cada participación industrial de los bancos debe estar cubierta por un porcentaje de capital propio o reservas, que son variables en función del tipo de empresa de que se trate. Es algo así como un depósito de garantía para evitar que los bancos tomen riesgos muy superiores a su tamaño. Además, para impedir que las entidades den préstamos sin medida a sus empresas filiales, el Banco de España tiene establecido un límite a la concentración de riesgos con sus sociedades participadas.

[23] Las acciones a las que se refería Manuel de la Concha estaban depositadas en las sociedades Beut y Supraholding, dos de los veinte engendros societarios debidos a la mente del abogado Rafael Vázquez Padura para ocultar la inmensa autocartera de Sistemas, y entre ambas tenían un total de 147.638 acciones, compradas con créditos concedidos por la propia SF.

[24] Entre otros jugosos detalles, en dicho informe se hace referencia a una operación por la cual el Banco Ibercorp concede un crédito de 580 millones de pesetas a Manuel de la Concha al cero por ciento de interés para la compra de acciones del propio Banco Ibercorp a un precio del 400 por ciento que, a la postre, sirvió como referencia para establecer el precio total del banco en la ecuación de canje de la fusión.

CAPITULO CINCO

DINAMITA PARA SEMPERE

El miércoles 2 de octubre de 1991, Javier de la Rosa llamó por teléfono a Luis Sempere, el jefe del gabinete del ministro Solchaga. Tenía algo importante en su poder, unos documentos, material muy comprometedor para el gobernador del Banco de España, se disculpaba el catalán, me lo ha dado un accionista del Consorcio Nacional del Leasing (CNL) que quiere vengarse, no sé qué me ha contado de una putada que le hizo Mariano, pero yo no tengo nada que ver, yo lo pongo en vuestras manos y no quiero saber nada, lo hago por ayudar a Carlos, porque lo que dice ahí es muy duro y puede ser un escándalo, si empieza a correr por ahí puede ser una bomba, os aviso para que estéis advertidos, pero yo me quito de en medio, si eso es verdad podría salpicar a Carlos, inefable Javier, tira la piedra y esconde la mano, se arrepiente enseguida, le gusta meterse en líos sin saber cómo salir del atolladero, le gustaría vengarse de Mariano por lo que le ha hecho con KIO, pero no sabe cómo, y llega a imaginar que pueda ser el ministro quien le dé un capón, lo ponga contra la pared, sin pensar que lo que el ministro hará enseguida será poner en conocimiento de Mariano lo ocurrido, los papeles que hay por ahí rodando, y si no es el ministro será el mismo Sempere, faltaría más.

El financiero remite con uno de los hombres de su escolta un sobre cerrado para entregar en mano a Luis Sempere.

Allí van cuatro folios con una relación de empresas desconocidas que han efectuado abonos a favor de Mariano Rubio en una cuenta que aparentemente el gobernador tiene abierta en el Banco Ibercorp. Figuran también abonos de las mismas sociedades a favor de Jaime Soto y Manuel de la Concha. Como prueba se aporta una fotocopia de la declaración anual de operaciones con terceros de la sociedad A. B. Master, correspondiente al ejercicio de 1990, en la que esta empresa declara un pago a Rubio de doce millones de pesetas.

Cuando, meses después del estallido del escándalo Ibercorp, tuvimos conocimiento de este dato, el recuerdo del enigmático «señor Nebot», y su fallido trabajo de meses con Jesús, acudió de forma inmediata a nuestra memoria. La descripción de los papeles que el financiero catalán entregó a Sempere se corresponde al pie de la letra con parte del material que el «señor Nebot» puso a nuestra disposición a mediados de septiembre de 1991. Siempre sospechamos que el «espía» intentaría vender ese material a otras publicaciones para rentabilizar sus idas y venidas. De hecho, el decalaje que aplicó a sus pretensiones dinerarias con nosotros sólo podía tener esta explicación: «Nebot» pensaba —lo estaba haciendo ya— sacar provecho a su trabajo por otras vías. Al final supimos que el «dossier» en cuestión había recalado en más de un medio de comunicación madrileño. Es muy probable que, en todo o en parte, llegara igualmente a manos de Javier de la Rosa, un hombre que podía permitirse el lujo de pagar por el material sin regatear el precio. El «señor Nebot», en la mejor tradición del carácter mercantil valenciano, había sabido rentabilizar adecuadamente sus desvelos en la investigación de los misterios de Ibercorp.

La iniciativa de Javier de la Rosa, sin embargo, tendría gran trascendencia, porque al acudir a Luis Sempere, el poderoso «ama de llaves» del ministro Solchaga, con ese material falso sobre Ibercorp y Mariano Rubio, estaba sembrando la semilla de un embrollo fenomenal que meses después daría a los dueños de Ibercorp la oportunidad de montar su fabulosa «teoría de la conspiración» en torno al escándalo. De la Rosa, que podría haber sido un convidado de piedra en todo el *affaire*, se había metido voluntariamente en la boca del lobo.

Como era de esperar, el «dossier» aterrizó enseguida sobre la mesa de despacho de Rubio, poniendo en guardia al gobernador. Mariano, justamente alarmado, tocó a rebato y convocó a sus mesnadas a una reunión urgente que, en forma de cena, tuvo lugar en su antiguo domicilio de soltero.

Rubio no se ha desprendido de su antigua casa, un piso confortable, aunque nada llamativo, situado en la calle Juan Hurtado de Mendoza de Madrid, donde vivía antes de mudarse a la casa de Carmen Posadas en Jovellanos, un piso de clase media con ciertos lujos de servicio, sí, pero sin grandes alardes de espacio, muebles, cuadros, etc. Pero aquella noche del martes, 8 de octubre de 1991, el gobernador no ha citado a sus amigos Jaime Soto, Manuel de la Concha y Juan Tomás de Salas, para hablar de pintura manierista, sino para ponerlos firmes como jefe espiritual del clan que es, está furioso, hay un «dossier» sobre Ibercorp circulando por ahí, que no cazáis ni una, acusa Mariano, nos van a crucificar a todos, tocándoos la barriga, ahora ya está claro por qué arremetió *El Mundo* en julio, y me voy a ver metido en un lío de consecuencias imprevisibles por tu necedad, Manolo, cruzado de brazos, hay que hacer algo, tienes que moverte, tenéis que sacarme a mí del embrollo, me juego la renovación, y no quiero verme encajonado por vuestra torpeza, en medio, sin comerlo ni beberlo.

Meses después, ya estallado el escándalo, Rubio relatará a un amigo con gesto irritado el punto que consideró fundamental de aquella cena.

—Y entonces toma la palabra Juan Tomás y se nos presenta como un Supermán, como un auténtico Supermán. No había nada que temer, porque allí estaba él, él lo podía todo, nada de qué preocuparse, sin darse cuenta de que ya no es nadie, él hundiría *El Mundo* en dos meses, que ya no está en condiciones de impresionar a nadie, a él Cacho no le aguantaba un «round», nos dijo, textual, éste se ha creído que estábamos a mediados de los setenta, pero lo que él diga no cuenta, ya no le importa a nadie, está desacreditado, y el caso es que en vez de ayudarnos nos ha hecho un daño tremendo, el muy idiota.

Lo que no dijo Rubio a su confidente es que él y sus amigos de convite creyeron a pies juntillas la canción que tan convencido recitó Juan Tomás de Salas, le dieron pábulo, no había nada que temer, se lo creyeron. Mucho más grave aún, en aquella cena Mariano Rubio repartió funciones. Había que acudir a una división racional del trabajo, a un reparto de tareas, a una labor de equipo. Había que neutralizar a *El Mundo* y a su director, Pedro J. Ramírez, y había que hacer lo propio con Jesús Cacho.

El gobernador, como gran estratega, se encargó de iniciar un movimiento envolvente por arriba. Había que dirigirse a los accionistas italianos del periódico, él es una autoridad del Estado, tendrían que escucharle. La Fiat tiene intereses importantes en España y no podría correr el riesgo de verse enfrentada a lo más granado, a las fuerzas vivas del *establishment* español. Además, siempre podrá, piensa, disfrazar su iniciativa como una mediación en la que está interesado el mismísimo Gobierno español, casi una cuestión de Estado.

Habrá también, piensa Mariano, que tocar el palo de Mario Conde, nunca sabe uno lo que puede estar maquinando Mario, aunque esta vez, asediado como está por problemas de coeficientes, Rubio cree tenerlo atado y bien atado.

En cuanto a De la Rosa habrá que pasarle factura de forma definitiva, destruirlo, sencillamente. Es un intrigante que parece dotado de una extraña capacidad de romper los cercos y reírse de todos. Ahora las va a pagar todas juntas, incluida la tomadura de pelo que nos dedicó cuando la OPA de Banesto, se va a enterar.

Los hombres de Ibercorp tendrán también que moverse en el entorno de Cacho, qué amigos tiene, dónde están sus cuentas bancarias, cuáles son sus debilidades, cómo se le puede tocar. Quizá pueda pararse el golpe actuando con inteligencia, pero también habrá que tener lista la artillería pesada llegado el caso.

El editor, el Supermán del grupo, recibe la misión de

comenzar a hostigar a *El Mundo* de forma inmediata. En la segunda mitad de febrero, Casimiro recibirá un día una llamada anónima, en la cual, alguien que parecía estar muy enterado, relató cómo el chófer de Mariano Rubio oyó parlamentar a la salida de dicha cena al gobernador con Juan Tomás, y cómo Salas tenía por misión «cargarse a *El Mundo*».

Juan Tomás de Salas se convertirá en el brazo armado editorial del grupo, pero habría que mover otros palillos, lograr otros apoyos importantes en el mundo editorial, gente de primera como Jesús Polanco, es amigo nuestro, tendrá que mojarse.

Rubio está decidido a poner toda la carne en el asador. Cree que éste es un envite con el punto de mira puesto en el 24 de julio, fecha en que termina su segundo mandato. Mariano está convencido de que alguien está interesado en frustrar una tercera reelección para el cargo. Si repasa el panorama madrileño, podría encontrar no uno sino cinco, quizá diez grupos o personas con dinero e influencias suficientes para intentar volar su cabeza. Pero él quiere seguir un tercer mandato. Está decidido. A Carmen le gusta el poder y él quiere darle ese regalo, y está seguro de que nadie conseguirá, a él, a Mariano Rubio, el hombre con más poder del sistema financiero español desde hace más de diez años, apartarle de ese camino.

De hecho, Rubio ya ha empezado a hacer campaña activa por la reelección, ha empezado a mover sus peones, ha tomado compromisos públicos que dan claramente a entender su decisión de continuar en el cargo.

Cuenta con apoyos importantes. Jesús Polanco, el «ciudadano Kane» de la comunicación española, manifestaba a unos amigos en el curso de una cena celebrada en Tenerife durante la pasada Navidad, su disposición a respaldar a Rubio.

—Yo le voy a apoyar, pero lo tiene difícil.

Sabe que cuenta con el respaldo de Carlos Solchaga. Rubio es un gobernador acomodaticio para Solchaga, pero ya han llegado a él algunos rumores preocupantes que apuntan a que tampoco le van a faltar enemigos a la renovación dentro del propio Gobierno socialista. Mariano puede haber encontrado su más duro escollo en el vicepresidente Narcís Serra. El catalán ha decidido no apoyar la renovación de Rubio; más aún, espoleado por algunos de sus influyentes amigos del «clan catalán» del PSOE, Serra está decidido a cerrar el paso a Mariano Rubio para un tercer mandato. Esta va a ser la primera batalla importante que Serra va a librar con Carlos Solchaga, y el vicepresidente está decidido a poner toda la carne en el asador para ganarla. A Narcís, como a Napoleón, le gustan las batallas planteadas con gran despliegue de medios, con perspectiva, a largo plazo. Y sabe que este combate no puede perderlo.

Las distintas ramas del clan se ponen a trabajar. El 7 de noviembre Fernando Soto, director general a cargo de la imagen del Banco Popular, llamó por teléfono a José Antonio Sánchez, uno de los socios de la firma de comunicación e imagen Asesores 2.000, para pedirle que hiciera el favor de telefonear a su hermano Jaime, interesado en hablar con él.

Un «tic» de emoción recorrió el cuerpo de Sánchez. ¿Significaba esa llamada que los poderosos amos de Ibercorp estaban pensando en contratar los servicios de su joven empresa? Aquella mañana de noviembre, tal posibilidad parecía demasiado bonita para ser cierta.

Jaime Soto telefoneó poco después de las 12 de mediodía. Era la primera vez que José Antonio, un periodista que tres años y medio antes había abandonado la plantilla de *Diario 16* para montar su propia empresa, hablaba con Soto o con cualquiera de los famosos propietarios de Ibercorp.

—He oído hablar mucho y muy bien de ti y de tu empresa, José Antonio, y me gustaría conocerte.

El hombre de Ibercorp parecía tener prisa, así que a las 4.30 de la tarde del mismo día, Sánchez cruzaba el zaguán de Velázquez 150 para mantener un encuentro inesperado.

En la sala de juntas de la sexta planta, los tres pesos pesados del grupo, De la Concha, Soto y Tamayo esperaban a aquel joven que se había abierto camino en el mundo del periodismo a base de mordiscos. Aquello era mucho más de lo que Sánchez hubiera podido imaginar.

El visitante recibe como salutación una andanada de elogios de sus anfitriones. Jamás había escuchado José Antonio tantos parabienes de tan egregios personajes en tan corto espacio de tiempo. Un mar de halagos capaces de hacer naufragar la embarcación más segura. ¿Qué es lo que andaban buscando?

—Como habrás podido ver, después de la publicación de algunas cosas recientes en prensa, nosotros tenemos un problema de imagen —asegura De la Concha—. Nunca hemos tenido a alguien que nos echara una mano en estos temas y ahora creemos que ha llegado el momento de hacer algo, porque vamos a llevar a cabo la fusión de Sistemas Financieros, Banco Ibercorp y Grupo Financiero Ibercorp, que es una operación muy importante para nosotros, y nos gustaría hacerlo y venderlo muy bien a la opinión pública.

Durante cerca de una hora, los dueños de Ibercorp explicaron a su visitante la situación del grupo, los problemas principales, la salida de algunos ejecutivos que habían dañado la imagen de la casa y la aparente fuga de información que esto había producido. Hasta que llegó la pregunta clave.

—¿Podrías hacerte cargo de Ibercorp?

—Hombre, no puedo negaros que para mí es una satisfacción que gente como vosotros se haya acordado de una empresa joven como la nuestra, pero dicho esto hay algunos problemas previos a tratar. Como creo sabéis, trabajamos con una firma de vuestra competencia, de forma que tendríamos que consultarlo previamente con ellos. Pero además, sabéis que tengo dos socios con quienes debería tratar y discutir la cuestión, aparte, evidentemente, de que tendríamos que conocer muchísimo mejor vuestra situación.

—Por supuesto, por supuesto, pero no creo que hubiera ningún problema con esa competencia que citas, porque ya hemos hablado con ellos y están de acuerdo.

José Antonio Sánchez salió con su ego plenamente satisfecho de Velázquez 150, y con algunos interrogantes que le producían cierto desasosiego difícilmente explicable tras aquel baño de adulación. La oferta parecía muy tentadora para una empresa como la suya que estaba tratando de afianzarse en el mercado. Aquello podía significar un importante paso adelante en la consolidación del proyecto de Asesores 2.000. Pero, ¿por qué a nosotros?

Aquella misma semana, José Antonio comentó la novedad a su amigo Jesús Cacho.

—Mira, José Antonio, reconozco que es una oportunidad muy interesante para tu empresa, y no te voy a presionar en absoluto si decides aceptar la oferta, pero este asunto puede traer cola.

—¿Por qué?

—Porque Casimiro y yo llevamos varios meses siguiendo una línea de investigación en torno a Ibercorp, y en cuanto tengamos las pruebas que andamos persiguiendo, vamos a salir a fondo en *El Mundo* con el asunto, y es evidente que en tal caso íbamos a chocar de forma inevitable.

Aquella semana los socios de Asesores, muy bien relacionados en las esferas del poder, consultaron con algunas gentes importantes la posibilidad de aceptar la oferta de Ibercorp. Las respuestas fueron cautelosas.

A las 4.30 de la tarde del 14 de noviembre, los tres socios de Asesores 2.000, José Antonio Sánchez, Roberto Santos y Andy Hazell se sentaban en la sala de juntas de Ibercorp para asistir a una representación casi exacta de los planteamientos expuestos por De la Concha y compañía justo una semana antes.

Pero la decisión de rechazar la oferta ya estaba tomada. Sobre los tres amigos gravitaba una sospecha de difícil respuesta. ¿Por qué razón los poderosos de Ibercorp mostraban tal empeño en contratar los servicios de Asesores 2.000 a cualquier precio? La reunión iba a cobrar de repente un cierto dramatismo. De la Concha, poco acostumbrado a escuchar «noes», parecía el amante despechado que acaba de recibir calabazas.

—No entiendo por qué no queréis aceptar, por qué no queréis ayudarnos —enfatizaba, molesto—. Voy a pensar que es verdad lo que dijo *Cambio 16* hace meses sobre que estáis contra nosotros, de que formáis parte de una conspiración contra Ibercorp, porque, vamos a ver, ¿Asesores 2.000 es una sociedad que está en el mercado?

—Evidentemente —responde José Antonio, sintiéndose prendido en la tenaza argumental del ex síndico.

—Pues entonces, perdona que te diga que no lo entiendo, no entiendo por qué no aceptáis un contrato como el que os proponemos, por qué rechazáis esta oportunidad.

—Pues es muy fácil de entender, Manolo —interviene Roberto Santos con frialdad—, y no hay ningún misterio en ello. En primer lugar, pensamos que al tener ya un cliente que trabaja en vuestro sector, no queremos vernos en la posibilidad de caer en algún conflicto de intereses que pudiera llegar a plantearse.

—¡Pero ya os dijimos que eso estaba resuelto...!

—No, perdona, nosotros no pensamos eso. Pero hay más, y me vas a permitir que os hable con franqueza. Yo no sé si vosotros habéis acudido a Asesores 2.000 pensando que vamos a poder controlar el diario *El Mundo* y más concretamente a Jesús Cacho, en razón a la amistad que une a los aquí presentes con ese señor, pero si así fuera quiero deciros que estáis equivocados. Nosotros ni queremos ni podemos controlar a *El Mundo*. No es nuestro trabajo, y en cuanto a...

—¡Pero quién ha dicho aquí semejante cosa!

—No lo ha dicho nadie, Manolo, perdona, pero, por si alguien lo está pensando, que sepa que nuestro trabajo consiste en proponer estrategias a nuestros clientes en diversos campos, entre ellos el de la comunicación, pero no influir en periódicos o periodistas, y desde luego, una cosa es la profesión y otra las relaciones de amistad que alguno de nosotros pudiera tener con determinados periodistas. Y además, hay una tercera razón, e importante, y es que no creemos que en las actuales circunstancias nuestra empresa sea la más indicada para hacerse cargo de vosotros. Este es un «bebé» que está creciendo y cuyo desarrollo queremos controlar con calma, llevándolo paso a paso.

—Bueno, o sea, que no estáis dispuestos a ayudarnos —asume De la Concha aparentemente resignado—. Y si no sois vosotros, ¿quién?, ¿podríais recomendarnos a alguien?, ¿se os ocurre algo?

—Hombre, hay una empresa en la que nosotros participamos accionarialmente, que se llama Imagen y Comunicación (I & C), y que podría servirte perfectamente.

—¿De quién es eso?

—De un viejo conocido tuyo, Jesús Carrillo, un hombre que se ha especializado en Bolsa.

—¡Hombre, Carrillo, estupendo...! —exclama De la Concha.

Jesús Carrillo, un viejo lobo del periodismo bursátil, se llevó una buena sorpresa cuando tuvo conocimiento del eventual encargo. Por un lado, estaba convencido de que Ibercorp era un cliente con serios problemas de imagen, con un nivel de comunicación muy poco fluido con la prensa, lo cual no parecía muy lógico después de que Manuel de la Concha hubiera ocupado la presidencia de la Bolsa de Madrid durante muchos años, y de haber iniciado la reforma del mercado bursátil. Pero I & C estaba dando sus primeros pasos en el mundo de la comunicación, y no podía permitirse el lujo de elegir cliente.

El 19 de noviembre, en la sede de Ibercorp, los dueños de Asesores 2.000 hicieron la presentación de Carrillo y su empresa ante Manuel de la Concha. Dos viejos conocidos de la Bolsa volvían a encontrarse. El 28 de noviembre, Ibercorp e I & C firmaban un contrato de asesoramiento.

De la Concha parecía encantado con la alternativa propuesta por su nuevo amigo José Antonio Sánchez, a quien seguía regalando los oídos con los mejores elogios. Para los fines que perseguía su estrategia, tanto monta monta tanto Asesores 2.000 como I & C. Lo importante era tener a mano a José Antonio Sánchez.

Durante el mes de diciembre, I & C se enfrascó en la realización de una auditoría destinada a conocer la situación de Ibercorp desde el punto de vista de su imagen externa, al tiempo que elaboró un plan de comunicación en el que, de entrada, se proponían algunas medidas con el objetivo de evitar la fuga de información, así como las acciones concretas con los medios de comunicación. El trabajo fue entregado a De la Concha el 8 de enero de 1992.

La nueva amistad entre Sánchez y De la Concha se selló el 7 de enero con un almuerzo en el restaurante El Pescador. El *alter ego* de Mariano Rubio se manifestaba rendido a los encantos de su amigo José Antonio, y éste se dejaba seducir por el vértigo de ver a un millonario de tamaño pedigrí aparentemente a sus pies.

Al ágape asistieron Jaime Soto y Roberto Santos. Al calor del albariño y los mariscos gallegos, Manolo realizó algunas confidencias que venían a sellar lo que parecía una sólida alianza tácita entre aquel joven agresivo y un pilar del *establishment* tan notorio como Manuel de la Concha.

O eso pensaba el propio De la Concha cuando pagaba la cuenta. Y cuando se despedía con abrazos de su nuevo amigo, deseándole lo mejor para un año nuevo «que será muy positivo para nuestra incipiente relación personal». Los de Ibercorp montaron en su BMW convencidos de que el temperamental José Antonio había quedado bien prendido en sus redes. Y con él, debía estarlo su socio y amigo, Roberto Santos. El esfuerzo había merecido la pena si la situación quedaba definitivamente controlada.

Mientras Manolo de la Concha hacía su trabajo, Mariano Rubio cumplía con el suyo. Aquella mañana de noviembre la cara de Pedro J. Ramírez revelaba un estado de excitación inusual en un hombre como él, acostumbrado ya a los juegos subterráneos de las presiones del poder. Eran las 11 de la mañana del 13 de noviembre de 1991 y el director de *El Mundo* había reunido en su despacho a su círculo más íntimo de colaboradores para hacerles partícipes de un acontecimiento insospechado.

Acababa de recibir desde Milán una llamada urgente de Gianni d'Angelo. El director general de la división internacional de la editorial italiana Rizzoli, editora del *Corriere della*

Sera milanés, quería verlo con urgencia para hacerle partícipe de una situación inesperada, un tema muy importante que afectaba al periódico.

—Pero, ¿no podemos hablarlo por teléfono?

—No, Pedro, el asunto es tan grave como para merecer un viaje a Madrid.

—Y ¿no me puedes decir al menos de qué se trata? Al menos, para hacerme una idea, porque me dejas en ascuas...

—De presiones al máximo nivel contra tu periódico.

El representante del Grupo Rizzoli, mayor accionista individual de Unidad Editorial S. A., sociedad editora de *El Mundo*, y el director del periódico quedaron citados para almorzar en el restuarante Fortuny pocos días después. A mesa y mantel puesto, el 19 de noviembre el italiano planteó sin más dilación el motivo de su apresurado viaje.

Mariano Rubio había pedido expresamente un encuentro con Cesare Romiti, segundo hombre de la Fiat y mano derecha del gran patrón Giovanni Agnelli, para hablar del diario madrileño *El Mundo* por encargo del Gobierno español. Según la tesis adelantada por el gobernador del Banco de España, el Ejecutivo español estaba seriamente preocupado por la línea informativa seguida por el periódico, y quería hacer partícipe de esa preocupación al primer accionista del diario.

La Fiat es el accionista minoritario más importante del Grupo Gemina, que a su vez es el accionista mayoritario del Grupo Rizzoli, con cerca del 80 por ciento del capital social. En este intrincado decalaje accionarial, es evidente que la voz del patrón de la Fiat, el *abocatto* Agnelli, es escuchada con devoción en el seno tanto de Gemina como de Rizzoli. El gobernador español conocía de sobra ese extremo: para presionar a Rizzoli, nadie con más títulos que la propia Fiat y nadie mejor que el propio Agnelli o su mano derecha, Cesare Romiti.

El caso es que Romiti, un tanto extrañado por los mensajes del gobernador español en las últimas semanas, había remitido la petición al entorno de Rizzoli, de manera que los ejecutivos de la editorial habían tomado cartas en el asunto con el interés que les era natural.

Gianni d'Angelo quería saber quién era Mariano Rubio, y en qué contexto el gobernador se presentaba como embajador del Gobierno de Madrid para hablar sobre el *El Mundo.* Quería conocer al detalle qué acontecimientos se habían producido o se estaban gestando en España para dar lugar a una iniciativa de ese tipo. En Milán intuían que Rubio tenía que estar movido por razones muy poderosas para adoptar una decisión tan arriesgada como para viajar a Italia a hablar con Romiti en nombre del Gobierno español. Al final del túnel estaba la lógica preocupación de los italianos por el futuro de los 4.500 millones de pesetas pagados por el 45 por ciento de Unidad Editorial, una inversión que en pocos meses se había revelado como un acierto de notables perspectivas a corto plazo.

Pedro explicó a su interlocutor los pormenores de la personalidad del gobernador, su condición de cabeza visible de la llamada *beautiful people*, uno de los más importantes, si no el que más, grupos de presión españoles, las relaciones de este grupo con el poder político y su estatus. El periodista se extendió en las particulares relaciones de Rubio con gente de dudosa trayectoria como Manuel de la Concha o Juan Tomás de Salas, y describió con cierto detalle alguno de los recientes escándalos financieros, caso del BCCI o el BEF, en los que había sido cuestionada la participación de destacadas figuras de aquel grupo, como Juan Antonio García Díez o Carlos Bustelo, y la conducta del propio gobernador, asuntos en los que *El Mundo* había adoptado una posición muy crítica. Finalmente, y con el «señor Nebot» *in mente*, aludió a la investigación en torno a Ibercorp en la que el diario se encontraba inmerso desde hacía meses, adelantando su sospecha de que tras la iniciativa italiana de Rubio podía encontrarse el fantasma de Ibercorp y su personal temor a las revelaciones que de ella pudieran derivarse.

La pregunta, con todo, seguía en el aire. ¿Qué asunto de tanta importancia podía haber movilizado al gobernador hasta el punto de exponerse a viajar a Italia con esa embajada? Algo muy gordo, sin duda. ¿Se trataba de Ibercorp? La hipótesis sólo servía para añadir nuevas cotas de interés a la investigación en marcha con el «señor Nebot».

Las noticias no tardaron en llegar otra vez de Italia. El día 27 de noviembre Pedro J. Ramírez se sentaba a almorzar de nuevo en el restaurante Fortuny de Madrid, pero esta vez con Giorgio Fattori, presidente del *Corriere della Sera*, el primer diario italiano.

Mariano Rubio había viajado ya a Milán y se había sentado al fin con Romiti. El hombre fuerte de Fiat, aún no repuesto de su sorpresa, había transmitido a Rizzoli un resumen telegráfico de la gestión del gobernador del Banco de España, a quien había despedido con puras palabras de cortesía: «*El Mundo* es un periódico desestabilizador para la democracia española porque simpatiza con el terrorismo de ETA, lo cual es motivo de profunda preocupación para el Gobierno español.»

—¿Pero él tiene alguna queja concreta?

—Sí, claro, él se pregunta por qué el diario está contra él personalmente.

—¿Y ha vertido alguna amenaza contra Fiat más o menos explícita?

—No, en absoluto, por lo que me han contado, se trata de algo muy suave, muy diplomático.

—Pero no entiendo muy bien lo que está tratando de hacer, lo que busca.

—Seguramente hay razones que desconocemos ahora mismo, pero está claro que está enfrascado, es una presión digamos diplomática sobre Fiat y Rizzoli, para que a su vez nosotros presionemos a *El Mundo*.

La loca iniciativa de Mariano era una valiosa carta en manos de Pedro J. Ramírez, que el periodista se dispuso a guardar en su bocamanga para utilizar en el momento adecuado. La torpeza de Rubio había deparado algunas notables ventajas al periódico. Ahora ya sabían en Sánchez Pacheco por dónde iban los tiros, y además habían comprobado que en Italia contaban con unos socios de confianza, dispuestos a jugar limpio y a apostar por el tipo de periodismo que había inspirado el nacimiento del diario.

CAPITULO SEIS

¡VOY A MORIR MATANDO!

¿Cómo imaginar que aquella comida concertada con un buen amigo para divertirnos, se iba a convertir en el principio de una guerra, una especie de Sarajevo local cuyos efectos durarían muchos meses?

El 27 de enero quedé citado para almorzar con Jesús Carrillo en el restaurante La Ancha. La investigación sobre los manejos de Ibercorp había avanzado lo suficiente como para saber que el «día D» estaba cerca. Habíamos llegado ya a los cafés de una comida agradable y se me planteó un problema de conciencia. ¿Despedirme de mi tocayo como si nada ocurriera, dejándole ir en la ignorancia de la tormenta que se cernía sobre su cliente? Aquel me parecía un comportamiento poco caballeroso para con un amigo, sobre todo, teniendo en cuenta que, de acuerdo con nuestros cálculos, dentro de algunos días tendríamos que llamarle para que nos preparara una entrevista con Manuel de la Concha.

Decidí ponerle al corriente de lo que ocurría, aun siendo consciente de que ello destapaba la caja de los truenos, que significaba el comienzo de las hostilidades. Fue un amargo final de fiesta para Carrillo.

—¿No mc puedes decir nada más?

—Jesús, ahora mismo sólo puedo anunciarte que estamos a punto de concluir una investigación importante, que afecta muy directamente a tus clientes de Ibercorp y a algunos de sus amigos, como el gobernador del Banco de España.

—¿Pero no puedes adelantarme de qué va?

—Lo siento. Pero quiero que tengas claro que estarás informado de los pasos que vayamos a adoptar, y que te llamaremos muy pronto para que nos pongas en contacto con De la Concha con el objeto de chequear la información.

Como me temía, aquella misma tarde comenzaron las hostilidades. Jesús Carrillo se apresuró a poner a su jefe al corriente de la situación.

Y a renglón seguido, Manuel de la Concha llamaba alarmado a Asesores 2.000. Quería hablar con José Antonio Sánchez. La tormenta había estallado.

—Me ha informado Carrillo de que tu amigo Jesús Cacho está preparando una información muy grave contra nosotros. ¿Tú sabes algo de eso?

—No, pero puedo enterarme.

—Por favor, mira a ver de qué se trata, porque aquí estamos muy preocupados.

De la Concha y Sánchez quedaron citados al día siguiente para almorzar en La Misión, una ermita de adobe color pastel, con reminiscencias californianas y humilde espadaña donde anida una campana, perdida en un recodo de la populosa M-30 madrileña.

José Antonio ya tiene la información que debe pasar a su altruista amigo. El hombre que ha manejado más información confidencial sobre Bolsa que ninguna otra persona en este país; el hombre acostumbrado a comprarlo todo en este mundo porque está convencido de que todo tiene un precio, llegó a La Misión decidido a zanjar de una vez por todas el problema Cacho.

El envite es importante. Está a punto de cerrar la operación de venta de un paquete de Ibercorp a través de la banca parisina D'Argill, y a punto también de recibir las exenciones fiscales de la triple fusión planteada dentro del grupo. La situación interna es muy apurada, pero tienen puestas todas sus esperanzas en esa fusión que, una vez realizada, debe permitirles vender el nuevo Banco Ibercorp a alguna gran entidad extranjera, en la mejor técnica del «pase» que con tanta perfección dominan. Del envite que van a hacer en los próximos meses los señoritos de Ibercorp pueden salir multimillonarios o arruinados. Todo o casi nada. El fiel de la balanza depende ahora del silencio y la discreción, de que no estalle ningún escándalo en la prensa.

Manolo inicia su parlamento antes incluso de ordenar la comanda y se extiende en minuciosas descripciones de su pasado, sus problemas con Paloma Altolaguirre, el drama de su separación matrimonial, el dinero que le ha costado, su lucha por traer las libertades a España, y fíjate cómo está el país, de asco, dan ganas de marcharse al extranjero, la injusta persecución de que es objeto la «biutiful» por parte de cierta prensa, su enfado con Juan Tomás de Salas que le ha llevado a abandonar el consejo del Grupo 16, la historia de Ibercorp, la frustración que siente con algunos de sus colaboradores y amigos...

José Antonio asistía entre asustado y complacido a tal nivel de sinceramiento. Sospechaba que aquel río plagado de confidencias sólo podía desembocar en la petición de un favor, un gran favor tan elemental como peligroso.

—Bueno, José Antonio, ¿qué has averiguado? ¿Has hablado con tu amigo? ¡Qué coño quiere hacernos ahora!

—Como te adelanté ayer, Jesús y Casimiro están detrás de un asunto bastante grave que afecta al gobernador. Parece que según la información que tienen, Mariano ha hecho operaciones raras en Bolsa a través de Ibercorp y ha recibido dinero tuyo en varias ocasiones.

—¡Pero no me digas eso! ¡Están locos! Eso es una calumnia, un montaje, y por acabar con Mariano están dispuestos a llevarse por delante a quien sea. José Antonio, tienes que ayudarme. Mira, no estoy dispuesto a callarme, ya me da igual todo, sé que voy a morir, por supuesto, pero te garantizo que me voy a llevar por delante a unos cuantos, te lo juro, porque estoy harto, harto.

—Tranquilo, hombre, que todo tiene arreglo en esta vida. Al fin y al cabo, lo que están haciendo es una investigación. Tú me pides ayuda y yo estoy dispuesto a ayudarte y con mucho gusto, pero me gustaría saber si efectivamente existe alguna relación entre Mariano e Ibercorp, si hay algo que ocultar o, por el contrario, se trata de un montaje como dices. Cuanto más sepa, más podré ayudarte.

—Evidentemente que existe una relación, José Antonio. Mariano y yo somos amigos de toda la vida. Yo me he ocupado desde hace muchos años de sus ahorros, y claro que tiene su cartera en Ibercorp, de la que me ocupo yo personalmente, aunque me ha prohibido invertir en valores bancarios, por supuesto, ¡pero que yo sepa no es ilegal ni está prohibido que el gobernador invierta sus ahorros en Bolsa!

—Naturalmente que no, estaría bueno, cada uno invierte donde quiere, pero claro, éstos dicen que Mariano ha ganado un montón de dinero...

—¡Pero no me fastidies! ¡Mariano ha ganado cuatro perras! Que, por cierto, se ha gastado entre el divorcio, la boda, el piso y las vacaciones.

—Pues si eso es así, lo mejor es que des la cara, Manolo. Si no hay nada delictivo de por medio, no tienes por qué preocuparte. Yo te monto una reunión con Jesús y Casimiro, les explicas todo esto, y listo. Eso sí, creo que debes advertir al gobernador y punto.

—¿Advertir al gobernador?

—Claro, me parece elemental, ¿qué te va a decir?

—¡Pues qué me va a decir, que soy gilipollas...!

—Pero, ¿por qué?

—¡Pues por todo lo que está ocurriendo, José Antonio, por todo, no sólo por esta barbaridad de los de *El Mundo*! Yo he pecado de ingenuo, te lo juro, pero como no tengo nada que ocultar no estoy dispuesto a consentirlo, no señor, pero dime, ¿qué podemos hacer, José Antonio? ¿Cómo podemos arreglarlo? Esto hay que evitarlo como sea.

—Mira, Jesús es una persona muy abierta y estoy seguro de que está dispuesto a escucharte. A lo mejor, es verdad que les han intoxicado, y por eso te insisto que te sientes con ellos y les demuestres que están mal informados.

—¡Ni hablar, ni hablar! Esto es más grave de lo que tú te imaginas. Esto es muy grave y tienes que intentar arreglarlo como sea, es tu amigo, te lo pido por favor, aquí hay mucho dinero en juego, pero mucho dinero...

—Manolo, yo conozco bien a Jesús y la única forma de arreglar el asunto es recibiéndole y hablando con él, insisto.

—¡Que no, que no me fío! Que ya me ha hecho unas cuantas putadas. Mira lo que pasó en julio, que le recibimos a él y a Casimiro porque estaba de por medio un común amigo, y al final sólo sirvió para que nos dieran más leña. ¡Son unos cabrones y no quiero volver a verlos!

—Yo creo que te equivocas.

—Mira, José Antonio, te voy a hablar claro, sé que eres muy amigo suyo y por eso quiero que le adviertas que sabemos que él y Javier de la Rosa están detrás de todo lo que nos está pasando. Hace tiempo que los tenemos detectados. El verano pasado me robaron un ordenador personal donde yo tenía almacenados algunos datos...

—Pero y eso, ¿lo has denunciado?

—Por supuesto, a Interior. Y a la oficina principal resulta que vino haciendo pesquisas el famoso policía «Billy el Niño», lo tenemos identificado y sabemos que trabaja para De la Rosa. Sí, hombre, sabemos que detrás de todo anda este tío, que va manejando un dossier y tiene en nómina a mucha gente. A los dos los tenemos controlados desde este verano, que también nosotros nos hemos preparado, ¿o qué te piensas?, y sabemos que hace poco han estado juntos en Suiza, en Zurich, y que estas Navidades se han reunido en Baqueira. Lo sabemos todo y estamos dispuestos a denunciarlo, adviérteselo, porque voy a morir matando.

El honorable Manuel de la Concha, que ha visto fracasada su estrategia de acercamiento a Asesores 2.000 con un único objetivo, que sospecha que no podrá arrancar a su interlocutor de La Misión ninguna promesa en firme para controlar (comprar) a Cacho, ha decidido arremeter, tirar por la calle de en medio de la amenaza.

—Yo creo que estás muy equivocado, Manolo. Ya os advertimos cuando quisisteis contratar a Asesores que si con ello pensabais controlar a Cacho ibais mal encaminados, porque a éste no lo controla nadie. Y dudo mucho que un hombre como De la Rosa ande metido en este berenjenal. Yo más bien me inclino a pensar que la información esté saliendo de dentro de tu empresa, de gente de dentro, como hablamos el otro día. No creo que sacando de madre el asunto puedas arreglarlo.

—¡Son ellos quienes lo han desmadrado! Son ellos los que me quieren hundir, quieren hacerme una putada inmensa simplemente por ser amigo de Mariano Rubio. Pero una cosa te digo —el semblante del dueño de Ibercorp se ha vuelto turbio—, tengo apoyos muy poderosos y no me dejaré avasallar fácilmente. Y tengo al Grupo 16 conmigo, y tengo a *El País*, adviérteselo a tu amigo, José Antonio, que moriré matando, moriré matando...

Mientras José Antonio pagaba la cuenta, se compromete a intentar hablar de nuevo con Jesús Cacho, y a poner a De la Concha al corriente de lo que resulte.

Al día siguiente, jueves 30 de enero, el teléfono suena de buena mañana en casa de José Antonio Sánchez. Son poco más de las 8, pero a Manuel de la Concha le urge conocer el resultado de las averiguaciones que Sánchez haya podido efectuar la tarde-noche anterior acerca de su amigo Cacho.

—¿Cómo te fue?

—No hay ninguna novedad importante, Manolo, y todo está en línea con lo que te expliqué ayer. Están investigando un asunto que afecta al gobernador, y sospecho que no hay otra forma de actuar más que recibiendo a Cacho y a su compañero García-Abadillo.

—¡Ni hablar, ni hablar, ya te dije ayer que eso ni loco!

A hora tan temprana, el de Ibercorp parece a punto de un ataque de histeria.

—¡Voy a movilizarme ahora mismo y a poner esto en conocimiento de algunas personas importantes!

—Manolo, haz lo que creas que puede ayudarte a conseguir tu objetivo.

—Sí, sí, voy a llamar a Mariano ahora mismo. Espero que él tenga más suerte que nosotros.

Aquel jueves el gobernador estaba nervioso. De buena mañana ha parlamentado varias veces con su íntimo amigo Manuel de la Concha, y las conversaciones le han dejado el cuerpo revuelto y el espíritu alterado. Ya está al corriente de que *El Mundo* va a comenzar a disparar con una historia escandalosa que le afecta directamente.

Es consciente de la amenaza. Ese es un torpedo que apunta a su línea de flotación, destinado a hacer saltar por los aires su prevista reelección para un tercer mandato como gobernador del Banco de España. Sabe que no le queda otra alternativa que pasar a la acción, esto ya no se puede dejar en manos de Manolo, y tomar el toro por los cuernos, porque se está jugando su carrera a una carta.

Pedro J. Ramírez casi se había olvidado ya de las andanzas del gobernador por tierras italianas en busca de protección contra *El Mundo*, cuando aquel día, apenas rebasadas las 10 de la mañana, se sorprendió al recibir una llamada de Mariano Rubio. El gobernador parecía presa de una necesidad convulsiva por entrevistarse a lo largo de la jornada con el periodista, quería presentarse en el periódico, tenía que ser ese día, no te molestes Mariano, yo te veo donde tú me digas, oye, que no, Pedro, dime dónde estáis y me paso por ahí, pero hombre, Mariano, cómo vas a venir tú aquí, vamos a quedar y me acerco esta tarde por tu despacho.

No era, evidentemente, una llamada casual. Pedro captó enseguida que tras aquellas prisas se escondía un nuevo episodio relacionado con el asunto Ibercorp y, quizá, con la gestión italiana de Rubio, y así lo hizo saber a Cacho y García-Abadillo. Parecía claro. Los dueños de Ibercorp ya estaban al corriente de la feria pirotécnica que se avecinaba. El telón estaba a punto de levantarse y en Sánchez Pacheco se hacían cábalas expectantes ante el barrunto de que aquella tarde se iban a conocer, por boca del gobernador, novedades importantes.

Inmediatamente después de arreglar la cita con Pedro, Rubio decide hincarle el diente al problema Javier de la Rosa, tenía que actuar en varios frentes, éste es el culpable, De la Rosa, eso cree Manolo y eso cree él también, ha llegado el momento de ajustarle las cuentas a ese tarambana, le dejamos ir de rositas cuando la OPA del Bilbao, un error, nos engañó, reconoce Mariano enfadado a su amigo De la Concha, y ahora nos ha montado un cirio de no te menees. Hay que llamarle a capítulo, ponerle firme, y forzarle a que pare la operación de *El Mundo*, seguro que él puede, seguro.

Mariano Rubio llama a Manuel Guash para pedirle el teléfono de Javier de la Rosa, pero el catalán está aquella mañana en Madrid, y además está en Ebro, qué casualidad, está aquí Mariano, pues pásame con él, quiero verte esta tarde, sin falta, vente por aquí a las 4.30, te espero.

A la hora establecida el financiero traspasaba las pesadas puertas de hierro de la calle Alcalá para entrar en el despacho del gobernador.

Mariano parece espeso después del almuerzo, y comienza reprochando a su visitante que ande por ahí con papeles supuestamente comprometedores para su persona y las de sus amigos, yo siempre te he tratado bien, el catalán se excusa como puede, el gobernador se trabuca como nunca, y tú me pagas con una conspiración, ¿yoooo..? Sí, tú, tú estás metido en una conspiración contra mí, te has metido en un buen lío, Javier, parece que ha bebido más de la cuenta, y te advierto que de ésta no te vas a ir de rositas, los ojos enrojecidos, tensos, hay cosas que no se pueden hacer en el mundo de los negocios, un empresario no puede poner a la autoridad monetaria contra las cuerdas, tú sabes que mi cuñado, no, yo no sé nada ni me interesa, pues te lo voy a contar yo, tú sabes que mi cuñado heredó una fortuna considerable y, claro, pues la tienen en Suiza, algo que no se puede hacer, pero tampoco lo puede uno pregonar por ahí, eso no se hace entre hombres, perdona, Mariano, yo no he dicho nada de nada, ni siquiera sabía de la existencia de tu cuñado francés, sí, sí lo sabes, porque tú has estado en Zurich investigando, ¿yoooo? ¿Investigando queeeé? Sí, investigando las cuentas de mi cuñado André Laurent, la familia de mi cuñado tiene cuenta en Suiza de toda la vida, y esas cosas no se deben hacer entre hombres, y te has visto con Cacho en Zurich,

¿cóoooomo? Sí, estuvisteis almorzando los dos en un restaurante de Zurich...

—Sí, sí, has comido con él en Zurich, que lo sé muy bien sabido...

—¡Pero hombre, Mariano, no me cuentes historias! Hace seis años que no voy a Zurich, entre otras cosas, porque a Zurich vais los madrileños, los catalanes vamos a Ginebra...

—Ni hablar, a mí no me engañas, tú has estado en un banco de Zurich haciendo preguntas sobre las cuentas familiares de mi cuñado, que son de toda la vida...

—¡Y vuelta la burra al trigo! Que no, Mariano, que no me acuerdo cuándo fue la última vez que estuve en Zurich, a menos, claro, que a Pozuelo lo hayan cambiado de nombre y ahora se llame Zurich, porque yo he estado almorzando hace un par de domingos con ese señor en Pozuelo...

—¡A mí ya no me engañas otra vez, Javier! Has estado en Zurich buscando pruebas para comprometerme, y has comido en un restaurante con Cacho.

—¡Pero qué coño voy a estar en Zurich, Mariano, te lo digo yo que no! Y di a la gente que nos ha seguido, que me ha seguido a mí o a Cacho, que no confunda Zurich con Pozuelo, hombre, por el amor de Dios...

El financiero catalán respira tranquilo, cree que el gobernador ha mostrado ya toda su artillería, y en el fondo se ríe, eso es todo, bisutería, nada más que eso, pero Rubio no está dispuesto a dar su brazo a torcer, se encrespa el gobernador, sabemos de sobra que detrás de toda esta operación estás tú, ¿yoooo? ¿yoooo?, el catalán gesticula espantado, protesta ante un Mariano melifluo, torpe, lengua de estropajo, una conspiración, sí, una conspiración que has montado tú, has robado un ordenador a Manolo, pero qué dices, Mariano, cómo dices eso, sí, has hecho un dossier, y rápidamente el catalán cae en la cuenta, ¿un dossier?, yo lo único que he visto contra vosotros son unos papeles que me ofreció un día un abogado de Barcelona, ¿es esa la conspiración?, unos papeles, a Mariano le interesan mucho esos papeles, me los ofreció un tío de la CNL que quería vengarse de ti, eso me dijo, unos papeles como fotocopias, los mandé a la mierda, no, no los tengo, te lo juro, pero puedo hacer alguna gestión para que me los ofrezcan de nuevo, sí, sí, por favor, hazlo, me interesan muchísimo, los puedo volver a pedir y enviártelos, tengo mis vías, yo no los quise pero sé quién los tiene, los pido en cuanto vuelva a Barcelona y te los envío, te los hago llegar, es todo lo que sé del asunto, no tengo nada más, ni los miré, cuatro papeles, cuatro...

Esto me puede hacer mucho daño, Javier, la has armado buena, ¿yoooo? ¿yoooo? Yo no he hecho nada, no soy responsable de nada, asustado, escondiendo la mano con el tirachinas a la espalda, sí, tú, Javier, tú y Conde, pero te advierto que esta vez, esta vez, ¡pero si yo no he hecho nada! ¡por qué me metes a mí en líos! Me ha llamado Manolo esta mañana y me ha dicho que no hay nada que hacer, que *El Mundo* va a empezar a sacar porquería contra nosotros, esto es muy grave, he hablado con el ministro, muy grave, debes pararlo, y De la Rosa contempla atónito cómo el gobernador se incorpora a duras penas del sofá, te lo pido, se acerca, es el final, mi final, se está acercando, se agacha, casi se arrastra, el final de mi carrera, parece que se va a poner de rodillas, si no lo paras es el final, el catalán siente su aliento en la cara, y De la Rosa, espantado, lo intentará, dice que lo intentará, hará lo que pueda, ni una sola mención a Sistemas Financieros, ni una, a Mariano Rubio sólo parece importarle Suiza, y De la Rosa que sí, que él puede conseguirlo, no puede prometer nada, pero lo va a intentar, déjalo de mi cuenta, lo intentará.

El financiero, que se ha comprometido a enviar a casa del gobernador los papeles en cuanto se haga con ellos de nuevo, toma a la salida del Banco de España otra decisión arriesgada. Siempre torpe en los meandros del poder madrileño, el catalán está asustado, es el gobernador, y a partir de entonces pasa a la defensiva, acosado, asediado, pagando su culpa, su incapacidad para vivir tranquilo, algo patológico, un caso digno de estudio para los entusiastas del psicoanálisis, profundamente infeliz si cada ocho días no está metido en un lío monumental, frustrado si no está en misa y repicando, pero la «biutiful» está dispuesta esta vez a hacérselo pagar caro, y entonces toma una decisión heroica, monta en su majestuoso Bentley gris y ordena a sus hombres que pongan rumbo al Ministerio de Economía y Hacienda, calle Alcalá arriba, a un tiro de piedra, y penetra en el patio de coches del caserón, se apea, quiere contárselo al ministro, si puede al ministro en persona, lo que ha pasado, la conversación con Mariano, ahora comprende su equivocación, daría cualquier cosa por estar fuera del lío, todo por hacerles un favor, explicará a los amigos, por ayudarles, por meterme donde no me llaman, y si no está el ministro disponible, su jefe de gabinete, el «obispo» Sempere, al fin y al cabo fue a ellos a quienes confió su secreto a primeros de octubre, el fiel Sempere, a quien dio los cuatro papeles, su ama de llaves, y al cabo de una hora está ya en el puesto de salida, le han dicho que muy bien, aparentemente divertidos, a ver si viene ahora a contárnoslo él, a ver qué nos dice...

Mientras Javier de la Rosa parlamentaba en Economía y Hacienda, Mariano Rubio proseguía su 30 de enero loco, tratando de frenar la avalancha, ¿de qué clase? ¿Por dónde saldrán? ¿Qué se le venía encima?

A las 7.30 de la tarde, era Pedro J. Ramírez quien hacía su entrada en el despacho del gobernador. Mariano Rubio parece cansado, pero se muestra amable, obsequioso incluso, dispuesto ¿hasta cuándo? —pensaba el periodista— a marear la perdiz con asuntos colaterales, ha habido algunos malentendidos entre nosotros, porque yo no he querido nunca tomar partido en tu querella con Juan Tomás de Salas, rodeos y más rodeos, quejoso con la prensa, como disgustado, como un Cristo harto de soportar su cruz, ha estado en El Escorial hablando y la prensa de Madrid le ha malinterpretado, han dicho que criticaba la política de Solchaga, sólo buscan los titulares, han querido enfrentarle al ministro, precisamente ahora, fatalista, está él para esos trotes, agotado, ¿es tan difícil hacerse entender? se pregunta perplejo, y sigue sin entrar al trapo, el verdadero trapo, hasta el punto de que está pensando no presentarse a una nueva reelección, no, no va a presentarse, lo ha pensado bien, ha hablado con Carmen y está de acuerdo, está cansado de recibir palos, suspira, abre los brazos, Pedro en silencio, tensa espera, hasta que por fin parece tomar la espada de matar y encara el bicho.

—Mira, Pedro, yo creo que ha habido algún malentendido, me han llegado algunos comentarios en torno a un viaje mío a Italia, y quiero aclarártelo todo de viva voz y antes de que te enteres por fuera y puedas sacar conclusiones erróneas.

Por fin, cantaba la gallina. El periodista se relamía de secreta satisfacción, pillado te tengo, Mariano, cuenta, habla por esa boquita.

—Pues, yendo al grano, andan diciendo por ahí que si yo he hecho una gestión en Italia contra *El Mundo* y quiero contarte la verdad, toda la verdad de primera mano, y es que yo tuve que viajar a Milán a un seminario organizado por la Confederación de Empresarios de Lombardía, y en una cena me sentaron al lado de un alto ejecutivo de la Fiat, un tal Rometa o Rometi, no sé cómo se llama...

La cara de Pedro cambió bruscamente de la expectación al enfado; de repente se sintió tratado como un deficiente mental, no es posible que este hombre sea tan burdo, lívido, ¿qué hacer?, ¿cómo contestar adecuadamente a aquel simulacro de confesión, aquella cínica impostura? El gobernador del Banco de España aparentemente no sabía quién era Cesare Romiti. Pedro decidió que lo mejor era jugar sus mismas cartas, jugar al gato y al ratón. A cinismo, cinismo y medio.

—Bueno, el caso es que este Rometi o como se llame estaba a mi lado y en un momento determinado me preguntó qué pensaba yo, vamos, y qué piensa usted, me dijo, de ese periódico español en el que han entrado nuestros amigos del *Corriere della Sera.* Y yo le dije pues que me parecía un periódico ágil, moderno, que hace cierto ruido, que da caña, y que a veces es un poco irresponsable.

—¡Hombre, Mariano, muchas gracias por la parte que me corresponde!

—No, perdóname, no te enfades —trata de corregir enseguida—, pero es que no te quiero engañar, quiero decírtelo todo tal cual, y, desde luego, si crees que fue una imprudencia por mi parte, estoy dispuesto a llamarles ahora mismo, aclararles todo y disculparme, lo que haga falta.

—Pues mira, Mariano, para ser igualmente sincero contigo debo decirte que a mí me habían informado que dijiste otras cosas de este periódico, entre ellas que simpatizamos con ETA...

El gobernador se puso lívido, y comenzó a tartamudear al tiempo que movía las manos como las alas de un faisán que cae al estanque, alcanzado en pleno vuelo por la perdigonada.

—¡Qué va! ¡Qué va! ¡Por Dios! ¿Quién ha podido decir eso? A lo mejor pude decir que alguna vez practicaba el terrorismo informativo y de eso alguien ha colegido que...

—Pues mejor me lo pones, Mariano, comprenderás que eso es muy grave que lo digas tú.

—¡Pero, por Dios, qué horror, qué horror!

—Y además, me han dicho que la entrevista la pediste tú para hablar precisamente de este periódico...

—¡Que no, que no, pero válgame Dios, Pedro, que no es así!, que fue algo casual y además hablamos en inglés y siempre se pueden deslizar cosas o interpretaciones que uno no quiso decir. Mira, lo mejor es que esto lo arreglemos ahora mismo llamando a Italia, llamando a Milán y hablando con los de Fiat.

—Pero Mariano, no creo que eso arregle mucho las cosas.

No las arregló. No hubo manera de arreglarlas, porque no se pudo contactar con Milán. El gobernador, tratando de reparar los desperfectos, volvió a flaquear otra vez, estaba decidido a no presentarse a la reelección, resignado, como si llevara la lección aprendida, pero el periodista se despidió de su anfitrión con un regusto amargo, una mala opinión del hombre, perdido todo aprecio por la dignidad personal del que era nada menos que gobernador del Banco de España [1].

Pero al día siguiente, 31 de enero, Pedro volvió a sorprenderse cuando, por motorista, recibió un sobre del Banco de España con un tarjetón manuscrito del gobernador donde éste le anunciaba que se había puesto en marcha para aclarar cualquier equívoco que hubiera podido producirse en el episodio italiano.

Las sorpresas de Pedro no habían tocado a su fin, porque a la semana siguiente el gobernador lo llamó de nuevo para invitarle a almorzar mano a mano en su casa el lunes 10 de febrero. El periodista se disculpó, pues ese día debía pronunciar una conferencia seguida de cena en el Club Siglo XXI, y quería prepararla. En su lugar, propuso como fecha alternativa la del 18 de febrero, que Rubio aceptó.

A las 9 de la noche de aquel 30 de enero, Javier de la Rosa emprendía viaje de regreso a Barcelona a bordo de su jet privado, en compañía de su secretaria y dos personas de su equipo. El financiero parece contento, divertido incluso por la escena que ha vivido con el gobernador, no la olvidará mientras viva, ver a Mariano a tus pies pidiéndote favores, tremenda. Ahora tenemos que hacer todo lo posible por parar este asunto, se lo he prometido, hay que evitar como sea que salga algo en *El Mundo*.

—Pero Javier, tú ya conoces cómo son estos de *El Mundo* —replica uno de sus colaboradores—. Si tienen información la van a soltar.

—¡Pero es que yo sospecho que esa información no es buena! Si es la misma que me ha llegado a mí, esa información no es buena, ese material es falso, yo lo he podido comprobar, falso.

De la Rosa ríe como un niño travieso y bebe una copa de champán mientras marca desde el aire el número de teléfono de su amigo y subalterno Manuel Guash.

—Oye Manolito, ¿qué es esa historia que me cuentan de que un tal «Billy el Niño» ha ido a las oficinas de Ibercorp y se ha llevado un ordenador del Concha?

—¡Pero de qué me estás hablando, Javi! No tengo ni idea, yo creo que este tío está trabajando en Ebro, pero no sé si ha ido o ha dejado de ir por Ibercorp, porque aquí nadie le ha mandado nada en ese sentido.

Conforme el vuelo avanza hacia Barcelona, la alegría del millonario se va tornando en preocupación. Le han pedido un favor importante y tiene que hacer lo imposible por complacerles. Es la oportunidad de su vida de congraciarse definitivamente con gente tan poderosa. Y en los próximos días se dedicará en cuerpo y alma a satisfacer los deseos de sus peores enemigos, aquellos que gustosos acabarían con él de un plumazo, si pudieran.

Luego se supo que «Billy el Niño», alias en sus tiempos de policía secreta franquista, la llamada «social», de Antonio González Pacheco, famoso por haber aterrorizado a cientos, miles de universitarios durante la dictadura de Franco, prestaba servicio como jefe de seguridad de Renault, la sociedad presidida por Manuel Guash, y que, al parecer, había visitado en una ocasión las oficinas del Banco Ibercorp.

En esta historia de espías y ladrones no podía faltar la presencia de al menos un miembro de la siniestra policía secreta franquista. Resultó que Santiago Orgaz, un antiguo futbolista que jugó en el Atlético de Madrid con el apodo de «Verde», acudió en el mes de enero, semanas antes de que estallara el escándalo Ibercorp, a las oficinas del banco en Velázquez 150. Quería ver a su amigo Santiago Barrajón, director general del Banco Ibercorp, para realizar una gestión relacionada con Martín Berrocal —de quien era apoderado—, el empresario y antiguo promotor boxístico que tenía allí depósitos por importe de seiscientos millones, y a quien De la Concha/Soto ofrecerían, pasado un tiempo, comprar el banco.

En un momento determinado de la charla, y como aprovechando la oportunidad, «Verde» sacó de su cartera un folio con los números de unas supuestas cuentas de Ibercorp, y diversos abonos efectuados en ellas por varias sociedades desconocidas, a favor de Mariano Rubio y Manolo de la Concha.

—Oye, ¿estas cuentas son vuestras?

—Ni hablar —responde Barrajón, tras un golpe de vista—. Estos números no corresponden a nuestra codificación.

Aparentemente «Verde» quedó tranquilo con la explicación, pero a los pocos días regresó a las oficinas de Ibercorp con nuevas dudas.

—Oye, Gustavo, que me insisten en que estas cuentas son vuestras.

—Que no, cojones... Bueno, enséñamelas otra vez. ¿Ves? Me ratifico en lo dicho, nuestros códigos de cuenta empiezan por 1 y no por 4, qué quieres que te diga... Pero, Santiago, contéstame una cosa, ¿tú a qué coño te dedicas?

—No, mira, es un amigo mío que hace investigación comercial para alguna gente en sus ratos libres.

—Pues si es amigo tuyo y hay que echarle una mano, no tengo inconveniente en que se pase por aquí y se lo explico. Pero, vamos, dile que eso no es así, y además, que ya te digo yo que aquí no se ha abonado nunca un duro a Mariano Rubio, no sé lo que pasará en la sociedad de Bolsa, pero en el banco ni un duro nunca.

El ex futbolista «Verde» y su misterioso amigo volvieron al día siguiente a presentarse ante Gustavo Barrajón, aquí un amigo, no recuerda su nombre, cualquiera, no dijo el apellido, era amigo de Santiago y con eso bastaba, y de nuevo Gustavo repitió su radical desmentido.

—Perdona que te diga, pero esto que dice este papel es mentira. Estos traspasos no son ciertos. La mayoría de estas sociedades no tiene cuenta aquí y no me suenan de nada. Pero si quieres, te enseño el diario del banco referido a cualquier día de los que citan aquí, y ya verás cómo no se ha registrado ninguno de estos cargos. Efectivamente, aquellas cuentas no tenían nada que ver con el Banco Ibercorp.

Media hora después de despedirse, Barrajón ironizaba con su amigo «Verde».

—¡Oye, ese tío que me has presentado tiene menos porvenir que un espía sordo!

Antes de que terminara la jornada, sin embargo, Gustavo Barrajón puso en conocimiento de Manuel de la Concha lo ocurrido. Un amigo de Santiago Orgaz había estado preguntando por movimientos de cuentas en sociedades, la mayoría de las cuales le resultaban perfectamente desconocidas.

—¡Anda —exclama De la Concha, cuando Barrajón le pasa un papelito con varios de los nombres—, pero si son sociedades mías de las que me lleva Vázquez Padura! ¡Pero éstas no tienen cuenta en el banco!

A Manolo de la Concha aquel episodio no le pasó desapercibido. Cuando el 27 de enero reciba noticias a través de Jesús Carrillo del inicio de la gran traca, el dueño de Ibercorp atará apresuradamente cabos, elevando este episodio a la categoría de piedra angular de la llamada «teoría de la conspiración». Gustavo Barrajón es categórico: «Yo no supe nunca si el hombre que me presentó "Verde" como su amigo era "Billy el Niño" o no. ¿Cómo han podido saberlo ellos?»

Y bien, ¿para quién trabajaba «en sus ratos libres» el amigo del futbolista «Verde»? Una pregunta que el enigmático «señor Nebot» no ha querido nunca responder.

Con los papeles diligentemente conseguidos por Javier de la Rosa en su poder, Manuel Guash se disponía el lunes, 3 de febrero, a visitar a Mariano Rubio para entregárselos, cuando el financiero le ordenó que anulara el viaje. Había contraorden. De la Concha y Rubio habían estado parlamentando y habían decidido que fuera Javier quien se los entregara personalmente a Manolo de la Concha, de modo que Guash tuvo que devolver los papeles a su señorito.

A las 6 de la tarde de aquel lunes Javier de la Rosa se sentaba frente a Manuel de la Concha en la sede de Ibercorp. El catalán lleva un testigo cualificado, no quiere emboscadas, Manolo Prado y Colón de Carvajal, íntimo amigo de Su Majestad el Rey. En el saloncito de De la Concha, las mismas protestas que ya expusiera Mariano, ni una sola mención a Sistemas Financieros, no señor, lo único que le preocupa es el gobernador, el gobernador y Suiza, hay una conspiración para acabar con el gobernador, con la carrera del gobernador.

Manolo está obsesionado con la conspiración, todo empezó el día en que a él le robaron su ordenador personal, ¿de dónde?, ¿o fueron unos disquetes? con mucha información, con información reservada de Ibercorp, y citan a «Billy el Niño», y se ha enterado Manolo que «Billy el Niño» trabaja para Javier de la Rosa, y «Billy el Niño» está en el ajo de ese robo, y De la Rosa pone cara de póker, algo le ha dicho el gobernador al respecto, ha preguntado a Guash, parece que trabaja para él, para mí no, desde luego, pero Guash todavía no le ha dado respuesta.

Manolo no se atreve ante Prado a levantar la voz, pero dice lo que tiene que decir, la conspiración, sí, hay una conspiración en marcha contra el gobernador, y todas las informaciones de que disponemos apuntan a que has sido tú quien lo ha montado todo, para destruirnos, pero qué tonterías estás diciendo, De la Rosa se revuelve, ¿qué pruebas tienes? No tenemos pruebas, pero tenemos unas cintas grabadas, ¿unas cintas? Sí, unas cintas que dicen «el del clavel se está poniendo nervioso» y tenemos otra que dice «el de Barcelona está nervioso porque no puede cerrar la investigación», dos veces habla de cintas, bueno ¿y qué? ¿Qué quiere decir eso de «el del clavel»? Tenemos a gente pinchada, sabemos mucho más de lo que tú te crees, Javier, y estamos dispuestos a llegar hasta el final con este asunto, muy bien, muy bien, yo también estoy dispuesto a llegar hasta el final.

En un sobrecito lleva cuidadosamente plegados cuatro o cinco papeles, fotocopias de fotocopias, es lo único que he tenido en mi vida, Manolo, tres folios grapados de sociedades fantasma del grupo con una serie de abonos efectuados a Rubio, y a los propios Concha y Soto, y una hoja a rotulador con la declaración del Impuesto de Sociedades de una empresa. De la Concha le echa un vistazo con gesto distraído y lo hace rodar sobre la mesa, esto es una barbaridad, basura, comenta displicente, y todo parece rebajado de tensión, pues ¿ves?, es lo único que yo he visto, y ya me parecía a mí que eso tenía que ser falso, se explica el catalán.

El financiero saca a relucir su compromiso ante el gobernador de ayudarles, está dispuesto a hacerlo, lo intentará, evitar que salga nada en la prensa, es malo para todos, hará lo que pueda, pero él quiere quedar al margen, él quiere salirse del pastel, él no tiene nada que ver con aquel embrollo a punto de explotar.

Dos días después, también a primera hora de la tarde,

Javier de la Rosa vuelve a poner los pies en la sede de Ibercorp, esta vez sin compañía alguna. La conversación es más relajada. El financiero reafirma su disposición a moverse para intentar pararlo todo, pero él no tiene nada que ver con lo que se pueda publicar, se lo ha demostrado, y al final cree haberles calmado, él no ha participado en conspiración alguna, sale tranquilo, parece haber ganado la paz.

De la Rosa salió confiado, quizá he logrado reparar el entuerto, yo no he sido, pero los señoritos de Ibercorp no pensaban tal cosa, a espaldas de Javier, los Conchas lanzan ataques durísimos contra él en presencia de Manolo Guash, el embajador plenipotenciario de De la Rosa en Madrid. Curioso personaje Manuel Guash, Manolito Guash para los amigos de cacería, especie de agente doble para andar por casa. Guash es un *beautiful* de segunda generación, el típico representante de ese empresariado español, caminando siempre por las cúpulas acristaladas de lo que toca sin haber pisado jamás el suelo, el valor y las capacidades, como al soldado, se le suponen, elegante, amable, simpático, casi un jarrón de porcelana china de la extinta dinastía manchú, o una vasija de ofrendas Fang-i, objeto precioso para exponer tras una vitrina, museo, mujer preciosa, una muñeca de marfil, el bello Manolito Guash, presidente decorativo de Fasa-Renault, está haciendo de agente doble Manolito Guash, está jugando un juego divertido, a él le llevan sus dineros en Ibercorp, no lo sabe Javier de la Rosa, tiene cuenta en Ibercorp, come, cena, duerme y caza, sobre todo caza, con los «biutifuls» de Ibercorp, no se cansará de decirle a Javier durante la crisis, «no podrás con ellos», sin más explicaciones, «no podrás con el sistema», mensajes en clave «tienen mucha fuerza», y quiere hacer carrera Manolito Guash, ya no le basta con llevar del brazo a De la Rosa por Madrid, presidente de Ebro por delegación de De la Rosa, y para eso hay que cazar mucho, en Toledo y Jaén, pero también hay que cazar en Madrid, en los despachos de Madrid, Manolito aspira a más, es íntimo amigo de Miguel Boyer, quiere ser presidente del Círculo de Empresarios, es amigo de Carlos Solchaga y pasa información puntual al ministro de toda la marcha de KIO, tampoco lo sabe Javier de la Rosa, de modo que Carlos Solchaga está siempre a la última de lo que ocurre con los KIO, por activa y por pasiva.

Y a Manuel Guash le advierten los Ibercorp con inusual dureza, si sale algo en *El Mundo* el primero que cae es Javier, adviérteselo, que lo tenga claro, díselo, orden directa de Mariano, que lo sepa, porque vamos a morir matando, no se irá de rositas Javier de la Rosa, entrometido, condimento en todas las salsas.

Manolo Prado caza ese fin de semana del 8 y 9 de febrero con Jaime Soto y éste le cuenta la misma historia, que se ande con ojo Javier, que como salga algo vamos a ir a por él, sin dudarlo un instante, y Prado alarmado, Javier, que éstos insisten.

Los Conchas habían encontrado algo a lo que agarrarse. Es el gran error de De la Rosa. Ha enseñado la oreja, los cuatro papeles, y tiene que estar en el lío, buenos o falsos, es la única prueba que tienen, y además está el testimonio de Juan, nadie sabe cómo ha salido Juan con esa historia, pero Juan Entrecanales, el millonario Entrecanales, ha proporcionado a los señoritos de Ibercorp la prueba definitiva de que Javier de la Rosa está pringado en la conspiración hasta las cachas, a cuenta de una conversación de las pasadas navidades en Baqueira Beret. Allí De la Rosa dijo que había que acabar con Mariano Rubio, ya está, la prueba del nueve, está claro que es una conspiración contra Mariano.

Aquel día de Navidad el matrimonio De la Rosa se encontró a la salida de misa en Baqueira Beret con el matrimonio formado por Juan Entrecanales y Mercedes Franco, la nieve apuntando apenas en las crestas y, tras los saludos, invitan los De la Rosa, por qué no subís a cenar un día a casa, muy bien, de acuerdo, pero el único día que tenemos libre es hoy, pues pasaros hoy.

A la casa del financiero catalán en La Pleta, lugar del primer asentamiento turístico que se levantó en Baqueira, llegó Mercedes Franco, y media hora después lo hizo su marido. En torno a la mesa se sentaron también el matrimonio

Guash, Manuel y Margarita, junto a los anfitriones, el matrimonio De la Rosa y su hijo Javier.

Apenas sentados, Juan Entrecanales, cosa extraña en él, personaje normalmente tranquilo, abordó decidido una cuestión que se presumía menor.

—Ah, antes de que se me olvide, quiero decirte, Javier, que he estado la semana pasada en una cacería y allí salió uno diciendo que este año había que acabar con vosotros...

—¿Qué dices? ¿Quiénes somos nosotros?

—Mario Conde y tú.

—¿Y yo por qué?

—Porque dicen que estáis controlando la prensa para utilizarla y hostigar a los demás.

—¿Yoooo? ¿Qué tengo que ver yo con la prensa?

—Sí, en tu caso dicen que por tu amistad con Asensio.

—Qué tontería. ¿Y quiénes son los que dicen eso?

—No te lo puedo decir, pero imagínatelo, los de siempre. Dicen que van a hacer un fondo o algo así hasta que consigan arruinaros.

—Bueno, Juan, si son los que yo pienso, ésos no ponen un duro ni borrachos. Acabar con nosotros ¡qué risa! También yo conozco a gente que lleva diez años diciendo que hay que acabar con Mariano Rubio y ahí sigue, y con ése sí que había que acabar...

—No hables mal de Mariano, Javier, no te metas con mi primo, que es una persona muy honesta.

—¡Ah!, ¿y es que yo no lo soy?, ¿o qué?

—Pues seguramente tú lo eres mucho más que él —interviene resuelta Mercedes Franco—. Porque éste mucho Suiza, mucho Leopoldo Rodés, mucho Gstaad...

—¡Pero Mercedes, qué cosas dices, calla, calla...! —interrumpe Entrecanales.

La conversación derivó luego hacia otros derroteros, siempre tranquilos, pausados, se trataba de una cena de amigos, Navidad, Juan invitó a Javier a cazar en su finca, divertida, hasta bien pasada la medianoche, nadie volvió a acordarse de aquel asunto que Entrecanales había sacado a colación a primera hora, nadie le dio la menor importancia, porque tampoco parecía tenerla.

La premonición de Juan Entrecanales se ha cumplido de alguna forma: tanto Mario Conde como Javier de la Rosa han conocido uno de los años más difíciles de su vida. A sus propios errores, quizá no pocos, hay que añadir el extra que en España supone ser fortuna nueva, no tener pedigrí, no estar integrado en ninguno de los grandes clanes patrios, y actuar a menudo como mosca cojonera del *establishment*.

Al estallar el escándalo Ibercorp en la prensa, José María Entrecanales, jefe del clan, tipo resuelto, escrúpulos de constructor, ha leído en algún sitio que su hermano Juan ha estado con De la Rosa en Baqueira, ha utilizado su helicóptero, y nosotros somos amigos de nuestros amigos, pura «biutiful», y Juan, asustado por el rapapolvo, relata la conversación de marras, y entonces José María le obliga a salir a la palestra con la prueba de la conspiración, le fuerza a escribir una carta, ¿una carta?, ¿para qué? Para qué va a ser, para publicarla, y ¿dónde? Ya lo veremos.

Y Juan escribe una carta a máquina, ha estado invitado en una casa, pero no tiene reparo en anunciar a los cuatro vientos lo que se habló en ella, se va de la lengua, la teclea él mismo para que no se entere su secretaria, asiste a una entrega de premios periodísticos del Grupo 16 en el hotel Palace de Madrid, y alguien discretamente apostado en un rincón lo ve acercarse a Juan Tomás de Salas, hacer un aparte, y enseñarle una carta, que el editor lee, dobla cuidadosamente y guarda en un bolsillo de su chaqueta. El constructor ya no tiene de qué preocuparse. Salas se encargará de hacerla llegar a su destino.

¿Cuándo decidieron los señores de Ibercorp pasar al contraataque? Seguramente el mismo día en que llegaron a la conclusión de que no podrían impedir las informaciones de *El Mundo*. ¿Fue quizá en aquella ajetreada jornada del 30 de enero, que tuvo al gobernador ocupado en una frenética actividad por parar el golpe?

El caso es que De la Concha y sus amigos, fieles a la teoría de que la mejor defensa es un buen ataque, tomaron por sorpresa la iniciativa antes de que *El Mundo* hubiera terminado de realizar sus verificaciones, y lo hicieron utilizando el único medio que tenían disponible: la revista *Cambio 16*[2], propiedad de su amigo y miembro del clan, Juan Tomás de Salas.

El 10 de febrero, Manuel de la Concha llamó por teléfono a José Antonio Sánchez por última vez. Quería disculparse por la tropelía de *Cambio 16*, pero el de Asesores no estaba para bromas.

—Me parece una desvergüenza que hayáis publicado eso, porque sabes muy bien que eso es totalmente falso.

—José Antonio, por favor, quiero que sepas que no tengo nada en absoluto que ver con eso, te llamo, porque quiero que lo sepas, es cosa de Juan Tomás, que no está haciendo más que perjudicarnos.

—Mira, Manolo, estoy indignado. Yo pensaba ayudarte, hacer lo que pudiera por ti, pero en estas circunstancias quiero que te olvides radicalmente de mí.

—Por favor, José Antonio, no te alejes de mí en estos momentos, te lo pido por favor.

Sánchez despidió al millonario con cajas destempladas. Era el final de una amistad que llevaba en su germen la semilla del engaño.

La iniciativa de Salas era un intento desesperado destinado a amedrentar a Cacho y obligarle a permanecer callado forzando el archivo de las investigaciones sobre Ibercorp. Juan Tomás de Salas[3], convencido de que «Cacho no me aguanta a mí un asalto», estaba persuadido de lograr su propósito con aquella «medicina».

Desgraciadamente, para sus amigos, Juan Tomás de Salas no estaba ya en 1992 en disposición de proteger a nadie con el paraguas de sus publicaciones. El que un día estuvo a punto de emular a Jesús Polanco, el gran *tycoon* de la comunicación de este país, cuenta hoy con escaso crédito —bancario y del otro— en la sociedad española y madrileña. Su tiempo ha pasado.

El papel de Salas quedó definitivamente en entredicho cuando se supo que lo suyo con los de Ibercorp era algo más que amistad, puesto que su grupo editorial vivía de la ayuda crediticia del grupo Ibercorp. A Salas le sobraban, pues, razones para defender a la desesperada a Manuel de la Concha y Mariano Rubio. Al final, el orgulloso Salas, que se había hartado de repetir a sus amigos que no tenían nada que temer, puesto que el flanco de la prensa estaba cubierto con su presencia, no pudo cumplir su promesa.

A las puertas ya del «día D», Pedro volvió a recibir noticias de los socios italianos de Unidad Editorial. El lunes, 10 de febrero, Gianni d'Angelo llamó de nuevo a Madrid hecho un manojo de nervios, escandalizado.

—Todo indica que estáis detrás de algo muy gordo, porque de otra forma no se explica la forma en que están intentando presionarnos, ¡este hombre ha debido volverse loco...!

—¿Por qué?, ¿qué ha pasado?

—Agárrate a la silla: un alto cargo del Banco de España ha volado a Roma en avión privado por encargo del gobernador y se ha entrevistado con Silvio Berlusconi.

—¿Y qué pinta Berlusconi en esto?

—Pues eso mismo nos preguntamos nosotros, pero le ha pedido como un favor personal que haga una gestión ante Agnelli para que pare lo que va a publicar *El Mundo* sobre él.

—Increíble. ¿Y cómo habéis tenido noticia de eso?

—Porque Silvio ha llamado a Giorgio Fattori —presidente del consejo de administración del Grupo Rizzoli— para contarle lo sucedido y hacerle partícipe de su sorpresa.

—¿Y quién es el español que ha viajado a Roma?

—Un tal Fanjul; por lo que me han contado es el jefe de los abogados del Banco de España.

—¿Y qué ha contestado Fattori?

—Bueno, se ha dado cuenta de la perplejidad del propio Berlusconi, que por lo visto no entendía nada, no comprendía por qué le pedían a él que llamara a Agnelli, qué pinta él hablando con Agnelli sobre el gobernador del Banco de España y parece que ha resuelto el problema diciéndole que él se encargará de hablar con Giovanni.

El gobernador y sus amigos habían jugado todas sus cartas, pero no iban a poder impedir el «desembarco de Normandía».

[1] Pedro J. Ramírez explicaba así el domingo 16 de febrero sus sensaciones tras este encuentro en *El Mundo*: «Hace 15 días volviste a sentir y a disfrutar de la magia del personaje, incluso cuando te diste cuenta de que Mariano te había llamado allí, con toda urgencia, tan sólo para mentirte. Y aunque detrás de esa mentira había existido una maniobra indigna contra el más limpio de los mundos, la fineza con la que él la fue desplegando te cautivó de nuevo.»

[2] En efecto, *Cambio 16*, que en los años de la dictadura y la transición se distinguió por su defensa de las libertades democráticas, incluía en su número 1.055, correspondiente al 10 de febrero, y en una sección titulada «De Mala Fuente», que el editor y actual director, Juan Tomás de Salas, suele utilizar para verter insidias contra sus enemigos, un durísimo ataque contra Jesús Cacho, a quien acusaba de ser socio de una empresa de comunicación, y de hacer extorsión a las supuestas víctimas de los escándalos que revela en la prensa si no firman contratos con la empresa en cuestión.

[3] Ya en julio de 1991, con ocasión de la primera andanada de *El Mundo* sobre Ibercorp, el editor y periodista hecho en Colombia, que por entonces había sido injustamente acusado —en unión de Jesús Polanco, dueño de PRISA— de narcotraficante en un libelo colombiano, había tomado parte activa en la defensa de sus amigos de la «biutiful» en un editorial publicado en el número 1.027 de *Cambio 16*, titulado «Mejor *beautiful* que inmundo», en clara alusión al diario *El Mundo*.

CAPITULO SIETE

«GARGANTA PROFUNDA»

Nunca me fié del «señor Nebot». Tenía la impresión de que nos estaba utilizando, de que alguien le estaba dando instrucciones para orientarnos en una determinada dirección.

Al margen de mi desconfianza, las relaciones con él eran bastante frustrantes. Siempre prometía el papel definitivo y luego nunca aparecía con él. Jesús insistía una y otra vez. Quizás yo estaba siendo prematuramente injusto con el «señor Nebot». Al fin y al cabo, algunas de las empresas que nos había facilitado en su «carpeta negra» correspondían a sociedades fantasma creadas por Rafael Vázquez Padura. El hilo que nos llevó al descubrimiento del Ibercorp sumergido estaba en aquellos papeles.

Por entonces, a partir de la segunda quincena de enero, yo iba casi todos los días al Registro Mercantil. Mi amigo José Luis me aguardaba en su despacho, sentado detrás de su mesa siempre desordenada, llena de papeles y con un ordenador recién instalado con el que parecía no simpatizar, pero por qué no harán estos cacharros para que los entienda la gente normal, otra vez se ha vuelto a bloquear.

José Luis es un granadino sabio y poco convencional, alto, rubio, cuarentón y con un ligero acento andaluz que convierte sus broncas en paternales reprimendas.

—Hombre, Casimiro, a ver qué me vas a pedir hoy. Pero, ¿dónde quieres ir a parar tú con tantos nombres?

—Nada, hoy es cosa de poco. Esta lista. Quiero ver los accionistas de estas sociedades, cuándo se constituyeron y los cambios en el consejo.

—Que te he dicho mil veces que los accionistas no se pueden saber, que lo único que podemos darte es quiénes son los consejeros.

—Bueno, tú ya me entiendes. Anda, vamos a tomar un café mientras van preparando la información.

—Me vas a volver loco. Un día tú me vuelves loco.

AB Master, SF Trust, AC Holding, Afinbur, Sirne, Ratiol, RTS Internacional, Igna, Katana, Anónima, Sistemas Financieros, Terrenos y Recintos, PCP Internacional, Holding 2, Holding 3, Coinsa... La lista sería interminable. Un montón de sociedades que nos llevaban a otras sociedades siempre constituidas por el mismo despacho: Rafael Vázquez Padura.

Pero no avanzábamos, estábamos como al principio, como en julio de 1991. Teníamos una operación de autocartera muy importante en Sistemas Financieros, teníamos unos clientes deseosos de apuñalar a Manuel de la Concha, y muchos rumores. Nada más.

Los papeles que el «señor Nebot» nos había puesto sobre la mesa tan sólo aportaban sospechas, pistas si acaso, nunca eran pruebas concluyentes. Incluso a veces tenía la impresión de que nos estaban llevando en una dirección equivocada.

Mi desconfianza aumentó hasta el límite cuando comprobé que la sociedad que supuestamente pagó doce millones a Mariano Rubio mediante un cheque del Banco Ibercorp no existía.

AB Holding no aparecía por ningún lado. Tan sólo estaba inscrita en el Registro una sociedad de nombre similar, AC Holding, ligada a Jaime Soto.

—Casimiro, no insistas, si no aparece en el ordenador es que no está inscrita.

—¿Seguro que no te has equivocado? Compruébalo otra vez.

El bueno de José Luis tecleó varias veces el nombre en su ordenador y, para mayor seguridad, mandó a uno de sus empleados a que comprobara en persona la lista de sociedades, con resultado igualmente negativo.

—Jesús, no puede ser. Es imposible que un cheque esté equivocado. No se puede confundir AB Holding con AC Holding. Y, en caso de que así sea, no nos vale de nada. No sirve como prueba porque siempre nos podrán decir que AB Holding no existe. Yo creo que esto puede ser una trampa.

—Hay que esperar. ¿Qué otra cosa podemos hacer? ¿Y si al final resulta que el material es bueno? Tenemos que seguir insistiendo, aunque hay que exigirle a «Nebot» que cumpla, que no nos haga perder más tiempo. Tenemos que darle otra oportunidad.

Pero Jesús también acabó perdiendo los nervios, y un buen día despidió con cajas destempladas al contumaz «señor Nebot», con el que, al final, tuve que lidiar haciendo de «hombre bueno», es que Jesús dice que os engaño, no le hagas caso, ya sabes cómo es, al final se le pasará, ¿tú crees que me pagarán la cantidad acordada?, no sé, yo creo que si cumples tu palabra...

Al margen de las conversaciones con «Nebot» (en cuyo resultado había perdido casi por completo las esperanzas), seguía un método de trabajo bastante más rudimentario. Uno por uno iba llamando a todos los directivos del Grupo Ibercorp y a todos los que habían pasado por aquella casa.

Por norma general, ninguno de ellos quería hablar. «Yo no sé nada, no te voy a poder ayudar. Lo siento», solía ser la contestación más habitual.

Otros aceptaban una entrevista, siempre con muchas precauciones, en lugares discretos, muy al estilo de las películas de serie B. «Llevaré un traje azul y un *Cambio 16* en la mano.» Pero, al final, estas entrevistas resultaban siempre un fiasco. «No, de eso no sé nada. Quienes saben esos asuntos son Quesada y Fandila Mesa. Son los hombres de confianza de Manolo Concha de toda la vida.»

El 28 de febrero había quedado con uno de los que todavía seguían trabajando en el grupo. La cita era en la cafetería de Mayte Commodore a las 13.30 horas.

—Me han dicho que Concha y Soto están vendiendo el grupo.

—Sí, esa es una vieja historia. Lo están intentando desde hace meses. Las cosas van mal.

—Pero ahora tienen mucha prisa. Me dicen que están negociando con las Koplowitz.

—Yo no sé si están negociando con ellas. Lo que sí sé es que están negociando con Miguel Boyer. Con él, seguro. Se han visto varias veces en las últimas semanas. Es probable que les quieran colocar el muerto a las hermanas, pero Boyer sabe lo que pasa allí dentro. Así que si compran el grupo será para tapar algo, para hacer algún favor a sus amigos.

—Pero, ¿qué pasa realmente?

—No lo sé. Sólo sé que están muy nerviosos, que tienen miedo de que no les salga la fusión. Si fracasan en la fusión están arruinados.

—¿Tú crees que el Banco de España o el Ministerio de Hacienda pueden parar la fusión?

—No creo que Mariano le haga ese feo a su amigo. Pero las exenciones fiscales no se las han dado todavía. Y, además, tienen miedo a la prensa. Os tienen mucho miedo. Desde que publicasteis aquellos artículos en el mes de julio no duermen tranquilos. Hay demasiada gente que ha perdido dinero, demasiados perjudicados, demasiados empleados «cabreados» con ellos. Temen que alguien pueda revelar algún secreto. Pero yo no sé nada más. Lo único que te puedo decir es que estoy harto, que en ese ambiente de tensión no se puede trabajar. Es como si todo se fuera a hundir de un momento a otro.

No era mucho, pero, al menos, me había confirmado un rumor que se estaba extendiendo entre los iniciados: que Manuel de la Concha quería vender su banco a Grucycsa, la empresa en la que las Koplowitz habían depositado a Miguel Boyer para que siguiera cobrando ciento veinte millones al año.

La comprobación de esta información, sin embargo, fue igualmente frustrante.

Ese mismo día llamé a Javier Hernández a la sede de Construcciones y Contratas.

—¿Qué dices? ¿Que Boyer está negociando la compra del Banco Ibercorp? No me suena nada eso. Lo único que te puede decir es que hablaré con Alicia para que me diga lo que hay del asunto. Te llamaré más tarde.

La contestación del responsable de comunicación de Construcciones y Contratas no tardó en producirse.

—Alicia me ha dicho que de eso no hay nada. Nosotros no queremos para nada un banco. No hemos hablado nunca de ese tema con Manuel de la Concha.

Javier no es de los que te engañan. Yo le conozco bien, y sabía que me había dicho la verdad. Entonces, ¿qué negociaba Miguel Boyer con Manuel de la Concha? Una de tantas preguntas sin respuesta que iba apuntando en mi libreta, a la espera de que algún día alguien pudiera dar una explicación convincente.

Pasaban los días, y seguíamos sin avanzar lo más mínimo. Jesús insistía por su lado, pero sin ningún resultado. Con todo, yo tenía que seguir el día a día en la sección de economía de *El Mundo.* Y puedo asegurar que ya con eso no me sobraba el tiempo para aburrirme. El caso Ibercorp era por esos días como un catarro leve: lo tienes presente, pero no te impide trabajar.

El lunes, 27 de enero, llegué a la redacción, como casi todos los días, dispuesto a leer la prensa y comenzar a cavilar enseguida por qué derroteros dirigir la sección. Pocas novedades en letra impresa. Renfe había regalado ciento veinte millones al pagar indebidamente el IVA por unas fincas rústicas. La empresa ferroviaria se había convertido en un agente especulador de primera magnitud.

Para el martes teníamos previsto un informe sobre el crecimiento del PIB en 1991. A las 10.45 sonó el teléfono.

—¿Casimiro García-Abadillo?

—Sí, soy yo.

—No sé si te acuerdas de mí. Nos vimos hace algunos meses. Yo trabajo en Ibercorp. Me llamo... Bueno, no sé si recuerdas mi nombre...

—Sí, ya recuerdo. Estuve contigo en tu despacho. Dime.

—¿Te sigue interesando escribir sobre el tema?

—Sí, por supuesto. Pero la verdad es que estoy un poco desilusionado. Tus jefes lo han hecho tan bien que no hay por dónde cogerlos. Jesús Cacho y yo llevamos meses trabajando y no hemos conseguido nada.

—Bueno, ahora sí hay por dónde cogerlos.

—¿Estás seguro?

—Sí, completamente. Alguna vez todos cometemos errores.

—¿Y se puede saber de qué se trata?

—¿Cómo tenéis ahí los teléfonos?

—Bien, sin problemas, puedes hablar lo que quieras.

—Sólo te voy a avanzar una cosa para que te des cuenta de lo que está pasando. Se trata de una falsificación. De la Concha ha falsificado un documento muy importante, y eso es un delito grave.

—¿Por qué no quedamos y me cuentas esa historia con más detalle?

—Bien, de acuerdo. Pero hoy no puedo. Deja que yo te llame. La próxima vez que lo haga me identificaré como «Alberto».

Justo en ese momento aparecía Jesús Cacho por la redacción, con su gabán verde en el brazo y vistiendo uno de sus elegantes trajes. No recuerdo muy bien por qué venía tan contento.

—¿Qué hay, chicos? ¿Alguna llamada?

—No menos de quince.

En un aparte, le conté a Jesús la conversación que acababa de tener con «Alberto».

—¿Es de fiar ese tipo, o es uno más de los que luego no saben nada?

—Saber, sabe. Yo estuve con él hace unos cuantos meses y era una tumba, pero sabía, aunque sólo sea por el puesto que ocupa en el grupo, tiene que saber muchas cosas.

«Alberto» no llamó al día siguiente. Ni tampoco el miércoles ni el jueves. El viernes, por fin, decidí llamarle a su despacho, pero su secretaria me cortó en seco.

—Lo siento, no le puedo pasar llamadas. Estará reunido todo el día.

¡Qué se le va a hacer! Quizá aquella era otra de tantas falsas alarmas. O quizá «Alberto» tuvo miedo y no se atrevió a dar el paso definitivo.

El martes, 4 de febrero, se presentaba como un día de tantos. Estábamos a la espera de las repercusiones políticas de los sucesos de Cartagena. Una manifestación convocada por los sindicatos para protestar contra el desmantelamiento industrial de la región había derivado en duros enfrentamientos con la policía y el incendio del Parlamento regional.

Eran las nueve de la noche, y estábamos cerrando la segunda edición del periódico. Habían venido a verme dos amigos de una sociedad de valores, y estábamos tomando una cerveza en la redacción mientras comentábamos la situación de Banesto. Sonó el teléfono.

—¿Casimiro?

—Sí, soy yo.

—Soy «Alberto». Perdona que no te haya llamado, pero es que he tenido bastante trabajo. ¿Podemos vernos hoy?

—Por supuesto que sí. Jesús Cacho está a punto de llegar al periódico. Me gustaría que te conociera. Ya sabes que estamos trabajando juntos en esta investigación.

—Por mí no hay problema. Lo único que quiero es que seáis muy discretos. Mi nombre no lo tiene que conocer nadie. Nadie tiene que saber que nos vemos. Yo puedo tener libre hasta las once de la noche. Después me tengo que marchar. ¿Dónde está vuestro periódico?

—En Sánchez Pacheco, paralela a López de Hoyos y Pradillo. Cerca del auditorio de Príncipe de Vergara.

—¿Conoces una gasolinera que hay en Corazón de María, al final de López de Hoyos, a la derecha?

—Sí, la conozco.

—Enfrente hay una cafetería, Navariños. Allí os espero a las 9.30.

—Bien, bien, de acuerdo. Hasta luego.

Llegamos a las 9.25 a la cafetería de nuestra cita. Jesús

pidió un *gin tonic* y yo una cerveza, *as usual.* Almendras de aperitivo.

Aquel no era precisamente un lugar como para desvelar grandes secretos. Era una cafetería ruidosa, pequeña, con una zona de mesas frente a la barra, separada de ella por dos escalones y una barandilla tapizada en eskai de color verde. Los cojines de las sillas también eran de tonos verdes, queriendo evocar un ambiente tropical. Las sillas y las mesas estaban hechas con una madera que imitaba caña de bambú. Todo ello amenizado por el hilo musical.

A las 9.35 apareció nuestro hombre. En un primer momento casi no le reconocí. De hecho, fue él quien se dirigió hacia la mesa donde estábamos Jesús y yo. Llevaba un chaquetón verde, de los que usan los cazadores, un jersey de tonos oscuros y pantalón de pana. Era como si viniera de la finca. Yo le recordaba encorbatado, con un traje demasiado serio para su edad, muy en plan ejecutivo. Ese nuevo aspecto, más informal, le hacía más joven, más accesible, más próximo a nosotros.

«Alberto» parecía un poco nervioso. Hablaba muy bajito, lo cual, en aquella cafetería, nos obligaba a inclinar la cabeza sobre la mesa para seguir en lo posible el hilo de la conversación.

—¿Te acuerdas cuando fuiste a verme? Ibas buscando algo, y no sabías muy bien qué.

—Sí, lo recuerdo bien. Tú estuviste muy en tu papel. Me lo pusiste todo de color de rosa y yo me tuve que marchar con el rabo entre las piernas.

—Entonces yo tampoco conocía muchas cosas. Sabía lo que todo el mundo en aquella casa. Que Manolo Concha hacía sus negocios al margen de Ibercorp, que tenía muy buenas relaciones con Mariano Rubio, y poco más. No creáis que allí la información la conoce mucha gente. Los asuntos internos de las casa sólo los conocen cuatro o cinco personas. El resto no sabe nada.

—Bueno, ¿y qué es eso de la falsificación que nos quieres contar?

—Antes de contar nada quiero explicaros por qué hago

esto, por qué os he llamado. Yo no busco nada. No quiero dinero. No os puedo ocultar que ellos me deben dinero a mí, una cantidad no muy importante para su patrimonio, pero sí para el mío. Llevan meses dándome largas y ya estoy cansado. Sin embargo, no es el dinero que me deben la razón por la que os he querido ver. Ya lo doy por perdido. Lo que me ha llevado a hablar con vosotros es la profunda decepción que me ha producido trabajar con esta gente. Se creen unos empresarios modelo, y no son nada. No son empresarios.

—¡Qué me vas a contar a mí de estos *beautiful*! —terció Jesús.

—Es que vosotros no os lo podéis imaginar. Lo único que quieren es ganar mucho dinero, dar el «pelotazo» y listo. Eso sí, trabajar, poquito. Y yo que pensaba cuando me fui con ellos que eran lo más moderno, lo más profesional de este país. Y luego, el descaro con el que hacen sus negocios aprovechándose de sus poderosos amigos. En fin, que estoy harto y creo que hay que desenmascararlos, contar de una vez quién es esta gente. Aunque he de confesaros que tengo bastante miedo. Son muy poderosos, y pueden hacer mucho daño.

—Mira, antes de que nos cuentes nada —Jesús estaba encantado con lo que estaba oyendo—, quiero decirte que me parece muy bien tu actitud. Hay que ser valiente alguna vez en la vida. La única forma de perder el miedo es denunciándolos, decir quiénes son, para que se sepa de una vez por todas cómo se han enriquecido y cómo se han aprovechado de sus relaciones con Mariano y gente como Mariano. De todas formas, al margen de la discreción puedes contar con todo nuestro apoyo, por tu seguridad no tienes nada que temer. Nosotros te garantizamos que nadie va a saber nunca quién eres, que nadie va a saber de dónde sale la información.

—Es que, si éstos se enteran, a mí me hunden. Yo les tengo mucho miedo, vosotros no sabéis cómo son.

—Hombre, yo no me imagino al señor De la Concha comportándose como un mafioso.

—Vosotros andaros con mucho ojo. Les conozco muy bien y os digo que hay que tener mucho cuidado con ellos.

Yo no podía aguantar más. Estaba en ascuas por conocer lo que sabía «Alberto». Algo, sin duda, muy importante, al menos a juzgar por el miedo que le procuraba a «Alberto» su revelación.

—¿Por qué no entramos en harina?

—Esta gente ha ganado mucho dinero, como sabéis, aprovechándose de sus amistades. Han hecho grandes negocios. Pero, bueno, son cosas que pasan. Nos pueden gustar más o menos, pero es así. Sin embargo, ahora han metido la pata. Han cometido un error muy grave y no sólo se pueden arruinar, sino que pueden ir a la cárcel.

—¿Estás seguro?

Jesús, que estaba sentado frente a mí, no pareció dar crédito a sus oídos.

—¿Puedes repetir lo que has dicho?

—Que han cometido un delito grave y les han «trincado». Que pueden ir a la cárcel.

—Pero, ¿de qué se trata?

—Han falsificado unas listas de accionistas para la Comisión de Valores. La Comisión pidió unos listados a Ibercorp Bolsa porque estaba investigando una operación de autocartera de Sistemas Financieros que se hizo en junio de 1990, y éstos le enviaron una lista falsa para ocultar sus nombres y los de sus amigos.

—¿Quiénes figuraban en la lista?

—Entre otros, Mariano Rubio, Miguel Boyer y su mujer, Soto, el propio Manolo Concha...

—¿Cómo es posible que salga ahora a la luz un asunto de hace año y medio?

—Porque la lista les fue pedida en octubre del año pasado. La Comisión pidió la lista por los artículos que publicasteis vosotros en el mes de julio.

A esas alturas de la conversación, el ruido se había hecho insoportable. Con buen criterio, Jesús propuso aplazar para otro momento la interesante charla.

—Estas cosas no son para hablarlas aquí. Yo te propongo que nos veamos en un sitio más tranquilo, por ejemplo en mi casa, si tú no tienes inconveniente, y allí, con calma, libreta en mano, nos cuentas lo que sea.

—Por mí no hay ningún problema. Aunque no sé si es muy prudente que aparezca yo por tu casa. ¿Tú estás seguro de que no te vigilan?

—Hombre, me parece que exageras un poco con tus miedos. Yo no creo que nadie esté vigilando mi casa.

—Bien, de acuerdo. No quiero que penséis que soy un paranoico, pero insisto en que hay que tomar muchas precauciones. Mañana yo no voy a poder veros, tengo cosas que hacer. ¿Os viene bien el jueves?

—Sí, sí, estupendo, el jueves por la mañana.

—¿Dónde vives?

—Mira, como Jesús vive en Aravaca y puede ser un poco complicado, lo mejor es que quedemos tú y yo aquí en Madrid y vayamos en mi coche.

—De acuerdo. ¿Conoces la cafetería de Serrano 240?

—Sí, es la que hace esquina con Príncipe de Vergara.

—¿A las diez?

—Bien, a las diez.

—Ahora, salid vosotros primero. Yo saldré después. Cuanto menos se nos vea juntos, mejor.

Esa noche, Jesús me llevó hasta mi casa en su coche. En el trayecto, comentamos nuestro alucinante encuentro con «Alberto».

—¿Qué te ha parecido?

—No sé, tú le conoces. ¿Te fías de él?

—Yo sólo le conozco de haberle visto una vez en su despacho, así que no tengo muchos más elementos que tú para juzgar, pero creo que lo que nos ha dicho es verdad. Tengo la convicción de que es verdad. Por fin hemos encontrado a nuestro «ronco».

Jesús me miró esbozando una leve sonrisa. Sus ojos brillaban con intensidad.

—«Kas», yo también creo que estamos en el buen camino. Lo que hay que hacer ahora es no decirle a nadie quién es este tío. A nadie. Y atarlo todo muy bien, no soltar nada hasta que no estemos completamente seguros.

—Lo que más me ha sorprendido ha sido verle tan acojonado. ¿Tú crees que esta gente puede ser tan peligrosa?

—No lo sé, pero a mí no es la primera vez que me ponen sobre aviso. Ya te he comentado en un par de ocasiones que personas distintas me habían confesado tenerles miedo físico. Sólo sé que estamos metidos en un asunto muy gordo. Tengo la impresión de que esta historia nos va a marcar.

Al día siguiente, lo primero que hice al llegar al periódico fue llamar a la Comisión Nacional del Mercado de Valores.

—¿Pedro? Hola, soy Casimiro. Mira, Jesús y yo tenemos un asunto importante que nos gustaría comentar con Croissier.

—¿Os urge mucho?

—Tenemos cierta prisa. Nos gustaría verle esta semana, si puede ser.

—¿Puedes adelantarme algo?

—Es un tema relacionado con Manuel de la Concha.

—¡Hostias! Vale, hablaré con él y luego te llamo.

Pedro Cases, el responsable de comunicación de la Comisión de Valores, un profesional de los pies a la cabeza, con el que trabajé y del que aprendí muchas cosas en los primeros tiempos de la revista *Mercado*, me devolvió la llamada a los pocos minutos.

—Oye, el jefe dice que puede veros un ratito hoy antes de almorzar. Sobre las 13.30. Si no podéis, tendría que ser ya la semana que viene.

—Estupendo, hoy a las 13.30.

Inmediatamente localicé a Jesús en su casa y quedamos citados en el despacho del presidente de la CNMV.

Croissier nos recibió en la sala contigua a su despacho, en la última planta del edificio que sirve de sede a la Comisión, en Castellana 17. Amable, como siempre, nos ofreció algo de beber. El, como es su costumbre, pidió Coca-Cola y una cucharilla para quitarle el gas.

—Bueno, vosotros diréis.

—Tenemos noticias de que la Comisión pidió el año pasado una información a Ibercorp. Una lista de accionistas de Sistemas Financieros.

—A mí no me consta. Si no me das algún dato más...

—La Comisión estaba investigando una operación de autocartera de Sistemas Financieros, y por eso se pidió la lista a Ibercorp Bolsa, porque las operaciones de autocartera se habían llevado a cabo a través de la sociedad de Manuel de la Concha.

—No tengo ni idea. Claro, que hay muchas informaciones que pide la Comisión a las sociedades de valores de las cuales yo ni me entero. A mí sólo se me informa cuando se descubre algún dato significativo. Los requerimientos de la Comisión son muy numerosos. Muchos de ellos son de simple rutina. Requerir información no significa necesariamente que la sociedad en cuestión esté cometiendo alguna irregularidad. De todas formas, esa petición no la recuerdo, pero puedo preguntar a mi gente. Yo voy a estar fuera hasta el fin de semana, llamadme el lunes y os podré decir si se ha pedido esa información. Ahora, que quede claro que sólo puedo comentaros si se ha pedido la información. Nada más. Si se está investigando alguna cosa no puedo decíroslo, porque, como comprenderéis, nosotros estamos obligados a guardar secreto. Sólo cuando una irregularidad, si es que la hay, es significativa y entendemos que debe conocerla el público, entonces la transmitimos.

Aquella breve charla con Luis Carlos Croissier fue como un jarro de agua fría. No era posible que Croissier desconociera un tema tan importante como la falsificación de unas listas.

Por lo tanto, o nuestro «ronco» nos había engañado, o bien la Comisión no había detectado la falsificación.

Y, para colmo, ni siquiera teníamos la seguridad de que la información sobre los accionistas de Sistemas Financieros se hubiera pedido a Ibercorp Bolsa.

Cuando salimos de la Comisión, fuimos caminando Castellana arriba en dirección a la plaza de Emilio Castelar.

—¿Qué impresión has sacado?

—Muy mala. Yo esperaba que Croissier nos confirmara la falsificación, y ni siquiera sabe si se han pedido las listas.

—¿Tú crees que el «ronco» nos habrá engañado?

—No, yo me fío de él, pero tampoco creo que Croissier nos haya mentido. Hay algo que no cuadra.

—¿Tienes comida?

—No.

—¿Vamos a comer al Polentinos?

El Polentinos es un pequeño restaurante situado al final de la calle General Martínez Campos, a cincuenta metros de la plaza de Emilio Castelar. Su aspecto es bastante cochambroso, pero la comida es estupenda.

Desde el restaurante llamamos a dos buenos amigos para que nos acompañaran. En momentos de depresión no hay nada mejor que una comida en buena compañía para levantar el ánimo.

Del Polentinos salimos con la moral bastante más alta, pero aquella tarde fue imposible avanzar un paso más en la comprobación de la información que nos había dado el «ronco» el día anterior. Lo intenté por activa y por pasiva. Llamé a algunos de los empleados de Ibercorp Bolsa que habían abandonado la empresa recientemente, a directivos de otras sociedades de valores... Y siempre las mismas respuestas: «Ese asunto no lo conozco»; «De eso no sé nada»; «Tal vez sea así, pero yo no puedo ayudarte porque a mí nunca me dieron esa información»; «Con las compras de acciones del Hispano sí hubo algo, pero con Sistemas Financieros yo creo que la Comisión no ha hecho nada...»

Por un momento comencé a dudar de «Alberto». ¿Y si todo no fuera más que una trampa? Otra buena pista, como las que nos había puesto sobre la mesa el «señor Nebot» para que picásemos, para que metiéramos la pata, para hundirnos en el descrédito profesional y para, de paso, poner en cuestión la credibilidad de nuestro periódico. Esta tesis no era descabellada, conociendo, como conocíamos entonces, las maniobras para acabar con la línea informativa de *El Mundo* llevadas a cabo por uno de los personajes claves de nuestra investigación: el mismísimo gobernador del Banco de España, Mariano Rubio.

No pude dormir muy bien esa noche. Todo quedaba pendiente de la reunión con el «ronco» a la mañana siguiente. En esa cita podríamos resolver todas nuestras dudas. Si es que «Alberto» se presentaba.

Eran las 8.45 de la mañana, me estaba afeitando en el cuarto de baño y tenía la radio puesta. De repente, una noticia me sobresaltó. Atentado de ETA en Madrid. Un coche bomba cerca de Capitanía. Se habla de varios muertos. Estos hijos de puta no van a parar nunca de matar. Estaba frente al espejo, con la cara embadurnada todavía de espuma, dándome cuenta de lo pequeñas que son a veces nuestras aspiraciones, nuestras preocupaciones y nuestras vidas. Yo angustiado por saber si unos tipos habían cambiado o no los nombres en unas listas, y a unos centenares de metros de mi casa una bomba acababa de matar a varias personas. Me sentí como un auténtico imbécil.

Al tiempo que me dirigía en mi coche hasta Serrano 240, pensaba en que el «ronco» no se presentaría a la cita. Me dio un poco igual. Estoy harto de dar tantas vueltas, de preguntar, de buscar, quiero volver a escribir sobre la banca, sobre el PIB y el déficit público, no me pagan para vivir en esta tensión. Apagué la radio y puse una cinta de James Taylor. A esas horas, la circulación era extrañamente fluida.

Llegué a la cafetería a las 9.55. No había hecho más que pedir un café cuando vi entrar por la puerta a nuestro hombre. Esta vez había cambiado el chaquetón verde por un tres cuartos de piel, y la ropa informal por un traje de tonos discretos.

—¿Cómo estás? ¿Te has enterado del atentado de ETA?

—Sí, lo venía ahora escuchando en la radio del coche. Creo que ha sido terrible. Estaban diciendo que había cuatro o cinco muertos.

—Yo creo que hoy no deberíamos ir a casa de Jesús. Lo más probable es que la policía ponga algún control en la salida de la carretera de La Coruña. Nos podemos tirar toda la mañana en el coche.

—Yo también lo había pensado. ¿Qué hacemos entonces?

—Podemos ir a un hotel. ¿Qué te parece el Miguel Angel?

—Un hotel no me gusta mucho, pero bueno, si no hay otro remedio...

—Llamaré a Jesús para avisarle del cambio de planes. Le diré que le esperamos en el Miguel Angel.

En la parte de arriba del *hall* del hotel, subiendo las escaleras, al fondo y a la derecha, había una mesa relativamente discreta. El enorme salón, en el que siempre hay algún ejecutivo leyendo la prensa o charlando sobre negocios con otros «vips» recién afeitados, estaba aquella mañana completamente vacío.

—¿Qué hacemos, esperamos a Jesús?

—Mejor vamos a empezar, no sabemos lo que puede tardar, según está el tráfico.

—Antes de seguir con lo que os conté el otro día, quiero que sepas que la situación se ha precipitado. El tema puede estallar en cualquier momento.

—¿Qué ha ocurrido?

—Carlos Sebastián, el consejero delegado de Ibercorp Bolsa, se marcha. Ayer por la mañana estuvo reunido con De la Concha en su despacho. Discutieron. Hubo voces. Se enteró todo el mundo de la pelea. Concha le dijo que si se iba del grupo iba a ser su ruina. Después de la bronca, por la tarde, Sebastián fue al notario para presentar su dimisión por vía notarial. Eso es tremendo, porque Sebastián era uno de los pocos hombres de prestigio que todavía seguían en el grupo.

—¿Qué relación hay entre la dimisión de Carlos Sebastián y la falsificación de listas de la que nos hablaste el otro día?

—Toda. Su salida es consecuencia de esa falsificación.

—¿Por qué no me cuentas todo desde el principio?

—Sí, claro, perdona. En octubre del año pasado la Comisión de Valores pidió a Ibercorp Bolsa una lista de los accionistas que habían vendido acciones de Sistemas Financieros en junio de 1990 para la autocartera de la empresa. Después de lo que publicasteis Jesús y tú en *El Mundo* en el mes de julio, la Comisión estaba en la obligación de investigar el asunto.

—Los testimonios que nosotros recogimos apuntaban claramente a que De la Concha había discriminado a sus clientes.

—Claro, la Comisión pidió la información a Ibercorp para saber quiénes se habían beneficiado con la venta de las acciones a la autocartera de Sistemas Financieros.

—¿Y entre los que se habían beneficiado estaban el gobernador del Banco de España, Boyer y todos los demás?

—Por supuesto. Por eso falsifican las listas, para ocultar sus propios nombres y los de sus amigos de la *beautiful*. Porque ellos fueron los que se beneficiaron vendiendo a precios caros a la propia empresa, mientras que el resto de los accionistas han perdido un montón de dinero.

—¿Quién falsificó las listas?

—El autor material fue José Manuel Quesada, el contable de Ibercorp Bolsa, un hombre de confianza de Manuel de la Concha, que trabaja en su despacho desde la época de su padre. Cuando tuvo que mandar los listados a la Comisión, Concha le dijo que cambiara una serie de nombres que él mismo punteó con un lápiz en la lista original.

—Entonces, ¿cuál es el papel de Carlos Sebastián?

—El es el que firma la lista. Al ser el consejero delegado de Ibercorp Bolsa tiene que firmar los requerimientos que se envían a la Comisión de Valores. La lista ya falsificada se la dio Quesada a Sebastián, y éste la firmó sin saber que se habían manipulado los nombres.

En ese momento, Jesús hizo aparición en el *hall* del hotel con cara de circunstancias.

—Perdonadme, chicos, pero es que hay un follón de tráfico de no te menees. Ya veo que habéis empezado. ¿Cómo vais?

—Será mejor que te sientes y escuches, porque lo que está contando «Alberto» es muy interesante. Estamos hablando de la falsificación de las listas.

—¿Le has contado a nuestro amigo que ayer estuvimos con una persona muy importante de la Comisión y nos dijo que no sabía nada de las listas de Ibercorp?

—No, todavía no le he dicho nada de eso, pero mira, ya que lo mencionas, no estaría mal que tocáramos el asunto.

—¿De qué se trata?

—Ayer, como dice Jesús, estuvimos con una persona de la Comisión de Valores. Le preguntamos por las listas de Sistemas Financieros, y nos dijo que no sabía nada. Nos quedamos un poco perplejos, porque la Comisión debería saberlo.

—¿Por qué? La Comisión no sabe nada. Ellos pidieron unas listas, e Ibercorp Bolsa les envió una serie de nombres con sus documentos de identidad y el volumen de ventas que habían hecho. Pero en la Comisión no saben nada de la falsificación. No se han dado ni cuenta. Por eso es tan importante la salida de Carlos Sebastián, porque se puede destapar todo el escándalo.

—¿Qué es eso de Carlos Sebastián?

—Es el consejero delegado de Ibercorp Bolsa. Antes de que llegaras, «Alberto» me ha contado que ha presentado su dimisión.

—Carlos Sebastián tampoco sabía nada de la falsificación hasta que, hace una semana, Fandila Mesa, otro de los hombres de confianza de Manuel de la Concha, que era uno de los pocos que conocían la falsificación desde el principio, se lo dijo. Naturalmente, Sebastián se quedó completamente «acojonado».

—En caso de descubrirse la falsificación el responsable sería él.

—Exacto. Por eso en estos últimos días Sebastián ha estado intentando conseguir algún tipo de garantía por parte de Manuel de la Concha para que éste le exonerara de responsabilidades.

—¿Y cuál ha sido la respuesta de De la Concha?

—Se ha negado en redondo. Le ha dicho que no va a pasar nada, que nadie se va a enterar y que, en caso de que se descubriera, él asumiría la responsabilidad.

—Y con ese papelón, ¿Carlos Sebastián no ha puesto el asunto en manos de algún abogado?

—Sí, creo que ya ha hablado con uno. Me parece que con Cobo del Rosal. Claro que, en principio, Carlos ha querido arreglarlo por las buenas, pero no ha habido forma. Por eso ayer se montó la bronca en el despacho de Manuel de la Concha, porque no había manera de hacerle entrar en razón. Por más que se empeñó, Concha se negó a firmar un documento exonerándole de responsabilidades.

—¿Tú crees que podríamos hablar con él?

—¿Con Carlos Sebastián? No, no lo creo. Está tan asustado que no se pondrá ni al teléfono. Yo creo que eso es imposible. Aunque la situación está muy mal en la casa y me han dicho que Manuel Fernández Fontecha, el secretario del consejo de Sistemas Financieros, también se va a marchar. Y también Fandila Mesa. Bueno, es que aquello es un desastre. Mi opinión es que este tema, por un lado o por otro, va a terminar estallando.

—¿Tú sabes cómo falsificaron los nombres?

—Quitaron los nombres y los primeros apellidos de la gente que querían enmascarar. Por ejemplo, Boyer aparece en la lista falsa como «M. Salvador». Así es imposible saber que se trata de Miguel Boyer. El gobernador aparece como «M. Jiménez». Y así con todos ellos. Hay incluso algo más grave. Se trata de la sustitución de un nombre por otro falso.

—A ver, a ver, cuéntanos eso con más detalle.

—Jaime Soto es uno de los que más vendió para la autocartera de Sistemas Financieros. Lo hizo a través de una sociedad suya que se llama Padilla de Inversiones. Pues en la lista que tiene la Comisión, esa sociedad no aparece, la que aparece es P. K. Banken, un banco sueco que no ha vendido ni una sola acción para la autocartera de Sistemas.

—Pero esto que nos estás contando es un escándalo.

—Ya os dije el primer día que si esto se sabe, Manuel de la Concha podría acabar en la cárcel.

—Son unos golfos. Si yo les conozco muy bien, y se lo he dicho a «Kas» muchas veces, que estos tíos son unos golfos.

—Bueno, yo creo que con esto que os he contado ya

tenéis material para publicar. Yo me tengo que marchar ahora. Espero que tengáis suerte con vuestra investigación y que digáis la verdad sin dejaros nada en el tintero.

—No, por eso no te preocupes. Pero creo que nos deberíamos volver a ver. Seguro que hay muchas más cosas que sabes y que nos pueden servir para adornar esta historia.

—No, con lo que os he contado ya hay suficiente. Vosotros sabéis muchas cosas de esta gente. No vais a necesitar mucho más. Tirad del hilo y encontraréis más cosas.

—Mira, «Alberto», tú te has portado muy bien con nosotros. Pero, al final, somos mi amigo y yo quienes nos la vamos a jugar publicando esto en el periódico. Por lo tanto, yo creo que deberíamos vernos una vez más, antes de publicar nada, y después de haber hecho algunas comprobaciones sobre lo que nos has dicho.

—Bien, de acuerdo. Una vez más y punto. Ya os he dicho que no me fío nada de esta gente, y si saben que he hablado con vosotros se me cae el pelo.

—¿Quedamos en este mismo sitio mañana?

—No, yo no puedo. Tengo que salir fuera de Madrid y no volveré hasta el domingo por la noche. El lunes. El lunes a las diez en este mismo sitio. ¿De acuerdo?

Las revelaciones del «ronco» eran de tal envergadura que su publicación podía dar al traste con uno de los grupos más poderosos de este país. Desde ese momento fuimos conscientes de que teníamos una auténtica «bomba» en nuestras manos. Pero también sabíamos de las dificultades para contrastar lo que nos había contado nuestra fuente, y del enorme riesgo que corríamos si cometíamos alguna imprudencia.

¿Cómo averiguar si la falsificación se había producido? De la Concha lo negaría en redondo, y su fiel Quesada ni siquiera atendería nuestra llamada.

Sebastián era el hombre clave. Había que intentar hablar con él. Había que localizarle a toda costa. Intentar hablar también con ese tal Fandila Mesa y con Fernández Fontecha. Teníamos que conseguir que, al menos, otra persona nos confirmara la increíble historia que «Alberto» nos desveló aquella mañana.

Todos los esfuerzos fueron en vano. Lo intenté en Ibercorp. Las secretarias de los tres dijeron exactamente lo mismo: «¿De parte de quién? Ah, periodista. ¿De qué medio es usted? *El Mundo.* Ya. Hoy no ha venido por la oficina, llámele mañana, por favor. ¿Desea dejarle algún mensaje?»

Buscamos en la guía sus teléfonos particulares, pero todo fue inútil. No conseguimos hablar con ninguno de ellos a pesar de haberlo intentado durante toda la tarde.

—¿Te has dado cuenta de que es imposible comprobar lo que nos cuenta «Alberto»?

—Sí, es cierto. Bueno, esta vez al menos sabemos que el trío de descontentos no ha ido por la oficina, lo que en cierto modo avala su versión de que han dimitido. A no ser que las secretarias tuvieran órdenes de decir que no estaban si llamaba por teléfono algún periodista.

—¿No habrá alguna forma de encontrar a alguien que pueda servirnos de enlace con esta gente? ¿Tú no conoces a nadie de las sociedades de bolsa que pueda conocer a Carlos Sebastián?

—Ya lo he intentado. Uno de mis amigos le conoce, pero no parece llevarse muy bien con él. Sin embargo, se me ha ocurrido algo que puede resultar. Yo tengo bastante buena relación con Manuel Cobo del Rosal.

—¡No me digas! Pues, «Kas», es la única persona que puede confirmarnos todo lo que nos ha dicho el «ronco».

Llamé al instante. Pero, para colmo de desdichas, Cobo del Rosal tampoco estaba en su oficina. Se encontraba fuera de Madrid.

—¿Espera usted hablar con él hoy o mañana?

—Sí, seguro. El siempre me llama cuando está fuera. Si quiere le puedo decir que le ha llamado.

—Sí, por favor, dígale que tengo mucho interés en hablar con él, que es muy urgente.

—¿Me puede adelantar de qué se trata?

—Dígale... Sólo dígale quc quiero hablarle de Carlos Sebastián.

—¿Nada más?

—No, sólo dígale ese nombre: Carlos Sebastián.

Ahora sólo quedaba esperar. De todas formas, no convenía hacerse muchas ilusiones con aquella gestión. El «ronco» no nos había dado el nombre de Cobo del Rosal con mucha seguridad. Si, al final, resultaba que Cobo no era el abogado en cuestión, otra vez volveríamos a estar como al principio: una magnífica historia que no podíamos contar.

De nuevo el viernes lo intenté en Ibercorp. Y, de nuevo, las tres secretarias me dijeron lo mismo:

—Insista el lunes, por favor. Hoy no ha venido por la oficina.

—Pero, ¿qué ocurre? ¿No se habrá marchado del trabajo?

—No, no. Es que hoy no ha venido. Lo siento.

Estaba en un callejón sin salida. Por más que le daba vueltas no encontraba la fórmula para romper ese círculo de silencio. Fue entonces cuando decidí llamar a mi amigo, nuestro «topo» en el Ministerio de Economía y Hacienda. El está siempre muy bien informado. Nadie en el periódico sabe que hablo con él. Tampoco creo que en el Ministerio él vaya pregonando que me conoce. Tan sólo una de sus secretarias sabe quién soy. Conoce perfectamente mi voz. Yo también la suya. Por eso, cuando llamo y no es ella cuelgo el teléfono. Ninguna otra tiene una voz tan dulce.

—¿Está el jefe?

—Hombre, cuánto tiempo sin llamar. ¿Te ha pasado algo?

—No, bonita, que no me dejan en paz. Siempre metido en líos, en vez de dedicarme al déficit.

—No te quejes. Espera un momento, voy a ver si se puede poner.

Y al momento.

—Ha habido suerte. Te pongo. Hasta luego.

—¿Casimiro? Cómo estás, ya no llamas a los amigos.

—No, es que estoy metido en una historia que me trae frito. No sé cómo amarrarla, pero creo que es buena.

—¿No será algo de la casa? No me asustes.

—No... bueno, podría serlo, pero indirectamente.

—¿Cómo?

—Es algo que tiene que ver con Mariano Rubio, con Manuel de la Concha y toda esa gente.

—Ah. Lo que vosotros, los periodistas, llamáis la *beautiful*.

—Sí, eso.

—¿Y en qué puedo ayudarte yo? Ya sabes que de la «biuti» sólo sé que todos sus miembros son muy feos.

—Me gustaría verte para hablarlo con más calma.

—Bueno. Si quieres puede ser esta tarde a las ocho, donde siempre.

—Vale, de acuerdo, donde siempre.

Mi amigo y yo solemos quedar en una cafetería muy mona que hay cerca de la Castellana. Allí van las viejecitas del barrio de Salamanca a tomar el café por las tardes y, de vez en cuando, algún ejecutivo maduro a alternar con su secretaria. Todo es muy tranquilo, un lugar ideal para hablar del gobernador del Banco de España y sus amigos.

Nos sirven dos cervezas, y unas almendras de aperitivo.

—Tú dirás. Me tienes intrigado.

—Jesús y yo estamos siguiendo una historia desde hace tiempo. El año pasado ya escribimos algo. Es el asunto Ibercorp.

—Me acuerdo de aquello. Los artículos que publicasteis montaron mucho follón.

—Manuel de la Concha ha pedido las exenciones fiscales para la fusión del Grupo Financiero, el Banco y Sistemas Financieros. ¿Todavía no se ha resuelto el expediente?

—No. Y no se ha resuelto porque no es fácil. Todo lo que tenga que ver con De la Concha siempre es enrevesado, complicado. Aunque es muy probable que al final se le den.

—Pero, ¿tú qué opinas?

—No seas tramposo. Yo no te voy a decir lo que opino. Sólo te puedo decir que no es sencillo. O, al menos, que no va a ser tan sencillo como ellos se creían. De todas formas, tú no me has llamado para hablar de las exenciones de Ibercorp.

—No. Te he llamado porque tenemos dos historias entre manos muy fuertes que afectan directamente al gobernador.

—A ver, a ver.

—Una de ellas se refiere a unos pagos que le hace el Banco Ibercorp. Unos cheques que le abona una sociedad propiedad de Manuel de la Concha.

—¡Toma! ¿Esos cheques los tenéis vosotros?

—Tenemos unas fotocopias.

—No sé qué decirte. Debéis tener mucho cuidado, aunque me imagino que ya estáis tomando vuestras precauciones. Yo eso lo dudo, aunque es evidente que Mariano vive por encima de sus posibilidades; o, mejor dicho, que gasta más de lo que gana como gobernador del Banco de España. Eso es evidente. Por lo tanto, de algún sitio le tiene que venir el dinero. ¿Que es Manolo Concha el que le paga? Es probable. Pero dudo de que lo haga de una forma tan burda.

—Si quieres que te diga la verdad, yo tampoco me fío mucho de esa historia.

—¿Y la otra?

—La otra es más creíble, aunque no tenemos ni un solo papel, ni una sola prueba. Unicamente la versión de una persona que ha trabajado en la casa. Se trata de una falsificación. Manuel de la Concha ha falsificado unas listas de accionistas de Sistemas Financieros que le había pedido la Comisión de Valores por las operaciones de autocartera que publicamos el verano pasado.

—A mí me suena que algo se pidió, pero no sé nada de la falsificación de que me hablas.

—Es que la Comisión no sabe nada. Pidió la información, pero no descubrió que habían falsificado los nombres de algunos accionistas. Entre ellos están el propio Mariano, Miguel Boyer, Jaime Soto, casi toda la panda.

—¿Eso lo vais a publicar?

—Queremos publicarlo, pero nos falta una comprobación.

—Hijo, amarradlo muy bien porque me temo que os vais a meter en un lío tremendo. No hace falta que te diga el poder que tienen los que llamáis *beautiful*. Y Mariano Rubio es mal enemigo, muy mal enemigo. Así que, si vais a publicar algo, que no quede ni un resquicio de duda, porque si no, van a por vosotros. Sería la excusa ideal para hundiros a vosotros y a vuestro periódico. Ya sabes las simpatías que tenemos en esta casa y en todo el Gobierno a *El Mundo.*

Después de la charla con mi amigo me marché a casa. Estaba muy cansado. Aunque, afortunadamente, aquel fin de semana no tenía que trabajar. Nada más llegar, mi mujer, Paloma, me dijo que me había llamado una de las secretarias del periódico. Que llamara, porque era urgente.

—¿Sí, qué ocurre?

—Casimiro, tienes un mensaje. Te ha llamado el señor Cobo del Rosal. Que te ve el lunes en su despacho a las doce de la mañana. Su secretaria me ha dicho que, si no puedes ir, la llame a un teléfono que me ha dado. ¿Qué hago?

—Pues decirle inmediatamente que sí, que encantado de verle a las doce de la mañana.

Maravilloso. Estupendo. Magnífico. Cobo del Rosal era su abogado, era el abogado de Carlos Sebastián. Si no, no habría devuelto la llamada citándome en su despacho. ¿O tal vez sí? No, no puede ser.

Lo mejor es no hacerse ilusiones. Esperar al lunes y ver. Por cierto, el lunes estamos citados con el «ronco» en el Miguel Angel. Cobo tiene el despacho en José Abascal. Fenómeno. Está al lado del hotel. Hay tiempo para las dos cosas. Este fin de semana espero olvidarme de todo esto. Descansar. Hasta el lunes. Vaya día, el lunes.

Fin de semana en El Escorial. Días deliciosos de frío y sol. Paseos por los jardines de la Casita del Príncipe con mi hija María. El tiempo pasa volando, pero, afortunadamente, duermo como un tronco.

A las diez de la mañana, Jesús, «Alberto» y yo acudimos muy puntuales a la cita del Miguel Angel.

—¿Ha habido alguna novedad?

—No, nada importante. Uno de mis amigos de dentro de Ibercorp me ha dicho que la semana pasada estuvo allí Javier de la Rosa, acompañado de Manuel Prado. Acudieron en un Bentley azul imponente. Todo el mundo se enteró de que De la Rosa se entrevistó con Manuel de la Concha.

—¿Sabes algo de esa entrevista?

—No, no sé nada. A lo mejor están intentando venderle otra vez el grupo. Ya lo intentaron el año pasado.

—Conocemos esa historia, pero ahora dicen que se lo está vendiendo a su amigo Miguel Boyer.

—Sí, eso es cierto. Están negociando con Miguel Boyer, aunque no sólo con él. También están negociando con un banco francés, la Banca D'Argill. La semana pasada fueron a París a negociar con ellos. De la Concha y Soto conocen en ese banco a un tal Mikimoto. Creo que el asunto no les fue nada bien. También le han querido vender el grupo a La Mondiale. A los franceses les han pedido nada menos que 14.000 millones.

—Por pedir que no quede. Lo que es increíble es lo de Boyer. Negociando la compra del grupo de sus amigos, del que es accionista, para colmar sus apetencias de ser banquero.

—Boyer les ha ayudado ya en varias ocasiones. Por ejemplo, al poco tiempo de ponerse en marcha las sociedades financieras, Ibercorp Leasing e Ibercorp Financiaciones, les dio líneas de créditos por valor de 1.500 millones de pesetas.

—¿Hubo otros bancos que les prestaran dinero?

—Sí, yo creo que la mayoría de los grandes bancos les dieron dinero. ¡Cualquiera se negaba a darle un crédito a don Manuel de la Concha! Uno de los que más dinero dio a las financieras fue el Central. En total, unos 3.000 millones. Ese crédito lo gestionó personalmente Manuel de la Concha con Escámez. Eso fue en 1988, en la primavera, en plena fusión con Banesto. Las cosas no estaban como para hacerle un feo al amigo del gobernador.

—Por cierto, ¿cómo son las relaciones de De la Concha con Mariano Rubio?

—Eso ya lo sabéis vosotros: excelentes. Se ven todas las semanas por lo menos dos o tres veces para comer. Y todos los miércoles juegan al golf en Puerta de Hierro. Manuel de la Concha le llama mucho. Prácticamente todos los días, por la mañana. No es una cosa que Concha oculte, ni mucho menos. Presume de ello. Alguna vez, estando yo con él, le ha pedido a su secretaria, Ofelia, que le pusiera con don Mariano Rubio.

—¿Y de qué hablan?

—No lo sé, me imagino que de cosas importantes algunas veces, y otras de tonterías. Cuando yo estuve en su despacho, la conversación fue absolutamente intrascendente. Querían quedar junto con sus mujeres para ir a no sé qué sitio.

—Alguna gente nos ha dicho que Mariano pasa información confidencial a De la Concha. ¿Tú sabes algo de eso?

—Sí, claro. Yo os puedo dar una pista para que la investiguéis. ¿Por qué el Banco Ibercorp, un poco antes de la suspensión de pagos del Banco Europeo de Finanzas, cambió su posición en el mercado interbancario de un día a seis meses? Ese es uno de tantos favores de Mariano a sus amigos. Después del estallido del BEF ningún gran banco dio liquidez en el mercado a los pequeños. Pero el Banco Ibercorp no tuvo problemas y, a pesar de ello, el Banco de España le dio más de 5.000 millones de pesetas. Otro favor de Mariano. ¿Cómo es posible que el Banco Ibercorp, que no tiene prácticamente ningún negocio, gane 400 millones al año sólo con la mesa de contratación? Pues porque conocen perfectamente la evolución de los tipos de interés antes que los demás.

—¿Tú crees que De la Concha le paga a Mariano? Nosotros tenemos un cheque del Banco Ibercorp por el que una sociedad le paga doce millones al gobernador.

Jesús sacó de su cartera la carpeta negra del «señor Nebot» y extrajo algunos papeles, entre los que se encontraba la fotocopia del cheque de doce millones de AB Holding a Mariano Rubio, que mostró a «Alberto» con candorosa expectación.

—¿De dónde habéis sacado esto?

—Nos lo ha dado un amigo. ¿Tú reconoces ese tipo de papel?

—Vamos a ver... Bueno, esto es un impreso normalizado del Consejo Superior Bancario, igual para todos los bancos, pero esto no es bueno, en nuestro encabezamiento figura «Banco Ibercorp», no «Ibercorp» a secas, como dice aquí. Y nosotros lo llamamos «traspaso interior», no «transferencia interior»... Este papel es absolutamente falso. Además, los códigos de las cuentas del banco empiezan por 1, no por 4, y esa clave de ahí abajo también es falsa.

—¿Y la empresa? ¿Conoces esa AB Holding?

—No, yo la que conozco es AC Holding, que es una sociedad de Jaime Soto, donde cobró casi 500 millones por la venta de las financieras al Crédit Agricole. También hay otra sociedad que se llama AB Master, esa es de Manuel de la Concha, que se metió en el bolsillo otros 500 «kilos» por la misma operación. Tamayo los ingresó en SF Trust. En las grandes operaciones, los tres iban a partes iguales. Pero AB Holding no la conozco. No digo que no exista ni que ese papel sea falso, ni mucho menos, pero yo no la conozco.

—Es decir, que la única relación entre Rubio y De la Concha es que el gobernador le tiene confiados sus dineros.

—No, yo no digo eso. Seguramente habrá otras cosas que yo no sé. De todas formas la gestión de De la Concha ya es mucho. Porque todos sus amigos han ganado mucho dinero con él. Y luego están los pequeños detalles, los viajecitos y cosas por el estilo.

—¿Qué clase de viajecitos?

—De vez en cuando, Manuel de la Concha y su mujer invitaban a Mariano Rubio y a Carmen Posadas a dar una vuelta en su avión privado. Que yo sepa, han estado juntos en Montecarlo. Y, por supuesto, a gastos pagados por las empresas del grupo.

—No me lo puedo creer.

—Pues créetelo, porque ese viaje lo hicieron a cuenta de una de las empresas que yo conocía bien. La factura la tuve yo en mis manos. Pero es que ese tipo de cosas era normal en la casa. Nadie se extrañaba. Concha y su mujer fueron al concierto de fin de año en Viena el 31 de diciembre de 1990, y se gastaron tres millones, que pagó otra de las empresas del grupo. Jaime Soto batió el récord pagándole a su amigo Juan Abelló una cacería en Rumanía que costó nueve millones de pesetas. Todo a cuenta de las empresas del grupo.

—Eso quiere decir que estos señores, de su bolsillo, no gastaban ni un duro.

—Por supuesto. Todos los gastos corrían a cargo de las empresas. Las comidas de lujo, los hoteles, todo.

—¿Cuánto ganaban al año Manuel de la Concha y Jaime Soto?

—Si descontamos sus operaciones y sus negocios, sólo contando sus honorarios por consejos y por sus cargos en las empresas, unos cien millones cada uno al año, gastos aparte.

Eran las 11.50 de la mañana, y yo ya no podía esperar más. Tenía que ir al despacho de Cobo del Rosal, y la verdad es que, con aquella conversación, me hubiera quedado horas escuchando a «Alberto».

—Me vais a disculpar, pero yo me tengo que marchar.

—Yo también tengo prisa.

—Hombre, ahora que estabas entrando en harina.

—No, no, de verdad, es que me tengo que marchar.

—Déjame preguntarte un par de cosas más —insistió Jesús.

—Está bien, pero a las doce y cuarto me tengo que marchar, en serio.

Dejé a Jesús en plena faena, y me dirigí andando hasta el despacho de Cobo del Rosal. Más que un paseo, fue una carrera contra reloj. A las doce en punto estaba llamando a su puerta.

En un recodo del pasillo, a la derecha, según se entra, hay un pequeño recoveco que sirve de sala de espera, con su mesa baja llena de revistas. Ojeé un ejemplar de un semanario. Comenzaba a leer un artículo sobre «El acoso sexual a las secretarias en las empresas españolas», cuando apareció Cobo luciendo una amplia sonrisa.

—¿Cómo estás, Casimiro? Cuánto tiempo sin verte.

—Sí, esta es la primera vez que vengo a este despacho. El otro, el de Eduardo Dato, era mucho más oscuro.

—Sí, nos hemos venido aquí hace poco tiempo. Aún hay algunas cosas por poner. Pero aquí se trabaja más a gusto que en el otro. Toma asiento y cuéntame qué te trae por aquí.

—Iré directo al grano: ¿estás llevándole un caso a Carlos Sebastián?

—No. Te diré. Carlos Sebastián vino a verme hace unos días. Vino acompañado por un amigo común, José Terceiro, el hermano de Jaime, el presidente de Cajamadrid. Me comentó un asunto, el hombre estaba muy asustado, y luego se marchó. Me pidió un consejo, yo se lo di, y quedó en volverme a llamar. Pero, hasta el momento, no lo ha hecho.

—¿Lo que te comentó tiene que ver con la falsificación de unas listas para la Comisión de Valores?

—Sí, una lista en la que aparecen determinados personajes.

—Entre ellos, Mariano Rubio, Boyer y algunos más.

—Sí. Creo que también hay algún otro importante que no recuerdo.

—Y te vino a ver porque la lista la falsificaron sin su consentimiento.

—Claro. Es que, por lo visto, el tal De la Concha mandó cambiar los nombres a otro empleado suyo.

—¿Quesada?

—Sí, creo que se llama Quesada. Y entonces a él no le dijeron ni pío. Cuando a Sebastián le contaron que la lista estaba trucada, se puso por las nubes. Imagínate cuando la Comisión descubra el pastel. El muerto se lo querrán cargar a este pobre hombre.

—¿Y tú qué le has dicho?

—Que les pida por las buenas un escrito en el que le eximan de responsabilidades. No es que eso solucione todos los problemas, pero es un paso. La verdad es que lo tiene difícil.

—¿Tú viste la lista falsificada?

—Sí, a mí me trajo una lista con un montón de nombres. Yo la tuve en mis manos. ¿Y a ti quién te ha contado esas cosas?

—Un amigo mío que trabaja en Ibercorp.

—¿Vais a publicar este lío en el periódico?

—Naturalmente.

—Pues se va a montar un follón de aquí te espero.

—¿Tú crees que podría hablar con Carlos Sebastián?

—Cuando me llame se lo puedo comentar. Pero no sé lo que hará. Llevo varios días sin hablar con él.

—Dile que vamos a publicar esta historia uno de estos días. Mañana o pasado. Que queremos hablar con él, guardando la confidencialidad, por supuesto.

—No te preocupes, yo le diré que hable contigo.

A medida que bajaba en el vetusto y elegante ascensor, la excitación iba en aumento. Siete, seis, cinco, cuatro, tres... Increíble. Teníamos la confirmación que estábamos buscando. La mejor posible. Las fantásticas historias que nos había contado el «ronco» eran ciertas. Teníamos a los *beautiful* cogidos por el cuello. Los arquetipos del capitalismo moderno español, bendecidos por el ala liberal del PSOE, modélicos en su comportamiento, exquisitos en las formas, los que se presentaban a sí mismos como representantes de una nueva cultura, más europea, más pura, los que nada tenían que ver con los empresarios cavernícolas enriquecidos a la sombra del proteccionismo franquista, resultaban ser unos estafadores de la peor especie.

En el taxi, camino del periódico, saqué mi libreta y apunté en una de sus hojas: «Cobo confirma la falsificación de las listas en las que están Mariano Rubio, Miguel Boyer y otros personajes de la *beautiful people.*» Eso jamás se me podría olvidar. Pero necesitaba escribirlo en algún sitio. Quizá para convencerme a mí mismo de que lo que estaba viviendo no era un sueño. Era verdad.

Cuando llegué al periódico, Jesús y Pedro J. Ramírez estaban charlando animadamente en la sección de economía.

—¿Qué tal, cómo ha ido eso?

—Venga, cuéntanos, que por lo que me estaba diciendo Jesús tenéis una historia extraordinaria.

Puse mala cara. Tenía ganas de bromear, así que hice un gesto de decepción.

—Será mejor que vayamos a tu despacho, Pedro. Allí hablaremos más cómodos.

Sería difícil describir la cara de angustia de Jesús al oír mis palabras. Ni Pedro J. ni Jesús se sentaron. Los dos esperaban ansiosos mis palabras.

—Cobo del Rosal ha confirmado todo lo que nos ha contado el «ronco».

—¿Qué? ¿Qué dices?

Lo que distingue a un periodista de verdad de otro que no lo es, es su capacidad para entusiasmarse con las historias. En esos momentos, cuando yo les dije con voz tranquila que todo estaba atado, los rostros de Jesús y de Pedro se iluminaron como por encanto. Nada en el mundo les hubiera hecho más felices que lo que acababa de decirles. Como niños excitados al desempaquetar sus regalos de reyes, comenzaron a hacerme atropelladas preguntas.

—¿Quieres decir que Cobo tiene las listas falsificadas?

—No. Lo que quiero decir es que Carlos Sebastián ha ido a ver a Cobo y le ha contado lo de la falsificación. Cuando estuvo con él le enseñó la lista falsificada. Cobo la ha visto, pero no la tiene.

—¿Y vosotros creéis que con eso es suficiente? ¿Creéis que la historia se puede publicar?

—¡Joder, Pedro, no sé qué más quieres!

—¿Le has dicho que os ponga en contacto con Carlos Sebastián?

—Sí, claro que se lo he dicho. Y Cobo me ha asegurado que se lo dirá, que hará lo posible para que hable con nosotros.

—¿Y no sería mejor esperar, antes de publicar nada, a hablar con él?

—Yo creo que no, porque existe el peligro de que nos pisen la historia. Cobo me ha dicho que Sebastián fue a verle con un amigo común, José Terceiro, que es consejero de Prisa.

—¡Qué putada!

—Así que tú crees que en *El País* conocen la historia.

—No lo sé. Es probable que no. Puede que Sebastián le pidiera a Terceiro que le acompañara a ver a Cobo por ser amigo suyo, y que le rogara que no dijera nada. Pero también es posible que le haya pedido ayuda para presionar a De la Concha, y que en *El País* estén a la espera de que Sebastián dé luz verde para publicarlo todo.

—¿Vosotros confiáis en el «ronco»?

—Yo confío en él a pie juntillas.

—Yo también.

—Pues entonces vamos a empezar a publicar la historia a partir de mañana.

Todo el mecanismo se puso en funcionamiento. Planificar cómo ibamos a publicar lo que sabíamos. Establecer los sistemas de comprobación del resto de las informaciones que nos había pasado «Alberto». Recopilar documentación.

Pero aún ese día faltaba por producirse una conversación muy importante. Una llamada telefónica que podría poner de nuevo en duda nuestra historia, o que la reforzaría de manera definitiva. Se trataba del compromiso de Luis Carlos Croissier de ratificar o desmentir si, en efecto, se había pedido una lista de accionistas de Sistemas Financieros a Ibercorp Bolsa en octubre de 1991.

Eran las 14.15, y aún no se había recibido la llamada. Los compañeros de la sección de economía me aseguraron que no me había llamado nadie de la Comisión de Valores en toda la mañana. Decidí llamar a Pedro Cases.

—¿Pedro? Soy Casimiro. Te llamo para ver si Croissier tiene aquello que nos dijo.

—No lo sé, pero me ha dicho que hoy te iba a llamar. Aunque ya tendrá que ser por la tarde. Tenía un almuerzo, y ya se ha marchado.

—¿Tú no sabes nada?

—No. Pero no te preocupes, esta tarde te llama, seguro.

Ese día no figuraba en mi agenda ningún compromiso para comer, así que decidí quedarme en el periódico para ir avanzando la historia que había que publicar al día siguiente. Pensamos que lo mejor sería empezar con una primera entrega en la que se contase el intento de venta del Grupo Ibercorp y la sangría de ejecutivos de alto nivel que se había producido en los últimos meses.

Las frases surgían con fluidez. Cuando me quise dar cuenta, llevaba más de setenta líneas de ordenador y aún me quedaban cosas por contar.

—Tendremos que cambiar la maqueta. Hacer una especial con texto a cinco columnas.

A las cinco de la tarde todo estaba prácticamente listo.

—Jesús, échale una ojeada.

—¡Pero si tienes un montón de texto. No has dejado nada para escribir!

—Corta lo que quieras.

—¡Casimiro!

Francisco Justicia, el redactor jefe de la sección de economía, me hizo una seña significativa con el teléfono.

—Te llama la secretaria de Luis Carlos Croissier.

—Un momento, que te paso con el señor Croissier.

—¿Luis Carlos?

—Hola, Casimiro, cómo estás. Mi gente me ha mirado eso que me preguntasteis y, efectivamente, se pidió una lista de ordenantes finales de Sistemas Financieros a Ibercorp Bolsa el año pasado. No hay ningún expediente abierto ni nada por el estilo. Sólo quiero confirmarte que, en efecto, la lista de la que me hablasteis se pidió a Ibercorp.

—Gracias, muchas gracias, Luis Carlos.

Lunes, 10 de febrero de 1992, Santa Escolástica. Sin duda, no podíamos haber elegido un mejor día para comenzar a publicar nuestros artículos, que se convirtieron poco a poco en un gigantesco silogismo encadenado que, con el tiempo, daría al traste con el poder de un grupo hasta entonces considerado invulnerable.

Ni Jesús, ni yo, ni seguramente mucha otra gente, podremos olvidar fácilmente esa fecha.

CAPITULO OCHO

AQUEL 12 DE FEBRERO DEL 92

Manuel de la Concha tardará en olvidar el 11 de febrero de 1992. Aquel día, *El Mundo* había salido anunciando en primera página que el banco de la *beautiful* estaba en venta, «entre la desbandada de sus ejecutivos», una noticia que suponía un serio contratiempo para las pretensiones de encontrar un comprador a buen precio.

Lo acontecido, sin embargo, no había conseguido hacer variar los hábitos de los señores. Los dueños de Ibercorp suelen llegar tarde a la oficina, no antes de las 10.30 de la mañana. Sobre las 11, Manuel de la Concha y Jaime Soto reunieron en la salita de juntas anexa al despacho de este último a los tres implicados principales: Fandila Mesa, Manuel Fernández Fontecha y Carlos Sebastián.

—¡Tenéis que desmentirlo! —urge De la Concha a Sebastián.

—Lo siento mucho, Manolo, pero yo no pienso desmentir nada de lo que ahí se dice sobre mí, porque es verdad —replica Sebastián.

—¡Pues esto hay que desmentirlo, porque es la ruina para esta casa!

—Te insisto en que no pienso desmentir nada, y que no me considero responsable de nada. Otra cosa es que esté dispuesto a mantener el acuerdo que alcanzamos y a quedarme aquí hasta Semana Santa.

—Pero, ¿quién ha podido filtrar esto a *El Mundo*? —se desespera De la Concha.

La caza de brujas acababa de empezar en Velázquez 150. Poco le importaba a Manuel de la Concha que su brillante negocio fuera a convertirse en pocos días y a los ojos de los españoles en el más completo manual de trampas financieras para engañar a inversores despistados que imaginar se pueda. Lo único que le interesaba era averiguar quién había sido el desalmado que había decidido tirar de la hebra del escándalo.

Alguien sugiere el nombre de Benito Tamayo. El tercero en discordia en Ibercorp, ex consejero delegado de Hispamer, es un personaje que no será recordado por su bonhomía. Alguno de los reunidos ha reparado en una frase aparentemente inocua que figura en la información del periódico, referida a la existencia de alguien en «expectativa de destino». Y es de sobra conocido el amor a la milicia que profesa Tamayo. Además, añade otro de los reunidos, la noticia le conviene a Benito, porque torpedea la posibilidad de venta del Banco Ibercorp a Miguel Boyer, el ejecutivo de exposición de las Koplowitz, lo que, de llevarse a efecto, podría significar el final de uno de los más lucrativos empleos de Tamayo en la casa.

La reunión está en curso, aparece precisamente en la puerta Benito Tamayo, ante la mirada iracunda de De la Concha y el desconcierto de Soto.

—¡Pues no he leído nada! —se sorprende Benito, con su gesto característico de antiguo curita de pueblo.

Alguien le está leyendo en voz alta el texto aparecido en el diario. Al llegar al pasaje en el que se decía que Fontecha y Sebastián habían dimitido notarialmente, al bueno de Benito no se le ocurre nada mejor que mostrar su sorpresa exclamando «¡hala, qué exageración», comentario que no hace sino acrecentar las sospechas sobre su persona, puesto que casi todos sabían que estaba al tanto de la decisión adoptada por los dos ejecutivos de acudir a un notario para dejar constancia de su decisión.

El rostro de Jaime Soto era la viva imagen del estupor,

viendo a su amigo, al padrino del primer hijo habido en su matrimonio, el segundo, con Marina Fernández de Córdoba, acusado nada menos que de traidor en su presencia. Mientras Jaime interpela con la mirada a Benito, De la Concha sigue insistiendo en que ambos dimisionarios deben desmentir la información aparecida en *El Mundo*, pero la reunión acaba sin que consiga su propósito.

De la Concha anuncia su intención de recibir a varios periodistas para tratar de contrarrestar esa información, y después del almuerzo, en efecto, se dedica a recibir parcialmente a algunos representantes de medios informativos [1].

Pero lo peor para Manuel de la Concha estaba aquel día por llegar. Y llegó por boca de su hombre de prensa, Jesús Carrillo.

—Me acaba de llamar Casimiro García-Abadillo diciéndome que mañana salen con la información de que Ibercorp ha enviado a la Comisión de Valores unas listas de clientes del banco con los nombres trucados. ¿Qué hacemos?

—Nada, nada.

—Pero, ¿no tienes nada que decir?

—¡Sí, que se vayan a tomar por el culo!

Aquel anuncio encendió todas las señales de alerta roja en Velázquez 150. En la sede de Ibercorp, De la Concha convocó de inmediato a sus primeros ejecutivos, José Manuel Quesada, Fernández Fontecha y Carlos Sebastián. En su despacho, desde el que desde hace unos meses se puede ver ondear la nueva bandera rusa en la que debía ser embajada de la Unión Soviética, un nervioso De la Concha sólo tiene palabras para su fiel Quesada, sentado en un tresillo al lado de Fontecha, bajo un bello cuadro de Zóbel.

—Pero vamos a ver, al final cómo se mandó aquello a la Comisión —pregunta alterado.

—Pues como habíamos quedado...

—¡Y en qué coño habíamos quedado...! A ver, ¿qué pasó con Mariano Rubio?

—Mariano no aparece.

—¿Cómo que no aparece? ¿Entonces la suma total no sale?

—Sí que sale, porque las acciones que vendió se las sumamos a otros vendedores del mismo día.

El elegante Manuel de la Concha es un señor que aparentemente podría representar a España en un campeonato del mundo de buenas maneras. Normalmente. Porque el caballero tiene un pronto violento y terrible, de niño mimado, que es bien conocido por sus colaboradores inmediatos. Otras veces, sin embargo, y cuando la tormenta parece a punto de estallar, porque hay motivos sobrados para ello, sus ataques de ira se diluyen como la gaseosa sin explicación aceptable. Cosas de ricos.

—Guarda bajo llave todos los listados que se hayan hecho, y prepárate, porque quizás mañana haya que entregar otra lista.

De la Concha tenía prisa por entrar en contacto con su abogado, Fernando Escardó, mientras sus colaboradores pasaban al despacho de Fandila Mesa. Carlos Sebastián parecía indignado con sus colegas.

—Pero, ¿cómo les habéis dejado hacer esta barbaridad?

—¡Se empeñó Manolo...! —replica Quesada.

—Sí —interviene Mesa—, porque por lo que yo sé, Soto no estaba detrás de esta decisión.

En la mañana del 12 de febrero, el desconcierto se había apoderado de la sede de Ibercorp. Pasadas las 11, Manolo de la Concha recibió en su despacho a Sebastián. El ambiente se podía cortar.

—¡La que has armado! —asegura De la Concha con gesto apesadumbrado.

—¡Cómo que la que he armado! ¿Qué quieres decir?

—Sí, la que has armado contando eso a los de *El Mundo*, porque has sido tú quien lo ha contado.

—Yo no he armado ni he contado nada, entre otras cosas porque no he visto en mi vida a esos señores, no los conozco de nada, así que vete buscando otro culpable. Y en todo caso, el que la ha armado es el que ha falsificado las listas.

—Pues si no lo has contado tú es como si lo hubieras hecho, porque si no hubieras armado el lío de ir al notario no se hubiera filtrado nada.

—Mira, Manolo, si no me hubierais hecho firmar una lista falsa sin mi conocimiento, yo no hubiera tenido que ir al notario.

—Bueno, pues si no has sido tú, ha sido tu amigo Bergés, porque nos odia, y tú eres por lo menos responsable indirecto por habérselo contado a Bergés.

—Ahí también te equivocas, porque de lo de Mariano Rubio yo me enteré ayer, cuando asistí a tu conversación con Quesada, de manera que yo no he podido contarle eso.

Más que una conversación, aquello parecía un tenso intercambio de disparos entre dos hombres que no podían ponerse de acuerdo.

Para entonces, Manolo de la Concha ya había dado la orden a su guardián del sello, Quesada, de rehacer la lista de ordenantes finales y remitirla ese mismo día a la CNMV.

Aquella fue una de esas tardes que De la Concha no olvidará mientras viva. Por una razón sobre todas las demás: por primera vez en su ya larga vida se vio zarandeado por los acontecimientos, dominado y arrastrado por ellos, y sin ninguna posibilidad de someterlos a su arbitrio. Había decidido ya echarse en brazos de Julio Feo para hacer frente a los embates de la prensa. Feo, bastante más que un asesor de prensa, es o pasa por ser, por encima de otras cosas, amigo del Presidente González, y ese era sin duda el título que el mercado más aprecia en él y que en aquellos momentos más valor tenía a los ojos de De la Concha. A las 7 de la tarde estaba citado con Luis Carlos Croissier, una visita difícil, todo un papelón, la derrota aceptada de antemano, pensando sólo en minimizar los daños hasta donde fuera posible.

Aquella tarde la tierra podría haberse abierto en canal tragándose a medio mundo y Manuel de la Concha no lo hubiera lamentado. No era él, como ausente, se notaba que no era él, como el boxeador que acaba de recibir un *crochet* en la mandíbula y ve el mundo exterior flotando en la niebla. Todo se había venido repentinamente abajo. Mariano estaba hecho una furia, con razón, y él era consciente de que le había hecho un daño quizá irreparable. Tenía clavada en el alma, fresca en todos sus matices, la conversación telefónica que había mantenido con su mejor amigo por la mañana, los insultos de Mariano, idiota, con amargura, idiota, con odio, por primera vez odio, has arruinado mi carrera, me has hundido, te lo advertí, te lo advertí. El gobernador le había pedido, le había exigido, no valdrá de nada pero hazla y envíamela inmediatamente, una carta en la que asumiera toda la responsabilidad del cambio de nombres. En aquella hecatombe, a Manolo le sorprendía y le irritaba la aparente tranquilidad de Soto, un refinado Nerón dispuesto a seguir comiendo uvas con gesto displicente mientras contempla el incendio de Roma.

También con Miguel Boyer ha mantenido una tensa conversación telefónica. Muy duro Miguel, distante, acusador: «Soy ajeno a cualquier decisión de compraventa de valores tomada por Ibercorp en mi nombre.» El antiguo superministro, que a partir de este momento no se ahorrará calificativos para Manuel de la Concha, «intolerable el daño que ha causado», le ha exigido también una carta en la que se haga responsable de la manipulación de su nombre y del de Isabel. De la Concha, tragando sapos y culebras, se ve obligado a dictarla. «Por supuesto», decía la misiva, «esta decisión la adoptamos en forma unilateral, sin petición de consulta por parte de los afectados». Era lo que Miguel necesitaba para exhibir un día ante los tribunales de Justicia.

Si las relaciones entre el matrimonio Boyer y los Concha ya eran frías desde la separación de Manolo de Paloma Altolaguirre, la posición del antiguo superministro contra el ex síndico será un hecho incontestable tras este incidente, asunto que tendrá gran trascendencia para la suerte futura del clan Ibercorp. La estrategia general de gran parte del *establishment* madrileño más o menos *beautiful*, va a ser la de desmarcarse de De la Concha y Soto, que han demostrado de forma grosera su nula condición de financieros, dejándoles a los pies de los caballos, y tratar de salvar de la quema a Mariano Rubio.

Por eso Manolo intuye esa tarde que su vida va a cambiar por completo. Ya lo estaba notando. Muy pocos de los amigos del clan han llamado. La mayoría de los miembros de su grupo, con los que tantas noches de francachela había compartido, a quien de forma generosa había regado con tanto dinero en los años buenos, había corrido a esconderse, ha desaparecido del mapa, se ha esfumado. Es el «sálvese quien pueda». Y había uno, José María López de Letona, ex ministro y ex gobernador del Banco de España, que se había atrevido a salir a la palestra para denunciar a los dueños de Ibercorp y solicitar «la apertura de una investigación para depurar responsabilidades» [2].

Después de visitar a Croissier, Manolo ha quedado en encontrarse con Pedro J. Ramírez en el hotel Villamagna, atender al verdugo, poner buena cara, ¿qué cara?, gesto de víctima ya sacrificada en aras de la libertad de expresión. ¿Qué hacer? Negarlo todo no tendría sentido. Aceptar la realidad, pero eso sí, una realidad a la carta, disminuida, menguada. Y esperar lo peor para el día siguiente.

Los temores de Manuel de la Concha no eran infundados. Su entrevista con el director de *El Mundo* sirvió para que el diario abriera su primera página del día 13 con la confirmación del escándalo. «Ibercorp admite que alteró algunos nombres aunque respetando los DNI.»

Manuel de la Concha tomó, además, en el lujoso *hall* del hotel Villamagna una decisión arriesgada, valiente sin duda, como fue la de aceptar sentarse al día siguiente en torno a una mesa, en el restaurante Fortuny de Madrid, con el propio Pedro y los descubridores del escándalo, García-Abadillo y Cacho. Todo un envite.

Cuando llegamos al selecto refectorio, un solitario Manuel de la Concha, cincuenta y ocho años recién cumplidos, ocupaba ya su lugar en torno a una amplia mesa redonda en un saloncito de la primera planta, elegantemente vestido con un impecable traje de tonos azules, lustroso, bien peinado, gesto franco y abierto, levemente abotargado, uno de esos personajes de Frank Capra que parecen irradiar optimismo y confianza en el futuro, fe en el ser humano, dispuesto incluso a bromear, aún no había llegado Pedro, los dos mosqueteros y su víctima frente a frente como si de unos juegos florales se tratara, bueno, a partir de ahora en lugar de sacarme en los periódicos me tendréis que hacer un monumento, estaréis de acuerdo, ¿no?, ¿cómo un monumento?, con miedo, ¿por qué?, hombre, está claro, por el valor que tengo, por el valor que estoy demostrando al venir a encerrarme aquí solo con tres mihuras como vosotros, no me negaréis que a lo mejor de Bolsa no sé, pero que valor tengo un rato, ¿no?

Manolo tiene a punto su explicación para el escándalo de las listas, Pedro ya ha llegado y ha explicado el motivo de aquel encuentro en el filo de la navaja, decidió cambiar los apellidos para proteger la confidencialidad de nombres de tanto significado como el de Mariano Rubio, Miguel Boyer y otros, porque, la verdad, yo no me fiaba de la Comisión, esa lista se podía filtrar y armarse un escandalazo de no te menees, pero al final, pues ya veis lo que es la vida, afectuoso, aparentando sinceridad, un almuerzo de amigos, al final ha resultado peor el remedio que la enfermedad, ríe De la Concha con risa fin de siglo, dando a entender a lo largo del convite que él ya está amortizado, que su carrera ha terminado, y que Ibercorp es un negocio en ruinas, todo al garete, un ejemplo, la operación de fusión con Eurofinanzas, de las Koplowitz, o sea Boyer, estaba ya a punto de caramelo y se ha parado, sí, una acción de Eurofinanzas por dos de la Sociedad de Valores y Bolsa Ibercorp, todo al traste, con una complicación añadida, además, porque Eurofinanzas es una sociedad de «los Albertos», uno de los flecos que quedan pendientes tras la separación patrimonial con sus mujeres, y Boyer tenía ya pensado quedarse con ella para hacer después la fusión con nosotros, y claro, nosotros, para llevarlo todo en sigilo, no les habíamos dicho ni pío a «los Albertos», y resulta que ahora se enteran por la prensa de lo que estábamos tramando y dicen que no, que no es verdad, y es que no estaban al corriente, no se han enterado, espero que se les pase, ya sabéis lo amigos que son de Soto, había también un comprador de cien mil títulos Ibercorp, estábamos negociando el precio y se ha rajado, es natural, pero ¿quién ordenó confeccionar esas listas? Mira, yo no sé quién lo hizo, eso quizá tenga ahora poca importancia, ahora bien, resuelto, yo asumo la responsabilidad de esas listas, sin echar balones fuera, yo tengo que asumir toda la responsabilidad final de lo que se ha hecho en esa casa.

La primera sorpresa grande llega cuando De la Concha asegura que no sabía lo que era P. K. Banken, el banco sueco tras el que su socio y amigo Jaime Soto ocultó sus acciones de Padilla de Inversiones, primera fisura entre los dueños de Ibercorp, sí, reconoce con gesto contrito, yo creo que Jaime se ha pasado (144 millones cobrados al vender bajo nombre falso), moviendo la cabeza, estaba sobreinvertido, con gesto inevitable, un error de Jaime, porque el resto son cantidades cortas, ¿tú vendiste también tus acciones de Sistemas Financieros? Ni una peseta, yo no he vendido nada, no he vendido, no, insiste De la Concha, lo que demuestra que ésta era una operación normal de autocartera, que no era un contubernio destinado al enriquecimiento de unos cuantos, el propio Mariano ha perdido 55.000 pesetas, el hombre, en la operación, para que os hagáis una idea, así que de negocio nada, porque en ese caso yo me hubiera forrado y no lo he hecho. Pero días después se descubrirá la farsa, la mentira de Manolo, porque a través de sus sociedades fantasma vendió por importe superior a los cien millones, una operación normal, pues, ¿y la entrevista con Croissier? Muy bien, Luis Carlos estuvo anoche muy amable, nada, no voy a tener ningún problema ahí, seguro, tranquilo, ¿y tus hijos?, bien, gracias, mis hijos sí, les vendí unas pocas acciones, nada, una cantidad testimonial, un regalo que les hice.

El almuerzo avanza aparentemente relajado pero la procesión va por dentro, tenso, yo estoy que muerdo, sentado al lado del inspirador, instigador de las calumnias que su amigo Salas vierte en *Cambio 16*, y Manolo me ofrece en su tenedor su propia comida, solícito, servil, lo rechazo, pruébalo Jesús, por favor, alargándome su tenedor de plata repleto de migas de bacalao con tomate, está riquísimo, insiste De la Concha, y hay un momento de tensión, no puedo, así es Manolo, así ha sido siempre, si hace falta socorrer a su peor enemigo con la mejor sonrisa lo hará sin titubear, Pedro entra al quite, perdónale, Jesús es de Palencia, castellano viejo, quiso decir poco amigo de las componendas, pero se quedó a medio camino y todos le entendimos, así es Manolo, lo saben bien las mujeres que han pasado por su vida, un maestro cuando quiere camelar, te agarra del brazo, te quiere, te echa la mano por el hombro, y al tiempo te está metiendo veinte centímetros del más fino acero toledano por las entretelas, así es Manolo, pura comedia, pero ahora se pone serio, como reflexionando sobre algo trascendente, ¿puedo haceros una pregunta?, puedes, ¿os habéis visto con mi ex, con Paloma?, estaba ya buscando culpables, quiso decir, ¿os lo ha contado ella todo?, vi la trampa, rápido, rápido, sí, la he visto, una vez, ¡ah!, replica, porque yo sé que has estado cenando con ella, no Manolo, no te informan bien, fue un almuerzo, con ella y con otra persona, y no hablamos una palabra de ti, no me gusta utilizar a la gente por métodos torticeros, y ¿por qué sabía Manolo que yo me había visto con su ex? No tardaría mucho tiempo en conocer la respuesta, ligada a los avances de la electrónica en la detección de conversaciones telefónicas ajenas.

Manolo seguía citando en los medios, perdonadme, ya me diréis si estoy equivocado, pero esto que me habéis hecho es una venganza vuestra por lo que ha publicado *Cambio 16* sobre Jesús, pues estás muy equivocado Manolo, aclara Pedro, aclaramos todos, tengo que deciros que he hablado con Juan Tomás, le he pedido que por favor no me meta en líos, no me ayudes que es peor, no me defiendas que me hundes, te lo pido por favor, pero está desequilibrado, no hace caso a nadie, yo creo que está loco, he dimitido, quiero que lo sepáis, del consejo de Altaya [3], y hemos retirado la publicidad de Ibercorp Bolsa de *Diario 16*, pero fijaos cómo es este hombre, él ha seguido insertándola y le he tenido que llamar, oye Juan Tomás, quítame esa publicidad de ahí, que es que no quiero salir ahí.

Ahora saltaba a la palestra el supuesto «dossier» que el diario *Cinco Días* había ya sacado a colación. Manolo parecía tenerlo claro, eso es una tontería, sí, me lo dio Javier de la Rosa, cuatro papeles llenos de falsedades y errores, reconocerás que lo que hemos contado nosotros no tiene nada que ver con ese «dossier», en efecto, reconoce, nada que ver, y esa es mi sorpresa, porque yo pensé que ibais a ir por ahí, luciendo una sonrisa de coyote acorralado, sin disimulo, ¡ay, si llegáis a ir por ahí!, ya os estaba esperando, entonces sí que os hundo, os hundo...

Mi amigo «Kas» quiso dar la vuelta a la tostada, y lanzó una pregunta envenenada con esa forma que tiene él de preguntar, torpedos envueltos en papel plata, como ingenua, esa empresa suiza a la que habéis pagado una comisión, ¿cómo se llama? Y a Manolo se le muda «la coló», titubea, se pone en guardia, a los «marianos» les aterroriza oír el nombre de Suiza estos días, ¿por qué será? Sí hombre, esa empresa a la que habéis pagado una comisión en Suiza por la venta de Ibercorp Leasing e Ibercorp Financiaciones a los franceses de Crédit Agricole, ¡ah, sí! Ahora caigo, pues si te digo la verdad no me acuerdo, tenso, no se acuerda, ¿y cuánto le pagasteis? Pues creo que un 8 o un 10 por ciento de la operación, dinero escapado a Suiza, unos quinientos millones, quizá seiscientos, para una empresa a la que nadie vio sentada en la mesa de negociación con Crédit Agricole, lo mismo que la información confidencial, qué risa, ríe Manolo con guasa forzada, decir que Mariano me pasa a mí información confidencial, en todo caso la información confidencial se la pasaría yo a él, el pobre Mariano, allí metido en su castillo sin enterarse de nada, el hombre, yo creo que no se va a presentar a la reelección, la mujer es contraria a que lo haga y él ya está mayor...

El ágape tocó a su fin, *El Mundo* pagó la cuenta, una cuenta de restaurante madrileño de muchos tenedores, cara, ni en Nueva York, y enfilamos la línea de salida, fin de suplicio, un lustroso, bien cebado De la Concha, terminó con buenas palabras, dejadme ya, os lo pido por favor, ¿pero hay más?, ¿vais a seguir? Dios mío, Dios mío, mesándose su brillante pelo cano con ambas manos, tratadme bien, yo creo que he tenido un gesto al venir hoy a encerradme aquí con vosotros, sí, por supuesto, me ofrezco a colaborar en lo que queráis, lo que necesitéis. Fue la última vez que vi o hablé con Manuel de la Concha.

Uno de nuestros temores de aquel 12 de febrero era conocer las reacciones del resto de los medios de comunicación del país, especialmente de los diarios de información general y de la prensa económica. Las cadenas de radio de propiedad privada habían tratado con amplitud el asunto el mismo día 12, pero la radio estatal, así como la televisión pública, lo habían ignorado olímpicamente. Como si no existiera. Y así seguirían hasta que el escándalo llegara a los predios del Parlamento. Para nosotros era muy importante que el resto de la prensa se hiciera eco, primero, del escándalo, y a continuación se enganchara en la investigación. Si nos quedábamos solos, la noticia perdería gas rápidamente, a pesar de su importancia intrínseca. Aquel no podía ser un empeño de *El Mundo*, sino de toda la prensa española...

La respuesta debía llegar enseguida, el día 13, y lo hizo en forma de una amplia cobertura en todos los medios de comunicación escritos. El asunto entró rápidamente en la órbita de los analistas políticos y los columnistas con pedigrí (Jiménez Losantos, Aurora Pavón, Paco Umbral). Los reyes del micrófono (Antonio Herrero, Luis del Olmo) se engancharon rápidamente al escándalo, haciendo de Ibercorp y de los señoritos de la «biuti» el tema estrella de actualidad durante muchas semanas, incluso meses.

A partir del viernes, 14 de febrero, las investigaciones en torno al escándalo Ibercorp dejaron de ser patrimonio más o menos exclusivo de *El Mundo*, para convertirse en objeto de seguimiento de toda la prensa del país [4].

Las posiciones de los *mass media* españoles en torno al *affaire* Ibercorp quedaron claras dos días después del estallido del escándalo. Frente a la línea editorial e informativa más o menos crítica de la práctica totalidad de la prensa diaria y revistas semanales, se alzaron las dos publicaciones del Grupo 16 (*Diario 16* y *Cambio 16*), propiedad de Juan Tomás de Salas, convertidas a partir del 13 de febrero en «brazo editorial armado» de los intereses del clan, en general, y de los dueños de Ibercorp, en particular. La relación de fuerzas no podía ser más desfavorable para los amigos De la Concha y Rubio [5].

El escándalo había saltado también a las páginas de la prensa económica internacional, esa prensa influyente (*Financial Times*, *Wall Street Journal*) que ha sido, tanto para Mariano Rubio como para Carlos Solchaga, una especie de Corán temido y venerado al tiempo. Y esa prensa, más alejada de las componendas del proceloso Madrid, no iba a escatimar adjetivos para describir un evento que *Financial Times* calificaba el mismo día 13 de «fraude».

La sensación de ver a la *beautiful people* metida de bruces en un escándalo de tales proporciones, conmovió los resortes de la sociedad española. El grupo de presión más notorio de las últimas décadas, un grupo que nació con el franquismo, con el que colaboró en áreas de la administración económica, echó raíces sólidas con la UCD, y floreció en todo su esplendor tras la arrolladora victoria electoral del PSOE en octubre de 1982 [6], estaba en la picota, a punto de perder definitivamente su asalto al poder. Una verdadera revolución en lo más alto de la escala social había estallado en la España del año emblemático, el año 1992.

Frente a la sensación de asombro y condena de la calle y del mundo financiero, la reacción oficial fue la de esconder la cabeza. Carlos Solchaga, el ministro ante cuyas narices sus amigos de la «biutiful» se han enriquecido desde 1982, declaraba el mismo día 13 que debía esperar un informe de la CNMV para «ver si en esto hay algún tipo de irregularidad formal o material». El mundo bursátil lo tenía mucho más claro, y el nuevo síndico, Pizarro, aseguraba que «la investigación sobre Ibercorp se debe llevar hasta el final».

Sindicatos, partidos de izquierda, grupos de defensa del accionista, etc., se lanzaron en picado sobre el escándalo. Mientras Los Angeles conocía el mayor estallido racial desde los años sesenta, en Madrid el escándalo Ibercorp iba a convertirse en el monigote receptor de las iras populares cuando los sindicatos celebren el 1º de Mayo. Sindicalistas de UGT y CC.OO., en efecto, abrieron la gran manifestación de Madrid [7] con grandes pasquines mostrando fotografías de

González, Rubio, Solchaga, Boyer, Preysler y De la Concha. Redondo puso letra a un sentimiento generalizado en el país: «La "gente guapa" no tiene legitimidad moral para exigir sacrificios a los trabajadores.» Antonio Gutiérrez: «Rubio pide restricción y se enriquece a costa de todos.» El estilo de vida de la «biuti», enriquecida por métodos ilícitos, es un insulto a una clase trabajadora que se dispone a embocar otra profunda crisis económica con la convicción moral de tener de nuevo que pagar los platos rotos de la recesión.

IU y CDS pidieron la comparecencia de Croissier en el Congreso para que explicara el escándalo Ibercorp, mientras el PP pedía que lo hiciera Rubio. La respuesta del PP ante un asunto que el PSOE hubiese explotado antes de octubre de 1982 sin la menor compasión para el contrario, fue pobre y lenta de reflejos en un primer momento. Hasta el día 28 de febrero no salió José María Aznar a la palestra, para señalar que «la autoridad de Rubio está mermada y el Banco de España dañado».

Ocho días después del chupinazo inicial, Mariano Rubio y Luis Carlos Croissier comparecieron ante la Comisión de Economía del Congreso de los Diputados. La presencia de Croissier ante sus señorías constituyó un notable ejercicio de clarificación del entramado Ibercorp. El presidente de la CNMV anunció la apertura de un expediente sancionador a Ibercorp por infracción muy grave. La comisión había descubierto catorce «discrepancias» en los listados de Sistemas Financieros, cuyo proceso de generación de autocartera había provocado unas pérdidas de 4.200 millones a la sociedad.

Rubio, que a las 16.45 horas ocupó el sillón que acababa de dejar vacío Luis Carlos Croissier, sorteó sin mayores dificultades el escollo parlamentario. La oposición estuvo blanda, excesivamente prudente en el interrogatorio del gobernador, como disculpándose y pidiendo perdón, seguramente porque las cúpulas de las distintas formaciones no se habían hecho una idea cabal del problema y de sus repercusiones políticas. Aquel fue un ejercicio endeble y frustrante que volvió a demostrar algunos de los puntos débiles del Partido Popular. Por utilizar términos taurinos, al PP se le fue el bicho enterito al corral.

Quedó claro, no obstante, que todas las fuerzas políticas se posicionaron en contra del gobernador menos el PSOE, que por boca de Juan Pedro Hernández Moltó lo apoyó sin reparos, realizando una sonrojante loa al comportamiento de Rubio [8].

Pero si Rubio iba a contar con la ventaja de pertenecer al círculo del poder, «perro no muerde a perro», los Concha/Soto iban a quedar abandonados a su suerte. Para el mundo del dinero, aparte de unos golfos consumados han demostrado ser unos perfectos estúpidos en quienes no se puede confiar.

El Ejecutivo, en efecto, se desentenderá de los amigos de Mariano, y no interferirá las decisiones que eventualmente decidan tomar los jueces. Manolo de la Concha, Jaime Soto y el resto de los habitantes del «zoo» Ibercorp son apestados para el dúo Solchaga/González, gente con quienes es necesario marcar todas las distancias posibles. El Gobierno socialista, demasiado manchado por escándalos de todo tipo, tratará por todos los medios de no resultar salpicado por un *affaire* imputable a una supuesta élite con la que Felipe González no ha congeniado nunca demasiado, al contrario que su ministro de Economía y Hacienda.

Carlos Solchaga, empeñado en distanciarse a marchas forzadas de sus antiguos amigos de la *beautiful*, se lleva estos días fuertes disgustos cuando alguna publicación echa mano de la famosa foto de un verano andaluz, 1987, con el navarro saliendo del restaurante Marbella Hills, escoltado por todo el elenco de la «biutiful», Manolo de la Concha, Mariano Rubio, Miguel Boyer...

Y, ¿quiénes son de verdad los amigos del ministro? Durante una comparecencia en el Congreso de los Diputados, el 19 de marzo, el navarro asegura malhumorado: «Yo soy amigo de mis amigos, pero no de los que dicen que son mis amigos.» En la primera categoría incluyó a Miguel

Boyer y Mariano Rubio, una afirmación que después lamentaría haber efectuado ante personas de su máxima confianza [9].

De cualquier forma, el navarro actuaba en este circo con la red que le proporciona su especial vinculación a Felipe González. Pensar en una exigencia de responsabilidades que pudiera haberle llevado a la dimisión era una pura quimera. En el peculiar clima de normal anormalidad en que vive instalada la democracia española, si Carlos Solchaga ha sido capaz de conservar su sillón sin problemas después de sus fallos de gestión en materia de política económica, sería infantil pensar que pudiera perderlo por un escandalillo más o menos.

El viernes 21 de febrero, el ex vicepresidente del Gobierno, Alfonso Guerra, asomó por primera vez la oreja en el asunto Ibercorp, al señalar: «Los responsables del escándalo deben ser sancionados jurídicamente.» Los partidarios de achacar la aparición del escándalo a una conspiración «guerrista» [10] hacía ya días que venían barajando esta tesis sin datos concretos.

¿Es el caso Ibercorp, efectivamente, una conspiración guerrista? Los descubridores del escándalo tienen algo que decir al respecto.

En efecto, desde el mismo día en que estuvimos listos para comenzar la serie Ibercorp, abrigamos la esperanza de poder contactar con los fabulosos «guerristas» y poder recibir información de un grupo con tentáculos en todas las esferas de la vida española. Es un secreto a voces que Carlos Solchaga manejó en la sombra los hilos del escándalo Juan Guerra, que acabó con la carrera política de su hermano, el otrora poderoso vicepresidente del Gobierno. Ahora podía ser llegada la hora de la venganza para Alfonso y los suyos. El escándalo Ibercorp era una invitación a devolverle el regalo a Solchaga.

Es cierto que *El Mundo* no era la mejor plataforma para que los «guerristas» saldaran sus cuentas pendientes con los «solchaguistas», si tomamos en consideración la dureza mostrada por el diario en el tratamiento del caso Juan Guerra. Asumido este punto, debemos reconocer que en un momento determinado nos dedicamos con ahínco a la tarea de contactar con los hombres de Guerra. Teníamos el modo de hacerlo, y además disponíamos de los canales adecuados para haber recibido ese flujo de material desde las huestes de Guerra a nuestros lares, de forma segura y sin levantar sospechas.

Dispuestos a hacer cristalizar una colaboración, tendimos puentes y dimos seguridades. En la primera quincena de marzo, cené en una casa de Villalba, autopista Madrid-La Coruña, con un destacado dirigente del PSOE con quien comparto amigo.

—No te molestes, Jesús, te entiendo perfectamente, pero hemos decidido, y Alfonso participa plenamente de esta opinión, no meter baza en este asunto. Sabes lo que pensamos de esta gente, unos sinvergüenzas redomados que nos han hecho mucho daño, pero creemos que hay que dar una muestra de sentido común y no alborotar más el gallinero, que bastante liado está.

El resultado final fue un rotundo fracaso. En respuesta a nuestras insinuaciones siempre recibimos respuestas amables, evasivas corteses envueltas con muestras de simpatía personal y reconocimiento a nuestra labor. No hubo nada que hacer.

Pudiera ser que los hombres de Guerra no dispusieran de ningún material sobre el asunto. Mucha gente opina que los llamados «guerristas» no tienen información sobre el mundo financiero, secretista y hermético por naturaleza. Pero en todo caso hay que resaltar que el denominado «sector guerrista» del PSOE, al menos en lo que atañe a *El Mundo*, actuó con absoluto *fair play* [11], sin añadir leña al fuego.

El *affaire* Ibercorp experimentó un vuelco llamativo el 26 de febrero, cuando el diario *ABC* insertó al final de su portadilla de economía un comentario que, precedido de un ladillo titulado *Cherchez la femme*, llamó poderosamente la atención del Madrid periodístico y financiero. ¿Qué quería decir exactamente *ABC* con tan enigmática llamada? La búsqueda de esa *femme* desató un mar de especulaciones. ¿Qué mujer o mujeres estaban detrás del escándalo?

Inmediatamente los mentideros señalaron los nombres de tres mujeres que podían encontrarse en el secreto de Ibercorp: Gloria Barba, esposa de Carlos Solchaga; Carmen Posadas, mujer del gobernador Rubio; y María Teresa Jiménez, hermana del mismo Rubio.

ABC, sin embargo, estaba apuntando a una explicación psicológica del escándalo, y del drama de sus protagonistas, que a su vez era el drama de la llamada *beautiful people*: Miguel Boyer, Mariano Rubio, Manuel de la Concha y Jaime Soto.

Pero el ejercicio teórico e intelectual que, en clave femenina, demandaba Ansón de sus lectores pasó seguramente desapercibido para la mayoría de ellos.

En efecto, la «gran estafa» de Ibercorp resultaría incomprensible si no se examina con cierto detalle el entramado femenino —Isabel Preysler, Carmen Posadas, Isabel Falabella, Marina Fernández de Córdoba— que ha rodeado la vida de los principales protagonistas de la historia, tipos en sus orígenes fríos, discretos, inteligentes, poco sociables —con excepción quizá de Manolo Concha—. ¿Cómo es posible que estos personajes hayan llegado a realizar muchas de las «fazañas» que al final han mancillado sus nombres? Por las mujeres, sus mujeres.

Las cuatro señoras de referencia comparten una común filosofía de la vida, presidida por una ambición sin límites, donde el interés personal prima sobre cualquier otra consideración; una enorme frialdad para plantearse y lograr sus objetivos; una inteligente y sutil utilización de sus relaciones sociales para contactar con señores que han de permitirles alcanzar sus objetivos sin necesidad de enamorarse de ellos. Frente al concepto cristiano del amor entendido como entrega del «tú por el tú», estas señoras han protagonizado una vuelta al concepto del amor pagano del «tú por el yo», o el «te quiero» mientras eso me convenga y me haga feliz. La frase de las mujeres del grupo, algo así como su divisa heráldica, es ciertamente expresiva: «¿Y qué le has sacado?»

El caso de Isabel Preysler es emblemático, porque ha ejercido sobre las citadas y sobre toda una generación de féminas de la clase alta española una fascinación poco común. La Preysler ha impuesto modas, usos y costumbres, ha sacralizado un estilo de vida que inconscientemente ha tratado de ser seguido por una legión de imitadoras que inicialmente podían presumir de sus mismas virtudes: belleza, ambición sin límites, buen punto de partida social y capacidad de seducción.

¿Cómo podría haber imaginado alguien los extraños derroteros por los que ha discurrido la vida de Miguel Boyer desde 1985 si no es acudiendo a la clave «Isabel Preysler»? Es ella la que en la primavera de dicho año le anima a lanzar su órdago a Felipe González: o vicepresidente del Gobierno o nada. Un Boyer a quien los cargos habían preocupado poco hasta entonces, no tenía suficiente con ser el «superministro» de Economía y Hacienda. O todo o nada. Y es Isabel la que se encuentra al final del pasillo mental de Boyer obligándole a irse del Gobierno.

Es Isabel la que induce a Miguel a fichar por «los Albertos», en aquel invento que fue Cartera Central, la tenedora de acciones que los constructores —o más bien sus esposas, las millonarias Koplowitz— mantenían con KIO. Por Isabel lleva Miguel aguantando años en lo alto de Torre Picasso, ganando 120 millones de pesetas al año como pago a unas tareas vacías de contenido.

Es Isabel quien induce a Miguel a construirse ese caserón de herrerianas reminiscencias que se han hecho levantar en Puerta de Hierro, con dieciséis cuartos de baño, cuando lo que realmente aprecia Miguel de una casa es un sillón confortable, una lámpara y un libro. Quienes han desfilado por la nueva mansión de la pareja se extrañan de los pocos libros que se ven en ella, «en esa casa no hay libros», aseguran, ninguno desde luego que no tenga el lomo brillantemente encuadernado, será que Isabel los considera elementos, además de poco útiles, dignos de toda sospecha.

Más inexplicable para quienes conocían su estilo de vida, es el cambio operado en el comportamiento de Mariano Rubio tras enamorarse de Carmen Posadas. El gobernador del Banco de España transforma su vida de monacal austeridad en un patético remedo de *playboy* que viaja en aviones privados, va los fines de semana a Londres, veranea en Sotogrande y acepta las pequeñas dádivas de sus poderosos amigos —entre ellas un coche marca BMW, regalo del editor Juan Tomás de Salas [12]—, esos amigos que tenían siempre una explicación misericordiosa para con el gobernador, «hay que ayudar al pobre Mariano, que habiéndose podido forrar no lo ha hecho y vive modestamente». Y es que antes hubiera podido resistirse, pero ahora no, ahora está Carmen, que no podemos ir a Montecarlo, ¡ay que sí, Mariano, que nos llevan!, que vamos en el avión de Manolo, que nos invita Manolo, anda, si no nos cuesta nada, aceptar favores y más favores, paga Manolo, en realidad paga el Grupo Ibercorp, pequeños «caramelos» de De la Concha y Soto, todo por satisfacer a Carmen, porque está locamente enamorado de Carmen, todo por dar gusto a Carmen, para quedar bien con Carmen.

Marina es una Fernández de Córdoba, hija del duque de Arión y de Beatriz, «Teñu», Hohenlohe, ahí es nada, mientras que Jaime Soto es un señorito jerezano de familia acomodada, pero desprovista de todo pedigrí, un advenedizo. Jaime se enamora de Marina y ésta le va dando largas. Y llega un momento en que busca atraerla, y trata de mostrarle el incomparable nivel de vida que llevará con él si le acepta como marido. Todo le parecerá poco a Jaime para causar la admiración y la dicha de Marina. El niño de Jerez se mete así en un ritmo de gastos inabordable. Se compra la finca/castillo de Oropesa, un piso impresionante en Londres, un avión, coches de lujo, cuadros, una tienda de antigüedades para Marina, para que se divierta. Soto se embarca en un nivel de vida donde 300 millones de pesetas al año son *pea-*

nuts, necesita 500 millones para pagar letras y cubrir los gastos de la casa, necesita ingresar más y más dinero, porque lo que gana, con ser mucho, no le llega, y entonces llegan para él y su amigo De la Concha las tentaciones, la tentación de confundir el dinero de las sociedades, el dinero de Ibercorp, con el propio dinero, cualquier cosa para mantener un ritmo de vida similar al de Botín, sin la fortuna de Botín.

Y Manuel de la Concha se deja arrastrar por Soto. Isabel Falabella es una mujer curtida, acostumbrada a manejar dinero, ella no necesita ser deslumbrada ni seducida, pero De la Concha se enamora de Soto, se deja cautivar por el dominio de la situación, el saber estar, el mundo de Soto. Y se compra una finca sin gustarle el campo, y se compra igualmente un piso en Londres, y se compra cuadros y acepta la compra de un avión, porque Isabel necesita seguir viviendo en el mundo que ha conocido y disfrutado siempre.

Dos días después, el mismo *ABC* avanzaba un paso más al ligar su *Cherchez la femme* con la misteriosa sociedad Schaff Investments, tras la cual se escondían personajes cuya salida a la luz pública, se decía, podía dar lugar incluso a una crisis de Gobierno.

¿Quién se escondía detrás de Schaff? Carlos Solchaga, al parecer asustado de que las investigaciones de la CNMV pudieran deparar alguna sorpresa mayúscula, se apresuró a amenazar con los tribunales a aquellos que pretendieran mezclar a su mujer en el asunto. Gloria Barba, vicepresidenta de Focoex, la empresa pública dedicada al fomento del comercio exterior, acapara desde hace años un largo serial de rumores en torno a supuestas prácticas irregulares que hasta el momento nadie ha podido probar.

Al final resultó imposible demostrar cualquier implicación de Gloria Barba en el *affaire* Ibercorp.

Si al pueblo llano le cabía alguna duda sobre la filosofía y funcionamiento del Grupo Ibercorp, la segunda comparecencia del presidente de la CNMV, el martes 28 de abril, ante la Comisión de Economía del Congreso despejó cualquier incertidumbre. La intervención de Luis Carlos Croissier ante sus señorías se convirtió en un demoledor «yo acuso» contra los gestores de Ibercorp. El «banco de la biutiful» era poco más que un compadreo entre unos cuantos, para beneficio de los propietarios y algunos amigos importantes, en detrimento de los ingenuos accionistas de Sistemas Financieros y demás clientes de la sociedad de cartera.

Croissier, a quien los torpes dueños del negocio habían amenazado con acciones legales después de su primera intervención ante el Congreso, reveló que los gestores del Grupo Financiero Ibercorp habían ocasionado en dos años unas pérdidas de 9.100 millones de pesetas a la sociedad Sistemas Financieros, a consecuencia de la operativa de compra de acciones para la autocartera y su financiación con dinero de la propia SF. La CNMV había abierto cuatro expedientes a Ibercorp que incluían doce infracciones, siete de ellas consideradas «muy graves».

La temperatura del caso volvió a subir cuando se supo que el propio Mariano Rubio había mentido al Parlamento, al asegurar en su primera comparecencia que en el Banco Ibercorp no existía ninguna anomalía de ningún tipo. El descubrimiento del engaño irritó a tirios y troyanos. La posición de Rubio se hizo indefendible, y el Gobierno se alarmó por primera vez, temiendo que la irritación generalizada por el volumen de la tomadura de pelo llegara a pasarle la factura de las responsabilidades políticas.

Oposición y sindicatos acusaron entonces a Solchaga de encubrir el «caso Ibercorp». El portavoz de grupo Popular, Rodrigo Rato, fue rotundo: «El ministro de Economía y el presidente del Gobierno conocían, a través de las actas de Ibercorp, que la principal actividad de esta entidad era especular con sus propias acciones, y sabían que personas con responsabilidades políticas, como el gobernador del Banco de España, se beneficiaron de este tipo de operaciones. A pesar de ello, lo encubrieron políticamente, cuando afirmaron que no había ninguna razón para dudar de su permanencia al frente del Banco de España ni de sus intenciones.»

¿Conocían González y Solchaga los resultados de la inspección del Banco Ibercorp y cuándo los conocieron? ¿Por qué sostuvieron a Rubio si estaban al corriente? En los medios de comunicación comenzaron a proliferar algunas preguntas a quemarropa: ¿Qué cadáveres del PSOE esconde Mariano Rubio en su armario para que Felipe González lo tenga que tapar de esta manera?

Durante semanas, meses incluso, el caso Ibercorp fue destilando novedades en los medios de comunicación en una especie de museo de los horrores destinado a pergeñar el más completo muestrario de malprácticas mercantiles y bancarias que imaginar se pueda. Mientras tanto, las vidas de Manuel de la Concha y Jaime Soto desaparecieron aparentemente de la circulación, muy constreñidas a ciertas cenas «de homenaje y desagravio» que Soto recibía de sus amigos, a curiosas reuniones nocturnas en casa de Petra Mateos [13], la antigua jefa de gabinete de Boyer, donde el peculiar trío hacía números y cábalas sobre la forma de escapar de la tela de araña judicial. Por las noches, Manolo acudía a visitar médiums, la fórmula mágica, echadoras de cartas y otros magos y videntes en busca de la luz que se apagó con el estallido del escándalo. La pareja, sin embargo, no se privaba de salir a cenar de cuando en cuando por los restaurantes de lujo de la capital, salidas cuyos ecos inundaban al día siguiente el pequeño mundo del «*tout* Madrid».

El interés prioritario de los dueños de Ibercorp, así como de sus poderosos amigos, Rubio y Boyer, se trasladó desde el mes de mayo al terreno judicial. En efecto, la jueza María Paz Redondo Gil, titular del juzgado de Instrucción nº 21 de Madrid, había resuelto a primeros de dicho mes admitir a trámite las tres querellas presentadas por distintos grupos de accionistas contra lo que alguien llamó «la banda de los ocho» (Rubio & Posadas, Boyer & Preysler, García Díez, De la Concha, Soto y Tamayo), que debían comparecer entre los días 19 y 22 del citado mayo. La jueza, además, reclamó a la CNMV los expedientes de su investigación sobre el caso, así como al Banco de España el resultado de la inspección, dictando al tiempo un auto en el que se acordaba la constitución de comisiones rogatorias a Suiza, Luxemburgo y Panamá, al objeto de esclarecer la identidad de las personas que forman parte de Schaff Investments, y de la sociedad panameña Interfides, propietaria de Schaff.

El 19 de mayo el matrimonio Rubio compareció en los juzgados de la Plaza de Castilla de Madrid, en medio de impresionantes medidas de seguridad pagadas con el dinero de los contribuyentes. El gobernador y su esposa abandonaron el lugar dejando abiertos los mismos interrogantes existentes a su llegada.

El 20 de mayo declaró Miguel Boyer, que igualmente entró por el garaje y tampoco aportó datos sustanciales. Su explicación de que no conocía la alteración de su nombre y el de su mujer efectuada por De la Concha resultó verosímil. El matrimonio reconoció haber ganado algo más de cinco millones de pesetas por cabeza con su inversión en Sistemas Financieros, con unas plusvalías del 45 por ciento sobre la inversión inicial.

Manuel de la Concha declaró el viernes 22 de mayo, y al igual que sus compinches, Soto y Tamayo, debió acceder a los juzgados por la puerta principal y no por la trasera, debiendo exponerse al castigo de los fotógrafos de prensa.

El hombre fuerte de Ibercorp entró en serias contradicciones con Mariano Rubio. ¿Había decidido no morir solo en el intento? El antiguo síndico negó tres veces a Mariano Rubio: sí tenía cuenta en Ibercorp Bolsa (Rubio aseguró no tener cuenta alguna en Ibercorp), en la que se le ingresaban dividendos y resultados de ventas. Nunca recibió de Rubio carta o documento limitativo del número de operaciones que podía efectuar con su dinero en Bolsa, como el gobernador había afirmado en el Congreso, y, finalmente, el gobernador no le había retirado los poderes, como había asegurado el afectado.

El 12 de junio llegó a los juzgados una nueva querella contra los de Ibercorp, que se añadió a las anteriores, solicitando una indemnización de 28.000 millones por estafa, apropiación indebida, maquinación para alterar el precio de las cosas, falsedad en documento público, violación de secretos oficiales y uso indebido de información privilegiada.

El 1 de julio, Caja Cantabria formalizó la compra del Banco Ibercorp por el precio simbólico de una peseta. La historia del Grupo Financiero Ibercorp y sus caballeros de la tabla redonda, los míticos paladines Mariano/Roldán, De la Concha/Gaiferos y Soto/Oliveros había entrado ya en la recta de la administración de justicia.

NOTAS AL CAPITULO OCHO

[1] Aquella tarde, por ejemplo, Manuel de la Concha declaró a *Cinco Días*: «Estamos negociando la venta de una participación minoritaria de Ibercorp a la Banque D'Argill, que estará en torno al 30 por ciento, para acelerar nuestro crecimiento.» En una explicación no exenta de sentido del humor, De la Concha aclara: «Después de fusionar nuestro grupo en el Banco Ibercorp, nos encontramos con la necesidad de rentabilizar a medio plazo unos recursos propios que se han multiplicado por siete, y hemos concluido que la solución ideal es dar entrada en nuestro capital a una institución que nos permita hacerlo.»

[2] La entrada en escena de López de Letona no dejó de llamar la atención en algunos círculos, y no precisamente por los veinte millones de pesetas que reconocía tener invertidos —y por tanto, casi perdidos— en Sistemas Financieros. Como gobernador del Banco de España, López de Letona había dado cobijo en 1976 a Mariano Rubio en el banco emisor, hasta el punto de hacerle al año siguiente segundo subgobernador. Años después, Rubio le devolvería el favor, colocando a Letona con calzador como consejero delegado y presidente *in pectore* de Banesto para desesperación de la familia Garnica, un perfecto golpe de mano de ese maestro en la utilización de los resortes subterráneos del poder que es Mariano. Ya instalado en Castellana 7, Letona había vendido con el beneplácito de Rubio la Banca Trelles a sus amigos De la Concha y Soto, dando origen a lo que más tarde sería el Banco Ibercorp.

[3] Sociedad propietaria de la mayoría del capital de Impulsa, *holding* que agrupa a las editoras de *Diario 16* y *Cambio 16*.

[4] Así, el diario *Expansión*, que llevaría a cabo el más completo seguimiento del caso entre la prensa económica, comenzó a efectuar importantes aportaciones sobre la situación patrimonial y financiera de las empresas del grupo («Las pérdidas ocultas de Ibercorp en 1990 superaron los 2.500 millones de pesetas»), o los anticipos y créditos concedidos por el

banco a sus consejeros. El día 15, en la sección «La Llave» se hacía una interesante serie de «preguntas sin respuesta».

En *La Gaceta*, Javier Solís insertaba el día 14 un sabroso recuadro con unas declaraciones de Jaime Soto en las que aseguraba que Rubio y Boyer operaban con Ibercorp desde hace años. Apuntaba así a un asunto clave, «cuánto dinero ha ganado Mariano en los años del *boom* especulativo bursátil de la mano de De la Concha? «Mariano Rubio y Miguel Boyer operaban con nosotros desde que Manuel de la Concha tenía el despacho de agente de cambio y bolsa.» «No hemos recibido notificación de Rubio ni de Boyer de anular o cerrar su cuenta con esta casa.»

El diario *El País* mantuvo un comportamiento errático a lo largo de todo el *affaire* Ibercorp. Desde importantes revelaciones en torno al escándalo del 26 de febrero («Ibercorp dio un crédito de 580 millones al 0% de interés a Manuel de la Concha»), clara demostración de la heterodoxia bancaria de los dueños del negocio, o la aportación del 10 de marzo («De la Concha y Soto usaron ayudas del Banco de España para vender sus acciones de Ibercorp»), a defensas más o menos encubiertas de Mariano Rubio, como la de abrir un día la sección de economía a cuatro columnas anunciando que Rubio iba a ejercer acciones penales contra quienes le atacaran.

Caso notable el de *ABC*, que tras unos primeros días de cautela —quizá motivada por el excesivo celo de Luis María Ansón a la hora de evitar manipulaciones, o por la falta de información—, en los que llegó a minusvalorar el acontecimiento y quitarle hierro, se lanzó de forma resuelta sobre el mismo días después, hasta convertirse en obligado punto de referencia diaria para seguir el escándalo.

El día 15 de febrero, *ABC* explicaba así en uno de sus «editorialillos» su particular visión del origen del conflicto: «Un editor madrileño se permitió acusar de irregularidades a un periodista de raza. La reacción de éste —además de demostrar que no se produjeron esas irregularidades— fue saltar a la yugular de los amigos financieros del editor, con una información que obtuvo de diversas fuentes. Víctima de rebote de la trifulca ha sido Mariano Rubio, gobernador del Banco de España.»

Especialmente dura fue desde el primer momento la posición en *ABC* de Federico Jiménez Losantos, que ya el 13 de febrero dedicó al asunto el primero de sus brillantes artículos: «El escándalo sobrepasa con mucho lo económico para convertirse en una verdadera acta de acusación contra los manejos de la llamada *beautiful people* del felipismo, ese grupo de gente que no tiene nada que ver entre sí, pero que veranean juntos, invierten juntos, hacen negocios juntos y comparten padrinazgo político y aventuras económicas.» Al día siguiente, Losantos, más demoledor aún, titulaba su comentario con un clarificador «¿Ha dimitido ya el gobernador?»

[5] *Diario 16* del 13 de febrero: «El grupo Ibercorp y Miguel Boyer desmienten a *El Mundo* y anuncian acciones judiciales.»

La posición de apoyo a los dueños de Ibercorp del diario económico

Cinco Días estuvo mucho más matizada, centrando su defensa en la persona del gobernador del Banco de España, Mariano Rubio. Así, el mismo día 13 abría ya una vía exculpatoria de más calado, con el preludio de lo que más tarde se llamaría la «teoría de la conspiración»: «De la Rosa advirtió a Rubio de un dossier que se preparaba contra él.» Para *Cinco Días*, la motivación del escándalo estaba clara: se trataba de «sacar partido de la relación personal entre Rubio y De la Concha, ahora que está al vencer el mandato del gobernador».

[6] «La clave ha estado en la comunión de estilos de vida que ocurrida entre los miembros del clan y el ala liberal del PSOE, cuyo máximo representante es Carlos Solchaga», se afirmaba ese día en *El Mundo*. «Los prohombres más significativos de la "biuti" tuvieron la habilidad de introducir a Felipe González en los salones del dinero, y el sevillano que llegó a la "city" con el pelo de la dehesa no pareció hacerle ascos al estilo de vida disipado, supuestamente culto, indolente, viajero y refinado del clan.»

[7] «Felipe González no defiende a los trabajadores, sino a alguien que está a punto de sentarse en el banquillo de los acusados, como el gobernador del Banco de España, Mariano Rubio», aseguró Antonio Gutiérrez en su discurso posterior a la manifestación. Nicolás Redondo, por su parte, denunciaba: «A un secretario de Estado que cobra de varios consejos de administración se le llama padre de la Patria. A un parado que hace una chapuza se le llama defraudador. ¿Cómo se ha llegado a esta hipocresía y esta doble moral?»

[8] Como en otros escándalos recientes, el PSOE se opondría frontalmente a la creación de una comisión de investigación sobre Ibercorp, solicitada por todos los partidos, excepto por los nacionalistas catalanes y vascos, aliados del Gobierno socialista. Más tarde rechazaría también la petición de la oposición de reclamar las actas de inspección del Banco de España sobre el Banco Ibercorp. Para Félix Pons, la entrega de esas actas podría crear un precedente grave al vulnerar la privacidad de una empresa, pudiendo dañar al conjunto del sistema financiero español. El PSOE haría igualmente oídos sordos a la iniciativa del PP pidiendo la intervención del Fiscal General del Estado. La permanente actitud obstruccionista del Partido Socialista —forzado a actuar a la defensiva ante la marea de escándalos que le implicaban— a cualquier intento de clarificación, sólo perseguía evitar verse salpicado por el escándalo.

[9] De hecho, la actitud de Solchaga en el caso Ibercorp ha fluctuado entre afirmaciones de apoyo a los implicados no exentas del gracioso tono «chulo de Chamberí» que a menudo lo distingue, y las declaraciones más alambicadas, incluso distantes o abiertamente críticas, como cuando aseguró en Santiago de Compostela, el 10 de marzo, que «es posible que haya habido irregularidades en el caso Ibercorp», y que «ahora debe investigarse si Mariano Rubio operaba con sus acciones en Ibercorp o no, tal y como él asegura».

[10] «El guerrismo dispara todas sus baterías para conseguir la destitu-

ción de Mariano Rubio», había resaltado días antes el diario *ABC*, con gran alarde tipográfico. «El mundo financiero en favor del gobernador del Banco de España y en contra del "linchamiento al que se le trata de someter"», añadía un subtítulo del diario conservador. Ansón afianzó sus sospechas de que detrás del *affaire* se encontraba Alfonso Guerra cuando, días después, publicó su llamativo *Cherchez la femme*, un titular que, según el periodista, se debió a una filtración procedente de la calle Ferraz, sede del PSOE.

[11] Alfonso Guerra dio aquí una lección política a su oponente, Carlos Solchaga. En vez de aprovechar la ocasión para arrimar el ascua a su sardina, saldando algunas viejas cuentas pendientes, el ex vicepresidente decidió jugar limpio dando una muestra de cordura política al poner la razón de Estado por encima de sus intereses personales.

[12] A finales de 1988, Juan Tomás de Salas regaló al gobernador del Banco de España un automóvil BMW, de color gris oscuro metalizado, asientos de cuero, aire acondicionado y equipo de música incorporado. Un ilusionado Mariano Rubio, acompañado por Manuel de la Concha, se acercó personalmente a recoger el vehículo (que le fue entregado por Antonio Nájera) por el tercer sótano del edificio Gorbea 2, la central de BMW en Madrid, en el paseo de la Castellana 149.

[13] Petra Mateos formaba parte, como Fernando Escardó o Juan Antonio García Díez, del consejo del First Iberian Fund, un fondo lanzado por Ibercorp en EE.UU. para invertir en la Bolsa española.

CAPITULO NUEVE

LA CONQUISTA DEL DINERO

La vida de Jaime Soto podría resumirse en un escueto epitafio: Sueños de grandeza. Una idea de grandeza inasequible a los avatares de la vida o de los negocios, una filosofía frente a la que nada ni nadie puede prevalecer. En octubre de 1990, cuando la bolsa ya se había ido al traste y los dueños de Ibercorp terminaban de cavar su tumba con el fraude de Sistemas Financieros, Jaime Soto, el señorito Soto, seguía convencido de su *grandeur* de banquero, primer espada de las finanzas hispanas, personaje digno de admiración y estudio por las generaciones futuras.

En octubre de 1990, con el barco de Ibercorp haciendo agua por los cuatro costados, Soto pergeña una operación que en cualquier otra mente hubiera parecido una alucinación de cerebro aventado. Un buen día, y sin haberle puesto en antecedentes, Jaime sorprendió a su amigo De la Concha con una propuesta inverosímil:

—Manolo, vamos a comprar el Banco Hispano Americano.

—¡Tú estás loco, Jaime! ¡Estamos nosotros como para comprar el Hispano!

Soto no había bebido aquella mañana, y su aspecto era excelente. Con una sonrisa beatífica en el rostro, mantuvo el suspense guardando silencio durante unos segundos. Por la cabeza de De la Concha pasó fugazmente la imagen de la familia arruinada y el marido que, de repente, se presenta en casa rebosante de alegría: «Cariño, nos ha tocado la "loto", se acabaron nuestros problemas.»

Pero, tras la sorpresa inicial, Manuel de la Concha pudo comprobar que su compañero de fatigas estaba hablando muy en serio.

Todo había surgido en el curso de una cacería a la que Soto había invitado a su amigo Juan Abelló. El Banco Hispano Americano había culminado con éxito su recuperación de la mano de Claudio Boada, quien acababa de abandonar la presidencia dejando en el puente de mando a su *alter ego*, José María Amusátegui.

Abelló y Soto consideraron que Amusátegui era un segunda fila, que no opondría resistencia a una operación de acoso.

Además, el Hispano tenía una composición accionarial que podía hacer posible el éxito de un ataque por sorpresa. El banco alemán Commerzbank era el principal accionista, con un 10 por ciento del capital. Rafael del Pino era el segundo, con un 5 por ciento, mientras que la familia Benjumea, en tercer lugar, se mantenía con un paquete cercano al 4 por ciento. En cuanto a los March, estaban vendiendo sus acciones porque habían comprado el Banco Urquijo y dado carpetazo a sus aspiraciones sobre el Hispano. El resto del capital estaba muy diseminado.

El plan consistía en comprar acciones en el mercado, fundamentalmente fuera de España, hasta alcanzar el 10 por ciento del capital social, para, posteriormente, lanzar una OPA sobre el 40,5 por ciento. Previamente a la OPA había que llegar a un acuerdo amistoso con el Commerzbank, buscando su aquiescencia, a cambio de respetar los acuerdos vigentes con el Hispano y su posición en el consejo.

Tras la OPA, se produciría una renovación de todos los órganos del banco, del que saldrían inmediatamente consejeros como Claudio Boada, y, por supuesto, su presidente, José María Amusátegui, que sería sustituido por Jaime Soto.

Seis años después de su último intento, Soto volvía a acariciar la idea de presidir el Hispano, su sueño de convertirse en gran banquero hecho por fin realidad. Para Abelló, el plan suponía redimir su imagen tras su ruptura con Mario Conde, demostrando que, por segunda vez, podía llegar a controlar un gran banco. Esta vez de la mano de uno de los suyos, un «chico bien» de Jerez de la Frontera, no un abogado de medio pelo y de clase media, lleno de ambición.

Teóricamente el plan era perfecto, pero, ¿de dónde iba a salir el dinero para comprar el banco?

Abelló tenía la respuesta: sus socios suizos del Crédit Suisse estaban dispuestos a financiar la operación.

La estrategia diseñada comenzaba por la constitución de una sociedad, a la que se denominó en el plan de ataque la «Sociedad Madre», cuyas acciones estaban repartidas entre el Crédit Suisse, Juan Abelló e Ibercorp.

El capital de la «Sociedad Madre» se fijó en 10.000 millones de pesetas, dinero con el que se afrontarían las compras de acciones en los mercados internacionales, con el sigilo que requieren estas cuestiones, hasta completar el paquete inicial del 10 por ciento, cuyo precio se estimó en 22.000 millones de pesetas. La operación, por tanto, se abordaba en parte con recursos propios, y con financiación adicional del Crédit Suisse.

Una vez compradas esas acciones, se negociaría con el Commerzbank, al objeto de garantizar que el banco alemán no contraatacara o participara en alguna alianza contra los asaltantes.

Posteriormente, se lanzaría una OPA sobre el 40,5 por ciento del Banco Hispano valorando las acciones a 3.000 pesetas, lo que suponía desembolsar 117.000 millones de pesetas. El aval de la OPA (que debería representar el 90 por ciento del capital del banco) lo presentaría el propio Crédit Suisse, por una suma de 255.000 millones de pesetas.

Tras la OPA, y una vez revocado el antiguo consejo de administración, el Banco Hispano absorbería a la «Sociedad Madre». Para eliminar la deuda con el Crédit Suisse, se procedería a la venta de activos del banco. Los ingenieros de la operación tenían diseñado hasta el último detalle.

En la lista de desinversiones para amortizar el préstamo

del Crédit Suisse estaban la Corporación Hispamer, la Sociedad Hipotecaria, el Banco de Jerez, la inmobiliaria Vallehermoso, la compañía de seguros La Estrella, y algunos restos de participaciones industriales que aún quedaban en la cartera del Hispano. Con estas ventas se estimaba obtener en torno a los 120.000 millones de pesetas.

Tras la absorción de la «Sociedad Madre», el Banco Hispano Americano procedería a una amortización de capital para reducir su autocartera, dejando al grupo asaltante —los citados Crédit Suisse, Juan Abelló e Ibercorp— con un 15 por ciento del capital.

Manuel de la Concha, entre perplejo y desconcertado, se mostró al principio un tanto reticente a poner en marcha la ambiciosa operación. El tendría que ser, sin la menor duda, quien pasara el trago de informar al gobernador del Banco de España de la compra de los primeros paquetes, una vez que se llegara al 5 por ciento del capital, como marca la ley de Disciplina e Intervención de Entidades Bancarias.

—No me podéis pedir que le diga eso a Mariano, va a pensar que estamos locos —comentaba De la Concha en las reuniones preparatorias del asalto.

Pero, además, para Manuel de la Concha la alianza Abelló-Soto suponía el peligro de quedar fuera de juego en la futura etapa del grupo Ibercorp, una vez que se hubiera producido el desembarco en la plaza de Canalejas.

Con todo, lo que echó por tierra definitivamente el proyecto de asalto al cuarto banco español no fueron las reticencias de Manuel de la Concha, sino el descubrimiento de que el consejo del Hispano Americano era prácticamente inamovible. Uno de los hombres de confianza del grupo, un «topo» metido en el Hispano, se hizo con los estatutos de la entidad, que habían sido reformados recientemente para blindar el banco frente a cualquier maniobra hostil, y que imponían cláusulas disuasorias para la revocación de los consejeros.

Ya metidos en harina, y tras desechar definitivamente la «operación Hispano», Soto propuso el desembarco en otro banco más pequeño y manejable: el Zaragozano. Esta operación, bastante más modesta, sí contó con el apoyo incondicional de Manuel de la Concha. Por aquel entonces resultaba divertido para los escasísimos altos ejecutivos del grupo que estaban al tanto de lo que se preparaba, ver a Jaime Soto alternar en las cacerías de final del otoño con sus amigos «los Albertos», mientras por la espalda les preparaba una OPA para arrebatarles el Banco Zaragozano.

Para llevar a cabo este desembarco apenas se llegó a hacer números, en contra de lo que ocurrió con el Hispano. Pero, después de recabar la información sobre la composición del capital del banco, el trío Abelló, Soto y De la Concha decidió archivar el asunto: «los Albertos» controlaban directa e indirectamente más del 40 por ciento de las acciones, lo que hacía muy difícil lanzar una OPA con garantías de éxito.

Fueron unas semanas excitantes, en las que los propietarios de Ibercorp volvieron a sentirse los amos del universo. La dura realidad, sin embargo, era muy otra, una realidad ya diametralmente alejada de aquellos sueños originarios de grandeza.

En la Navidad de 1990, con la bola de nieve de Sistemas Financieros gravitando sobre las cabezas y las famas de los fundadores, y el miedo al escándalo en puertas, el antiguo síndico de la Bolsa de Madrid trató de hacer balance de un proyecto que no podía haber empezado con mejores auspicios.

El gran golpe de timón profesional de Manuel de la Concha tuvo lugar en 1986, cuando este hijo de un agente de cambio y bolsa, síndico de la Bolsa de Madrid desde 1981, gestor de patrimonios ilustres y experto olfateador de gangas en el mercado, quiso dar a su vetusto despacho la dimensión que requerían los nuevos tiempos.

Muchas cosas habían cambiado o estaban a punto de cambiar en la España de 1986. Recién concluido el ajuste aplicado por los socialistas desde su llegada al poder en 1982, la crisis económica decía adiós, por fin, tras diez años de penurias. La inflación se había rebajado hasta el 8,2 por ciento, y el PIB empezaba a crecer como no lo había hecho desde los primeros años de la década de los setenta.

Las cifras macroeconómicas no hacían sino revelar la pujanza de un país en el que ganar dinero comenzaba a dejar de estar mal visto, de un país que quería parecerse cada vez más a sus vecinos ricos.

Manuel de la Concha fue un pionero a la hora de percibir que los tiempos estaban cambiando. No sólo porque la economía iba a mejor, sino porque socialmente los ricos estaban perdiendo su imagen de ruines explotadores y, poco a poco, se estaban convirtiendo en héroes, en modelos a imitar.

1986 es el año en que Mario Conde y Juan Abelló venden la empresa farmacéutica Antibióticos, S. A. a la multinacional Montedison. El año de la irrupción espectacular de KIO en la bolsa española. El año del *boom* inmobiliario. El año en el que el PSOE consiguió por segunda vez la mayoría absoluta en unas elecciones. El año en que los españoles dejamos de ser oficialmente pobres.

Como muestra del clima que se respiraba por entonces, no hay más que recordar las palabras del ministro de Economía y Hacienda, Carlos Solchaga, quien llegó a declarar en plena euforia de gestión socialista que «España es el país donde más rápidamente se puede ganar dinero». La austeridad que caracterizó tanto la política como los usos de los primeros años de mandato del PSOE, fue sustituida sin apenas solución de continuidad por una nueva filosofía más pragmática, en función de la cual el enriquecimiento personal dejó de ser política y éticamente reprobable.

Esa inversión de los valores establecidos, tan claramente expresada por Solchaga, es la que va a permitir que la nueva clase emergente, de la que Manuel de la Concha forma parte, se lance a la conquista del dinero con el convencimiento de que con su enriquecimiento se está enriqueciendo el país entero.

El sector inmobiliario, gran catalizador del dinero negro, y la bolsa, donde apenas existían controles, se convirtieron a partir de 1986 en los grandes templos del dinero fácil.

Como en un sueño, en pocos meses las ruinas se trocaron fortalezas. Empresas por las que nadie daba un duro un par de años atrás, se revalorizaron en pocos días. Todo el mundo quería comprar, y los operadores bursátiles comenzaron a sentir que, por fin, se había instalado en España de forma definitiva un *bull market*, en la terminología anglosajona.

En un solo año (del 31 de diciembre de 1985 al 31 de diciembre de 1986), la Bolsa de Madrid se revalorizó un 108,31 por ciento. La contratación en acciones pasó de 492.000 millones en 1985 a 1,75 billones de pesetas en 1986.

Y fue precisamente en el verano de 1986, en pleno despegue económico, cuando Manuel de la Concha y sus amigos decidieron dar el salto a la conquista del dinero.

La idea inicial del todavía síndico de la Bolsa de Madrid era crear un *merchant bank* español que fuera capaz de canalizar la inversión extranjera hacia España, arrebatando parte del negocio a los activos bancos de inversiones británicos que ya habían colocado a España en sus *portfolios* bajo el cartel de *buy*.

Para dar ese salto cualitativo, De la Concha echó mano de personajes de gran reputación y economía saneada. José Joaquín Ysasi Ysasmendi, presidente del Círculo de Empresarios; Manuel Soto, presidente de Arthur Andersen; Daniel García Pita, abogado de postín perteneciente al bufete de J. A. Garrigues; y Fernando Asúa, presidente de IBM España, fueron algunos de los compañeros de viaje elegidos para la prometedora singladura.

Este grupo, llamado por De la Concha «el grupo de los profesionales», tomó el 25 por ciento de Investban, una sociedad que se constituyó formalmente en octubre de 1986 con un capital de 165 millones de pesetas. El resto de las acciones estaban repartidas entre el propio De la Concha y Jaime Soto, que tratará de dar al naciente grupo una visión de más enjundia que la diseñada en principio por el síndico. A ellos se unió unos meses más tarde, en abril de 1987, Juan Antonio Ruiz de Alda, subgobernador del Banco de España.

La mezcla Concha-Soto-Ruiz de Alda era casi perfecta para aprovechar las oportunidades que ofrecían los nuevos tiempos. Por un lado, De la Concha atesoraba su experiencia en bolsa, sus buenas relaciones con los profesionales más influyentes de Madrid —a los que había hecho ganar dinero con sus consejos— y, sobre todo, la gestión de una cartera de clientes de lujo entre los que se encontraban un ex Presidente del Gobierno, Leopoldo Calvo Sotelo, varios ex ministros, como José María López de Letona, Juan Antonio García Díez y Miguel Boyer, y, como florón del grupo, el mismísimo gobernador del Banco de España, Mariano Rubio, con quien le unía una estrecha amistad.

Soto, por su parte, aportaba sus conocimientos financieros, sus contactos con esa alta sociedad formada por los ricos «de toda la vida», entre los que destacaban sus parientes de la nobleza jerezana, su *glamour* de hombre de mundo, y su experiencia en la técnica del «pelotazo», adquirida en sus primeros años como profesional de la mano del verdadero maestro y padre espiritual de todo el grupo, Juan Antonio Ruiz de Alda, quien ostentaba algo absolutamente necesario para el triunfo: su posición, su poder como segundo de abordo de la máquina administrativa mejor engrasada del Estado español, el Banco de España.

El «panzas», como le llamaban cariñosamente sus amigos, era un hombre atípico en este país, quizá un adelantado a su tiempo. Claro que, cuando dio sus primeros pasos en el azaroso mundo de los negocios, allá por los albores del desarrollismo franquista, a principios de los sesenta, muy pocos podían alardear, como él, de tener un *Master in Business Administration* (*MBA*) por la Universidad de Harvard.

Fue precisamente en esa elitista universidad norteamericana donde Juan Antonio Ruiz de Alda conoció a Alvaro Alonso-Castrillo, marqués de Casa Pizarro (al que sus amigos llamaban siempre «Casapizarro»), y a Epifanio Ridruejo, quien con el tiempo llegaría a ser consejero delegado del Banco Central, con los que formaría a su regreso a España la sociedad de gestión de patrimonios Banif [1].

Cuando diez años después vendió Banif al Banco Hispano Americano por 900 millones de pesetas, cada uno cobró su parte. Este fue el caso de Jaime Soto, que se embolsó 36 millones en la operación. El marqués de Casa Pizarro ganó 200 millones, y el grupo de «los vascos» otros 300 millones.

Naturalmente, el que más tajada sacó fue Ruiz de Alda, que recibió 250 millones de pesetas. Pero él ya era rico, desde principios de los años setenta, cuando contrajo matrimonio con Pilar Moreno, hija del consejero delegado del Banco Hispano Americano y uno de sus mayores accionistas, Andrés Moreno [2].

Ruiz de Alda había nombrado director de bolsa de Banif a uno de sus empleados aventajados, Jaime Soto, y con él solía salir a cenar a los mejores restaurantes de Madrid, donde, cómo no, coincidían a menudo con Manuel de la Concha, por entonces un activo agente de cambio y bolsa, con el que finalmente acabaron haciendo todas sus operaciones.

Aquella amistad de francachela no tardó en fraguar para convertirse en la base del grupo que, poco tiempo después, el propio Ruiz de Alda bautizaría con un nombre que ya no les abandonará jamás: la «gente guapa» [3].

Pero Ruiz de Alda era también muy ambicioso. Su máxima aspiración fue la de llegar a presidente del Banco Hispano Americano. Y lo intentó. La venta de Banif al Hispano y su boda con Pilar Moreno eran sus dos palancas para conseguir el objetivo. Sin embargo, se encontró con la oposición de la «vieja guardia» del banco, contraria desde un principio a la compra de Banif [4].

Para su sorpresa, Ruiz de Alda se encontró, además, con un inesperado enemigo: Jaime Soto, que desde la incorporación de Banif al Banco Hispano maniobró siempre en su propio beneficio. Como Ruiz de Alda le consideraba uno de sus chicos favoritos, le invitaba a las reuniones confidenciales en las que los «capos» de Banif preparaban con sigilo el asalto a la fortaleza del Hispano. La conspiración fue descubierta por el presidente del banco, Luis Usera, gracias a que Jaime Soto, un personaje frío, fundamentalmente frío y maniobrero, le mantuvo al corriente con pelos y señales de lo que se estaba tramando en las filas de Ruiz de Alda.

El resultado de aquella traición fue que Ruiz de Alda perdió todas las posibilidades de ser presidente del Hispano, y que Jaime Soto, un recién llegado, fue nombrado consejero delegado del banco [5].

Soto, por su parte, no tuvo mucha más suerte en su carrera hacia la presidencia del Banco Hispano Americano, aunque estuvo muy cerca de conseguirlo. Cuando Alejandro Albert fue nombrado presidente en 1984, en plena crisis del banco, Jaime ya era el «número dos» de la entidad. La dimisión de Albert, en 1985, abrió la guerra por la sucesión. Soto jugó sus bazas, pero se encontró con la oposición frontal del Banco de España, donde ya Mariano Rubio era gobernador y, lo que es la vida, Juan Antonio Ruiz de Alda, subgobernador.

El «panzas» devolvía así el «favor» a su alumno, cerrándole el paso a la presidencia del Hispano.

Precisamente, uno de los candidatos propuesto por Mariano Rubio para ocupar la presidencia del banco fue el mismísimo Manuel de la Concha, que ya era síndico de la Bolsa de Madrid y había adquirido cierta relevancia pública en los ambientes madrileños por su amistad, entre otros, con Miguel Boyer, quien le designó en 1983 miembro de la comisión para la reprivatización de Rumasa.

Por aquellos días, Manuel de la Concha apostillaba siempre sus comentarios con la misma rotunda frase:

—Si me hacen presidente del Hispano, lo primero que hago es cargarme al cabrón del Soto.

Pero De la Concha se tuvo que conformar con su puesto de síndico de la Bolsa de Madrid y con su carguito de comisionado a propuesta de Boyer para la reprivatización de Rumasa.

Al final, de la terna de candidatos propuestos a la presidencia del Hispano (también estaba en la lista Josep Vilarasau, director general de La Caixa), salió triunfador Claudio Boada, un experto en crisis, buen amigo de Mariano Rubio y, sobre todo, de Miguel Boyer, entonces todopoderoso ministro de Economía y Hacienda, que fue quien inclinó la balanza hacia su persona [6].

Boada cortó algunas cabezas y, entre ellas, la del ambicioso Jaime Soto, que, tras perder definitivamente su opción a la presidencia del Hispano, fue desplazado a la presidencia del Banco Urquijo, en la que apenas duró ocho meses, para ser sustituido por José María Amusátegui, el eterno segundo de Claudio Boada.

A pesar de los rifirrafes habidos a consecuencia de la lucha por el poder en el Banco Hispano, los tres amigos, De la Concha, Ruiz de Alda y Jaime Soto, se volvieron a reencontrar poco tiempo después.

Cuando Paloma Altolaguirre, la todavía esposa de Manuel de la Concha, se enteró de que su marido había formado una sociedad con Jaime Soto, se echó las manos a la cabeza.

—Pero, Manolo, ¿no decías que te lo ibas a cargar?

¿Qué le ofreció Soto a De la Concha para hacerle olvidar las viejas rencillas? Sencillamente, un magnífico negocio.

Aparte de cortar cabezas, Boada tenía como misión salvar el Banco Hispano Americano, y lo primero que hizo para conseguirlo fue deshacerse del grupo industrial del banco, en el que aún quedaban algunas joyas.

Una de ellas, perteneciente a la cartera del Banco Urquijo, era Sistemas AF, una empresa dedicada a la fabricación de muebles de oficina, que acababa de salir de una suspensión de pagos y que había sido saneada gracias a los dineros del banco.

Soto no tenía recursos suficientes para comprarla, pero sabía que en el banco estaban dispuestos a venderla a buen precio. De la Concha, que entonces estaba dándole vueltas a la creación de Investban, tras romper la sociedad que tenía con los agentes de cambio y bolsa Benito y Monjardín, disponía del dinero necesario para ayudarle en el negocio. Dinero a cambio de información, tal fue la transacción que volvió a unir a los, hasta entonces, enemigos irreconciliables.

En el mes de julio de 1986, Jaime Soto y Manuel de la Concha compran al Banco Urquijo, por 1.600 millones de pesetas, la empresa Sistemas AF. En un primer momento, Soto y De la Concha ofrecieron 1.200 millones (precio al que Soto sabía que el banco estaría dispuesto a vender), pero esta oferta fue igualada por otra de la empresa Hispano Suiza, lo que les obligó a subir la puja en 400 millones más.

La forma de pago establecida en el contrato era muy favorable para los dos socios, que utilizaron para la operación empresas patrimoniales, alguna de ellas radicada en paraísos fiscales. Los compradores pagaron en julio al Banco Urquijo 400 millones de pesetas. El resto quedó aplazado, facilitando así el desembolso de los 1.200 millones restantes gracias a los recursos de la propia empresa.

En octubre de 1986, la recién constituida Investban realizó una colocación privada del 35 por ciento de Sistemas AF. El precio de la colocación fue del 575 por ciento (2.875 pesetas por acción). Es decir, que la empresa adquirida en julio por 1.600 millones fue valorada tres meses después por los nuevos dueños en 3.430 millones de pesetas. El 12 de noviembre ya estaba colocado ese paquete, e incluso las solicitudes de compra superaron lo previsto, llegando a ofertarse hasta 1.800 millones de pesetas por el mismo.

El corolario de la operación es que De la Concha y Soto obtuvieron por el 35 por ciento de Sistemas AF 1.200 millones de pesetas, justo lo que quedaba por devolver al Banco Urquijo por la compra del cien por cien de la compañía. Y todo en apenas noventa días, y sin apenas arriesgar dinero propio.

¿Cabía mejor forma de iniciar una carrera en solitario? ¿Cómo no olvidar viejas rencillas?

Tras la colocación privada, Manuel de la Concha y Jaime Soto asistieron fascinados al fenómeno de ver que las acciones de Sistemas AF se revalorizaban sin parar. Así que decidieron rematar el «pelotazo», y en dos meses colocaron prácticamente todo su paquete del 65 por ciento en la bolsa, a través del despacho de Manuel de la Concha. Una operación en la que cada uno se embolsó cerca de 1.500 millones de pesetas.

La sociedad Investban, además de ser una herramienta idónea para dar liquidez a las inversiones del grupo, cumplía un papel esencial como instrumental del despacho de agente de cambio y bolsa que seguía manteniendo Manuel de la

Concha. La parte fundamental de este negocio era la canalización de inversión extranjera hacia España [7].

Para Investban, Jaime Soto contrató como consejero delegado a Juan José Macaya, que había sido uno de los tres directores generales del área industrial del Urquijo, y que abandonó su cargo poco antes de que se produjera la venta de Sistemas AF, de la que fue nombrado presidente.

Soto y Macaya arrastraron a Investban a algunas de las personas más activas de Banif: Mónica Durnin Mckay (Mónica Morales) [8], Alvaro Yanza, Enrique Pérez Plá, Javier Fernández Galiano y Diego Prado.

La primera pata del negocio ya estaba en marcha. Todo iba saliendo a pedir de boca. La facilidad con que estaban ganando dinero y la impunidad en la que se movían convirtieron al grupo de Manuel de la Concha en la comidilla del «*tout* Madrid». Algunos grandes banqueros no se recataban a la hora de comentar en público la inconveniencia de que ciertos personajes relevantes, cuya independencia es condición indispensable para el ejercicio de su profesión, estuvieran metidos en el mismo negocio que «los especuladores de la *beautiful*».

Mariano Rubio y Ruiz de Alda eran el blanco preferido de esas críticas. Al gobernador se le reprochaba su imprudencia, al mantener públicamente una amistad que le restaba credibilidad. Sus comidas en los mejores restaurantes de Madrid, sus partidos de golf, las frecuentes cenas en el chalé de su amigo en El Viso, eran censuradas por el mundillo financiero, que barruntaba en esa estrecha relación algo más que el vínculo sentimental de dos viejos compañeros de facultad.

Manuel Soto, al que no le une ninguna relación familiar con Jaime Soto, presidente de la poderosa Arthur Andersen, auditora de varios grandes bancos, de importantes compañías eléctricas y cuyo principal cliente es el sector público, era también criticado por los que veían y sufrían el avance imparable del grupo formado en torno a De la Concha.

Otro tanto ocurría con Daniel García Pita, algunos de cuyos clientes le plantearon abiertamente la existencia de conflicto de intereses entre su condición de accionista de Investcorp y la asesoría legal de sus empresas; o con Josechu Ysasi, quien, desde su puesto en el Círculo de Empresarios, daba casi una cobertura institucional al grupo.

Estas presiones tuvieron como resultado que, a principios de 1987, pocos meses después de haberse integrado en Investban, Manuel Soto, Daniel García Pita y Josechu Ysasi vendieran sus acciones a través del despacho de Manuel de la Concha. Los títulos se repartieron entre los socios originarios del grupo, con lo que el dúo De la Concha-Soto reforzó aún más su control sobre la sociedad.

Este hecho, totalmente desapercibido para la opinión pública, tuvo una gran importancia: por primera vez, un grupo de personajes influyentes consideraba peligrosa, o al menos perjudicial para ellos, su asociación con Manuel de la Concha.

La salida del «grupo de profesionales» de Investcorp, nueva denominación de Investban, coincidió con el comienzo de las negociaciones por De la Concha para la compra de un banco.

Era la pieza que faltaba en el proyecto de grupo financiero que andaba buscando Jaime Soto.

La fiebre por ser banqueros era cosa común en el estilo de empresarios que tan genuinamente representan. Tanto Soto como De la Concha lo habían intentado en el Hispano sin éxito, pero ahora tenían la oportunidad de tener su propio banco, eso sí, más modesto, aprovechando la circunstancia de que en el Banco de España mandaban dos buenos amigos: Mariano y Juan Antonio.

La compra de un banco no sólo tenía por objeto ganar más dinero, sino demostrar su capacidad como gestores en las altas finanzas. En efecto, los dos socios se consideraban a sí mismos, sobre todo Jaime Soto, como la quintaesencia de la sabiduría financiera. Sin duda, este país necesitaba un cambio en la gestión bancaria, atascada todavía en la vieja escuela de los Garnica o los Escámez. ¿Qué mejores candidatos para tomar el relevo?

A primeros del mes de marzo de 1987, Manuel de la Concha, en nombre de Investcorp, presentó una oferta por el Banco de Trelles al entonces vicepresidente y consejero delegado de Banesto, José María López de Letona [9]. La operación se cerró de manera oficial el 17 de marzo. Investcorp, De la Concha y Soto pagaron 600 millones de pesetas por el Banco de Trelles [10].

El acuerdo entre Manuel de la Concha y José María López de Letona supuso la ruptura del *statu quo* bancario establecido por Mariano Rubio y Juan Antonio Ruiz de Alda tras la gran crisis de principios de los ochenta, que afectó a cincuenta y un bancos y costó al erario público un billón de pesetas [11]. La acusación de trato de favor por parte de Mariano Rubio y Juan Antonio Ruiz de Alda hacia su amigo Manuel de la Concha fue general en el mundo bancario [12].

El 29 de abril de 1987, un mes después de la venta formal del Banco de Trelles, la sociedad Investcorp amplió su capital de 165 a 1.000 millones de pesetas, ampliación que fue suscrita en un 80 por ciento por Manuel de la Concha y Jaime Soto, que habían obtenido ya sus extraordinarias plusvalías por la venta de la mayor parte de sus acciones en Sistemas AF.

Pero también entonces se produjo la entrada de dos nuevos e importantes accionistas. El subgobernador del Banco de España, Juan Antonio Ruiz de Alda, invirtió 70 millones de pesetas, y el primo del gobernador del Banco de España, Carlos Pittaluga Jiménez, entró en Investcorp con 20 millones de pesetas [13].

El primo del gobernador, recién separado de su esposa «Mecha» Padovani, sobrevivía modestamente en una buhardilla comprada al propio Fondo de Garantía por 1,5 millones de pesetas, situada en la calle de Alcalá esquina a la de Cedaceros. ¿De dónde sacó Carlos los 20 millones de pesetas? La entrada de Pittaluga en el capital de Investcorp fue interpretada por todos los ejecutivos de esta sociedad como una fiducia de Mariano Rubio.

Tanto Juan Antonio Ruiz de Alda como el gobernador del Banco de España veían entonces en Investcorp la viva imagen de los bancos de inversiones británicos, donde suelen recalar los grandes funcionarios para rentabilizar sus influencias.

Más que como un negocio a corto plazo (aunque sus carteras se movieron siempre del lado de los ganadores), su entrada en Investcorp fue diseñada con la vista puesta en un dorado retiro, a la vera de su amigo Manuel de la Concha, instalados en lujosos despachos y disfrutando de sueldos multimillonarios.

La autorización de la compra del Banco de Trelles a Investcorp marcó por lo demás el comienzo de una nueva etapa en la política del Banco de España hacia las entidades financieras [14]. No aspiraban a tanto Manuel de la Concha y Jaime Soto, quien, al fin, fue nombrado presidente del pequeño banco recién comprado y al que se llamó Investbanco de Negocios.

La gran aventura de Manuel de la Concha y Jaime Soto, con su flamante buque insignia, iba por otros derroteros. Las grandes batallas financieras todavía se veían desde la barrera, aunque no tardarían mucho en salpicarles de lleno.

Lo importante entonces era ver cómo los negocios engordaban. Para dotar de musculatura financiera al ambicioso proyecto que se había puesto en marcha, De la Concha y Soto recurrieron a inundar de papel el mercado, que entonces absorbía cualquier cosa (la economía ya estaba creciendo por encima del 5,5 por ciento). En septiembre de 1987, Sistemas AF lanzó su primera emisión de obligaciones convertibles por 1.000 millones de pesetas. Las acciones de la empresa cotizaban entonces al 1.500 por ciento (7.500 pesetas por título).

Es decir, que la sociedad que compraron por 1.600 millones en julio de 1986, valía ya más de 9.000 millones en bolsa catorce meses después.

Dada la masiva afluencia de capital extranjero, De la Concha y Soto pusieron en marcha la constitución de un fondo destinado a inversiones en renta variable en la Bolsa española [15].

La noticia del *crash* de la Bolsa de Nueva York supuso para el grupo español un serio inconveniente. No sólo por la pérdida de valor de su inversión en Sistemas AF, sino por otro asunto que ya estaba en cartera y que tenía plazo fijo para su puesta en marcha.

Investcorp se había comprometido a asegurar una ampliación de capital de la empresa IB Mei, otra de las joyas vendidas por el Banco Hispano Americano en julio de 1986, coincidiendo con la venta de Sistemas AF [16]. IB Mei era una especie de perita en dulce que Soto ofrecía a sus amigos, entre ellos a Manuel de la Concha, como si de billetes de lotería premiados se tratara.

Sin embargo, el *crash* de Nueva York, que afectó a todos los mercados mundiales y en especial a España, tiró por tierra la cotización de todas las empresas. Y una de las más afectadas por el desastre fue IB Mei.

Investcorp se había comprometido a asegurar una ampliación de 397.000 acciones al 900 por ciento en el mes de diciembre, en plena resaca bajista, de manera que, de haber cumplido sus compromisos, la sociedad de Manuel de la Concha y Jaime Soto hubiera tenido que asumir una importante pérdida, ya que el valor cotizaba en bolsa muy por debajo de ese precio.

¿Qué hicieron los grandes financieros? Negarse a cumplir los compromisos suscritos, saltándose a la torera todas las normas establecidas, con lo que la ampliación tuvo que posponerse, con el consiguiente enfado de Azcona, Solera y el resto de socios de IB Mei que no formaban parte de Investcorp. El asunto estuvo a punto de acabar en los tribunales, pero las buenas relaciones de Soto y De la Concha hicieron que las amenazas no se cumplieran. Ningún organismo oficial sancionó el comportamiento de Investcorp [17].

Este hecho, no obstante, sirvió para que Investcorp cambiara radicalmente su estrategia y abandonara definitivamente la actividad de *corporate finance* que había desarrollado hasta entonces con cierto éxito. De la Concha ordenó paralizar todos los planes que supusieran asunción de riesgos, y dedicó la compañía a la intermediación pura.

El dinámico desarrollo de los negocios puestos en marcha por De la Concha, incluidos los pequeños tropiezos con la legalidad vigente, no impedían que su amigo Mariano Rubio recurriera a sus servicios cuando las necesidades del Estado lo requerían.

Así ocurrió, por ejemplo, cuando desde el Banco de España y el Ministerio de Economía se planificó la reordenación del mapa bancario español, y se consideró que el Banco de Bilbao debía hacerse con el control de Banesto por medio de una OPA [18].

El propio Mariano Rubio, en un almuerzo celebrado el 11 de noviembre de 1987, comunicó a su amigo Manuel de la Concha la localización de algunos paquetes de Banesto, y le pidió que los comprara para ponerlos a disposición del Banco de Bilbao [19].

Quienes piensen que este no es más que un episodio casual y fortuito en las relaciones entre el gobernador y su amigo, es que nunca han asistido a las cenas organizadas por Manuel de la Concha en su chalé de El Viso.

José María Entrecanales, Rafael del Pino, Miguel Boyer, Carlos Bustelo, Juan Antonio García Díez, el editor Juan Tomás de Salas y Juan Antonio Ruiz de Alda, eran algunos de los asiduos a dichas cenas. Mariano Rubio no solía faltar a estos convites, donde los temas económicos eran el centro de las conversaciones.

No hacía falta ser muy sutil para interpretar los mensajes que, en clave ecuestre, daba Rubio a sus amigos.

—Vamos a tener que embridar el caballo —decía Mariano, de forma que todos quedaban avisados de la próxima subida de tipos de interés.

—Será cosa de ir soltando —comentaba el gobernador, y sus amigos ya estaban al tanto de la bajada del precio del dinero.

Pero, ¿quién se preocupaba de estas pequeñas maldades, casi bromas de amigos, en aquellos días de vino y rosas?

Las confidencias del gobernador eran *pecata minuta,* y formaban parte de un estilo, de una forma de ser propia de los elegidos. En ese esquema de relaciones, los favores, la información confidencial, las pequeñas ayudas sobre algunas operaciones bursátiles eran tan habituales como tomarse un canapé.

No existía la conciencia de estar cometiendo una ilegalidad (entre otras cosas porque el delito de *insider trading* no estaba tipificado en España). Tal vez era este caldo de cultivo el que dotaba a todo el proceso de un aura de naturalidad, de cotidianeidad, de algo de lo que no había que esconderse ni avergonzarse.

Los «caramelos» de De la Concha eran bien conocidos en su círculo de íntimos.

—Yo creo que harías buen negocio si compraras acciones de tal o cual empresa —susurraba De la Concha al oído de quienes quería complacer (en general gente importante a la que convenía tener contenta).

—No, yo no suelo jugar en bolsa, gracias, Manolo —respondía el interlocutor, si era prudente.

Un par de meses después, aprovechando una de aquellas deliciosas cenas en El Viso, el ex síndico cogía del brazo a su presa y hacía con ella un aparte. En tono confidencial, recitaba:

—¿Te acuerdas de aquellas acciones de las que te hablé? Pues te compré un par de millones, sin tu permiso, ya lo sé, pero es que era una ganga, chico. No quería que dejaras pasar esa oportunidad. Así que, si quieres, te las puedo vender mañana mismo porque ya tienes una plusvalía de 500.000 pesetas. Si te las quieres quedar me pagas los dos millones cuando puedas y listo.

Lo normal solía ser que los premiados por De la Concha recogieran sus plusvalías, en dinero negro, por supuesto. A estos detalles, sus íntimos los llamaban «los caramelos» de De la Concha. No eran grandes dispendios y, en general, representaban pequeños picos de las grandes operaciones que se hacían entonces en la Bolsa de Madrid. Tampoco se pedían contrapartidas por estos aguinaldos, graciosamente concedidos por Manolo. Eran simples detalles de generosidad que a más de uno habría que recordarle en el futuro.

Si De la Concha recomendaba un valor, era la garantía

de que se podía ganar dinero. Para muchos de sus amigos, dejarle el dinero a De la Concha era como invertir en renta fija, con la diferencia de que, siendo tan seguro como el Tesoro, se ganaba mucho más.

Al margen de otras cosas, 1987 fue también el año en que Manuel de la Concha y Jaime Soto cerraron el círculo de su gran proyecto de grupo financiero. Justo el día del *crash* de la bolsa, el 17 de octubre de 1987, cuando Jaime Soto provocaba las carcajadas de la cúpula de Prudential Bache en Nueva York, se incorporaba a Investcorp Benito Tamayo, un viejo conocido de Jaime Soto.

Tamayo era entonces presidente de Hispamer, una sociedad de *leasing* dependiente del Banco Hispano Americano. Al riojano Tamayo, un carlista de aficiones castrenses, se le encomendó la misión de desarrollar en Investcorp una división de *leasing* similar a la que acababa de crear para el Hispano. Para ponerla en marcha, Tamayo echó mano de los mejores ejecutivos de Hispamer, entre los que destacaba su consejero delegado, Teodoro Bergés [20].

La creación de esa «tercera pata» completaba el proyecto más ambicioso de la *beautiful people*, orientado a la constitución de un grupo de gran tamaño y diversificado que, a partir del 28 de diciembre de 1987, pasará a llamarse definitivamente Grupo Financiero Ibercorp. El efímero nombre de Investcorp (apenas un año de vida) estaba ya registrado por un activo banco de inversiones con sede en Abu Dhabi.

En el mes de marzo de 1988 se pusieron en marcha las sociedades Ibercorp Leasing e Ibercorp Financiaciones, dos empresas que fueron compradas por el Grupo Financiero Ibercorp al Fondo de Garantía de Depósitos, al módico precio de cincuenta millones de pesetas.

El objetivo básico de este nuevo proyecto consistía en potenciar el crecimiento rápido de las dos empresas para venderlas cuanto antes, en el más puro estilo de la casa de «dar el pase» obteniendo una jugosa plusvalía. Naturalmente, este objetivo nunca se hizo explícito a los ejecutivos del grupo. De la Concha, Soto y Tamayo justificaron su puesta en marcha en el marco global de un ambicioso proyecto: desarrollar una amplia red de oficinas que haría las veces de soporte comercial para todas las áreas de negocio, incluida la potenciación del banco que acababa de nacer.

El diseño de estas «tiendas financieras», como las denominaba grandilocuentemente Soto, potenciaría el crecimiento global del Grupo Ibercorp, ofreciendo a los clientes un servicio integral acorde con los nuevos tiempos y las tendencias más avanzadas.

Al mes de fundarse estas dos sociedades, que contaban con un capital inicial de 125 millones de pesetas, consiguieron importantes apoyos financieros en forma de líneas de descuento de los primeros bancos del país [21].

Financiando fundamentalmente el consumo (cuyo crecimiento rozaba el 10 por ciento en esas fechas), Ibercorp Leasing e Ibercorp Financiaciones crecieron como la espuma tomando todo tipo de riesgos. Apenas quince meses después de su creación, ya movían una inversión de 40.000 millones de pesetas y habían abierto 38 oficinas repartidas por toda España.

Con todo, la operación más importante llevada a cabo en 1988 será la compra de la sociedad Mecalux por Sistemas AF [22]. Esta operación, cuya culminación será paralela al inicio de la venta de los activos industriales de la propia Sistemas AF, se enmarca en un proyecto que supondrá un cambio radical en el grupo: la transformación de Sistemas en un *holding* de participaciones empresariales.

Las negociaciones para la compra de Mecalux comenzaron en el verano de 1988, cuando ya el Gobierno había decidido la reelección de Mariano Rubio como gobernador del Banco de España y unos días antes de que se produjera la muerte de Juan Antonio Ruiz de Alda, que había sido sustituido en el cargo de subgobernador por Luis Angel Rojo [23].

El *shock* producido por la muerte de Juan Antonio no impidió que Ibercorp continuara desarrollando sus ambiciosos planes. Para llevar a cabo la metamorfosis del grupo, De la Concha y Soto habían fichado en abril de 1988 a Ignacio

Loring, que provenía de BLR Consultores, empresa dedicada a la compraventa de otras compañías. Loring fue nombrado consejero delegado de Sistemas AF, y su nombramiento relegó inmediatamente a un segundo plano al presidente de la sociedad, el histórico Juanjo Macaya.

Ignacio Loring no tardó en percatarse de algunas de las peculiaridades del grupo en el que acababa de ingresar. La primera sorpresa consistió en que de la negociación para la compra de Mecalux ni siquiera fue informado su presidente, Juan José Macaya. Es decir, que un recién llegado como él pudiera sustituir con tal facilidad a uno de los que se suponía fieles colaboradores de Manuel de la Concha y Jaime Soto. Sin embargo, esta práctica era común en la forma de actuar de De la Concha, que pasaba de los súbitos enamoramientos a dar de lado a sus ejecutivos sin que hubiera para ello una razón aparente.

La segunda sorpresa para Loring fue la forma en que se adjudicaban las tareas en el grupo. Cuando la negociación para la compra de Mecalux estaba ya en marcha, Loring pidió el asesoramiento legal de un buen bufete. Manuel de la Concha no lo pensó ni un momento: «Este asunto se lo vamos a dar a José Luis del Valle, para agradecer los favores que debemos a Bustelo y García Díez.» [24]

Conviene no perder de vista el escenario donde se produce el ascenso imparable del grupo Ibercorp, ya que muchas de las cosas que sucederán posteriormente no se explican si no es enmarcándolas en la lucha por el poder financiero que se desarrolla en España a finales de la década de los ochenta, lucha en la cual Mariano Rubio y sus adláteres juegan siempre un papel protagonista.

Además del trato de favor que el gobernador dispensaba a sus amigos en las grandes refriegas bancarias, no olvidaba mantenerles al tanto de las evoluciones futuras de la política monetaria.

La falta de discreción de Manuel de la Concha permitió conocer a varios de sus ejecutivos las confidencias que le proporcionaba Mariano Rubio. En una reunión celebrada a primeros de septiembre de 1988 en la sede de Ibercorp, y en la que estaban presentes cinco de los máximos responsables de Ibercorp Bolsa, De la Concha propuso tomar medidas ante una próxima e importante subida de tipos de interés de la que había sido informado por el gobernador del Banco de España.

En aquella reunión se acordó la venta de las acciones que Ibercorp Bolsa tenía en cartera (la subida de tipos siempre provoca la caída de la bolsa) y la venta a crédito de acciones de la empresa Ercros [25]. La certeza de las palabras del presidente de Ibercorp a sus empleados se vio corroborada por los hechos de forma casi inmediata. El 23 de septiembre de 1988 el Banco de España elevó los tipos de los préstamos de regulación monetaria del 10,375 por ciento al 11,375 por ciento.

Esta drástica subida, que era la primera medida seria de enfriamiento tomada por el Gobierno socialista desde el comienzo del *boom* económico, fue reforzada meses más tarde, cuando el 29 de diciembre de 1988 los tipos de los préstamos subieron otro punto más, hasta colocarse en el 12,40 por ciento.

El recalentamiento de la economía, que ya se dejaba sentir y que estaba poniendo en cuestión la política de Carlos Solchaga, en especial sus previsiones de inflación, no pareció intimidar a los bien informados hombres de Ibercorp, que a finales de 1988 tenían ya a punto otra de sus brillantes operaciones: la compra de Mecalux.

Quien opine que los empresarios enriquecidos al calor de la era socialista tienen una ideología progresista, se equivoca. Estos hombres, sencillamente, no tienen ideología. A lo más que llegan es a fotografiarse con los ministros para que se vea que tienen poder e influencia, pero podrían mantener la misma sonrisa beatífica ante un barbudo de raíces marxistas que ante un rancio falangista. Ellos prefieren a los tecnócratas, siempre menos intervencionistas, más liberales, pero si se trata de los negocios, la política se guarda en un cajón. Porque, si bien es cierto que De la Concha y sus amigos han hecho la mayor parte de sus negocios gracias a sus buenas relaciones con el socialismo *light* (Felipe/Solchaga), también hicieron sus pinitos en los aledaños del fascismo.

Por ejemplo, Ibercorp culminará en 1989 una operación relámpago que había sido pergeñada por Benito Tamayo en 1988, cuando ya estaba metido en harina con sus sociedades financieras y de *leasing*.

Se trataba de la compra de una pequeña mutua llamada Munat. Su propietario no era otro que José María Tormo Magrans, un falangista de pro, afable y mujeriego, que llegó a ser presidente del Sindicato Nacional del Taxi, una organización de extrema derecha que superaba con ventaja en su fanatismo a la mayoría de los sindicatos de rama de la era franquista [26].

Para hacerse con el control de Munat, lo primero que había que hacer era cambiar sus estatutos y transformar la mutua en sociedad anónima. Esta era la primera operación de ese estilo que se llevaba a cabo, y la Dirección General de Seguros siguió el proceso con cierta preocupación.

La conversión en sociedad anónima de Munat se aprobó en la junta de mutualistas del mes de junio de 1989. Tan sólo un pequeño porcentaje de mutualistas acudió a la conversión en acciones de la sociedad. El Grupo Financiero Ibercorp se hizo de la noche a la mañana con el 94 por ciento del capital de la pequeña empresa, que facturaba unos 2.400 millones al año y que daba modestos beneficios, aunque poseía un saneado patrimonio inmobiliario.

Los nuevos gestores estimaron el desfase entre las aportaciones de los mutualistas y el coste de los riesgos asumidos por la sociedad en unos 500 millones, cifra que sirvió para establecer el volumen de capital de la nueva sociedad anónima. Sin embargo, al poco tiempo de hacerse cargo de la gestión, los hombres de Ibercorp comprobaron que el «agujero» de Munat se elevaba a 1.000 millones de pesetas.

Para solucionar el entuerto, De la Concha y sus amigos procedieron a una revalorización de los inmuebles de la compañía en 993 millones de pesetas, lo que provocó unos artificiales y abultados resultados positivos en el ejercicio. Como de costumbre, el objetivo de los nuevos dueños era maquillar el balance de la empresa para «darle el pase» cuanto antes.

El mirlo blanco no iba a tardar en aparecer. Fabrice Tensi, consejero delegado de Munat, entró en contacto con una de las sociedades mutualistas más importantes de Europa, La Mondiale, que, en octubre de 1989, compró el 40 por ciento de la sociedad en 1.300 millones de pesetas.

De esta cantidad, 1.000 millones se ingresaron en el Grupo Financiero Ibercorp. Pero, como sucederá en la mayoría de sus negocios, De la Concha, Tamayo y Soto también sacaron un buen pellizco, vendiendo unas acciones que habían comprado poco antes de que se cerrara el acuerdo con los franceses. En total, ganaron 300 millones (100 millones cada uno), lo que no está nada mal, sobre todo teniendo en cuenta la situación de la empresa vendida [27].

El paso del Grupo Ibercorp por Munat fue casi tan efímero como el cargo de consejero en el Banco Ibercorp para el falangista Tormo Magrans, que falleció de un ataque al corazón a finales de 1990, cuando se dirigía hacia Madrid desde Barcelona para asistir a uno de los consejos de la entidad. Tormo Magrans murió en su automóvil a la salida de Guadalajara. En el momento del óbito estaba acompañado por su joven secretaria y contaba con setenta años de edad.

A pesar de ser una buena muestra de la habilidad del trío para «dar el pase», la compraventa de la pequeña empresa aseguradora no será más que una anécdota en un periodo lleno de sobresaltos y marcado por operaciones de mucha mayor envergadura.

El año 1989 será recordado por los viejos agentes de cambio y bolsa como el año de la pérdida de sus enormes privilegios. Las tropelías que se habían cometido en los años del *boom*, donde se podía comprar y vender a crédito con nombre y DNI falsos sin que nada sucediera, llevaron al Gobierno a poner en marcha la reforma del mercado de valores [28].

Manuel de la Concha, que había mantenido su actividad

bursátil antes, durante y después de haber sido síndico de la Bolsa de Madrid, no vio en la nueva normativa una amenaza para su ya consolidado *status*, sino otra buena oportunidad para hacer negocio, esta vez a costa de sus socios y amigos.

Como en el caso de las fichas bancarias, las «fichas de agente de cambio y bolsa» empezaron a cotizarse al alza ante las ansias de los que querían convertirse en operadores del mercado, para participar en el gran negocio que entonces suponía la compraventa de títulos.

El viejo despacho fundado por su padre debía convertirse, antes del verano de 1989, en la Sociedad de Valores y Bolsa, con un capital mínimo de 750 millones de pesetas.

Y aquí estuvieron a punto de naufragar las, hasta entonces, excelentes relaciones de Manuel de la Concha, Jaime Soto y Benito Tamayo, como consecuencia de la exorbitada valoración que establecía el ex síndico por su despacho para darles entrada en él como socios.

De la Concha, que manejaba las carteras de personajes poderosos e influyentes, quiso que sus amigos aceptaran un precio multimillonario sin que mediasen auditorías. Don Manuel apoyaba sus cifras en el fondo de comercio de su empresa. ¿Cómo valorar una sociedad que maneja, por ejemplo, la cartera del gobernador del Banco de España y de los miembros más relevantes de la *beautiful people*?

Soto y Tamayo hicieron causa común frente a De la Concha, y sufrieron en propia carne el irascible carácter que esconden sus buenas maneras. Los enfrentamientos dialécticos del trío, cuyas discusiones pudieron escucharse en toda la planta sexta del edificio de Velázquez 150, se agudizaron aún más cuando en la primavera de 1989 Manuel de la Concha fichó a su amigo Carlos Viada como consejero delegado de la futura Sociedad de Valores y Bolsa Ibercorp, sin consultar siquiera a sus socios.

Como el plan previsto a medio plazo por De la Concha, Tamayo y Soto implicaba que el Banco Ibercorp acabaría por tomar el cien por ciento de la Sociedad de Valores y Bolsa, Viada fue nombrado también consejero delegado del banco, puesto que ocupaba hasta entonces Benito Tamayo.

Viada había sido director general de Telefónica bajo la presidencia de Luis Solana, pero entre sus habilidades más reconocidas sólo estaban la práctica del golf y su amistad con personajes de la *beautiful*, destacando entre ellos el propio De la Concha y el mismísimo Mariano Rubio.

Tamayo, que rechazó entrar como accionista en la Sociedad de Valores y Bolsa tras su enfrentamiento con De la Concha, interpretó el nombramiento de Viada como una venganza personal por haberse negado a aceptar sus pretensiones.

El riojano se quejaba amargamente ante su aliado Soto, que al final accedió a poner 250 millones en la sociedad de bolsa:

—Jaime, esto no puede ser, Manolo quiere dar un «pelotazo» a nuestra costa...

Desde el primer momento, Benito declaró la guerra sin cuartel al recién incorporado. El quería seguir siendo el primer ejecutivo de la casa, y estaba dispuesto a pelear por ello con uñas y dientes.

Por si fuera poco el hueso de la oposición frontal de Tamayo, Viada se encontró también con la hostilidad del primer ejecutivo del banco, Gustavo Barrajón, un director general que había recalado en la casa procedente del Barclays, de donde se había traído a todo su equipo, y que interpretó como una intromisión en sus dominios el nombramiento del nuevo consejero delegado.

Barrajón, un hombre hábil y un punto retorcido, había conseguido manejar el banco a su antojo, arrebatándole todo el poder a Tamayo, demasiado ocupado en sus múltiples frentes de actuación.

Por supuesto, ni Manuel de la Concha, ni Jaime Soto, que era el presidente del Banco Ibercorp, se dignaban acudir a la planta baja de Velázquez 150, donde tenía su sede central la entidad.

Tamayo, como sus socios, tenía su despacho en la planta sexta del edificio, y tan sólo de vez en cuando aterrizaba en el banco para «pararle los pies» a Barrajón. Era cosa de poco. Tamayo daba dos sonoros gritos en el despacho del director general, golpeaba la mesa con sus puños para que todo el mundo supiera quién mandaba allí, y cuando volvía a coger el ascensor para subir a la planta noble, todo volvía a su sitio: Barrajón recuperaba las riendas del banco.

Tamayo, un ser fundamentalmente falso, taimado y cínico, especialista en enfrentar a todos contra todos, intentando después quedar bien con todo el mundo, era más un estorbo que otra cosa, dadas sus escasas dotes profesionales. Gustavo Barrajón, buen conocedor de su oficio, solía acogerse a una máxima para sortear el escollo:

—Hay que conseguir abrir todos los días el banco, a pesar de Benito Tamayo.

La aparición de Viada representaba para Barrajón, más que un peligro para su capacidad de maniobra, un engorro, una molestia, una nueva pérdida de tiempo hasta hacer entender al jerifalte novato dónde estaba su sitio.

Si la actividad de Viada en el Banco Ibercorp no comenzó con buenos augurios, emparedado como estaba entre Tamayo y Barrajón, su labor en la sociedad de bolsa no prometía ser mucho más placentera.

De la Concha, que siempre había llevado personalmente y con mano férrea el negocio bursátil, apoyado en sus fieles Fandila Mesa, José Quesada y Antonio Holguín, empleados de toda la vida en su despacho, se dio cuenta muy pronto de que fichar a Viada había sido un gran error. El problema de Viada fue querer tomarse en serio su trabajo, no haberse dado cuenta a tiempo de que su figura era meramente decorativa.

¡Pobre inocente! Pedía la lista de clientes de Ibercorp y Fandila Mesa le daba una ristra de nombres de la que habían sido cuidadosamente eliminados los más ilustres. Por más que lo intentó, nunca consiguió enterarse de lo que ganaban los directivos de la casa, cosa que sólo De la Concha y Fandila Mesa conocían al detalle.

Y, para colmo, quería meter las narices en el manejo de los valores. Realmente, Viada no sabía lo que hacía.

Manuel de la Concha no ha sido nunca un hombre muy trabajador, pero ha sabido distinguir siempre las cosas que son importantes de las que no lo son. El manejo del valor

Sistemas Financieros en la bolsa era una de las pocas cosas que merecía la pena atender personalmente.

Cada mañana, como un reloj, De la Concha pedía a su fiel secretaria, Ofelia, que le pusiera con la Bolsa. Todos los días dos llamadas, una al comienzo y otra al final del corro de Sistemas. No más de diez minutos entre una y otra llamada.

En el parqué estaba el barandillero Luis Aguilera, el hombre que controlaba el corro de Sistemas Financieros, fiel a De la Concha hasta la muerte. Un valor tan estrecho, tan poco líquido, era muy fácil de manejar.

Si el precio estaba muy alto, De la Concha ordenaba a Aguilera dejar caer el valor y comprar cuando marcara un cambio adecuado. Si había mucha demanda, Aguilera lo dejaba subir hasta un cierto límite, en el que sólo atendía el 20 por ciento de las órdenes de compra, para de esta forma colocar al día siguiente todo el papel que hiciera falta.

Si alguno de los accionistas extranjeros pasaba una orden voluminosa de venta, De la Concha mandaba retrasar la operación para ir dejando caer el valor hasta un día determinado, en el que Aguilera provocaba una caída artificial hasta el máximo permitido por la bolsa, para que así la plusvalía a obtener por el vendedor fuera la menor posible.

Eran pequeños trucos que el viejo zorro de De la Concha había aprendido desde niño. ¿Cómo pretendía Viada meterse en la cocina de estos asuntos?

De la Concha aprovechó un error en la contabilidad de Ibercorp Bolsa, que algunos empleados achacaron a una trampa tendida por el propio presidente de la empresa, para poner a Viada de patitas en la calle.

Tres meses después de su incorporación al grupo, y apenas unos días antes de que entrara en vigor la reforma del mercado de valores, Carlos Viada fue destituido. Una indemnización de treinta millones, el haber organizado el sistema telefónico de la casa, y la incorporación al grupo del letrado de las Cortes Manuel Fernández Fontecha, fueron el exiguo legado de su breve paso por el sanctasanctórum de la «gente guapa».

El fichaje de Fernández Fontecha también provocó sus problemas internos. Hasta entonces, el abogado de la casa no era otro que Carlos Pittaluga. A pesar de que en diciembre de 1988 fue nombrado consejero del Grupo Financiero Ibercorp, sin duda por la relevancia del propietario de las acciones de las que era fiduciario, Pittaluga no era muy apreciado por Manuel de la Concha.

—Lo único que sabe hacer es leer el periódico y tomar cafés —comentaba cabizbajo Manuel de la Concha a sus íntimos cuando se refería al bueno de Pittaluga.

A pesar de su coquetería y de su aceptable aspecto físico, Carlos jamás compartió la filosofía de la vida de sus jefes. Quizá sus reminiscencias ideológicas no le permitieron reconvertirse del todo al capitalismo salvaje, pero el caso es que a él las grandes operaciones le aburrían y prefería seguir siendo un empleado cualificado, que acudía a trabajar a lomos de su vieja moto BMW, donde paseaba de vez en cuando a las esposas de los señoritos.

De nuevo, el carácter de De la Concha provocó en el grupo otro problema de «celos profesionales». Pittaluga quedó relegado a un segundo plano tras la entrada en el grupo de Fernández Fontecha, un brillante y joven abogado mucho más ambicioso que el primo del gobernador, y que encandiló a De la Concha desde el primer momento. Tras su fichaje, Pittaluga sólo intervendrá ya en los asuntos de poca monta, mientras que los temas importantes serán para el nuevo favorito.

La llegada de Fernández Fontecha, sin embargo, iba a marcar el principio del fin del poderoso Grupo Ibercorp [29].

Precisamente, la primera misión de envergadura encargada a Fernández Fontecha por Manuel de la Concha —descubrir al misterioso «tiburón» que estaba amenazando en bolsa la propiedad de Sistemas Financieros, la máquina de hacer dinero de los «Sotoconchas»— será la causa de todos los males que afectarán al Grupo Ibercorp a partir de entonces.

Cuando en febrero de 1992 estalló el escándalo Ibercorp, Manuel de la Concha, siempre presto a buscar culpas ajenas, dedicó muchas horas a repasar su mala fortuna en la elección de sus colaboradores:

—¡Soy un agente (de cambio y bolsa), conducido al desastre por su gente!

[1] Posiblemente había que estar un poco loco para montar en la España del Seat 600 una empresa dedicada a rentabilizar capitales, aunque también entonces había ricos, en menor número que ahora, y fue el caso que muchos de ellos les encomendaron sus dineros, favoreciendo así el crecimiento de la sociedad.

El principal accionista de Banif y su verdadero artífice era Ruiz de Alda. El marqués de Casa Pizarro era un presidente más bien decorativo, sin funciones ejecutivas. Desde siempre se había inclinado hacia la lectura y la política y, con el tiempo, llegó a ser responsable de finanzas de la UCD, donde le apodaban cariñosamente «el hombre del maletín».

El fracaso del partido centrista y las críticas de Adolfo Suárez por su poca discreción en el manejo de las cuentas del partido y en sus relaciones con los banqueros, le llevaron a emigrar a Miami, donde ahora vive confortablemente instalado en una lujosa mansión desde la que se pueden contemplar las cálidas playas en las que bañan sus cuerpos delgadas modelos y traficantes de drogas.

Su nombre salió a colación en el asunto del cobro de comisiones por el Partido Popular a diversas empresas de la construcción, el llamado «caso Naseiro». «Casapizarro» era uno de los fundadores de Futuro Financiero, una sociedad que tenía como misión el blanqueo del dinero cobrado por los partidos políticos a cambio de contratas públicas.

Otros accionistas importantes de Banif eran Federico Lipperheide, consejero del Banco de Vizcaya, casado con una Ybarra, Fernando Ybarra (apellidos históricos de las familias de Neguri, ahora ligadas al BBV), y José Antonio Torrontegui (un multimillonario casado con la hija del banquero Fierro). Este grupo, al que Ruiz de Alda llamaba «de los vascos», poseía el 30 por ciento del capital de Banif.

Además había un paquete del 20 por ciento repartido entre los empleados de la compañía (como se ve, también en esto Ruiz de Alda era un adelantado). Entre ellos estaban Jaime Soto López-Dóriga y Gonzalo Milans del Bosch. Banif era una empresa de élite, que emitía sus prospectos en inglés y los distribuía por Europa. Con el descaro que le caracterizaba, Ruiz de Alda no se recataba en escribir en sus folletos: *Without a doubt, the most important asset of Banif is its management talent* (Sin duda, el activo más importante de Banif es el talento de sus gestores).

A pesar de la apariencia sofisticada de Banif, Ruiz de Alda ejercía sus funciones de *Managing Director* en tono paternal, muy en el estilo de la época. Por ejemplo, sus empleados no tenían resguardo de sus acciones, sino unos papelitos escritos a mano y firmados por el propio Ruiz de Alda en los que se anotaba el número de acciones y el dinero que valían.

[2] Ya antes de vender Banif, Ruiz de Alda se comportaba como un millonario de toda la vida, riéndose del pudor de «castellanos viejos» de algunos de sus amigos, incapaces de presumir públicamente de tener dinero.

[3] «Panzas» puso de moda las cenas entre sus seguidores. Le encantaba la buena comida y era un excelente *gourmet.* Conocía los mejores restaurantes del mundo y, por supuesto, de Madrid. Presumía de tener un paladar exquisito y pedía los vinos no sólo por su denominación, sino por su añada, lo que epataba a sus amigos, siempre dispuestos a imitarle.

Ruiz de Alda derrochaba ingenio, amabilidad y generosidad. Un tipo encantador, que brillaba muy por encima de sus amigos. Como buen navarro, hacía gala de una sinceridad no exenta de cierta brutalidad, de modo que no tenía ningún recato en manifestar en público a sus colegas lo que pensaba de ellos. Tanto Manuel de la Concha como Mariano Rubio aguantaban sin rechistar los insultos con que a veces les regalaba los oídos. Juan Antonio era así, se le aceptaba o se le rechazaba, pero no se le podía cambiar.

[4] Fue aquella una negociación que llevó directamente Alberto Oliart, un hombre con cierta fama de inútil para los asuntos económicos, razón por la que se hacía acompañar de su asesor, Alejandro Punset, que evitó algunas de sus meteduras de pata.

[5] Posteriormente, Ruiz de Alda intentó hacerse con el control del Banco Urquijo, con cuya familia conspiró para alcanzar la presidencia, pero también ahí fracasó ante la oposición de Juan Lladó, siempre fiel al famoso «pacto de Las Jarillas».

Por fin, su amigo José Angel Sánchez Asiaín, presidente del Banco de Bilbao, le ofreció la presidencia del Banco de Comercio, puesto que ocupó hasta que se hizo cargo de la secretaría general del Fondo de Garantía de Depósitos en 1980, cargo desde el que trabó su definitiva amistad con Mariano Rubio, que por entonces ya era subgobernador del Banco de España.

[6] Aquella fue la primera operación de pizarra diseñada por Mariano Rubio para hacerse con el control de la banca española. El consejo del Hispano se había reunido y nombrado presidente a Antonio Barrera de Irimo. Rafael Benjumea salió comisionado hacia el Banco de España para dar cuenta de los acuerdos y volvió a la plaza de Canalejas con el nombra-

miento de Boada bajo el brazo. Alentado por el éxito de aquella experiencia, Rubio intentaría en años sucesivos, a través de sus testaferros de la *beautiful*, hacerse con el poder de la mayor parte de la gran banca española.

[7] De hecho, casi la mitad de la colocación de Sistemas AF se realizó entre inversores extranjeros (unos 700 millones de pesetas), lo que da idea de la facilidad entonces existente para vender valores españoles entre los grandes inversores mundiales, que comenzaban a ver en el mercado español una oportunidad inmejorable para obtener beneficios de forma rápida y segura.

[8] Mónica Morales era por esas fechas una de las pocas personas con contactos fuera de España, sobre todo en el Reino Unido, y desarrolló una enorme labor de búsqueda de clientes para la bolsa española. Investcorp, como pasó a llamarse Investban a partir de diciembre de 1986, llegó a canalizar durante 1987 hasta 240.000 millones de pesetas de inversión extranjera.

[9] Las relaciones entre López de Letona y De la Concha eran excelentes. No en vano el ex ministro y ex gobernador del Banco de España tenía su cartera de inversiones personal en manos del que hasta el mes de enero de ese año había sido síndico de la Bolsa de Madrid. En fin, ¿qué mayor prueba de confianza se puede pedir? ¿Cómo negarle un banco a la persona que cuida tu dinero?

La venta del Banco de Trelles, un pequeño banco que sólo contaba con una oficina en Asturias y cuyos recursos propios ascendían a 146 millones de pesetas, levantó una auténtica polvareda en el consejo de Banesto, cuyas familias mantenían una guerra soterrada contra López de Letona, ascendido a la cúpula del poder por obra y gracia de Mariano Rubio.

Cuando estaba prácticamente cerrado el acuerdo por el que la sociedad Investban, y, a título particular, Manuel de la Concha y Jaime Soto pagaban 400 millones por el banquito de Banesto, la noticia fue filtrada por uno de los consejeros díscolos a un diario económico. Manuel de la Concha intentó parar su publicación utilizando todos los medios a su alcance, pero, al final, la noticia salió a la luz. Este hecho fue utilizado por el resto de los consejeros opuestos a López de Letona para criticar la transacción, de la que no habían sido oficialmente informados y, de paso, subir el precio.

[10] El precio pagado puede parecer exagerado a la luz de las exiguas cifras del banco adquirido, pero, en esos momentos, lo que se valoraba no era el negocio sino la posibilidad de hacerlo, ya que el acceso a la profesión de banquero estaba celosamente limitado por el Banco de España, de modo que una ficha bancaria era un preciado objeto al que nadie, hasta entonces, podía tener acceso.

El escándalo producido por la venta del Banco de Trelles no concluyó con la firma del acuerdo. A los pocos días de firmarse, un influyente personaje, amigo de Felipe González, filtró a Televisión Española que la intermediación en la venta del Banco de Trelles había sido realizada por una empresa propiedad del hijo de José María López de Letona, por la que había cobrado una jugosa comisión.

[11] El 22 de enero de 1987 los grandes bancos, encantados con el límite

impuesto a la libre competencia, habían llegado a un acuerdo para no vender fichas bancarias a entidades extranjeras, como fórmula de protección del mercado nacional ante la plena liberalización de establecimiento que ya se preveía para 1992. El acuerdo entre los siete grandes también contemplaba la comunicación al Banco de España y al resto de los colegas de la intención de venta de fichas bancarias a inversores nacionales.

La autorización por parte del Banco de España de la venta del Banco de Trelles a Manuel de la Concha supuso la ruptura de ese *numerus clausus* y vulneró el pacto entre los grandes, ya que abrió la puerta de entrada al mundo financiero a uno de los grupos que estaban haciendo el agosto con la subida de la bolsa, sin haber cumplido el requisito del ofrecimiento previo al resto del club.

[12] El Banco de España tenía acumuladas decenas de peticiones de diversos grupos para la creación de nuevos bancos, y había paralizado la venta de alguna pequeña entidad a bancos extranjeros de primera fila. Sin embargo, sólo se decidió a abrir la espita a la libre competencia cuando Investban presentó su oferta por el Banco de Trelles.

Ser el primero tenía indudables ventajas. La más evidente era la del coste, porque a partir de ese momento los precios de las fichas bancarias se dispararon y, en segundo lugar, porque el establecimiento de nuevos bancos, que autorizó el Banco de España poco tiempo después, se hizo con la exigencia de un capital mínimo de mil millones de pesetas.

[13] Pittaluga era un modesto abogado que llegó a España huyendo de la represión desatada por Jorge Videla en 1976.

Bonaerense del barrio norte, como se denomina en Argentina a los «chicos bien» de la capital, compartía despacho con Roberto Guevara, hermano del mítico Che Guevara, quien, de forma clandestina, ejercía de secretario general del grupo guerrillero Ejército Revolucionario del Pueblo (ERP), que llegó incluso a dominar la ciudad de Tucumán en pleno auge de la insurrección, y en el que también militaba el primo del gobernador.

Como la mayor parte de los exiliados, Pittaluga lo pasó bastante mal a su llegada a España, hasta que, a principios de los años ochenta, su poderoso primo español le echó una mano y le colocó en el Fondo de Garantía de Depósitos. Desde el Fondo, Pittaluga se incorporó a Investcorp a petición de Mariano Rubio.

[14] Poco después de cerrarse este acuerdo, Mariano Rubio lanzó un mensaje que marcará durante los años siguientes la política de los grandes bancos españoles. La Europa del mercado único, vino a decir el gobernador, hacía necesario un proceso de concentración bancaria. La era de las grandes fusiones acababa de comenzar.

[15] Para crearlo entablaron negociaciones con uno de los inversores institucionales más importantes del mundo, y con el que ya Mónica Morales estaba trabajando: Prudential Bache. La operación consistía en que el gigante norteamericano destinara una parte de sus fondos (en principio, sesenta millones de dólares) a España, con la gestión exclusiva de Investcorp.

La legislación norteamericana, muy estricta en lo que se refiere a la separación del fondo y su sociedad gestora, establece la obligatoriedad de nombrar un grupo de consejeros independientes como garantía de que las compras y ventas se realizarán siempre en función del mayor beneficio para el fondo, y no para la sociedad que lo gestiona.

Para desarrollar esta tarea, Manuel de la Concha propuso a Fernando Escardó (su propio abogado); Juan Antonio García Díez (uno de sus mejores amigos), y al catedrático Carlos Sebastián, que ya entonces realizaba diversos trabajos como asesor externo de Investcorp.

El 14 de octubre de 1987, el grupo de consejeros del que después se denominaría First Iberian Fund, emprendió viaje a Nueva York con el objeto de cerrar el acuerdo con Prudential Bache y hacer una presentación ante sus máximos ejecutivos de las oportunidades que ofrecía el mercado español.

A primera hora del sábado día 15, los consejeros independientes tuvieron que pasar una dura prueba en la sede central de Prudential Bache, situada en la plaza Square One, cercana al puente de Brooklin. Un extenso cuestionario sirvió para determinar si, en efecto, los hombres designados eran o no ajenos a los gestores del fondo. Al término del examen, Juan Antonio García Díez comentó con cierta sorna a sus compañeros de expedición:

—Me han preguntado de todo menos lo más importante, si soy amigo de Manuel de la Concha. Ha sido una suerte, porque de esa forma no he tenido que mentir.

El plato fuerte de las jornadas neoyorquinas lo constituía una presentación de la bolsa española ante un grupo de ejecutivos de Prudential Bache y de inversores norteamericanos, que tuvo lugar también en la sede central de la compañía el 17 de octubre a primera hora de la tarde.

El elegido para tan importante misión fue Jaime Soto, quien, aparte de sus cualidades como financiero, poseía un perfecto dominio del inglés, adquirido en sus estudios en la Universidad de Oxford.

Soto comenzó su discurso yendo al grano:

—*In finance, timing is everything.*

Las carcajadas del auditorio no le dejaron seguir adelante. Esa misma mañana, Wall Street había sufrido la caída más importante de su historia desde la crisis de 1929, pero Jaime Soto, que había estado ensayando durante días su discurso, no creyó oportuno cambiar ni una sola coma de su perorata.

El ridículo del financiero jerezano ante aquella selecta audiencia tan sólo fue una anécdota que, para su suerte, no impidió la constitución del First Iberian Fund.

[16] La mayoría del capital de IB Mei estaba en manos de un grupo capitaneado por el propio Jaime Soto, el ex director general del Banco Urquijo, Luis Solera, y el periodista Ladislao Azcona, que en aquel momento asesoraba a José María Escondrillas, presidente de Explosivos Río Tinto.

IB Mei era una réplica casi perfecta del caso Sistemas AF. El Banco Hispano Americano vendió la empresa por 1.000 millones de pesetas, de los que sólo se pagaron 550 millones, 100 de los cuales provenían de un préstamo del propio Banco Hispano a Luis Solera.

En el mes de marzo de 1987, Investcorp realizó una colocación privada del 25 por ciento del capital de IB Mei al 800 por ciento (4.000 pesetas por acción), lo que suponía valorar la compañía en 4.760 millones de pesetas. La colocación fue un éxito, y de ella sus dueños obtuvieron unos beneficios de 1.200 millones de pesetas.

[17] Aunque entonces no existía todavía la Comisión Nacional del Mercado de Valores, la vigilancia de la bolsa correspondía al Ministerio de Economía y Hacienda.

[18] Este era el primer episodio de la concentración bancaria a la que Rubio hizo referencia en el mes de junio, y que comenzaba, como puede verse, de forma bastante poco amistosa. Para que la operación tuviera garantías de éxito, había que proporcionar al banco «opante» una buena base de capital previa a su asalto.

[19] Es decir, bastantes días antes de que se produjera la OPA sobre Banesto, Manuel de la Concha conocía la operación y fue partícipe de la misma, gracias a la información facilitada por su amigo Mariano Rubio. El despacho de De la Concha se llevó un buen pellizco con aquellas pesquisas, que, al fin y a la postre, sólo sirvieron para que Sánchez Asiaín probara el sabor de la traición de sus poderosos amigos.

[20] En total, Tamayo consiguió arrastrar para poner en marcha su proyecto a veinticinco ejecutivos de Hispamer, lo que provocó las iras de Claudio Boada, que ya había sufrido en Banif las ansias depredadoras de los amigos a los que tan generosamente había tratado con las ventas de Sistemas AF e IB Mei.

El enfado del presidente del Hispano fue tan evidente que Jaime Soto se vio en la obligación de enviarle una misiva conciliadora, en la que justificaba su actitud por las «necesidades de crecimiento» del grupo.

[21] El Banco Exterior, presidido por Miguel Boyer, les concedió 1.500 millones de pesetas. Poco después, el Banco Central hizo lo propio con otros 3.000 millones de pesetas. El Hispano las respaldó con más de 1.000 millones. El Popular también puso su granito de arena con otros 700 millones. Conseguir estas líneas de descuento no fue difícil. El influyente Manuel de la Concha estaba detrás, y ningún banquero se atrevía a desairar al amigo del gobernador del Banco de España.

El propio Alfonso Escámez, nada sospechoso de simpatizar con la *beautiful people*, fue incapaz de resistirse a los argumentos de De la Concha, quien personalmente gestionó el crédito para sus empresas recién creadas. El viejo presidente del Central, entonces en pleno proceso de fusión con Banesto, se encontraba en guerra con «los Albertos» y no podía permitirse ningún desliz que complicara aún más su ya delicada situación.

[22] Véase capítulo dos.

[23] El padre espiritual de la *beautiful people* se estrelló con su Jaguar el 30 de julio de 1988, en el término municipal de Santa Olalla, en la carrete-

ra que une Badajoz con Sevilla, cuando se dirigía desde su finca en Extremadura a Sotogrande. Su hijo Miguel, de diecinueve años, también falleció en el accidente. Manuel de la Concha, que se encontraba ya de vacaciones en su casa de Guadalmina, acompañó a la esposa de Ruiz de Alda, Pilar Moreno, a recoger los cadáveres.

Para De la Concha, la muerte de Ruiz de Alda fue un auténtico mazazo. Era un hombre al que admiraba sinceramente, una de las pocas personas que le hablaban con franqueza, que le echaban a la cara sus defectos, y que era capaz de reírse de todo el mundo.

El entierro del subgobernador, que tuvo lugar en el cementerio madrileño de San Isidro, se convirtió en una gran concentración de todo el *establishment* madrileño. Ni uno solo de los jefes del gran clan faltó a la cita. Todos unidos para despedir al gran inspirador de la familia.

[24] El despacho de Carlos Bustelo, Juan Antonio García Díez y José Luis («Chitín») del Valle es, sin duda, uno de los bufetes más afamados de Madrid. No tanto por la cualificación de sus letrados como por la influencia que éstos tienen en ciertas esferas. Basta recordar, como botón de muestra de su buen hacer, la adjudicación del Banco de Descuento al Bank of Credit and Commerce de Abu Dhabi, que se produjo en el verano de 1983.

Por aquella gestión, que había de hacerse ante Mariano Rubio, entonces subgobernador del Banco de España con funciones ejecutivas, el despacho de los dos ex ministros cobró entre 30 y 200 millones de pesetas, según las diferentes versiones que se dan sobre el *affaire.* Pero no es la cantidad lo más llamativo de aquella gestión coronada con indudable éxito, sino el hecho de que Carlos Bustelo figurase entonces como consejero del Banco de España, cargo en el que permaneció hasta 1986.

¿Cuántos negocios no habrán hecho Bustelo y García Díez durante la égida de Mariano Rubio? ¿Cuántos encargos millonarios no habrán caído en sus manos por el simple hecho de ser amigos del gobernador?

Como prueba del predicamento de estos personajes entre quienes querían estar a bien con Mariano Rubio, no hay que remontarse siquiera a los primeros años del Gobierno del PSOE. Justo en las mismas fechas en las que Manuel de la Concha quería compensar con el jugoso contrato de la compra de Mecalux los «favores» de los ex ministros, en el otoño de 1988, Carlos Bustelo y José Luis del Valle fueron nombrados consejeros de Banesto, en representación de Cartera Central, cuando la guerra contra Mario Conde colocaba ya contra las cuerdas la fusión de su banco con el Banco Central de Alfonso Escámez.

[25] La venta a crédito produce grandes beneficios en un ciclo bajista de la bolsa. Se trata de vender títulos de una sociedad para un cliente a un plazo fijo (por ejemplo, tres meses) y a un precio fijo, que es el de la cotización del día en el que se firma el contrato.

Si la bolsa sube, el cliente gana dinero, ya que paga el precio inicial por sus acciones. Si la bolsa baja, quien gana dinero es la empresa intermediaria, ya que compra las acciones al final del plazo a un precio más bajo que el contratado con el cliente.

[26] Tamayo conocía a Tormo porque su padre, un carlista tradicionalista como él, mantuvo durante la dictadura de Franco contactos asiduos con los carlistas barceloneses, a cuyas reuniones solía invitarse a otros grupos afines, entre los que se encontraban los falangistas capitaneados por Tormo.

A Tamayo le fue relativamente fácil convencer a este patriota para que pusiera la mutua en manos de sus amigos y, como prueba de buena fe, le ofreció un puesto en el consejo del Banco Ibercorp. El falangista aceptó de buen grado el cargo, que la ideología no tiene por qué impedir el medro, y tan entusiasmado estaba con su nuevo *status* que en su primera reunión como consejero mostró a sus colegas de consejo la pistola que siempre llevaba al cinto para protegerse de «los rojos».

[27] Las consecuencias del paso del Grupo Ibercorp por la gerencia de Munat se verán después reflejadas de forma bastante elocuente en la auditoría realizada por Arthur Andersen correspondiente a los ejercicios de 1990 y 1991.

En primer lugar, los auditores recomiendan reducir en 993 millones (cantidad igual a la de la revalorización de los edificios llevada a cabo en 1989) los epígrafes «Capitales Propios-Reservas» e «Inversiones Materiales». También advierten una partida sin provisionar por la minusvalía producida por la compra de acciones del Grupo Financiero Ibercorp de 138 millones de pesetas.

En efecto, Munat, como el conjunto de sociedades que acababan bajo la órbita del grupo, había aportado su granito de arena en la realización de plusvalías de los tres socios, comprando hasta 300 millones de pesetas en acciones del Grupo Financiero Ibercorp. Arthur Andersen señala también que aún quedan por pagar 387 millones a los mutualistas que no acudieron a la conversión en acciones, y que este importe debería restarse del capítulo «Capitales Propios» para pasar como sumando al capítulo de «Deudas».

En fin, para los auditores la empresa podría encontrarse inmersa en una causa de disolución según el artículo 260 del Texto Refundido de la Ley de Sociedades Anónimas, que establece que una sociedad debe disolverse como consecuencia de pérdidas que dejen reducido su patrimonio a una cantidad inferior a la mitad de su capital social, lo que sucede en el caso de Munat.

[28] Dos de sus principales modificaciones fueron la desaparición de los tradicionales agentes (garantes de la fe pública), que debieron transformarse en agencias y sociedades de valores (a las que se exigían capitales mínimos para su constitución), y la creación de la Comisión Nacional del Mercado de Valores, un organismo público que se encargaría de velar por la transparencia del mercado.

[29] Véase capítulo cuatro.

CAPITULO DIEZ

EL HOMBRE QUE SE CREYO SU PROPIA HISTORIA

Mariano estaba consternado. ¿Cómo está el jefe? Consternado. Era la frase que aquella mañana, como un santo y seña, circulaba discreta por los pasillos alfombrados del Banco de España. Un silencio de hielo había caído sobre el espléndido edificio que se mira la cara en el espejo de la fuente de La Cibeles. Un silencio que se podía cortar, el gobernador de cuerpo presente, silencio ominoso, pesado, cínico.

Mariano Rubio ha llamado a Manuel de la Concha a primera hora, nada más conocer la noticia.

—Pero, ¿qué es esto, Manolo, has visto *El Mundo*?

—Sí, lo he visto. Perdóname, Mariano, lo siento...

—¿Cómo que lo sientes? ¿Quieres decir que lo que dicen es cierto? ¿Habéis falsificado de verdad esas listas? ¿Sí o no?

—Bueno, no es exactamente una falsificación. Eso es una exageración, ya sabes cómo son. Lo que hemos hecho ha sido poner la inicial de algunos nombres y respetar el segundo apellido y el DNI.

—O sea, que yo aparezco en la lista como «M. Jiménez».

—Sí... Bueno, creo que sí, no me acuerdo ya muy bien, pero es probable que tu nombre aparezca como dices.

—¿Sabes lo que esto significa para mí? Supongo que te lo imaginas... Es mi final. Menudo escándalo, el gobernador jugando en bolsa, y además con su amigo De la Concha, que le administra la cartera, y encima me has hecho el favor de venderme las acciones mejor que a otros. ¡Qué metedura de pata! Pero, ¿cómo has podido hacerme esto?

—Perdóname Mariano, pero no he querido perjudicarte, sino todo lo contrario. Pensé que enviando la lista con tu nombre te ponía a los pies de los caballos. Yo no me fío de la Comisión de Valores y mucho menos de Croissier. Lo hice pensando en ti, porque era dejar en bandeja al PSOE una baza contra ti. Figúrate, tú y Boyer en una venta de acciones a la autocartera de Sistemas Financieros. Hubiera sido un escándalo si eso se filtra.

—Pues el remedio ha sido peor que la enfermedad... Estoy hundido, de verdad, hundido. No sé qué hacer. Igual tengo que pedirte alguna aclaración, una carta para publicar, no sé, algo que explique este lío en el que me has metido.

—Lo que tú quieras, Mariano, hago lo que tú quieras. Estoy a tu disposición y lo siento mucho.

No pasó mucho tiempo antes de que el gobernador recibiera la llamada de Luis Sempere, el jefe de gabinete de Carlos Solchaga. Quería explicaciones de lo sucedido.

—No es tan grave, Luis. Acabo de hablar con Manolo de la Concha y me ha dicho que se han cambiado algunos nombres para preservar la confidencialidad, pero nada más. Yo creo que ha sido un exceso de celo, ya sabes, pero Manolo está dispuesto a aclararlo todo.

—O sea, que lo que publica *El Mundo* es cierto...

—En cierto sentido, sí, aunque exagerándolo mucho, claro.

—Pues tengo que despachar con Carlos. Es posible que después te llame él, y si no lo hace él volveré a llamarte yo para ver qué determinamos, qué hacemos.

Pero ni Sempere ni el ministro de Economía y Hacienda llamaron en toda la mañana. En cuanto Solchaga tuvo la versión facilitada por el gobernador a su hombre de confianza, se puso en contacto con Luis Carlos Croissier. A esas horas de la mañana todas las emisoras de radio se habían hecho ya eco de la falsificación de las listas a la Comisión de Valores y la imaginería popular estaba funcionando a pleno rendimiento a cuenta del «M. Jiménez», el curioso sosias de Mariano Rubio.

En algún despacho del hermoso edificio que alberga el Banco de España, el jefe de los servicios jurídicos, Joaquín Fanjul, estaba viviendo una jornada obsesiva, replicar, los tribunales, contrarrestar, ver qué se podía hacer, habló con Rubio varias veces aquella mañana, es tu Pearl Harbor, Mariano, y se trata de dar la misma respuesta que dio McArthur a los nipones, pensar algo, pero Mariano ni siquiera sueña hoy con la venganza, intuye los daños irreparables del torpedo que acaba de recibir en plena línea de flotación, tocado, y no sabe qué hacer, alelado, qué se puede hacer, como ausente, habrá que dar alguna explicación, pero ¿a quién? Al ministro, claro, llamará la prensa, habrá que decir algo.

Sólo después del almuerzo se decidió Carlos Solchaga a llamar por teléfono a Mariano Rubio. El ministro sospecha que por fin han cogido a Mariano, torpe, le han pescado con las manos en la masa, alguien le ha puesto una bomba en el culo, ¿quién?, y lo peor es que esa explosión puede alcanzarle a él, intuye, puede ser él el destinatario final del regalo. Habrá que estar muy atento, se dice el ministro, y poner las antenas a trabajar para ver de dónde ha salido esto.

—¡Pero qué follón es éste, Mariano!

—Ya le expliqué esta mañana a Luis de lo que se trata. Manolo Concha ha puesto la inicial de mi nombre y mi segundo apellido en la lista, como ha hecho con Miguel e Isabel y algunos más.

—¡Pero qué dices, Mariano, si tú no apareces en esas listas...!

—¿Cómo?

—Lo que oyes, que tú no figuras en esa relación. He estado hablado con Luis Carlos y lo ha mirado por activa y por pasiva y no apareces. Ni como Mariano Rubio, ni como «M. Jiménez», ni como nada. No estás.

—¡Pero eso es imposible! Si esta mañana he hablado con Manolo y me ha dicho que sí, que yo estaba.

—Pues no te ha dicho la verdad... Pero vamos a ver, ¿tú vendiste o no vendiste acciones de Sistemas Financieros?

—Si te soy sincero, no lo sé. Creo que sí, pero no me acuerdo, porque eso fue hace casi dos años. Yo creo que sí.

—Pues si has vendido y no estás en las listas es mucho peor que si hubieras aparecido como «M. Jiménez». Al fin y al cabo, eso podría tener una explicación en la golfería de tu amigo, pero quitarte directamente de la lista es grave, es un asunto muy grave. Tu amigo Manolo te ha hecho un flaco favor.

A primera hora de la tarde se había reunido el comité ejecutivo del Banco de España. La bomba que frenaba en seco la carrera del gobernador, gravitando obsesiva en las mentes de todos, no salió a relucir. Nadie se atrevió a sacarlo a colación, la soga en casa del ahorcado, tabú, ni siquiera en los despachos, la atención en otro lugar, prisionera aquel día de un escándalo, todos en el Banco de España convencidos de que la noticia era cierta, el periódico no se había equivocado, pero sin que nadie osara, siquiera de refilón, aludir a ella.

Van pasando las horas y Joaquín Fanjul no sabe qué hacer, ha leído la noticia una y mil veces, ya es media tarde y no han hecho nada, no han dicho esta boca es mía, está atardeciendo y Manuel de la Concha envía una carta a Mariano Rubio asumiendo toda la responsabilidad en el cambio de nombres en la lista, y al rato se enteran de que Boyer va a sacar su nota, la ha sacado ya, y Fanjul se aplica con celo, quiere ver el comunicado de Miguel, un desmentido de Mariano a los medios de comunicación, desmentir, claro, el gobernador «es ajeno a cualquier decisión de compraventa de valores, tomadas por Ibercorp en su nombre», ya está, jornada agotadora, Fanjul, vacía, sólo Fanjul, de rendimiento cero, Fanjul será el cayado, el muro de las lamentaciones, el hombro en el que se apoyará Mariano para recorrer su calvario de aquí al 24 de julio. ¿El resto? Una legión de extraños.

Al día siguiente, mientras en el restaurante Fortuny Manolo de la Concha almorzaba a cara de perro con los tres periodistas que habían colocado Ibercorp al borde del abismo, los poderosos amigos de Mariano Rubio echaban una mano al magullado prestigio del gobernador, exhibiéndole como el brazo incorrupto de Santa Teresa en el almuerzo que ese mismo día celebraba la Asociación para el Progreso de la Dirección (APD). Mariano no quería ir, se había resistido, destrozado, había tenido que tomar una pastilla para dormir, se sentía mal, estaba muerto, pero le habían presionado, Claudio, su amigo Claudio, le había animado de forma perentoria, tienes que ir, Mariano, precisamente hoy tienes que estar allí, no puedes faltar, se notará mucho, tienes que hacer ver que no pasa nada, sonreír a los fotógrafos, de tripas corazón, y si alguien te pregunta algo, ya sabes, que la respuesta la darás en los tribunales, y a paseo, pero no puedes faltar. Y al final, Mariano se dejó convencer, y allí estaba, en el club de debate económico de la *beautiful people*, sentado en la mesa presidencial muy cerca del ministro Solchaga, con el sin par Claudio, maestro de ceremonias del club, en la presidencia, varios ministros más desparramados, el poder de la «biuti», ministros *assorted*, y al menos seis secretarios de Estado.

Mariano está pasando los peores días de su vida. Es consciente de que se acaba de jugar la reelección al cargo, y ha perdido. Toda una vida entregada al servicio del Estado para esto, pago infame, los silencios, las ausencias, la gente que ha dado esquinazo. Sólo el *ABC* ha salido en su defensa: «El mundo financiero en favor del gobernador del Banco de España y en contra del "linchamiento" al que se le trata de someter.» Ya cree Ansón haber visto la sombra alargada de Alfonso Guerra tras el *affaire*, magro consuelo para Mariano, humillación increíble la de haber venido a morir a manos de tu mejor amigo, el hazmerreír, imperdonable Manolo de la Concha, gracias a Carmen, menos mal que está Carmen, ha consultado con el médico, le ha recetado unas pastillas, sobrellevar el castigo, y luchar, luchar si consigue sobreponerse.

Durante el fin de semana del 15 y 16 de febrero, Rubio debe restañar como puede sus heridas y moverse apresuradamente por el proscenio intentando vender Ibercorp. «Mariano Rubio busca desesperadamente comprador de Ibercorp para evitar la suspensión de pagos», titula *ABC* con gran alarde tipográfico, a cinco columnas. ¿Por qué esas prisas para vender Ibercorp? Porque había que intentar terminar con el problema, muerto el perro, taparlo todo, se acabó la rabia, y punto final al escándalo.

Las precipitadas idas y venidas de Rubio durante el fin de semana causaron perplejidad en el Banco de España. A excepción de al subgobernador, Luis Angel Rojo, Mariano no dio ninguna explicación a los altos cargos de la casa sobre las razones de este intento de venta y su posterior fracaso, ninguna razón de por qué ha resultado imposible colocar Ibercorp a un grande. Mariano no ha dado nunca explicaciones a nadie, no es su estilo, él ha sido el poder absoluto en el banco emisor, poder omnímodo, incontestado, ¿y cómo pretender que las dé ahora en torno a Ibercorp?

Ahora como antes, Rubio dio por supuesto que contaba con el respaldo total de la institución. ¿Con quién parlamentó para pensar tal cosa? Con nadie. El no necesita hablar con nadie, a nadie pidió apoyo de manera explícita, con nadie consultó, porque estaba claro que todos debían apoyarle, porque sí, por obligación moral, por el discurrir natural de las cosas. El era allí la máxima autoridad y, por tanto, debían respaldarlo, sin más. Por eso, Rubio ni siquiera llega a plantear el tema, ni lo sugiere, ante los distintos órganos del Banco de España. No hacía falta. Y la primera vez que el asunto se trata ante el Consejo General del Banco de España es el 2 de marzo, con motivo de la intervención del Banco Ibercorp, y el tratamiento es general, nada personal, un problema que afectaba a una entidad pequeña y concreta llamada Ibercorp. Mariano Rubio estaba convencido de que todo era una campaña contra él, lo creía firmemente, pero el drama es que nadie en el Banco de España creía esa tesis, su drama es que una abrumadora mayoría estaba convencida en la casa de que era culpable.

El gobernador decide arrojar la toalla el lunes 17 de febrero. Abrumado por la presión de los medios de comunicación y el fracaso de su gestión para encontrar un comprador al banco de sus amigos, escándalo sobre escándalo, Mariano ha decidido irse. Carmen está de acuerdo. No puede soportar un minuto más semejante tensión.

Después de reunirse con los banqueros, el gobernador «pone su cargo a disposición del Gobierno», en el curso de una entrevista celebrada a partir de las siete de la tarde en Alcalá 7. ¿Qué significa exactamente eso? Luis Angel Rojo, con quien se ha reunido antes de salir hacia el Ministerio, le ha recomendado que dimita, valientemente, que dimita, el prestigio de la institución está en juego, y la institución es más importante que las personas, pero Mariano, tan apegado al cargo, tiene otros planes, se presenta ante el ministro como una plañidera, destrozado, estoy destrozado, un honrado funcionario como yo, que lo único que ha hecho ha sido servir a este país con total dedicación, Rojo se movía inquieto, su mano derecha sujetando las gafas, como si se le fueran a caer del sonrojo, que no tengo un duro, Carlos, que no tengo fortuna, tú lo sabes, una campaña contra mí, esto es una campaña, pero entiendo que es asunto grave, la institución de por medio, y Mariano se acoge a una fórmula ambigua, se pone a disposición del Gobierno, lo que diga el Gobierno.

Carlos Solchaga toma el presente como si fuera la cesta de la merienda de Caperucita, muchas gracias, habrá que examinar el problema, esto tiene entidad suficiente como para tratarlo con Felipe, hablará con el Presidente, palabras amables, no creo que sea necesario tu sacrificio, pero el navarro, tipo listo, tiene muy clara su línea estratégica, ningún político avezado, y Solchaga lo es, aceptaría dejar marchar lindamente a Mariano en las actuales circunstancias, dejando en el velatorio un cadáver como el de Ibercorp, imposible de enterrar a corto plazo, Rubio tiene que quedarse, tiene que aguantar, nada de abandonar la nave, que se joda y se coma solito el «marrón». Días después, el ministro, tramposo, con la ayuda de su fiel escudero Sempere, expandirá la tesis de que él sí quiso aceptar la dimisión de Rubio, pero fue el Presidente quien le obligó a quedarse.

A las ocho de la tarde de aquel lunes, Mariano regresó cabizbajo al Banco de España en compañía de Rojo. En el banco esperaban expectantes los altos cargo de la entidad. Después del almuerzo habían sido advertidos de que no abandonaran aquella tarde la casa hasta nuevo aviso, sin más explicación, y quien más quien menos estaba convencido de que antes de la cena el banco emisor tendría nuevo gobernador.

Se equivocaron. Rubio debía continuar trabajando hasta encontrar una solución a Ibercorp. A última hora, Mariano reúne a los altos ejecutivos de la entidad, les da cuenta somera de lo sucedido, y les deja ir. Muchos no olvidarán fácilmente aquella escena. El gobernador, que se mantiene en pie a base de tranquilizantes, parece ido, como sonámbulo, incapaz de concentrarse, los ojos líquidos perdidos en no se qué horizontes lejanos.

Era la primera vez que algunos oían explicaciones en labios de Rubio sin haberlas pedido. Un detalle que dejó boquiabierto a más de uno en el palacio de la plaza de La Cibeles. Desde que ocupa el cargo de gobernador, en 1984, o mejor, desde que en 1978 fuera nombrado subgobernador, quizá incluso desde el mismo momento en que llegó a la institución, en un ya lejano 1976, lo de Mariano Rubio ha sido siempre el ordeno y mando.

Al día siguiente del intento de dimisión, Rubio cumplió su promesa de almorzar con Pedro J. Ramírez. El ágape no se realizó finalmente en la casa del gobernador, sino en la biblioteca del Banco de España, un lugar mucho más solemne que el domicilio de la calle Jovellanos, un recinto rectangular, alargado, con un amplio ventanal al fondo, la mesa discretamente desplegada a la izquierda de la puerta de acceso, separada por un biombo de las ristras de libros que avanzan del suelo al cielo, y una litografía representando un mapa antiguo de América como único adorno. El escándalo, caliente, como un volcán, ya ha invadido las páginas de todos los medios de comunicación españoles y Rubio ha perdido ya la cuenta de las veces y voces que han pedido su cabeza al Gobierno.

En el frío marco de aquella biblioteca, la cara del gobernador es un poema. Cansado, como vencido por el peso repentino de los años, Mariano ha estado pensando seriamente en anular la comida, lo he estado pensando, no tiene mucho sentido vernos después de la que se ha armado, pero, ¿tiene algo sentido en aquel momento?, he pensado anularla, sí, pero al final ha decidido seguir adelante con la idea, porque suspenderla no hubiera servido de nada, sino al revés.

El gobernador es una pura queja, queja doliente, resignada, él no tiene dinero, ¿cómo se pueden decir esas cosas de él? No tiene patrimonio, mi patrimonio ahora es muy reducido, porque tras mi divorcio tuve que darle a Isabel una parte importante del que habíamos hecho juntos, de modo que no tengo nada, así que de fortuna nada, de dinero nada de nada, hundido, con ojeras, estoy tomando pastillas para dormir.

—Pero, ¿por qué no recibes a Cacho y García-Abadillo? Sería mejor que te explicaras, que les contaras tu versión, de forma que pudieran chequear contigo lo que vayan a publicar en días sucesivos.

—¿Pero aún hay más...? —pregunta con gesto de desamparo.

—Hombre, yo creo que van a seguir saliendo cosas, sí, para serte sincero me temo que sí.

—Por favor, dejadme morir en paz.

La espléndida vajilla de plata del banco emisor parecía estar siendo utilizada en un funeral, uno de aquellos pantagruélicos festines con los que algunas culturas celebran las exequias de sus difuntos. Mariano le anuncia con voz monocorde que ha presentado su dimisión a Carlos Solchaga, que se quiere ir cuanto antes, que no aguanta más.

Sin ánimos, sufriendo esos violentos cambios de humor suyos que le llevan de la melancolía a la irritación más absoluta, Mariano debe dedicarse a preparar su intervención ante la Comisión de Economía del Congreso de los Diputados. Una prueba insufrible, aguantar con sonrisa forzada, amago de sonrisa que es rictus agraz, soportar con estoicismo el aluvión de *flashes* y cámaras de televisión, exponerse *in anima vili* a la morbosidad pública como un sambenito paseado por las calles de la Inquisición, todo lo sabe Mariano, le revuelve las entrañas a Mariano, lo sufre Mariano cuando a las 16.45 horas de aquel 20 de febrero ocupa el sillón, banquillo de acusados, que acababa de dejar vacío Luis Carlos Croissier.

Cuando acude por primera vez al Congreso, Rubio está en el fondo convencido de poder ganar todavía la batalla. Cree que con la ayuda de sus poderosos amigos logrará invertir los términos de la pelea. Está persuadido de que se trata de una conspiración contra su persona, urdida por Javier de la Rosa con el apoyo de un periódico, *El Mundo*, dispuesto a abrirse camino con valentía en el mercado de la prensa diaria.

Rubio, sin resuello, a punto de humillar, pronto se dio cuenta de que la oposición parlamentaria ni quería ni estaba preparada para hacer sangre. Sabido es que cuando la madre naturaleza tocó a rebato llamando a sus hijos en torno a la mesa para repartir los dones de la retórica, Mariano Rubio no supo alargar su plato, pero el gobernador, que tampoco necesitaba ser un Demóstenes, superó con aprobado alto una prueba que en cualquier otro Parlamento hubiera supuesto su tumba. Rubio se permitió, además, mentir al Congreso, engaño que se descubriría a los pocos días, al afirmar que «en la última inspección de 1991, el Banco Ibercorp no tenía ningún problema ni irregularidad de ningún tipo», grave error de Mariano, que no reparó en un detalle esencial, cambio de situación, y es que con el informe de los inspectores había perdido el monopolio de la información, ¡ay, la información!, sobre el asunto Ibercorp.

Quedó claro, no obstante, que todas las fuerzas políticas se posicionaron en contra del gobernador menos el PSOE —sector oficial— que, por boca de Juan Pedro Hernández Moltó, un «guerrista» reconvertido a «neoliberal», presidente de la Comisión de Economía del PSOE y aspirante a sustituir un día a Carlos Solchaga, le apoyó sin reparos, animándole a continuar por la misma senda. El apoyo que González/Solchaga estaban dispuestos a ofrecer a Mariano a cambio de permanecer en el puesto, comenzaba a hacerse efectivo [1].

Aquella iba a ser una tarde que Rubio no olvidaría fácilmente. Porque inmediatamente después de abandonar el

Congreso, al caer la noche, subía la escalinata de acceso al palacio de La Moncloa para reunirse en una cena con el Presidente González y su ministro de Economía y Hacienda. Rosa Conde, la peripatética portavoz del Gobierno, diría después que en el curso de esa reunión «el Presidente del Gobierno pidió al gobernador del Banco de España que permaneciera en el cargo hasta el final de su mandato».

¿Qué ocurrió en ese encuentro? El lunes anterior Rubio había «puesto su cargo a disposición del Gobierno». Solchaga le había escuchado, pero había rechazado abiertamente la idea, aunque prometiendo transmitir la oferta a la consideración del Presidente. Aquella dimisión no les convenía en absoluto, de modo que ha recomendado a Felipe que mantenga en su puesto a Rubio. La comparecencia de la tarde ante la Comisión de Economía del Congreso, por lo demás, ha ido bastante bien para Mariano, muy bien incluso, y la oposición, como esperaba Carlos, ha dejado escapar una oportunidad de oro para poner al gobernador y al propio Gobierno contra las cuerdas. Cada vez está más convencido de que tiene que evitar esa dimisión, nada buena para sus intereses, Solchaga piensa que si Felipe le pide personalmente que se quede, Mariano se quedará, aunque le salga úlcera de estómago, de modo que el navarro fuerza la máquina y se las ingenia para «colar» prácticamente a Rubio en la mesa presidencial.

Felipe estuvo seco, a veces implacable. No sentía cariño por aquel hombre y no estaba dispuesto a demostrarlo, y ni siquiera dio a Mariano la opción de plantear la dimisión.

—Eso no es políticamente planteable en estos momentos, aparte de que dimitir sería dar la razón a los que te implican en el escándalo.

Había, en efecto, una razón de oportunidad política muy importante jugando a favor de la continuidad de Rubio. Felipe se muestra irritable estos días a cuenta de este nuevo escándalo. Hace poco más de un año, en enero de 1991, que su Gobierno ha debido asimilar la dimisión del vicepresidente Alfonso Guerra, el «número dos» del Régimen y *alter ego* durante muchos años de Felipe, todo un trauma personal para el ilustre sevillano. Y hace unas semanas que el Presidente ha debido igualmente «aceptar» la dimisión de su ministro de Sanidad, García Valverde, envuelto en el escándalo Renfe, un hongo venenoso más de los que pueblan el invierno del «felipismo». En estas condiciones, asumir ahora la renuncia, víctima de otro escándalo, de Rubio, es demasiado.

No hay gobierno que resista en un año las dimisiones de su vicepresidente, su ministro de Sanidad y su gobernador del banco central.

Felipe pregunta varias veces, mirando directamente a los ojos de su interlocutor.

—Mariano, dime la verdad, ¿hay algo más? ¿Esto es todo?

Y Mariano que sí, por Dios, temblando, que no hay absolutamente nada más, cómo podría haberlo, bueno, a decir verdad, hay un asunto que quiere que sepa el Presidente, su hermana María Teresa y su cuñado tienen una sociedad en Luxemburgo, una cosa suya, de sus inversiones, Schaff creo que se llama, pero yo no tengo nada que ver, y me parece que compraron algunas acciones de Sistemas Financieros, pero nada más, no hay más.

Y Felipe se extraña. Le «mosquea» que Mariano haya sacado a relucir, como de rondón, el tema de una sociedad rara en Luxemburgo. Luis Carlos Croissier ha mencionado hace unas horas en el Congreso el nombre de esa sociedad, y el canario no sabe que esa sociedad sea propiedad de los parientes de Rubio, Mariano no le ha advertido, no ha dicho «esta boca es mía» y ha estado un rato sentado en la platea hablando con él, y Felipe González se inquieta, ¿por qué me habrá sacado esto a colación? Si él no tiene nada que ver, si además es una sociedad que está radicada en Luxemburgo y es propiedad de su hermana y de un extranjero, lo lógico es que ni el propio Mariano supiera nada, ¿por qué me habrá explicado esto a mí?

Felipe obra conforme a lo que le dice su ministro, y pide a Rubio que se quede hasta julio. Todos entienden que se irá a su casa después de esa fecha. Pocos días después, González acude a visitar a un amigo enfermo y se confiesa en los siguientes términos:

—Le he dicho que aguante ahí y dé la cara, porque para tres meses que le quedan no pienso mover a nadie de sitio. Pero de todas maneras este episodio me ha recordado una cosa que ya casi había olvidado, y es que tanto Rubio como Bustelo siempre me parecieron tontos...

Mariano Rubio debía continuar al frente del Banco de España hasta solucionar la papeleta de Ibercorp, lo que equivale a decir que debía seguir dando la cara en primera línea de combate hasta encontrar una solución al asunto. Haciendo bueno el principio de aquel gran estratega que fue Karl von Clausewitz, según el cual un ejército debe defender a toda costa la primera posición para desgastar al enemigo y evitar poner en peligro al grueso del ejército, en La Moncloa y en Alcalá 7 deciden que Rubio debe permanecer en su puesto para recibir los tortazos de la prensa y la opinión pública, que en otro caso podrían dirigirse por elevación contra el propio ministro y el Presidente del Gobierno.

A Mariano Rubio no le dejan dimitir. Debe quedarse y quemarse, purgar en el infierno del Banco de España su pecado Ibercorp. A cambio, el poder político le garantiza el paraguas de la protección del Ejecutivo. No le pasará nada, saldrá inmune del embate desde el punto de vista legal. El propio Presidente del Gobierno, haciendo de tripas corazón, compensará el sacrificio de Rubio con algunas manifestaciones expresas de apoyo de cara a la galería.

Al forzarle a permanecer hasta julio, el Ejecutivo, además, le concede la oportunidad de preparar adecuadamente su defensa aprovechándose de la propia institución. Mariano creía que desde el Banco de España podría defenderse mucho mejor que desde su casa. Primero, porque ponía a su disposición personal el servicio jurídico y toda la información de que se dispone en el banco emisor. Y, en segundo lugar, porque Mariano sabía que, mientras fuera gobernador, el Gobierno estaba en la obligación de defenderle, lo que hubiera sido una vana aspiración desde su condición de «ciudadano normal».

A la cena en La Moncloa no asistió Narcís Serra. El vicepresidente era partidario de que se aceptara la dimisión, e incluso de que se le cesara. Meses antes del estallido del escándalo, Serra estaba decidido a jugar fuerte sus cartas para evitar la reelección de Mariano para un tercer mandato.

Mientras Felipe y Solchaga cenaban con Rubio en La Moncloa, Serra lo hacía en un ambiente más relajado con un buen amigo.

—Pero, ¿cómo no estás tú en esa cena?

—¡Uy, peligrosísimo...!

—Qué pasa, ¿no te han invitado?

—Bueno, digamos que el Presidente ha querido localizarme, pero yo me he «escaqueado». Este es un tema de Carlos, así que lo resuelva y se queme Carlos.

—Pero le vais a aceptar la dimisión, ¿no?

—No, por eso te digo que es un tema peligroso, porque encima se va a quedar.

—Y, ¿cómo se entiende eso?

—El «Presi» está decidido. Demasiadas dimisiones en un año, ¿no te parece?

Tal será pues la doctrina oficial: salvar a Mariano Rubio de la quema, a cambio de que dé la cara hasta la hora de su relevo definitivo, a finales de julio, y que el peso ejemplificador de la ley caiga sobre los De la Concha/Soto, abandonados a su suerte.

Solchaga ha ido recibiendo a lo largo de la semana algunas opiniones favorables a Rubio, opiniones que hay que tomar en cuenta porque proceden del entorno de «la gente guapa», del primer círculo de «biutifuls», los poderosos, los Boyer, Del Pino, Entrecanales y demás familia, para que mantenga en su puesto a Mariano. Para el grupo es casi una cuestión de honor. Apostar por Mariano y abandonar a su suerte a De la Concha/Soto, que han demostrado ser unos perfectos estúpidos en quienes no se puede confiar.

Sometido a tan refinado castigo por sus valedores políticos, el gobernador del Banco de España se arrastrará desde febrero hasta julio por los pasillos del Banco de España como un fantasma en estado de levitación.

Demacrado, hipotenso, ido, Rubio relataba su situación a su ex mujer, Isabel Azcárate, para recibir de ésta una contestación poco piadosa.

—¡Es que Felipe no me acepta la dimisión!

—Mira Mariano, no me vengas con historias, que tú ya sabes lo que hay que hacer para dimitir, porque ya lo hiciste dos veces durante el franquismo. Cuando uno quiere dimitir de verdad, deja de ir al día siguiente por el despacho y punto. Y tú tenías que haber dimitido, porque han pasado cosas muy graves ahí.

Mariano no ganaba para sobresaltos en este invierno traicionero. Tras el susto del *Cherchez la femme* del diario *ABC*, que colocó a Carmen Posadas en el punto de mira de muchos ciudadanos, el gobernador se sobresaltó cuando el último día de febrero el mismo diario planteaba abiertamente el misterio de la sociedad Schaff Investments [2].

Aquella mañana Mariano Rubio, nervioso, crispado, llamó personalmente al editor de un importante medio de comunicación madrileño.

—Por favor, no toques eso de Schaff, déjalo. Ya te lo explicaré todo, pero por favor te lo pido, déjalo, eso no me lo toques, porque me puedes hacer mucho daño.

El nombre de Schaff ya había sido adelantado por el propio Luis Carlos Croissier durante su primera comparecencia ante la Comisión de Economía del Congreso, citándola como una «sociedad desconocida» que figuraba en la famosa lista manipulada de vendedores finales de acciones de Sistemas Financieros (SF), remitida por Manuel de la Concha a la CNMV. A través de esa sociedad fantasma radicada en Luxemburgo, los socios de Ibercorp, o eso parecía en un principio, habían cobrado 184 millones de pesetas al vender 38.500 acciones de SF a la autocartera de la propia sociedad, antes de la caída de la cotización bursátil.

¿Qué se escondía detrás de Schaff? [3] Los rumores se dispararon. En los mentideros financieros se aseguraba que el conocimiento de los nombres que figuraban detrás, podría dar lugar a una crisis de Gobierno.

Aquel 28 de febrero, en torno a las once de la mañana, alguién llamó a la redacción de *El Mundo* preguntando por Casimiro. Como éste se encontrara fuera, el comunicante pidió hablar con Jesús Cacho. Reconocí enseguida en aquella voz segura, bien timbrada, a nuestro hombre en Alcalá 7.

—¿Habéis leído el *ABC*?

—Sí, ¿qué pasa?

—¿Os habéis fijado en esa sociedad, Schaff Investments?

—Por supuesto, ¿qué se sabe de eso?

—Eso es un filón. Como pista os diré que antes se llamaba Bahía Blanca y como tal ha figurado siempre entre los clientes del despacho personal de Manolo de la Concha. Preguntadlo a cualquiera. Más interesante aún es el nombre de su administrador, Carlos Pittaluga, primo carnal del gobernador. Investigad eso. Adiós.

El «topo» era especialmente reservado y telegráfico cuando no podía hablar personalmente con Casimiro. No fue difícil confirmar esos extremos, que al poco tiempo proporcionaron un nuevo titular de impacto en la primera página del diario. La presencia de Pittaluga, accionista y secretario del consejo del Grupo Financiero Ibercorp, además de primo hermano del gobernador del Banco de España, al frente de Schaff Investments, no hacía sino añadir nuevos elementos de presión a la caldera del escándalo Ibercorp.

Seguramente, presionado por la tormenta de Schaff, que cada día adquiría nuevos y amenazadores perfiles, Mariano Rubio apuró el cáliz de su agonía en estos primeros días de marzo, cuando constató la amarga realidad de haber sido incapaz de vender el Banco Ibercorp. Las negociaciones con José Luis Várez se habían saldado con un absoluto fracaso, y no había resultado aconsejable considerar otras posibles alternativas, como la del promotor boxístico Martín Berrocal, o la del *broker* Osuna & Marco. Ante este panorama, el Banco de España no había tenido más remedio que intervenir el Banco Ibercorp, cuyos dueños presentaron inmediatamente ante el juzgado expediente de suspensión de pagos. Abrumado por tantas circunstancias adversas, Rubio volvió a protagonizar otro amago de dimisión el martes 3 de marzo.

Ese día, el gobernador visitó a última hora de la tarde al ministro Solchaga en su despacho de Alcalá 7. Su posición se hacía por momentos insostenible. El hombre que más poder financiero había acaparado en la reciente historia de España, guardián de la ortodoxia, látigo de banqueros, terror de consejeros delegados, no había sido capaz de colocar un banquito de chichinabo entre la plétora de entidades españoles y extranjeras operando en nuestro país. Mariano parecía aquella tarde más hundido que nunca ante el ministro Solchaga, pero no llegará a pronunciar esta vez la palabra dimisión, quizá ha venido sólo a llorar en el hombro del ministro, moralmente hundido, no voy a ser capaz de aguantar esta presión, yo sólo soy un funcionario, no voy a poder soportarlo, y Solchaga que sí, que por qué no, que cuenta con el respaldo del Presidente y con el suyo propio, lo sabe muy bien, y se trata de aguantar unos días, quizá sería conveniente que delegara parte de sus funciones en Rojo, ahora que tendrá que dedicar mucho tiempo a su defensa personal, pero luego seguro que la marea pasará, no hay mal que cien años dure, tiene que seguir, y Mariano seguirá.

Rubio era a estas alturas un hombre perplejo. El poderoso servidor del Estado que había frustrado fusiones, propiciado OPAS, truncado carreras bancarias; el personaje que había basado su autoridad no en la inteligencia o la persuasión, sino en la capacidad de atemorizar al adversario (su máxima es que «al enemigo hay que amedrentarlo, matarlo si es preciso, para que te respete»); el hombre que esconde bajo esa carcasa de invencible timidez un autoritario vocacional, había sido tratado con desdén por unos banqueros que menos de un mes antes le hubieran rendido pleitesía.

Mariano Rubio no reparó en que ya hacía días que había perdido esta batalla. La perdió el mismo 12 de febrero, la mañana en que se hizo pública su vinculación al grupo Ibercorp. La perdió aquel día, porque el escándalo era de tales proporciones que el mundo financiero se dio cuenta automáticamente de que era hombre muerto. En apenas unas horas, Mariano Rubio pasó de tener todo el poder a no tener nada.

Los banqueros le condenaron aquel 12 de febrero, y ahora le han dado la espalda, no han querido hacerle ese pequeño favor. Está solo, abandonado. Hasta Escámez ha terminado por no ponérsele al teléfono, sublime venganza de un hombre durante años fustigado sin piedad por la *beautiful*. Es su final como miembro del club del Poder.

A su regreso a Alcalá 50, un Rubio desmoralizado aseguraba a uno de sus principales colaboradores:

—¡Es que no comprendo por qué me siguen manteniendo aquí, cuando ya han tomado la decisión de no renovarme en julio!

El gobernador delega entonces parte importante de sus funciones en el subgobernador, y ante los altos cargos de la entidad solicita «la máxima colaboración con Rojo para llevar a cabo los asuntos del día a día, ya que yo voy a estar muy ocupado en temas personales».

Se estaba produciendo un cambio radical en él, un cambio para desconfiar, un cambio a tenor del cual todo lo consulta, todo lo comparte con Rojo, claro que sólo con Rojo, pero en realidad Mariano no se fía del subgobernador, está convencido de que le considera culpable, y ha llegado a enseñarle, embarazosa situación, su más reciente declaración de la renta, para que veas que no soy rico, que no tengo un duro, y ahora todo lo quiere consensuar, extraña conversión en un hombre que ha basado su enorme poder sobre el sistema financiero español en el acopio de información, toda la informacion para él, y si hay que compartir algo con los demás, que sea de forma marginal, parcial, incompleta.

Un cambio que llegaría a preocupar seriamente a Rojo, ¿qué te parece esto, Luis Angel? ¿qué piensas de lo otro? Aquello podía ser una trampa destinada a implicar al subgobernador en alguna de las discutibles decisiones que un hombre acorralado como Rubio podía adoptar aquellos días, poniendo así en serio peligro las aspiraciones de Rojo a sucederle en el cargo.

El candidato Rojo tenía además otro temor no menos

comprensible. ¿Cuánto tiempo iba a tardar Rubio en pedirle una manifestación expresa de apoyo en el caso Ibercorp, y a su trayectoria al frente del Banco de España? El temido ruego no llegó a producirse nunca, y Rojo se abstuvo de realizar el menor comentario favorable al gobernador durante toda la crisis.

A Mariano no le hubiera venido mal ese apoyo. Sus poderosos amigos de la *beautiful*, los ricos de verdad del grupo, los millonarios Del Pino, Entrecanales, Arango, Polanco... le han dedicado palabras amables en privado, pero no le han echado una mano para liquidar un problema mínimo como Ibercorp. ¿Qué le hubiera costado a Del Pino colocar 2.000 millones en manos amigas para que algún testaferro hubiera salvado ese escollo? Sin embargo, no lo hacen. Se callan. Se callan por cobardía. Por miedo al escándalo. Peor aún, se esconden. La *beautiful* es un club donde sólo funciona la solidaridad del éxito. Así de dura es la vida en la jungla del asfalto madrileño.

Carmen, su mujer, se desespera. Ella quiere que abandone, que lo deje todo. Por aquellos días la escritora pedía a los escasos amigos que permanecían al lado de la pareja que presionaran al gobernador en tal sentido:

—Por qué no vienes a cenar a casa, y tratas de convencer a Mariano para que se vaya, que lo deje todo de una vez sin esperar a julio.

—Voy si tú quieres, Carmen, pero dudo que yo logre convencerle si no lo consigues tú.

—Por favor, inténtalo, porque ya sabe que no le van a renovar y estos meses que quedan hasta julio van a ser para él un martirio, un pim, pam, pum...

Es quizá el momento más bajo de Rubio. El gobernador parece entregado, no reacciona, y es el propio Carlos Solchaga quien, muy enfadado, tiene que instarle, prácticamente obligarle, a desmentir una información de *El Mundo* según la cual había pasado información confidencial a Manolo de la Concha en distintas ocasiones.

Por aquellos días Mariano invitó a almorzar a un amigo influyente, una persona inteligente ante la que no puede bajar la guardia, pero a quien es importante convencer, tener al lado, poner de su parte.

Nuestro hombre encuentra a Rubio literalmente hundido. Se considera una víctima de todo el mundo, y en primer lugar de su propia gente.

—Cada día estoy más convencido de que mis amigos me han utilizado. Me han utilizado y me han hecho mucho daño. Yo no puedo renegar ahora de mi amistad con Manolo Concha, porque es un hombre que en otros tiempos me ayudó mucho y le estoy agradecido, pero su torpeza en el manejo de este asunto me ha perjudicado mucho.

—¿Por qué se lo has permitido?

—Porque lo ha hecho inconscientemente. El ha resultado arrastrado por una situación inesperada que no ha sabido manejar. La verdad es que se ha movido con mucha torpeza. Y en medio me ha cogido a mí.

—No te entiendo...

—Sí, yo soy víctima de una guerra periodística.

—¿Qué quieres decir con eso?

—Lo que has oído. A mediados del año pasado el BBV decidió cerrar el grifo al Grupo 16. Estaba dispuesto a hacer la vista gorda con los créditos vencidos, pero no quería aumentar su riesgo. Ni un duro más. Juan Tomás de Salas se fue entonces al Hispano y Amusátegui, con buen criterio, puesto que anda metido en una fusión y tiene que consultar a sus socios, dice que nanai, que él estaba dispuesto a dar lo que diera el BBV.

—¿Y bien...?

—Pues que a Salas no se le ocurre nada mejor que ir a llamar a la puerta de Banesto, y Conde le da largas, nada de nada. Pero eso no es lo grave. Lo grave es que en aquel momento Pedro J. Ramírez se entera de la situación desesperada de Salas.

—Ya voy entendiendo.

—Sí, porque a Salas no le queda al final más alternativa que pedir ayuda a los amigos de Ibercorp. Así que Pedro J. pone manos a la obra. Si Ibercorp es el último reducto que le queda a Salas y al Grupo 16, hay que ir a por Ibercorp.

—Mariano, ¿no te parece todo demasiado rebuscado, demasiado rocambolesco?

—No, deja que te explique. Pedro J. piensa que si acaba con Ibercorp acaba al mismo tiempo con el Grupo 16. Si tumbamos a Ibercorp, argumenta, le cortamos al Grupo 16 el último punto de aprovisionamiento que le queda. Por eso, te digo que yo soy al final la víctima inocente de una guerra periodística, una víctima cogida entre dos fuegos.

—Pero no me negarás que podíais haber mandado a vuestro amigo que se estuviera quieto y no fuera tan imprudente. A lo mejor así podíais haber evitado la guerra.

—Imposible, imposible, a éste no hay quien le pare. Este loco va y arremete al final contra Jesús Cacho y el escándalo estalla, porque no consigue asustar a Cacho como nos había prometido.

El interlocutor contempla a Rubio fascinado. Apenas ha probado bocado, drogado a base de tranquilizantes, perdido en el sillón como un espectro, los ojos inalcanzables tras la arquitectura de sus gafas, invocando argumentos que suenan a ciencia ficción en boca de la primera autoridad monetaria del país, argumentos que le producen un efecto desolador: cuanto más incide en su papel de víctima, menos consigue alejar la impresión de que está eludiendo la verdad, menos convence, menos confianza consigue transmitir a su invitado. Mariano parece a punto de tirar la toalla:

—Lo estoy pasando tan mal que he pensado en suicidarme.

—¡Por Dios, Mariano! ¿Cómo puedes decir eso?

—Sí, no puedo soportarlo. Tengo la sensación de que todos me han utilizado, empezando por mis amigos. Y ahora me han dado todos la espalda, una persona como yo, que ha dedicado toda su vida al servicio del Estado, mira el trato que estoy recibiendo.

Es el Rubio de quien ha dicho Solchaga que «se le ha rogado que siga de momento hasta donde pueda». Un objeto, un mueble amortizado. Ni por un momento piensa Rubio si ha hecho bien o mal en apadrinar durante años a «los Conchas», en encomendar su dinero a gente sin escrúpulos. Ni si ha hecho bien en hablar todos los días con él por teléfono, jugar al golf todos los miércoles, cenar muchos fines de semana, pasar las vacaciones de verano juntos, y compartir necesariamente las alegrías y tristezas de la vida diaria, noticias incluidas. Ni por un momento.

El drama de Rubio es que se ha creído a pie juntillas su propia película, su propia imagen de guardián de la ortodoxia, de hombre austero, duro, tenaz. Y cuando esa imagen se rompe en mil pedazos, sólo piensa en lo peor para escapar de la realidad.

Sólo le apoya Carmen, su mujer. Paradójicamente, su matrimonio con Carmen Posadas ha supuesto para él una carga psicológica adicional durante la crisis. Mariano, casi un recién casado, está enamorado de su joven y espléndida esposa, una chica atractiva con cierta vitola de escritora, que pasea su palmito por la noche madrileña despertando más de un deseo libidinoso. Mariano está tan enamorado que ha sido capaz de irse a vivir a casa de Carmen, propiedad de Carmen, un pisazo en la calle Jovellanos, frente al teatro de la Zarzuela.

Y porque está enamorado, Mariano quiere un tercer mandato para ofrecérselo a Carmen, como regalo a Carmen. Sabe que a Carmen le gusta el poder tanto o más que a él, y le asusta la idea de dejar el sillón, tiene miedo a perderlo, porque cree que siguiendo en el machito será más fácil retener a Carmen a su lado, y cuando llega el escándalo y se esfuma la renovación, le asalta el temor de verse abandonado, la idea le trastorna, perder a Carmen y quedarse solo, de nuevo solo como cuando Isabel, de nuevo el fantasma de una fría carta de despedida inerme sobre la funda de una cama, me voy porque estoy enamorada de otro hombre.

Los peores augurios parecen confirmarse cuando el periodista Francisco Núñez, de la revista *Tiempo*, desvela que María Teresa Rubio, hermana del gobernador, y su esposo, André Laurent Atthalin, aparecen como administradores de Schaff entre los años 1987 y 1990. Si tenemos en cuenta la presencia de Carlos Pittaluga, primo carnal del gobernador, podría concluirse que toda la parentela de Mariano

Rubio aparecía implicada hasta las orejas en el asunto de Schaff.

El efecto que la presencia en Schaff de la familia de Rubio produce en la opinión pública es demoledor, una bomba de efectos retardados. Un importante abogado, ex ministro de UCD y miembro del consejo de administración de un banco, se manifestaba por entonces admirado a un amigo.

—¡Ay que ver, para descubrirse. Yo que llevé el divorcio de Isabel, y tuve todos los papeles en la mano, no fui capaz de descubrir nada, y lo tuve todo!

Felipe González, precipitado avalista de la solvencia moral de Rubio, declaraba a un amigo que «si hubiera sabido lo que hoy sé de Mariano, le hubiera aceptado la dimisión». Lo más llamativo es que Rubio acababa de declarar al diario *El País*, en entrevista exclusiva: «De Schaff no había oído hablar hasta que lo leyó en los periódicos días atrás.»

El mismo día, la revista *Tribuna*, el semanario más activo en el seguimiento del *affaire* Ibercorp, establecía la relación panameña de Schaff, al revelar que dos sociedades afincadas en el país centroamericano, Interfides, e International Business Participations (IBP), eran las actuales propietarias de la firma luxemburguesa [4].

Hacia el 10 de abril, nuestro «topo» en el ministerio de Economía y Hacienda volvió a funcionar, apareció al teléfono como surgido del frío, como un misterioso Guadiana dispuesto a hacer subir nuestra bilirrubina. Aquella era una llamada ciertamente excitante.

—Tenéis que investigar la compra de las acciones de Sistemas Financieros por parte de Schaff.

—¿Quieres decir que miremos quién compra esas acciones? ¿Es eso?

—No hombre, con qué dinero se compra. Ahí está la clave.

Y de nuevo a trabajar plenos de entusiasmo. Los resultados no tardarían en llegar. En efecto, el 14 de abril, el periódico abría su sección de Economía con una nueva aportación a la investigación: «Schaff adquirió las acciones de Sistemas

Financieros con préstamos del Progreso.» Un subtítulo añadía: «El banco controlado por los March financió toda la operación en 1989.»

Se trata de una de esas noticias cualitativas que sólo estaban en condiciones de paladear los *connaisseurs* del mundo financiero madrileño. Desde hace años se venía especulando en tales ambientes a cuenta de la amistad entre el gobernador del Banco de España y los poderosos hermanos mallorquines, hasta el punto de darse por seguro que cuando abandonase el banco emisor, Rubio se convertiría en empleado de lujo de los March. Los hermanos Juan y Carlos March, la primera fortuna española, estaban pillados en la red Ibercorp y de un modo poco claro. ¿Por qué había concedido el Banco del Progreso un crédito de 180 millones de pesetas a unos señores, el matrimonio formado por André Laurent Atthalin y la hermana de Rubio, prácticamente sin patrimonio, y a una sociedad sin activos para respaldar su devolución? La respuesta era tan obvia como embarazosa.

Como garantía del préstamo, el banco de los March se quedó con las propias acciones —unas 38.500— de SF, lo que constituye para cualquier experto en la práctica bancaria un comportamiento ciertamente atípico. Cuando un banco da un crédito espera recuperar el principal con sus intereses, no asume de antemano la necesidad de realizar las garantías para cobrarse.

Algo que, de todos modos, no hizo falta, porque Schaff fue uno de los pocos privilegiados que fue puesto sobre aviso y pudo vender sus acciones de SF a la autocartera de la entidad con beneficios.

Quien podía desvelar el misterio era naturalmente el ciudadano francés André Laurent Atthalin. El lunes, 23 de marzo, el cuñado de Rubio declaró [5] ante la CNMV ser el propietario de Schaff, pero dijo desconocer quién o quiénes eran los propietarios de Interfides.

Curioso personaje este André Laurent, a quien su padre, uno de los directores comerciales de Total, buen conocedor del mercado del petróleo, colocó a mediados de los años cincuenta en una empresa madrileña propiedad de otro ciudadano francés que vendía queroseno a Iberia. André, que nunca fue muy listo, cumplía tareas de administrativo. La desconfianza de Atthalin padre hacia las capacidades de su hijo era tal que cuando Total se instaló en España se guardó de meterlo en su empresa. La madre naturaleza no fue pródiga con André, víctima de una timidez insuperable, y un cierto complejo de patito feo, claro que su estrabismo no ayuda mucho, y tampoco su dicción acompaña, cierto, que lleva el hombre treinta años en España y sigue diciendo «chogada» en lugar de «chorrada», sus dificultades de pronunciación se notan menos en francés, claro, pero las «erres» y las «jotas» españolas son un calvario para él.

Tímido como es, la secretaria de su jefe se dedicaba a pasearle los fines de semana por Madrid como una madre Teresa dispuesta a buscarle novia. La encontró en una amiga suya, una tal María Teresa Rubio, que aceptó el envite. Al fin y al cabo André Laurent es una buena persona, un buen chico que no se mete con nadie, eso no se le puede negar, cosa distinta son sus capacidades, esto tampoco y, por eso, en la empresa Asociación Internacional del Petróleo, un *broker* del petróleo radicado en Madrid, nunca se le han encomendado trabajos de responsabilidad. Es lo que se dice un hombre cortito. Cumplía aseadamente su papel de administrativo cualificado, ordenando papeles y haciendo algunas gestiones, siempre y cuando no tuvieran relación con bancos, que el bueno de André nunca pidió un crédito a ningún banco, porque esas cosas le parecían muy complicadas.

¿Cómo podría un hombre como éste manejarse en el mundo sincrético de Schaff Investments? Quienes le conocen lo juzgan de todo punto imposible. ¿Con qué dinero? Alguien ha pretendido montar una teoría ligando la creación de Schaff a una herencia recibida por André de su padre. Eso no es cierto. En primer lugar, porque su progenitor no era millonario, sino un miembro de la burguesía acomodada con piso en París —que heredó Laurent—, chalet en Carcassonne, cerca de Burdeos, y un caserón antiguo, un *château*, lleno de telarañas y murciélagos, en el centro de Francia. Y en segundo lugar, porque esa herencia tuvo que repartirla con su hermana. Por lo demás, hay un pequeño detalle que no encaja en la teoría de la herencia paterna. ¿Por qué esperó ocho años André Laurent para montar Schaff, si su padre falleció en 1980?

Quienes conocen bien la vida y milagros de la pareja, apuestan por algo mucho más sencillo, por alguien que un buen día colocó ante María Teresa unos papeles, la constitución de Schaff, para que firmara, quizá fue su primo Carlos Pittaluga, primo carnal del gobernador, administrador de Schaff, y María Teresa firmó a ciegas, y no digamos nada de su marido, dos buenas personas que nunca iban a preguntar ni crear el menor problema.

Al fin y al cabo María Teresa Rubio siente una especial adoración por Mariano, es natural, es el único hermano que le queda desde que en 1988 muriera su otra hermana, y para ella, durante años secretaria en el Grupo 16, más tarde simple administrativa en la sucursal madrileña de un banco francés hasta su jubilación, tener un hermano gobernador del Banco de España era lo más grande del mundo y, por eso, a María Teresa se le caía la baba hablando de su hermano Mariano.

Pero por desgracia para André y María Teresa, Schaff no es suya sino de otro, Schaff no son sus ahorros sino los de otro, no es su hucha sino la de otro. Y por eso Atthalin, que lleva treinta años residiendo en España y realiza su declaración de Hacienda en España, nunca ha declarado al fisco el patrimonio ni las plusvalías obtenidas a consecuencia de la operación de Sistemas Financieros, nunca ha declarado Schaff a la Hacienda española.

¿Cómo podría un hombre como André Laurent haber pedido, garantizado y obtenido un crédito de 180 millones del Banco del Progreso, grupo March, para comprar acciones de Sistemas Financieros? ¿Cómo pudo meterse el bueno de André en el laberinto de una operación como esa? Alguien tuvo que decirle, ¿quizá Manuel de la Concha?, que Sistemas Financieros iba a hacer una emisión de convertibles al 700 por ciento. Alguién le aseguró la compra de los títulos al 900 por ciento, y alguien pidió un crédito de 180 millones al amigo Carlos March para comprar las convertibles. Al año siguiente, en junio de 1990, alguien vendió las acciones, no todas, sino la cantidad justa para devolver el préstamo. Y alguien decidió dejar en Schaff el resto, 7.500 títulos que, al 900 por ciento, suponían algo más de cuarenta millones de pesetas. Eso es lo que hubiera ganado André, o alguien, con la operación; cuarenta millones de pesetas si no se hubiera desplomado la cotización.

En el juego de imposibles de Schaff, lo más gracioso es que André Laurent no conocía personalmente a Manuel de la Concha. Su cuñado Mariano, por lo demás, le despreciaba olímpicamente, y por esa razón nunca le ayudó a mejorar, a medrar en alguna empresa o banco —como hizo con su primo Pittaluga—, algo que le hubiera costado al gobernador descolgar una vez el teléfono.

Por eso, alguien tiene que aparecer como avalista, o simplemente es «alguien» que llama por teléfono a Carlos March y le dice que den un crédito a una sociedad que se llama Schaff, que ya pasará Pittaluga, el hombre que tenía los poderes de la sociedad en España, por el Banco del Progreso para rellenar la póliza. La devolución del crédito está garantizada porque hay un pacto de recompra al 900 por ciento, por lo que no se necesitan garantías suplementarias.

Además de títulos de Sistemas Financieros, en Schaff hay acciones de otras empresas, como declaró en su día André Laurent a la jueza. Esas acciones también forman parte de la hucha de «alguien», del patrimonio fuera de España de ese «alguien», nada del otro mundo comparado con las fortunas del *boom* inmobiliario o bursátil, pero sí un buen pico.

Juan José Figueres de la Chica, un hombre de ley, compañero de colegio y amigo íntimo de juventud de Manuel de la Concha, conoce al dedillo gran parte de los misterios de Schaff, y está al corriente del enigma Interfides. El estuvo mucho tiempo viajando a Miami y Centroamérica por orden de Manolo, un hombre fiel a De la Concha, maltratado por De la Concha, más de una vez le quiso poner de patitas en la calle, ya no le servía, decía, y tuvo que ser Paloma quien lo impidiera, un hombre que ha aguantado hasta el final en Ibercorp, y al final Manolo, desesperado Manolo, lo quiso hacer presidente de Sistemas Financieros, no gracias, Juanjo se rebeló al fin, ni hablar, no quieras cargarme a mí ahora con ese muerto.

Pero Juan José Figueres sabe. Porque su mujer, Vicentina «Pitina» Rodríguez, nueva embajadora de Panamá en España, ganas tenía la buena «Pitina», por fin embajadora, lo sabe todo de Panamá e Interfides, y el hermano de «Pitina» es un político panameño dueño de un pequeño banco en Miami, y lo sabe también todo de Schaff, porque ha estado por medio de Schaff e Interfides.

En algunos círculos financieros madrileños ha circulado la teoría de que Schaff, más que una sociedad, es algo parecido a una multipropiedad, o un multifondo, una sociedad participada por un grupo entero de personas, que se ha servido de ella durante años para colocar dinero fuera de España, sacar beneficios fuera de España sin pagar impuestos [6].

Para quienes conocen bien el entorno de Rubio, sin embargo, Schaff es una sociedad exclusivamente familiar, la sociedad de la familia de Rubio, en la que la familia de Rubio ha colocado parte de sus ahorros fuera de nuestro país.

Bien es cierto que Manuel de la Concha ha utilizado otras empresas para colocar el dinero de sus amigos lejos del alcance de la Hacienda española. Se trata de una red cuyo montaje conocen al dedillo dos hombres: el sempiterno Carlos Pittaluga, el antiguo militante del Ejército Revolucionario del Pueblo argentino, y Rafael Calleja Villacampa, «Koke» Calleja para los amigos, casado con Paloma de la Concha, y consejero delegado de la empresa Publikoke.

Pittaluga y «Koke» Calleja conocen también al dedillo algunas curiosas operaciones de traslado de dinero en maletines fuera de España, en billetes contantes y sonantes, dinero negro todo, lejos de las garras de Hacienda, para los numerosos e ilustres amigos de la casa Ibercorp.

En el «*tout* Madrid» hay gente importante que ha perdido dinero, dinero negro, no ya en Sistemas Financieros, sino en la red de empresas paralelas montada fuera de España por estos mecanismos, gente como Haydee González Barranco [7] —prima de Isabel Azcárate y gran amiga de Mariano Rubio—, y su madre, que habían confiado parte importante de sus ahorros a esa red, y que al tiempo habían utilizado, como otros muchos, el sistema de maletines cuyo funcionamiento conocen tan bien Pittaluga y «Koke» Calleja.

Las revelaciones en torno a la implicación de la familia de Rubio en Schaff Investments, añadieron nueva presión a la caldera social en contra de Mariano Rubio. Otra vez el gobernador parecía en situación límite. Otra vez se volvía a hablar de dimisión.

Pero para entonces Mariano Rubio ya había pasado al ataque. Alguien le había insinuado un cambio de estrategia, alguien le había aconsejado atacar, quizá Julio Feo, seguramente Julio, Mariano le ha llamado, no quiere hacerse cargo del caso de forma oficial, pero está dispuesto a ayudarle a título personal, como amigo y sin cobrarle un duro.

En consecuencia, el gobernador hace público un curioso comunicado [8] en el que empieza por amenazar con acciones legales, anunciando haber encargado al despacho de abogados catalán de Juan Vives-Rodríguez de Hinojosa la defensa de sus intereses personales, «incluido, como es lógico, el ejercicio de cuantas acciones judiciales estimaran pertinentes».

Es un cambio radical de su actitud ante el conflicto. En lugar de permanecer callado, pasar al ataque. A las nuevas peticiones de dimisión, el entorno de Rubio contesta ahora con desparpajo. Su abogado, Juan Vives, asegura en un comunicado que Mariano seguirá en su cargo «hasta que alguien determinado diga lo contrario». Algunos gestos de Felipe González, que llega a afirmar en Sevilla: «Mariano Rubio debería agotar su mandato, pero entiendo bien que quiera dejarlo, porque es difícil soportar una avalancha de juicios calumniosos», ayudan a mantener el ánimo del gobernador.

Aparentemente reconfortado por la nueva actitud, Rubio emprende una serie de viajes que, del brazo de Carmen Posadas, lo alejan como un convaleciente del avispero español. Así, viaja a Basilea, a la reunión de gobernadores de bancos centrales europeos, y más tarde inician en Washington una *tournée* de despedida de los foros internacionales que llevó a la pareja por EE.UU., México y El Salvador [9].

Pero los Rubio estaban condenados a no alcanzar la paz. El domingo 17 de mayo, el gobernador, que ya hacía tiempo había perdido la renovación al cargo, pierde también el honor cuando dos diarios de forma simultánea, *El Mundo* y *El País*, revelan que el 20 de febrero mintió al Congreso al ocultar el resultado de la inspección del Banco de España sobre Ibercorp. Aquel día, Rubio había asegurado ante sus señorías que el Banco Ibercorp «estaba en perfecto estado, y no tenía ningún problema ni ninguna deficiencia de ningún tipo». Por el contrario, ambos diarios hacen público que los inspectores del banco emisor Pedro Luis Rubio y José Antonio Gracia, que habían entregado su informe sobre Ibercorp a Mariano Rubio el 6 de febrero, habían rubricado su trabajo con una serie de sentencias lapidarias sobre la situación del mismo, que remataron con la siguiente frase: «Mantenemos serias dudas sobre la viabilidad del proyecto Ibercorp.»

La posición de Rubio, que había conseguido irritar a tirios y a troyanos, se convirtió en indefendible. La oposición volvió a pedir la comparecencia urgente del gobernador. El Gobierno se alarma entonces, porque la irritación popular por esa falta de respeto al Parlamento amenazaba con salpicarle seriamente. Oposición y sindicatos acusaron a Solchaga de encubrir el «caso Ibercorp» [10].

¿Conocían Felipe y Solchaga los resultados de la inspección del Banco Ibercorp y cuándo los conocieron? ¿Por qué sostuvieron a Rubio si lo conocían? Algunas preguntas a quemarropa comenzaban a proliferar en los medios de comunicación: ¿Qué cadáveres del PSOE esconde Mariano

Rubio en su armario para que Felipe González le tenga que tapar de esta manera? [11]

La segunda comparecencia del gobernador ante la Comisión de Economía del Congreso para responder a la acusación de haber mentido al Parlamento, no arrojó ninguna luz sobre el caso [12]. Rubio llegó incluso a recibir el abucheo de los asistentes cuando, como un demócrata de nuevo cuño, aseguró ante los representantes del pueblo soberano que de su dimisión «quien tiene que opinar es el Presidente del Gobierno».

El gobernador tuvo la virtud de irritar a sus señorías con un discurso —leído en su mayor parte— arrogante, plagado de detalles cínicos, provocador incluso en alguna de sus partes, como cuando afirmó refiriéndose a su comparencencia anterior: «Quizá me equivoqué el 20 de febrero, lo acepto. Debía haber dicho que no podía decir nada, y si lo hubiera hecho así no estaríamos hoy aquí.»

Mariano era ya un perdedor nato, y de los perdedores que lo han tenido todo en sus manos, quizá resulte excesivo esperar un ejercicio de concordia. Sin nada que perder ya, puesto que todo su equipaje ético lo había dejado prendido en la tronera de Ibercorp, Rubio se mostró ante el Parlamento tal como es, sin careta, un ser a quien, deformado por el uso incontrolado del poder durante tantos años, la opinión pública le importa un bledo; un personaje soberbio y petulante, que ha perdido toda referencia ética, un ejemplo perverso para la credibilidad del sistema, en tanto en cuanto realiza ese ejercicio infame con la cobertura política de sus valedores en La Moncloa y Alcalá 7.

El propio Presidente del Gobierno haría referencia a la segunda actuación de Rubio en el Congreso durante el copetín que siguió al cambio de poderes en el Banco de España, a finales de julio. El presidente, que momentos antes había vuelto a elogiar ante los micrófonos la trayectoria de Rubio, se mostró extraordinariamente cáustico a los pocos minutos cuando, copa en mano, compartía charla en un grupo de cuatro personas.

—¡Cómo es este Mariano! Antes de su segunda comparecencia le recomendé que estuviera conciliador. Humildad, mucha humildad, le dije, pues bien, ¿qué hizo? Nada menos que un ejercicio de arrogancia, en el que vino a decir que la culpa la tenía él por haber hablado demasiado la primera vez...

Con el respaldo del PSOE y sus dirigentes políticos, el todavía gobernador adoptó una actitud filibustera, hurtando al Parlamento de modo constante documentos referidos al caso, que incluso llegaron a filtrarse a la prensa. La diputada Rudí, del grupo Popular, protestó durante la segunda comparecencia de Rubio, porque el Banco de España no hubiera remitido aún a la Cámara los informes solicitados por la Mesa del Congreso sobre el Grupo Ibercorp.

El 19 de mayo Rubio compareció en los juzgados en medio de unas desmesuradas medidas de seguridad, pagadas por todos los contribuyentes, que contravenían su condición de inculpado.

Quienes se preguntaban, perplejos, si sería posible ver a Rubio comparecer ante la jueza como inculpado estando todavía investido de su condición de gobernador, no tuvieron más remedio que dar crédito a la evidencia [13].

Este era uno de los momentos más temidos por Mariano, el punto crítico de sus relaciones con Carmen, el día que Carmen tuviera que ir a declarar como inculpada a cuenta de Ibercorp. Mariano temía que ese viaje a los juzgados de la Plaza de Castilla resultara una prueba demasiado dura para Carmen, tan dura que podría romper su matrimonio, y esa posibilidad le había obsesionado durante muchos días, con el recuerdo de Isabel y su fría carta de despedida gravitando sobre él como una pesadilla.

Dos días después de su comparecencia en los juzgados de la Plaza de Castilla, el jueves, 21 de mayo, el diario *El País* dio la puntilla al gobernador. En efecto, el periódico de Polanco realiza ese día un despliegue insólito. En página par (la 56) reproduce íntegramente el texto del acta de la inspección del Banco de España, mientras en la página siguiente (la 57) hacía lo propio con el discurso de Rubio ante la Comisión de Economía del Congreso, el 20 de febrero pasado. ¿Dónde estaba el *quid*? En los titulares enfrentados de ambas páginas, de gran relieve tipográfico: «Existen serias dudas sobre la viabilidad del proyecto Ibercorp», decía el de la página 56, haciéndose eco de las conclusiones de los inspectores. «El banco estaba en perfecto estado», sostenía el de la página siguiente, resumiendo las palabras de Rubio ante sus señorías. La contradicción entre ambos titulares resultaba demoledora para el gobernador del Banco de España.

El País, que hasta el momento había dado una de cal y otra de arena en el escándalo Ibercorp, había tomado definitivamente postura. Jesús Polanco se había cansado de las mentiras de Rubio y había decidido, como los emperadores romanos en el circo y con la elegancia que le caracteriza, condenarlo a muerte tornando su dedo pulgar hacia abajo. Era el fin de Rubio, abandonado por sus amigos, y condenado por ese *establishment* del que era parte importante hasta hacía poco tiempo. Rechazado por los poderosos del dinero, Rubio terminaba sin honor su aventura en el Banco de España.

A partir de entonces Rubio pierde todos los frenos y realiza declaraciones de una agresividad desconocida [14]. En Sevilla se permitió la siguiente perla: «Me alegro de que el Presidente del Gobierno no aceptara mi dimisión, porque ahora estoy aquí y puedo responder a todas las calumnias vertidas sobre mí.»

Para entonces, Mario Conde ya había sustituido a Javier de la Rosa en el ánimo del gobernador como gran culpable del escándalo Ibercorp, de acuerdo con la «teoría de la conspiración», montada por los implicados en el *affaire* para autoexculparse y estar en paz con su conciencia.

El miércoles, 22 de julio, el Presidente González presidió en el Banco de España el acto de juramento del nuevo gobernador del banco emisor, Luis Angel Rojo. En realidad, Rojo no cesaba hasta el día 24, viernes, fecha en que estaba previsto el traspaso de poderes, pero el señor gobernador saliente tenía que ir de viaje, le habían invitado al acto de apertura de las Olimpiadas y el viernes tenía una cena en uno de los barcos de lujo fondeados en el puerto de Barcelona, de forma que hubo que adelantar todo el festejo por darle gusto. Un detalle del Gobierno para tan fiel servidor público. Por este capricho, el Banco de España tuvo dos gobernadores durante dos días. Todo un récord.

En el gran salón de actos del banco emisor, Felipe González y Carlos Solchaga, los dos hombres que habían logrado mantener un cadáver durante varios meses al frente del banco emisor, presidieron la ceremonia. Había llegado el momento de ventilar la habitación. Allí estaban también, a pie firme, todos los grandes banqueros del Reino, la mayoría refugiados en su sonrisa interior, instalados al fin en un relevo largo tiempo esperado, pendientes de una reflexión sucinta sobre la naturaleza del verdadero poder: el cargo pasa, el dinero permanece. Con el fantasma Ibercorp flotando en el ambiente, Rubio pasó a Rojo las llaves de ese Breda en ruinas de prestigio que era el Banco de España.

González elogió de nuevo públicamente a Mariano Rubio [15] para, cinco minutos después, y durante el cóctel restringido que siguió al cambio de poderes, ponerle a caldo en *petit comité*. Es el doble lenguaje y la doble moral que ha implantado en España el gran hombre de Estado que es Felipe.

Rojo, fiel a su tradición de demócrata, se guardó muy mucho de embadurnar la figura de Rubio de elogios morales inmerecidos y fuera de lugar. De hecho, el silencio de Rojo ha sido una de las acusaciones más duras que ha tenido que soportar Mariano desde el día que estalló el escándalo Ibercorp.

La carrera de Mariano Rubio Jiménez como monarca absoluto del Banco de España, había terminado. Más de una década de poder omnímodo sobre el sistema financiero español, acabó aquel 22 de julio de 1992. Y acabó sin honor.

NOTAS AL CAPITULO DIEZ

[1] El diputado del PSOE Hernández Moltó realizó un desvergonzado elogio de Mariano Rubio ante la Comisión de Economía del Congreso: «Está usted cumpliendo con su función. Nuestra invitación a seguir actuando bajo esa responsabilidad. A usted le han querido jugar una mala pasada. Detrás de esta situación hay algo más que preocupaciones por el interés general. Ha hecho un acto que aquí se ha dicho que era legal y legítimo, y a nosotros no se nos antojan dudas sobre la ética de ese comportamiento. Así las cosas, mi grupo quiere manifestarle de manera pública nuestro reconocimiento a su honorabilidad personal y profesional y, sin duda alguna, invitarle a seguir con ese rigor.»

[2] «Una de las sociedades investigadas por la CNMV, Schaff Investments, implicada en la venta de Sistemas Financieros, tiene su sede en un paraíso fiscal. Entre sus socios figuran importantes personajes del entorno socialista, según han informado a *ABC* fuentes financieras.»

[3] De acuerdo con la escritura de constitución firmada el 27 de agosto de 1987 en la oficina del notario Paul Frieders, en el registro de sociedades de Luxemburgo figura inscrita la sociedad «Bahía Blanca», que el 16 de mayo de 1988 cambió su nombre por el de Schaff Investments. Los propietarios de Schaff (capital social de 150.000 dólares y objeto social la compraventa de acciones), con domicilio en el Boulevard Royal 13, eran los abogados luxemburgueses Corinne Philippe (20 por ciento) y Marthe Feyereisen (80 por ciento), meros testaferros de inversores españoles. Investigar en estas sociedades, con testaferros y personas interpuestas de por medio, se antojaba tarea difícil, estando como están radicadas en paraísos fiscales.

[4] Como presidente de Interfides figura Carlos Cordero, un mero testaferro, socio del bufete Alemán, Cordero, Galindo y Lee. Como tesorero de IBP aparece Ramón Ricardo Franco, otro abogado panameño. Interfides había pasado a ser mayoritaria en Schaff tras suscribir una ampliación de capital por importe de 375.000 dólares.

El diario *ABC* y la revista *Tribuna* han investigado en Panamá la conexión Interfides. Luis María Ansón envió rápidamente a Centroamérica a su mejor especialista en estos menesteres, el periodista Alfredo Semprún. Sabedor de la tela con que iba a toparse en Panamá, Ansón le aconsejó que, llegado el momento, ofreciera dinero a cambio de pruebas documentales.

«Empecé a investigar, contraté abogados, intenté infiltrarme, y apareció alguien relacionado con el Gobierno de Endara que tenía acceso a ciertos documentos y que me pidió 5.000 dólares, medio millón de pesetas. Al final conseguimos algunos papeles que demostraban ciertas conexiones del bufete "Alemán, Cordero, Galindo y Lee", especializado en el registro de empresas por docenas, con Luxemburgo, donde tiene abierta sucursal, y con las Islas Vírgenes, igualmente con despacho, y donde la legislación mercantil es todavía más laxa que en Panamá. El triángulo perfecto, pues.

La única exigencia del Registro de la Propiedad panameño es que aparezcan al menos los nombres de dos titulares de la empresa, que en el caso del bufete de marras son dos oficinistas con una acción cada uno, y que se repiten invariablemente en los cientos de empresas que lleva el despacho. Llegar al final de la madeja, a saber quiénes son los propietarios finales, quién está detrás de los Alemán, Cordero, Galindo y compañía, los hombres de paja, es casi imposible, porque no son acciones nominativas, sino al portador. Si el dueño de verdad se las da a su jardinero, el propietario es el jardinero.»

Semprún se topó en Panamá con funcionarios del Gobierno español investigando la propiedad de Schaff, tarea en la que también estaba empeñado el embajador de España.

También *Tribuna* viajó a Panamá. Su redactor Alfonso Torres, que primero descubrió las empresas interpuestas en Luxemburgo, cruzó el charco para investigar al bufete de Ricardo Franco, tesorero de IBP y asesor del Presidente Guillermo Endara, y a Jorge Federico de Lee, testaferro de Interfides y ex ministro de Trabajo con el general Noriega.

Torres descubrió curiosas coincidencias entre una serie de empresas registradas en Panamá y presididas por el abogado de Mariano Rubio, el letrado catalán Juan Vives, y las que están ligadas a la trama internacional de Ibercorp (Interfides e IBP). El nexo de unión es la poderosa familia panameña Alemán Healy.

[5] Un mes más tarde, el matrimonio prestaba declaración ante la jueza del juzgado n.º 21 de Madrid. María Teresa Rubio aseguró que «desconocía los detalles de la operación». Ella se limitaba a firmar los papeles que su marido, André Laurent, le ponía delante. Por su parte, Atthalin afirmó que había fundado Schaff con el dinero recibido en una herencia familiar, y al objeto de invertir en Bolsa, pero se negó a identificar a dos de los accionistas de Schaff, de los que únicamente dijo que eran franceses y residentes en Zurich. Tampoco conocía el nombre de los propietarios finales de las dos sociedades panameñas propietarias del 70 por ciento del capital social. Según André, que por cierto iba acompañado como letrado por el

abogado del Grupo 16, Gregorio Arroyo, fue Pittaluga quien le recomendó que invirtiera en Sistemas Financieros.

[6] Según esta tesis, el cuñado de Mariano Rubio sería una pantalla del conjunto del grupo y los distintos miembros del grupo utilizarían Schaff a conveniencia. De acuerdo con esto, Schaff ya habría sido utilizada para poner a buen recaudo los beneficios logrados con la compra de casi un millón de acciones del Banco Hispano apenas dos días antes del fin de semana en que fraguó por sorpresa la fusión con el Banco Central.

También habría sido ya utilizada por la sociedad, radicada en las Torres de Jerez, que intermedió en 1987 la venta por parte de Banesto, entonces al mando de José María López de Letona, del Banco de Trelles a De la Concha/Soto, operación en la que el *broker* ganó 200 millones de pesetas.

—Lo de Schaff es un multifondo —asegura un financiero madrileño—. Si no, no tiene sentido, porque nadie va a ser socio mayoritario de una sociedad panameña con la hermana de Rubio y su cuñado, si no es para hacer un multifondo.

Para los que así opinan, el elemento fundamental de sospecha es la ampliación de capital que realiza Schaff y que suscribe Interfides. ¿Qué quiere esto decir? ¿Por qué necesita ampliar capital una simple tenedora de acciones? Para ampliar su base de recursos propios y poderse endeudar. Endeudarse con el Banco del Progreso y con otras entidades.

[7] Haydee González Barranco era persona de confianza de Jesús Balaguer, dueño del Grupo Cor, que protagonizó un fiasco paralelo en el tiempo al de Ibercorp. Haydee, novia durante años de Carlos Pittaluga, con quien estuvo a punto de casarse, aparecía en la famosa lista trucada por Manuel de la Concha de ordenantes finales de Sistemas Financieros, con una cantidad muy modesta, concretamente 1.375.000 pesetas.

[8] *El País* abrió su portadilla a cuatro columnas anunciando la disposición de Rubio a interponer querellas a diestro y siniestro, un tratamiento informativo insólito que parecía indicar que Polanco todavía no había adoptado una postura definida en torno al caso.

[9] En la capital norteamericana, los Rubio se alojan en una suite (45.000 pesetas noche) del hotel Watergate, con un enorme piano de cola que el matrimonio manda instalar en la habitación. «Rubio se muestra relajado, bastante bronceado tras las vacaciones de Semana Santa», asegura con ironía el periodista Javier Ayuso, que le entrevista a orillas del río Potomac.

[10] El portavoz de grupo Popular, Rodrigo Rato, fue rotundo: «El ministro de Economía y el Presidente del Gobierno conocían, a través de las actas de Ibercorp, que la principal actividad de esta entidad era especular con sus propias acciones, y sabían que personas con responsabilidades políticas, como el gobernador del Banco de España, se beneficiaron de este tipo de operaciones. A pesar de ello, le encubrieron políticamente, cuando afirmaron que no había ninguna razón para dudar de su permanencia al frente del Banco de España ni de sus intenciones.»

[11] El editorial de *El Mundo* de aquel 17 de mayo afirmaba: «Ante tamaña pifia, carecería de sentido reclamar la dimisión de Mariano Rubio. Una actuación como la suya lo que merece es la destitución inmediata.»

Tres días después, el mismo diario editorializaba de nuevo afirmando: «El problema de Mariano Rubio es que ha cogido carrerilla y, al parecer, ya no es capaz de dejar de mentir (...) La cosa es saber ahora sobre cuántas otras materias ha mentido también. ¿Desconocía que su hermana y su cuñado estaban al frente de Schaff Investments? Por ignorar asegura que ni siquiera sabía dónde le ingresaba De la Concha el dinero.»

[12] Del diario *Expansión*: «Mariano Rubio se escudó en el secreto profesional para resolver el obstáculo de si dijo o dejó de decir toda la verdad sobre la situación del banco o del grupo.»

[13] «Es todo mentira», acertó a decir Mariano de refilón, mientras pasaba protegido por los Harrelson de Corcuera, camino del juzgado. El descrédito de las instituciones no importa. Rubio no sabía dónde le ingresaba De la Concha el dinero, y desconocía totalmente el movimiento de su cartera de valores, cuya gestión tenía encomendada desde hacía más de quince años a Manuel de la Concha. El gobernador calificó de «infamia» la pregunta de si Schaff era una sociedad suya, tras lo que fue llamado al orden por la jueza, y se acogió al secreto profesional para negarse a contestar algunas preguntas. Aquel mismo día, Solchaga aseguraba desde Bruselas que «no hay razón para que Rubio dimita».

Unas horas después de su presencia en los juzgados de la Plaza de Castilla como inculpado, en la noche de aquel 19 de mayo, Mariano apareció en las pantallas de TVE, para explicarse ante el periodista Manuel Campo Vidal y lavar su imagen. Rubio aseguró que hubiera incurrido en una grave irresponsabilidad, «hubiera sido una absoluta temeridad», si hubiera dicho que Ibercorp, con recursos propios suficientes, era inviable, «se me podrían haber exigido responsabilidades, no solamente a mí, sino al Banco de España, muy grandes». El gobernador ya no se acordaba cuando en enero de 1989 puso deliberadamente a Banesto al borde de la quiebra, a cuenta de unas declaraciones suyas, efectuadas en Barcelona, según las cuales estaba «muy preocupado» por la situación de la entidad. Claro que al frente de Banesto estaba Mario Conde, y el gobernador era parte activa del gran frente que pretendía abortar la fusión Banesto-Central.

[14] El domingo 31 de mayo, el diario *ABC* publicaba unas declaraciones de Rubio precedidas por un humorístico titular viniendo de él: «A la vista de lo publicado, el caso Ibercorp ha sido una campaña.» Ese mismo día, en *El País*, Rubio aseguraba que tenía «serias dudas respecto a ciertas derivaciones del asunto Ibercorp (...) Si lo que se está publicando acaba resultando cierto, se demostrarán muchas cosas (...) Existe una conspiración, pero yo no puedo acusar como hacen otros, no puedo entrar en este juego aunque tenga pruebas. Lo haré cuando sea libre. Ya veremos quién ríe el último.»

[15] El Presidente habló de «su coraje moral y extraordinaria tarea al frente de esta institución, como servidor público riguroso y honesto».

CAPITULO ONCE

POLICIAS Y LADRONES: ¡SU R-11 PUEDE VOLAR!

Había llegado a mi casa de Aravaca en torno a las 10.30 de la noche. En la redacción de *El Mundo* me había tocado vivir otra jornada presidida por las pesquisas en torno al escándalo Ibercorp: la intervención del banco de De la Concha/Soto por parte del Banco de España, una vez fracasada la operación de venta al millonario Várez; la persecución, tan ardua como infructuosa, del financiero, para que explicara las claves de su retirada, y las llamadas a algunos amigos ginebrinos que me estaban ayudando en el rastreo suizo de Schaff, habían consumido muchas horas en la garita de Sánchez Pacheco 61.

A la hora de abandonar la faena diaria, empezaba a notar un cierto agotamiento producto de las muchas jornadas dedicadas por entero a Ibercorp, veintiún días desde que saliera el primer «entremés», y ello sin tomar en consideración los meses de seguimiento previo, tan silencioso como frustrante, del caso. Comenzaba a sentirme saturado de Ibercorp, pero lo peor de aquella sensación era ser consciente de que el asunto quizá no hubiera hecho más que empezar, y que los mayores misterios en torno al caso podrían estar por llegar.

Como de costumbre en los últimos tiempos, llegaba a casa a dormir. Casa fría, solitaria, recordando con frecuencia el viejo *blues* según el cual *a house is not a home.* Encendí la calefacción, me quité el mono de trabajo, y me enfundé el pijama. Ni siquiera subí al estudio. Aquella noche estaba decidido a leer un rato, y a apagar pronto la luz. Había que darle lo menos posible al «coco». Cuando uno siente ciertas inquietudes llamando a las puertas del alma que no puede atender a corto plazo, lo mejor es abandonarse al trabajo y al sueño, y mañana será otro día.

Estaba a punto de acostarme cuando sonó el teléfono. Eran las once de la noche, y al otro lado sonaba una voz desconocida, metálica, joven, con prisas y algún titubeo. No era un sonido curtido, seguro.

—¿Es usted Jesús Cacho?

—Sí, lo soy.

—Pues escuche atentamente lo que le voy a decir, porque no se lo pienso volver a repetir.

Y entonces tuve la intuición, rápida, como un *flash*, de que aquello era una amenaza, sí, en efecto, tuve miedo, como un relámpago, era una amenaza, la voz del otro lado estaba ya enfrascada en una serie de considerandos sobre mi vida, demostraba conocerla al dedillo, parecía estar leyendo un papel, una nota redactada por alguien, yo no tenía categoría para meterme con los señores de Ibercorp, que eran unos señores, y yo un don nadie, así que me recomendaba que dejara de perseguirles, porque mi R-11 podía saltar por los aires, de repente me dieron ganas de colgar, hice ademán de colgar, despreciarle, y aparté el auricular de mi oído, estaba a punto de hacerlo cuando en el último instante me dije, todo en un suspiro, Jesús, no seas tonto, entérate por lo menos de lo que dicen, lo que piensan de ti, lo que quieren hacerte, tú sabes lo que vale la información en nuestros días, y volví rápido a colocarme el auricular en la oreja, me había perdido alguna frase, me pareció que había vuelto sobre mi coche, la tenía tomada con mi R-11, ahora yo sólo sentía curiosidad, no sería la primera vez que un coche salta por los aires, y ya palabras mayores, irreproducibles, o que a sus hijas les (...), y de su mujer (...), así que váyase una temporada a Palencia, el loro parlante leía con nervios, sin fluidez, a veces daba la impresión de que se atrancaba, no parecía ser persona culta, seguramente un «pringao», márchese usted de Madrid inmediatamente si quiere conservar el pellejo, deje usted en paz a estos señores, usted no tiene categoría, algún recordatorio para mi compañero García-Abadillo, citándole por su apellido, no puedo recordar exactamente qué, pero no éramos nadie para meternos con esos señores, no señor...

No recuerdo nada más. Seguramente dijo más cosas, ¿un minuto?, quizá dos, ¿medio folio? No puedo recordar si entre sus protegidos, además de los señores de Ibercorp, citó al gobernador del Banco de España, no pude grabar la conversación, tampoco hubiera tenido con qué hacerlo, y no me fue posible solicitar el menor detalle aclaratorio, porque el mafioso colgó sin darme un segundo de respiro, sin poder improvisar una réplica, siquiera un insulto, tampoco me había dado tiempo a prepararla, abstraído como estaba, alucinado con la primera amenaza de muerte por teléfono que recibía en mi vida.

¿Qué hacer? La pregunta se me planteó al instante, imperiosa, atronadora, me puse a dar cortos paseos por mi habitación, de nuevo el miedo, solo en casa, casi me abalancé a cerrar el pestillo de la puerta, ¡qué hacer!, ¡qué hacer!, el cerebro tomado por cien caballos desbocados, salir, marcharme, pero ¿adónde?, llamar a los amigos, eso, a la familia no, sería preocuparles, traté de serenarme y analizar lo acontecido, centrarme en lo que acababa de oír, ponderarlo, ¿era tan serio como para salir corriendo?, fui recobrando la calma, la voz al otro lado del hilo no había conseguido inspirarme temor, no era una voz seria, segura. Era un mensaje leído por un «mandao», no tenía sentido pensar que aquella noche fueran a intentar algo contra mí y en mi propia casa. Decidí llamar a un amigo. Se alarmó, pero no acepté que viniera a acompañarme. «Kas», mi compañero de fatigas en *El Mundo*, estaba comunicando, no paraba de comunicar, y de pronto tuve la sospecha de que quizá estuviera en esos momentos recibiendo un mensaje similar al mío. Colgué, volví a llamar. Seguía comunicando. Lo volví a intentar varias veces, no recuerdo cuántas, frustrado, pero el teléfono de mi amigo no dejaba de contestarme con su mecánico pi, pi, pi...

Lo seguí intentando hasta bien pasadas las doce de la noche, con el mismo resultado, así que decidí acostarme, resuelto a no dejarme impresionar, a rechazar el miedo, a ignorar ese ruido extraño que uno cree haber oído cuando está predispuesto a oírlo, resuelto a dormirme. No sé a qué hora lo conseguí. Al día siguiente supe que «Kas», tras una dura jornada de trabajo, había tomado la noche anterior la decisión de descolgar el teléfono y meterse pronto en la cama. Eso me ha hecho pensar que quizá fue esa circunstancia la que le salvó de recibir un regalo telefónico similar al mío.

Desperté pronto. Lo primero que hice fue marcar otra vez el número de teléfono de Casimiro, por fin con éxito. Bello inicio de jornada. Quedamos en vernos en el periódico. Había que acudir a cursar la correspondiente denuncia, cosa que hice en la 112 comandancia de la Guardia Civil de Aravaca, a doscientos metros de mi casa. Entrar en un cuartel de la Guardia Civil es retroceder súbitamente en el túnel del tiempo, ver a un guardia *senior*, lleno de buena voluntad, mal pagado, golpeando con desigual fortuna una vieja máquina de escribir, dos dedos, todo es chino, el periodismo, Ibercorp, todo tan cerca y a la vez tan lejos, repetir los nombres, al dictado, repetirlo todo, paciencia, hasta que al final, buena gente, consigue culminar su obra, y pide firmas mientras coloca ruidosos tampones, ya está, ya se puede usted ir, ¿no andarán por aquí Starky y Hush, por casualidad? No, no andan por Aravaca, pero, ¿quiénes son esos señores? No, nada, era una broma, y ¿qué otra cosa se podría hacer...?

En el periódico, la noticia de mi amenaza causó el natural impacto. Pedro decidió publicarlo al día siguiente con cierto alarde, y yo asentí, convencido del efecto disuasorio que la publicidad de lo ocurrido podía surtir sobre los autores de la fechoría y sus mentores, al tiempo que aumentaba grandemente mi seguridad. Ni por un instante se nos ocurrió la posibilidad de abandonar el asunto Ibercorp. Comencé a atar cabos respecto a algunas situaciones que machaconamente habíamos presenciado en los últimos meses. Empezaba ahora a tener sentido la actitud de tantos ejecutivos como habían desfilado por Ibercorp y que se negaban en redondo a hablar pretextando una extraña mezcla de precaución y miedo, a menudo sencillamente miedo a las represalias físicas. ¿Cómo podían aquellos señores de Ibercorp tan brillantes, elegantes y exquisitos, provocar el miedo en el cuerpo a la gente? Ahora comenzaba a entenderlo.

Aquello no era una broma. Ibercorp no era una broma. Desde primeros de año, algunos amigos importantes me habían avisado de que me estaban siguiendo, seguían mis pasos, querían saber con quién hablaba, quién podía estar informándonos, ojo al teléfono, debía tener cuidado con el coche, tomar la precaución de mirar antes de montar, antes de poner en marcha el motor, es sencillo, casi un hábito, ver si hay cables sospechosos, tener la costumbre de echar una ojeada al retrovisor cuando se va circulando, y apuntar mentalmente si algún coche realiza la misma ruta, los mismos cambios de dirección. Pero todo aquello me había parecido música celestial. Uno es capaz de seguir esas instrucciones un día, y al siguiente olvidarse completamente de ellas. Para un adulto, es difícil jugar a policías y ladrones si uno no es policía o ladrón.

Lo que estaba claro es que quienes habían intentado amedrentarme para forzarme a dejar el asunto Ibercorp, conocían con todo detalle mi vida y milagros, muy posiblemente me habrían seguido, llevaba dos meses y medio viviendo en Aravaca, y apenas hacía veinte días que conducía mi R-11, puesto que anteriormente utilizaba el R-5 de mi mujer. Ya sabía que alguien había estado en la Caja de Madrid husmeando en mis cuentas, y que era una gestión realizada «por arriba». ¿Quién estaba interesado en conocer mi situación financiera? Este detalle, que cuando me fue comunicado careció para mí de importancia, adquiría también ahora todo su significado.

No había de transcurrir mucho tiempo sin que fuera protagonista de una de esas situaciones que uno ha contemplado muchas veces en el cine y siempre pensó que no podrían ocurrirle en la vida real. Fue al día siguiente, miércoles 4 de marzo. Aquel día habíamos salido en primera página de *El Mundo* con la noticia de que «un primo carnal del gobernador del Banco de España es el administrador de Schaff Investments». Aquello se ponía al rojo vivo. Y en aquella misma fecha dábamos publicidad a la amenaza telefónica que recibí en la noche del lunes.

A las dos de la tarde abandoné la redacción para dirigirme hacia la zona del hotel Palace, donde tenía concertado un almuerzo. Ya antes del cruce de López de Hoyos con la calle Velázquez noté a prudente distancia la presencia de un coche matrícula de Madrid, marca Peugeot 205, de color rojo, con un par de ocupantes abordo, que parecía seguirme. Sin duda estaba especialmente sensibilizado, todo fresco, dispuesto a mirar por el retrovisor, podía ser una falsa alarma. Enfilé la calle de Serrano, muy cargada de tráfico, y dos coches más atrás distinguí al Peugeot rojo. Por la populosa calle tuve la sensación de haberlos perdido, no me seguían, pero en el disco de Ayala los detecté de nuevo detrás, casi pisándome los talones, así que resolví abandonar Serrano, podía ser una casualidad, giré a la derecha por Goya, plaza de Colón, para tomar el lateral de la Castellana, allí no tendría duda de si seguían mis pasos o no. En el disco de la calle Génova, el Peugeot rojo se situó en una fila a mi derecha, dos vehículos más atrás, sus ocupantes efectivamente jóvenes, morenos, uno de ellos con barba corta, no parecían especialmente fornidos, les miré con descaro, el disco en rojo, unos segundos, pero ellos parecían comentar algo mirando en dirección Génova arriba, ¿o estaban disimulando? Arranqué rápido con el disco en verde, y pronto les vi circulando varios coches detrás de mí. Entonces decidí torcer inopinadamente a la derecha, por detrás del Ministerio del Ejército. Concebí la idea de refugiarme en el aparcamiento de la plaza del Rey. Ahora ya no me cabía la menor duda de que iban siguiéndome, porque cuando yo giraba a la izquierda por la calle de Barquillo el coche rojo iniciaba a toda mecha el descenso por la calle de Prim.

Me introduje, el corazón en un puño, en el aparcamiento, decidido a enfrentarme a ellos. Frené apenas rebasada la barrera, el motor en marcha, de pie al lado de la puerta abierta, mirando hacia el cobrador que a quince metros se aburría detrás de su cabina acristalada. Podría ser que necesitara su ayuda, en realidad la estaba necesitando. Fueron unos segundos que me parecieron eternos, pero el Peugeot rojo no asomó su morro por la rampa de bajada.

A los pocos minutos pagué mi *ticket*, ante la mirada extrañada del cajero, y salí de nuevo a la plaza. Ni rastro de mis perseguidores. Y lo peor es que no había podido tomar la matrícula completa, un fiasco, la falta de experiencia o, mejor, de sangre fría.

Apenas unos días después pude asistir de nuevo a otro de estos curiosos episodios, que esta vez tuvo a mi compañero «Kas» como víctima y testigo al tiempo. Fue la segunda y última vez a lo largo del *affaire* Ibercorp que tuve constancia de estar siendo seguido. Aquella noche habíamos quedado a cenar en Los Remos, autopista de La Coruña, con un amigo mío a quien «Kas» deseaba conocer, ajeno a la investigación en marcha. Como se trataba de «hacer risas», no pusimos especial impedimento en reunirnos en un lugar tan poco discreto como el citado restaurante.

Acordé con «Kas» que yo me dirigiría primero a Aravaca para cambiarme y dejar mi coche, y desde allí iríamos los dos al restaurante en el suyo. Cuando diez minutos después de mi llegada Casimiro pulsó el timbre de mi casa, lo encontré en un estado de notable excitación, él siempre tan ecuánime, joder, me ha seguido un coche, ¿cóooomo?, que sí, tío, que me ha seguido un coche hasta la misma puerta, y creo que está aparcado ahí fuera, enfrente, esperándonos. Subimos corriendo, nerviosos, a la terraza, y nada más asomarnos lo vimos, allí estaba, como cincuenta metros alejado de la puerta, en la acera de enfrente, esperando junto a un bosquecillo de bojs anexo a un descampado.

Se trataba de un Alfa Romeo 33, color blanco. Su ocupante había parado el motor y se había bajado tranquilamente a dar un paseo. No se distinguía la matrícula, pero tampoco reparamos en tomarla. Un error. Podíamos haber usado el teléfono para llamar al cercano cuartelillo de la Guardia Civil, y en dos minutos hubiéramos tenido la respuesta a muchos interrogantes. Tampoco lo pensamos. En lugar de ello decidimos abandonar la casa y montar en el coche de «Kas». Comprobar si nos seguía. Si lo hacía, decidimos prepararle una emboscada en las estrechas calles de Aravaca que conducen a la salida de la autopista de La Coruña. Aquello parecía sencillo. Consistía en parar de repente, bajarnos al tiempo del coche y pescarle detrás sin posibilidad de reacción, éramos dos contra uno.

«Kas» puso su coche en marcha y torció a la derecha, yo le iba guiando, ibamos a pasar a diez metros del Alfa Romeo, pero, ¿qué está haciendo? En cuanto nos ha visto salir y arrancar, el individuo ha abandonado el bosquecillo de bojs y se ha apresurado a montar en su coche y ponerlo igualmente en marcha, aquello parecía el colmo, joven, vistiendo un chandal de colores claros, «Kas» tuerce a la derecha por la calle Baja de la Iglesia, de subida, nada más rebasar la ermita será el momento de actuar, estaba ya detrás, encajonado, nervios, esto del periodismo no está bien pagado, mi amigo «Kas» es un sabueso de cuidado como investigador, pero habría que ver cómo se comporta en plan Colombo, yo mal, pero, ¿qué ocurre?, nuestro perseguidor ha torcido de repente a la derecha por la calle Calvario, nada más rebasar la iglesia de Aravaca, y nos ha dejado con dos palmos de narices, ¿por qué? Paramos el coche, retrocedí corriendo por la acera, pero sólo alcancé a ver unas luces rojas perdiéndose en un recodo.

No éramos sólo nosotros quienes estábamos paladeando las «delicias turcas» con que los afectados del escándalo Ibercorp estaban obsequiando a sus potenciales enemigos. También Paloma, la ex mujer de Manuel de la Concha, y otros personajes de su entorno estaban siendo víctimas de tales «regalos».

El 11 de febrero, Paloma Altolaguirre emprendía desde Barajas un viaje de recreo a la India de más de veinte días. Ya en pleno vuelo, se llevó la gran sorpresa al echarse a la cara la portada del diario *El Mundo.* Aquel asunto monopolizó los comentarios de buena parte de la travesía. Parecía que a Manolo se le estaba desmoronando su imperio, Sebastián se iba, no estaba mal que le dieran un buen capón, Fontecha también, todos personas conocidas. La traca parecía haber empezado a estallar, y Paloma se alegró de estar lejos de Madrid durante casi un mes.

Pero cierto día, en un hotel de Delhi, los amigos que la acompañaban pudieron observar la preocupación de Paloma, largo rato pegada al teléfono hablando con Madrid, alguien la estaba asustando o eso parecían traslucir sus exclamaciones, el asunto Ibercorp se había salido de madre, gran escándalo, lo de Manolo iba en serio, le están haciendo picadillo, en Madrid había un lío tremendo, oye, ¿no se habrán pasado con el capón? ¿No se estarán pasando con Manolo?

El regreso a Madrid estuvo marcado por la preocupación. Con cinco hijos habidos del matrimonio, nada de lo que ocurra a Manolo Concha le es indiferente a Paloma Altolaguirre. Pero ella jamás pudo imaginar que el aterrizaje en Barajas llegara a ser tan violento. En efecto, con los fotógrafos haciendo guardia a la entrada de su casa en El Viso, Paloma tuvo que desplegar una complicada estratagema para pasar desapercibida. Pero lo peor estaba a punto de llegar, porque con las maletas aún sin deshacer, su hija mayor, también de nombre Paloma, se presentó en la casa como un vendaval, hecha una furia.

—¡Eres un monstruo, una harpía, has arruinado a papá...!

—¡Pero qué estás diciendo —las manos a la cabeza—, qué barbaridades estás diciendo, Paloma, hija!

—¡Lo sabes muy bien, no te hagas la despistada, que eres mala y envidiosa —gritando, fuera de sí—, y no le perdonarás nunca, que le quieres destruir porque te abandonó!

—¡Pero tú estás loca, o qué te pasa!

—¡No estoy loca, no, tú has sido la que has dado toda la información a los de *El Mundo*, tú has entrado en Ibercorp y te has llevado unos *diskettes* del ordenador de papá con información, y se lo has pasado luego a esos cabrones a través del tío ese con el que sales ahora...!

Paloma tardaría tiempo en recuperarse de este encontronazo, disgusto sobre disgusto, ella se hacía de cruces, ¡qué locura es esta de acusarme a mí de entrar por la noche en

Ibercorp y robar unos *diskettes*, dónde, con qué llave, qué *diskettes*, para qué! Al final resultó que el robo del *diskette*, o del PC, que nunca se supo con exactitud, fue en la calle Antonio Rodríguez Villa, donde Manolo ha tenido su despacho personal toda la vida, que no fue en Ibercorp, cada día decían una cosa distinta, como era todo mentira...

Había perdido a su hija mayor, quizá para mucho tiempo, y a su nieto, encariñado con él como estaba, también al hijo varón, el menor, que ha optado por militar en el bando de su padre, frente a su madre.

Pero otras sorpresas aguardaban a Paloma. Porque, casi inmediatamente después de regresar de la India, la revista *Cambio 16* publicaba unas declaraciones de Alfredo Fraile, el hombre de prensa de KIO y Javier de la Rosa, inculpando a Paloma y al constructor Salvador Cutillas en el trasvase de información a *El Mundo* [1].

Aquello era demasiado, Paloma no sabía qué hacer, llamar a los amigos de verdad, los de toda la vida, los que la habían ayudado a soportar su viacrucis, ¿cómo era posible que Juan Tomás publicara esas cosas?, con las veces que le dio de comer en su casa de El Viso, y en Guadalmina, de nuevo abierta, sangrante, la herida de la ruptura matrimonial, la separación, de nuevo presentes, como en un amargo *flash-back*, los años que pasó aguantando las infidelidades de Manolo, por los hijos, sólo por los hijos, siempre en silencio, siempre resistiendo el acoso de la prensa, porque Paloma nunca hablará, nunca perjudicará a sus hijos.

A través de sus amigos ha sido posible reconstruir parcialmente el drama de esta mujer, que juzgó tarea digna de empeño dedicar su vida a pulir el diamante en bruto que creyó descubrir en Manuel de la Concha cuando le conoció. Porque ella era la rica, la «chica bien de familia bien», una auténtica belleza, un tipazo, cuando se topó con él. Ella fue la que compró el primer piso de la pareja en el Paseo de La Habana, que Manolo era un don nadie, ella fue quien le introdujo en sociedad, paleto, sin cultivar, buena gente, sí, Manolo era entonces muy buena gente, porque él no era así, él no era ni de lejos el monstruo en que se ha convertido ahora, una buena persona, un chico encantador, un hombre siempre con muchos complejos, eso sí, con montones de complejos que a Paloma le costó Dios y ayuda suprimir, complejos que parecían obligarle siempre a caminar sobre el alambre, necesitado todos los días de hacer el triple salto mortal, todo para llamar la atención, reafirmar su personalidad, para al final, tanto hacer de funambulista, terminar estrellado en el suelo y sin red...

Manolo era un hombre que se dejaba fascinar fácilmente, a quien resulta sencillo epatar por gente con mundo, con gracia. A Manolo siempre le han deslumbrado los hombres, siempre los hombres, nunca las mujeres. Manolo es muy enamoradizo de los hombres. Son hombres quienes le epatan, nunca mujeres. Ellos son los que tienen poder, los que hacen gala de inteligencia, los que manejan las grandes cifras. Nunca mujeres. Una mujer no puede estar nunca a la altura de esos hombres que admira, de sus amigos, nunca a su nivel, el nivel de Juan Antonio, de Mariano, de Jaime, de Miguel... Manolo no puede por ello respetar a las mujeres, ni valorarlas. En este sentido es un consumado machista. La mujer es un ser inferior. Simplemente un trofeo añadido al éxito social, un aditamento más del triunfo profesional, algo bien vestido y enjoyado de lo que presumir, para lucir del brazo.

Pero ahora aquel tipo encantador en sus orígenes se ha vuelto malo, una mala persona, un «mal bicho». A Manolo lo cambia Jaime Soto. Jaime le enseña lo que es ser «gente bien». Soto, un señorito jerezano, casado con una Fernández de Córdoba nada menos, yerno de Gonzalo Arión, duque de Arión, un hombre que navega con el Rey, y de Beatriz «Teñu» Hohenlohe, con la gran finca de Malpica, con unos cuñados (Joaquín y Fernando Fernández de Córdoba) que son amigos del príncipe Felipe, «Sotito», frío como un témpano, con finca, con casa en Londres, con tienda de antigüedades montada para Marina, tan inglés, tan elegante, con tanto idioma, que sabe estar, que tiene mundo... El simple Manolo cae literalmente rendido a sus pies.

Y si esa admiración va unida al dinero, tanto mejor. Porque Manolo descubre con Jaime las grandes cifras. Manolo pertenecía al mundo de las pequeñas cifras hasta que se topa con Soto, que venía de ser consejero delegado del Banco Hispano Americano, acostumbrado a manejar decenas, centenas de miles de millones, y es Soto quien mete a Manolo en la montaña rusa de las grandes cifras, donde ganar cincuenta o cien millones de pesetas es una ordinariez, lo elegante es ganar cinco mil millones de una tacada, otra galaxia, otra dimensión.

Tenía que hacer lo que hacía Soto, tener lo que tenía Soto. Nada más pegar el «pelotazo» de sistemas AF, Jaime se compró un Porsche, el más caro, de color negro, y otro tanto hizo Manolo, idéntico modelo, idéntico color, lo mismo ocurrió después con los BMW de la serie 7, los más caros, los más grandes, los más llamativos. Como Jaime tenía finca en Oropesa, Manolo se tuvo que comprar una en Garciotún (Toledo), cuando a él le disgusta el campo, detesta el campo, él es un animal urbano, no sabe montar a caballo, ni le gustan los caballos, ni le gusta la caza, un desastre este Manolo sincrético que quiere tener lo mejor de todos como sea, al precio que sea [2].

Lo mismo pasa con el avión, Soto no paró de «comerle el coco», Manolo, que necesitamos un avión, que es una cuestión de nivel, que nuestro *status* exige un avión, hasta que se compraron el avión, Jaime era ya el perfecto *gentleman*, ya podía ir a cazar faisanes al condado de Surrey en el «Jet-Soto», como le gustaba llamar al Cessna Citation, el aparato comprado con dinero de otros, claro, porque éstos jamás emprendían nada con su dinero, era la regla de oro de Manolo, un negocio nunca se puede emprender con dinero propio, no tiene gracia y se corre el riesgo de perderlo.

No siempre los días fueron de vino y rosas entre los dos, porque al principio Manolo odiaba a Soto. Después de la traición de Banif, Manolo lo ponía a caer de un burro, pero luego se arreglaron, les arregló la perspectiva de forrarse con Sistemas AF, pelillos a la mar, se trataba de hacer negocio, el negocio de sus vidas.

Por eso Ruiz de Alda se enfadó tanto cuando De la Concha montó Ibercorp con Soto, parece mentira, Manolo, que hayas sido capaz de montar eso a mis espaldas, y con ese traidor, falso, Juan Antonio era la voz crítica de Manolo, la conciencia de Manolo, él nunca hubiera permitido a Manolo romper su matrimonio con Paloma, la muerte de Juan Antonio fue un desastre para él, perdió al único hombre capaz de poner orden en su vida, se lo advertía Juan Antonio, eso que estáis haciendo (en Ibercorp) es una locura, no os podéis montar así, vais a ir al desastre...

Manolo ha comprado en su vida a todo el que tenía alrededor. Con dinero, con favores, con encanto, con seducción... Con lo que fuera menester, pero casi siempre con «caramelos». ¿Esto cuánto vale?, era su pregunta favorita. Todo se podía comprar, todo lo podía alquilar el magnífico Manolo, representante eximio en la piel de toro de esa especie de hombres que a principios de siglo emigraron desde el Palermo natal hasta Manhattan, pasando por Ellis Island, y en poco tiempo se adueñaron de la Gran Manzana.

Manolo también quiso comprar a Paloma a la hora de su separación, y por cuatro perras. Aquella separación fue muy dura, meses luchando contra él y sus amigos, que hasta entonces también habían sido los suyos. Porque él no la ha dejado, como ha ido diciendo por ahí. Fue ella quien le puso la maletita a la puerta de la calle, harta ya de aguantarle, fue ella quien al final dijo «basta», llevaba ya siete u ocho años saliendo con la Falabella, qué risa cuando oye por ahí decir que se ha casado con una más joven y más guapa, ni hablar, más hortera sí, pero tan mayor como ella, sólo que Isabelita se lo ha estirado todo y Paloma no, pero de joven nada, los mismos años, ni uno más ni uno menos, ¡y lo que ha luchado por mantener vivo el matrimonio!, por los hijos, porque Manolo ha tenido veinte amantes en su vida, todas dentro de aquellos cánones de «trofeo» para exhibir en la vitrina, un tipo al que le gusta jugar con las mujeres, gambetear con ellas, un jugador de ventaja, un tramposo en las relaciones con Paloma, presididas siempre por una pulsión amor/odio muy intensa.

Manolo no se quería separar, se encontraba cómodo en casa con esa doble vida, con esa situación, claro, tenía una tonta que le resolvía los problemas domésticos, Paloma es una mujer de muchas relaciones, atractiva, lo ha sido siempre porque lo mamó en su casa, inteligente, que resolvía con brillantez todo el tráfago de la organización de la vida social de Manolo, él se encontraba cómodo con una mujer en casa capaz de sacarle las castañas del fuego, hasta que se cansó.

Y luego la quería despachar con 350.000 pesetas al mes, ella que sabía el dinero que tenía, las sociedades que tenía, dónde lo tenía... ¡350.000 pesetas al mes para sacar adelante a sus hijos!

Se sintió terriblemente presionada. Y todas las tardes Mariano Rubio aparecía en casa de Paloma, en pleno El Viso, en cuanto salía del despacho, Paloma firma, el gobernador del Banco de España, presionarla, Paloma firma, erre que erre, asustarla, todas las tardes a tomar el té a su casa, intimidarla, que es lo mejor para ti, firma, y todo para hacerle un favor a su amigo, el gobernador del Banco de España nada menos...

Estaba desesperada, no sabía qué hacer. Ya tenía el teléfono «pinchado», porque lo que hablaba con sus amigas lo sabía Manolo al instante, y hasta la llamaba nada más colgar para reprocharle lo que hablaba con ellas, porque también alguna amiga, la que ella creía su íntima, Pilar Ruiz de Alda, también la presionaba, firma, Paloma, firma, así que decidió llamar a Luis María, que siempre la ha ayudado mucho, un cielo con ella, y ni hablar, no firmes, le dijo, yo te busco un abogado, yo te recomendaré un buen abogado, y así lo hicieron, se puso dura, estaba en su derecho, «tú has hecho tus 15.000 millones gracias a mí», le espetó a Manolo, «y ahora me quieres dejar tirada como un trapo, me quieres despachar con cuatro duros, ni hablar, hasta ahí podíamos llegar», y con la ayuda de su abogado, Antonio Ceballos, consiguió hacerse con todas las sociedades del antiguo síndico, sociedades fantasma, instrumentales, más de cuarenta, por cierto que lo que más le ha llamado la atención cuando ha salido lo de *El Mundo*, las listas de empresas descubiertas por *El Mundo*, es que en ellas no figura ni una de las que manejaron ella y su abogado, de las que descubrieron ellos dos, de manera que se ve que las han cambiado todas...

Todas aquellas sociedades las tenía con el Quesada hijo de testaferro, todas, un tío a quien ella despidió de su tienda, le echó, y cuando viene Manolo y le dice un día que ha cogido al Quesada, Paloma alucinaba, pero Manolo, «¿cómo puedes haber cogido a un tío a quien yo he tenido que poner en la calle?», sí, porque le necesito, le respondió, claro, después se dio cuenta de para qué le necesitaba.

El caso es que le sacó la casa de Madrid y la de Guadalmina, que dicho sea de paso es una carga, porque es un casón de no te menees, llena de gastos, que cuesta un riñón mantener. También se quedó con los cuadros, tenían muchos, Manolo era uno de esos *parvenues* que compran cuadros como inversión y confunden un Millares con un Antonio López, un Ortega con un Barceló, le da lo mismo, no sabe apreciarlo, para él no es pintura, sólo dinero, y también una cantidad en metálico importante, pero nunca lo que se ha dicho por ahí, ni hablar. Eso sí, exigió que el dinero se lo dieran en talones conformados del Banco de España, se puso firme, ni hablar de otra cosa, nada de promesas, Manolo no quería ni a tiros, que ya se lo iría dando, decía, pero si no lo llega a hacer así se queda sin un duro, si se fía de él no le hubiera dado ni una peseta, de sobra lo sabía.

Todo terrible, con una presión enorme, al final había una disparidad de 180 millones de pesetas y ¡bah!, dijo Paloma, «voy a firmar por quitarme este suplicio de en medio», y el mismo día de la firma, en junio de 1989, ya desesperada, le dejó que se llevara de casa unos cuadros, bueno, llévatelos, y él mismo cogió unos cuantos...

Pero salió del infierno, y además tuvo el acierto de no dejar un duro metido en Ibercorp, que también eso se lo recomendó su amigo Luis María, y ahora está más contenta que unas pascuas por haber seguido el consejo. Por aquellos días era su cumpleaños, así que cogió a sus hijas y después de firmar se fueron a celebrarlo a Jockey.

Y en cuanto firmó, Mariano Rubio desapareció de su vida, le dejó de hablar, después de haber estado todas las tardes yendo a su casa a presionarla para que aceptara las condiciones de separación que le proponía Manolo, y hasta este verano mismo, sí, verano de 1992, se ha encontrado de bruces Paloma al ya ex gobernador en casa del abogado Garrigues Walker, en

Sotogrande, con ocasión de una representación teatral (*La Oda*, de Antonio), y le ha dado la espalda, no la ha saludado.

Y como Mariano hizo la mayoría de los amigos comunes que tenían. Gente a la que ella se había hartado de dar de comer en su casa de Guadalmina, a la que había tenido que soportar en Madrid y en Guadalmina durante años, porque Manolo ha sido el síndico, pero ella era «la síndica», ella tenía una tienda y le salían ampollas de llevar bultos a los coches de las señoronas que venían a comprar, pero por la noche, en cuanto cerraba, se ponía de tiros largos y era «la síndica», lista para el besamanos.

Al propio Mariano tuvo que aguantarle lo indecible. En los años de su matrimonio con Manolo, Paloma asistió a representaciones sublimes de seducción a conveniencia de las partes. Cuando Mariano ascendió a gobernador se convirtió en la personificación del Poder con mayúsculas, él era el Poder, todo el Poder, y Manolo sedujo y a su vez fue seducido por Mariano. Cuando Isabel Azcárate le dejó plantado, el día después del homenaje a su padre, Justino Azcárate, con una carta sobre la cama para irse con Javier los Arcos, Mariano quedó tocado del ala, más solo que la una, como cojo, y entonces llegó la gran oportunidad de Manolo, que le acoge, le protege, le mima y le cura las heridas. Ya separado, Mariano ha pasado muchas vacaciones en la casa de los De la Concha en Guadalmina, y luego también con Carmen.

Es entonces cuando se forma la «santa alianza» entre los dos, todos para uno y uno para todos, Manolo siempre pendiente de Mariano, de saber qué hacía Mariano, dónde estaba Mariano, incluso cuando estaban sentados a la mesa si no les había tocado juntos, mirando si Mariano estaba bien atendido, si le faltaba algo, buscándose con la vista.

—Yo siempre he creído que lo de Manolo tiene mérito —asegura una de las mujeres del grupo—, y que tenía que haberse aprovechado mucho más de la información confidencial, porque haber aguantado tantos años a un pelma como Mariano tiene realmente mucho mérito. ¡Si es que te caía al lado en una cena, y te daba la noche!

Y Mariano igual, sólo tenía ojos para Manolo, a ver dónde estaba Manolo, como enamorados, siempre hablando de economía, de sus cosas, formaban una especie de cofradía, una *onorata società* a la manera italiana, ya me entiendes, por eso Paloma se ha reído mucho cuando ha salido lo de la información confidencial y lo han desmentido con aquella aparente firmeza...

Luego, eso sí, Manolo era una autoridad cuando entraba por la puerta del Banco de España, gorrazos a diestro y siniestro en honor de don Manuel.

Paloma ha tenido que soportar los altibajos de Mariano, los cambios de humor de Mariano, los enamoramientos de Mariano.

—Mariano ligaba mucho —asegura otra fémina del grupo—. Tenía éxito con las mujeres, en realidad era un pendón desorejado, pero obviamente no por su físico sino por el *sex-appeal* del cargo. Mariano, por cierto, estuvo unos meses ennoviado con Isabel Falabella, que luego se casaría con Manolo, y, agárrate, salió también una temporada con Mari Luz Barreiros, hasta que la dejó, dijo que no le gustaba porque se pintaba demasiado la cara, y Mari Luz, otra «cazatalentos», cazó después a Polanco, que es como una segunda edición de su padre, el Barreiros, un tonel regordete, o sea, un Electra mal resuelto.

Paloma ha asistido en primera línea al nacimiento y desarrollo de eso que después se llamó la *beautiful people*, los ha visto desfilar a todos delante de sus narices, los ha amamantado a todos, porque ese grupo se formó en torno a su casa de Guadalmina, en torno a cuatro parejas que empezaron a juntarse durante el verano, los Garrigues, los Entrecanales, los Ruiz de Alda y los De la Concha, a las que Antonio puso nombre y calificó de «el grupo del amor», qué risa, y no porque allí resplandeciera el amor, no, qué va, que allí resplandecía el cinismo y la superchería, sino porque todos eran muy amorosos, muy de mua, mua, mucho besuqueo, *oh la la!*, todo maravilloso, huuuuy, todos maravillosos.

Luego al grupo se fue añadiendo más gente, nuevas estrellas del papel *couché*, nuevas constelaciones de «amorosos», gente como Mariano Rubio, y es que José María Entrecanales siempre estaba dando la barrila con que, ay, tengo una prima, mi prima por arriba, mi prima por abajo, y su prima resultó ser Isabel Azcárate, hasta que un día se presentó con su prima, una belleza, Isabel, la verdad, pero al lado iba el plasta de su marido... Aquel tío aburrido y peñazo resultó ser Mariano Rubio.

Y Plácido Arango, un tío con dinero incluso ya antes de los VIPS, y con mucho mundo, encantador, mucha clase, «que al principio nos deslumbró a todas», siempre más cercano a José María Entrecanales que a ningún otro, luego íntimo de Polanco, pero siempre marcando distancias, Plácido es muy rico, quizá tanto como Polanco, no, éste no andaba con el grupo de los «amorosos», Polanco ha participado con la «biutiful» en la utilización en su provecho del poder político, pero no ha participado en su vida social, no.

Y a continuación llegó por allí Boada, y Boada llevó a Boyer, que era un chico al que admiraba mucho, decía Claudio, porque había trabajado con él y tenía un talentazo, los Bustelo, y gente así, Rafael del Pino poco, Del Pino mucho menos de lo que la gente cree, y alguna vez también Solchaga, ah, claro, y también llegó Salas, Juan Tomás, y Juan Tomás metió en casa de Paloma a todos los socialistas cuando aún estaban en la oposición, a ella no le gustaban demasiado, la verdad sea dicha, pero tragaba, todo sea por la causa. «Recuerdo a uno de ellos que era un poema», asegura una testigo, «no quiero decir el nombre porque ahora manda, pero el tío guarro se admiraba, yo no sé por qué oléis tan bien las señoras ricas, decía, ¿pero qué os ponéis para oler tan bien? Pues no sé, respondía yo, será cuestión de jabón...»

Con Miguel de «superministro» y Mariano en el Banco de España, el grupo alcanzó el cenit de su gloria. La guinda la ponía su proximidad al rey Juan Carlos, las cenas que hacían con el Rey, qué cenas aquellas, sentábanse a cenar en torno a Su Majestad los Garrigues, Ruiz de Alda, Mariano Rubio, José María Entrecanales, Manolo Concha, José María Echevarría, y alguno más. Por riguroso turno, los miembros del grupo iban oficiando de anfitriones de Su Majestad, una vez cada tres o cuatro meses, y pronto el asunto fue derivando en una especie de competición por ver quién lo hacía mejor, quién servía la cena más exquisita, quién lograba la velada más rumbosa, más *épatante*, el siguiente mejor que el anterior y así sucesivamente.

La cena con Su Majestad les perturbaba hasta la esquizofrenia, les hacía superiores, les convertía en élite. El anfitrión de turno andaba semanas preocupado, obsesionado por lograr el reconocimiento real, el elogio real. Se alquilaba un cocinero especial para la ocasión, que hacía un menú especial, se preparaba con sumo cuidado la mesa, todo en una escalada, un constante *in crescendo* que alcanzó su éxtasis cuando Juan Tomás de Salas, ya instalado en su casa de Hoyos del Espino, en Puerta de Hierro, se trajo la cena de Londres en avión particular, claro, porque el *roast-beef* inglés es incomparable, y se trajo también el mantel de Inglaterra, porque en España no encontró el damasco adecuado.

Hasta que un día, en casa de Manolo Concha, o fue quizá en la de Antonio Garrigues, el Rey se enfadó con algún comentario, se disgustó, y puso punto final a esas cenas. Además, había ya otras fuerzas fácticas, gente poderosa, con títulos, que se sentían molestas, celosas al ver a este grupo monopolizar el favor real, y hubo alguien que maniobró en la Casa Real para poner fin al espectáculo.

Toda esa *troupe* dio de lado a Paloma cuando se separó. Gracias a que había seguido conservando sus amigos y amigas de siempre, los de toda la vida, y ésos han sido los que la ayudaron a salir a flote, a seguir adelante, porque todos éstos la abandonaron. Todos menos Isabel Preysler y Miguel Boyer, hay que decirlo en su honor, que son los únicos del grupo que demostraron a Paloma su señorío. Como lo que le hicieron el día de la boda de Beatriz, una de las hijas del matrimonio De la Concha, julio de 1990, Paloma preparándolo todo, y después de la ceremonia la dejan plantada y se van todos los amigotes a cenar por su cuenta a Jockey, una vergüenza, todos menos Isabel y Miguel. Pero una cosa ha quedado clara: ni el divorcio, ni Manolo, ni sus poderosos amigos han conseguido sacarla del circuito social en el que siempre se ha movido, ni hablar.

Por cierto que a los pocos días de la separación, todavía estando en comunicación civilizada con Manolo, Paloma decidió escribirle una larga carta diciéndole lo que pensaba de la educación de los hijos, cómo veía su futuro, esas cosas que se piensan en un momento así, cuando uno se pone trascendente, y el caso es que Paloma se acordó de Carmen Posadas, se le ocurrió decirle a Carmen, oye Carmen, tú que dominas eso de escribir, ya ves que a Manolo le encanta cómo escribes, por qué no me redactas bien esta carta. Y así lo hicieron, Carmen, muy amable, reescribió la misiva antes de remitirla.

Seguramente no había terminado de leerla, cuando Manolo llamó por teléfono indignado, es que ya no sabes ni escribir, Paloma, tú que siempre has dicho las cosas bien claritas y resulta que ahora te has vuelto engolada y pedante.

Así que Paloma, malonaza, le dice a Carmen, mira Carmencita, mira lo que piensa de ti y de tu forma de escribir Manolo, él que tanto te regala el oído con que eres la mejor escritora de España...

La pareja se separó, en efecto, pero desde entonces Manolo y los demás han vivido bajo el temor de que algún día Paloma pudiera «cantar la gallina», hablar, ha llegado a tener miedo físico, contar lo que sabe, y cuando estalló el escándalo Ibercorp se asustaron mucho, para ellos el peligro era Paloma, que hablara con los de *El Mundo*, que les contara, y por eso la han sometido a un infierno de amenazas y presiones, y eso que saben que nunca hablará para no perjudicar a sus hijos, por ellos no lo hará jamás, y bien sabe Dios que el día que Juan Tomás sacó aquello en *Cambio 16*, Paloma estuvo a punto de hacer una locura, no podía más, no podía resistir más, llamó a Luis María llorando, «no aguanto tanta provocación, voy a hablar», y él la ayudó, la aconsejó bien, gracias a Luis María.

¿Cómo pudo decir Salas en *Cambio 16* que había sido Paloma quien había pasado la información a *El Mundo*? ¿Cómo pudo hacerle Salas eso a Paloma? Aquello la sublevó. Este es otro de los que deslumbró a Manolo, un tío ocurrente, con ángel, un tipo encantador, de nuevo Manolo cayó rendido a los pies de un hombre, otra vez *épaté,* cautivado, y todos los días con ellos, cenando juntos, viajando juntos, la de veces que Juan Tomás ha comido y cenado en casa de Paloma. Juan Tomás podía haber llegado muy alto, esa es la verdad, porque valía mucho, pero, ¿cómo ha podido enloquecer de esta forma? Ya hace tiempo que se dieron cuenta.

—De repente te dejaba de hablar, sin saber por qué, sin avisar, cuando a lo mejor la noche anterior habías estado poco menos que haciendo manitas con él.

A los De la Concha les dejó de hablar un año entero, entre 1988 y 1989, así que Paloma empezó a cogerle manía, hasta que un día de mayo de 1989, con la pareja ya al borde de la ruptura, vino Manolo con el cuento, oye, Paloma, nos ha invitado a cenar Juan Tomás, pesado, tenemos que ir, y ella que no, ¿por qué tenemos que sentarnos con un tipo que lleva un año sin dirigirnos la palabra? Anda, que sí, por favor, a lo mejor quiere explicarse, tenemos que ir.

Así que allí se presentaron. Bueno, el editor les montó un espectáculo de miedo a cuenta del valor de la amistad, engolado como es, que si es lo único que merece la pena en esta vida, que si la poesía de la amistad, que si los amigos de toda la vida, que si no hay nada más gratificante, que si pelillos a la mar, y todo sin dar ninguna explicación de por qué les había mantenido en el ostracismo durante un año. Así que, muy mosca, a la salida de la casa Paloma explotó.

—Oye, Manolo, ¿qué te querrá pedir este sinvergüenza para que nos haya dado este baño? ¿Qué favor te querrá pedir?

—¡Ay, que no, mujer, tú siempre tan desconfiada!

—Bueno, ya verás como éste te va a pedir algo.

Pues justo a los tres días llegó Manolo, cabizbajo.

—Oye, Paloma, tenías razón, Juan Tomás me ha pedido un favor, y de cojones.

—¿Qué te dije?

—Tenías toda la razón. Me ha pedido un crédito para el grupo, y un crédito importante.

Este es Juan Tomás. ¿Qué clase de locura se ha apoderado de este hombre? «Yo estoy convencida de que todo empezó a cambiar cuando se fue a vivir a Puerta de Hierro», explica una mujer del grupo. «De repente parece que le entraron las ínfulas de los títulos nobiliarios, los Mercedes, los BMW, se dejó la perilla, y esas camisas con los cuellos redondos, un marqués redivivo. Casado con Bárbara, una canadiense que no se había visto en otra igual, quedó fascinado por una señora que le comió el coco, Isabel Carvajal, mujer de "Paddy" Gómez-Acebo, y a partir de ahí todas las demás dejamos de tener el menor interés para él, a menos que te necesitara, claro, que este es el típico "trepa" aprovechado.»

«No sé lo que hará», prosigue la misma señora, «todos dicen que está arruinado, pero ahí está la casa de Nueva York, seguramente a nombre de Barbarita; la que se está haciendo en Puerto Rico con todos los detalles, que yo creo que éste sale huyendo de la quema y se larga a Puerto Rico; la que alquila en verano a Jaime Parladé al lado de San Pedro de Alcántara, y en el grupo dicen que está rehabilitando un casón antiguo en el Périgord francés, donde vive su hermana María Elena».

A Paloma le han hecho de todo. A la vuelta del viaje a la India, ha tenido el teléfono «pinchado» durante mes y pico. No se trataba de algo misterioso o sofisticado. Era una intimidación burda. Se trataba de asustarla, de hacerle saber que la vigilaban, ojo, no te vayas de la lengua, Paloma ha pasado miedo, sí, el operativo empezaba a partir de las diez de la noche en el teléfono de abajo, el del salón, matemáticamente cada cuarto de hora sonaba el riiing, riiing. Si descolgabas, nadie respondía; sólo se oía un ruido como de arrastre de una grabadora sobre el sonido de una máquina que digitalizaba una serie de números. Nada más. Al cuarto de hora el teléfono volvía a sonar.

A partir de las once y media, hora en que ella suele subir a sus habitaciones en la planta alta, el mecanismo pasaba a operar sólo en el teléfono de su dormitorio, Manolo conocía bien sus costumbres, y cada cuarto de hora volvía a sonar, lo ha pasado muy mal, así que a partir de las doce Paloma descolgaba el teléfono todas las noches para poder dormir, mucho miedo, porque Manolo se ha convertido en un monstruo, hasta el punto de que ha tenido que pagar durante un tiempo los servicios de un guardia de seguridad nocturno, miedo, ha temido que le hicieran algo, sí, bien sabe Dios que lo ha temido, las provocaciones de Manolo buscaban intimidarla, hacerle mantener el pico cerrado, porque ella ha amamantado a toda la «biutiful» y conoce bien las debilidades y flaquezas de cada uno de ellos.

Pero no ha sido sólo Paloma. También Salvador Cutillas, todo un caballero que ha intentado ayudarla después de su divorcio, ha sufrido la furia de esta gente, que hasta Rafael Calleja, «Coke» Calleja, el marido de su hija Paloma, un tipo que tras la ruptura de la pareja pasó a militar decididamente en el bando del dinero, en el bando de Manolo Concha, le llamó un día por teléfono con el siguiente mensaje, todo claro, por la cara:

—Esta noche te voy a esperar en el jardín de la casa de mi suegra y te voy a partir la cara, cacho cabrón. Y como eres un viejo, te recomiendo que te lleves a tus dos hermanos para defenderte...

Y Salvador le contestó como se merecía.

—Yo con personas de tu calaña no pierdo un minuto hablando por teléfono.

«Lo ha pasado mal Paloma, muy mal», asegura uno de sus allegados, «ha temido que pudieran asaltarla, robarle, se ha comprado una nueva caja fuerte que tiene a buen recaudo, para esconder los papeles, todo lo que tiene, comprometedores, todo, porque ella lo sabe todo, ha estado presente en conversaciones, sabe dónde tienen el dinero, en qué sitios, a través de qué sociedades, quién se lo ha montado, hasta las claves de las cuentas en Suiza conoce Paloma Altolaguirre».

Y ya en el verano Manolo llamaba a las hijas que viven con ella, las pequeñas, llorando casi, estoy sin un duro, arruinado, no puedo salir ni a cenar, el otro sábado estuve en Horcher y gracias a que me invitaron... Y todo para decirles a continuación que tenía que vender los pisos que les había comprado a cada una, que estaban en *leasing* y a nombre de una de esas sociedades fantasma, total, que las ha dejado en la calle... Cuando en el grupo saben que se lo está poniendo todo a nombre de la Falabella, ese casón que se están haciendo en Somosaguas, con auditorio, ojo, con auditorio en la planta baja, todo a nombre de ella.

Por cierto que lo de trucar los nombres era uno de los jueguecitos favoritos de Manolo de toda la vida, desde que era síndico, por eso a nadie le extrañó el tema cuando lo contamos en el periódico.

Este ha sido el drama de Paloma Jiménez Altolaguirre. El mío no había terminado con la amenaza de muerte. En realidad estaba comenzando cuando la llamada telefónica se produjo. Las advertencias de los amigos eran constantes en torno a la utilización del teléfono, cuidado con el teléfono, ojo con lo que dices por teléfono, pero uno se inclina a pensar que ese tipo de cosas no pueden sucederle jamás, a otros quizá, pero no a uno mismo.

Todas las señales de alarma se me dispararon al tiempo el 19 de marzo, fiesta de San José, cuando *Diario 16* publicó una información según la cual «Un abogado de De la Rosa informa y asesora a *El Mundo* de los pasos a dar en el caso Ibercorp», con un subtítulo que decía: «Juan Peláez era secretario de Sistemas Financieros hasta 1990.»

Aquella información era la transcripción casi literal de una conversación telefónica que yo había mantenido unos días antes desde mi propia casa con un abogado catalán afincado en Madrid. En efecto, el lunes 16 de marzo, poco después de llegar a mi casa, recibí una llamada del abogado Juan Peláez, marqués de Alella. Aquella fue una más de las conversaciones que un periodista puede mantener a lo largo del día, quizá con la relajación mental añadida de hablar desde casa, con un amigo, y a una hora tan distendida como las diez de la noche.

Juan me comentó la marcha judicial del asunto Ibercorp y me hizo algunas consideraciones de su cosecha sobre el futuro de la misma, todo ello aderezado con las consabidas bromas y la textura propia del lenguaje coloquial. No di la menor importancia a esta llamada, que comenté de pasada a la mañana siguiente con mi compañero «Kas», antes de olvidarla.

Pero estaba claro que no iba a ser fácil lograrlo. La noticia aparecida el 19 de marzo en el diario propiedad de Juan Tomás de Salas me produjo algo parecido a un *shock*. Parecía imposible, pero allí estaba, en letras de molde [3].

Juan Peláez me llamó en la mañana del jueves, alarmado. Estaba claro que «las fuentes solventes» de *Diario 16* tenían «pinchado» nuestro teléfono, y habían pasado el contenido de nuestra conversación al periódico. Juan Tomás de Salas había decidido tirar por la calle de en medio de la «teoría de la conspiración» para defender a sus hermanos de sangre de Ibercorp, sin reparar en medios. No había la menor duda de que estábamos «pinchados», pero, ¿quién de los dos?

La respuesta tardó veinticuatro horas en llegar, y vino también de la mano de *Diario 16*. En efecto, al día siguiente el periódico de Salas insertaba otra información en la que aseguraba que destacados periodistas de *El Mundo* estaban asesorando al Partido Popular en su preparación frente a la intervención parlamentaria que Carlos Solchaga llevaría a cabo en el Congreso para explicar el *affaire* Ibercorp.

El domingo anterior, 15 de marzo, «Kas», Pedro y yo habíamos tomado parte en una cena informal celebrada en el hotel Villa Real de Madrid con el diputado del PP Rodrigo Rato. El político quería conocer nuestra opinión sobre el entero escándalo Ibercorp y, naturalmente, cuáles eran los puntos débiles de la argumentación oficial en torno al *affaire*. La cena en cuestión me resultó soporífera. Rato venía del campo, con sus pantalones de pana, y me dio la impresión de que no se había tomado en serio el asunto, en contra de lo que demostraría después. A pesar del entusiasmo puesto por Pedro en aclararle las ideas, me desazonó verme a esas horas en una reunión que consideré una pérdida de tiempo, pudiendo estar tranquilamente en casa.

A los efectos del relato, lo sustantivo es que aquel domingo por la tarde yo había recibido varias llamadas telefónicas en mi domicilio, mediante las cuales mis compañeros de cena me especificaron la hora y lugar de la cita. Teniendo en cuenta que mi teléfono ya estaba «pinchado», *Diario 16* poseía buenas razones para estar informado.

En la mañana del viernes, 20 de marzo, yo tenía por tanto la certeza casi absoluta de ser la víctima de las escuchas telefónicas ilegales. Por lo demás, Juan Peláez me había hecho saber que él estaba «limpio», después de que alguien de su confianza hubiera revisado sus teléfonos.

Me dispuse a hacer inmediatamente lo propio, y para ello recurrí a la única firma especializada en estos menesteres que conocía, propiedad de Francisco Alvarez, un ex policía a quien hacía dos años había conocido en Barcelona.

De manera que a las 8.30 de la tarde de aquel viernes, ya anochecido, tres jóvenes al mando de Alberto Crusat, un técnico de Check-In, aparcaban con sus bártulos frente a la puerta de mi casa y procedían a efectuar un «barrido» en mi línea telefónica. Alguien preguntó enseguida por la situación del cajetín terminal. Yo lo ignoraba, así que juntos nos encaminamos escalera abajo. A nivel de planta existían unas portezuelas en el pasillo de salida a los jardines comunes que podían contener contadores de luz, quizá de agua. Pero estaban cerradas a cal y canto, de modo que continuamos ruta hacia el sótano. Y en un pequeño rellano donde confluyen escalera y ascensor, y que sirve de antesala al garaje del inmueble, descubrimos una pequeña caja metálica empotrada de color gris, de 50 por 30 centímetros, cuya tapa estaba sujeta por dos goznes que se abrían manualmente y en cuya existencia yo no había reparado. Alguien procedió de inmediato a manipular los citados goznes, medio giro a la izquierda y la tapa se abrió con toda facilidad, ¡ahí está, míralo!, gritó alguien admirado. En efecto, allí estaba, un pequeño artilugio negro, del tamaño de una barra de labios, enrollado a los cables en una conexión tipo serie con cinta aislante también negra, a la vista, yo mismo hubiera podido descubrirlo de haber reparado en la caja metálica y haberme decidido a abrirla.

Me sentía excitado y lleno de dudas al mismo tiempo. ¿Qué hacer? Habría que dar cuenta a la Guardia Civil, y llamar inmediatamente al periódico para que enviaran un fotógrafo. Los técnicos de Check-In estaban ya midiendo con los instrumentos adecuados la potencia del microtransmisor descubierto. Con la portezuela metálica cerrada de nuevo, uno de ellos, instalado en la calle con un receptor, apenas podía recibir la voz de su compañero que hablaba por el teléfono desde mi casa. La potencia del artilugio, pues, era escasa, a lo que contribuía el efecto de apantallamiento que producía la caja metálica. Los jóvenes de Check-In concluyeron que los autores de la fechoría debían necesariamente tener instalado muy cerca un receptor-amplificador de potencia o bien una grabadora. De modo que uno de ellos pasó a revisar minuciosamente el garaje, sin resultado, mientras otro salía de nuevo a la calle y tomaba las matrículas de todos los coches aparcados en los alrededores.

Convinimos en desmontar temporalmente el artilugio para hacer las llamadas pertinentes de forma segura, e inmediatamente volverlo a instalar como lo habíamos localizado. Así lo hicimos. Hablé con el cuartelillo de Aravaca, mis viejos conocidos, y con la redacción de *El Mundo*. No recuerdo si llamé también a «Kas». Alberto procedió a examinar el aparato, que definió como un microtransmisor de UHF, seguramente controlado por cristal de cuarzo, de escasa potencia, que utilizaba la propia línea telefónica como antena.

La Guardia Civil ha argumentado luego que fue un error proceder a desmontar el aparato, porque se borraron las huellas que podrían haber delatado a los autores. Mucha gente me ha dicho después que el error fue de principio: una vez descubierto el montaje no tenía que haber efectuado ningún movimiento extraño, de forma que los autores hubieran seguido confiados en nuestra ignorancia del asunto, lo cual nos hubiera permitido tenderles una emboscada inmediatamente.

El caso es que a los pocos minutos de desmontado el artilugio, los que estábamos en el rellano de acceso al garaje pudimos escuchar una serie de «clics» en la línea telefónica. Alberto concluyó con gesto preocupado que los autores del «pinchazo» estaban comprobando que acabábamos de descubrir su fechoría.

Con el paso de los días me fui dando cuenta de que la pretensión de haber tendido una trampa a los malhechores era una idea ilusa. Los que me tenían «pinchado» tuvieron ocasión durante el jueves 19 de tomar buena nota de mis sospechas, que el viernes 20 se transformaron en certidumbre, sospechas que manifesté en mis conversaciones con amigos y fuentes. El error, pues, fue mi exceso de confianza y falta de picardía.

De modo que los «mafiosos» tuvieron tiempo suficiente para levantar el campo. De hecho hay quien ha sugerido que, ante la inminencia de ser descubiertos, los propios autores del «pinchazo» pudieron encargarse de colocar el microtransmisor (puede que el aparato descubierto no fuera el bueno) en el cajetín de forma un tanto chapucera, al objeto de confundirnos, dar pistas falsas y ocultar el verdadero artilugio o sistema de grabación utilizado.

Esta hipótesis, sin embargo, contradice el tono general del *affaire* Ibercorp, donde lo que ha brillado no ha sido precisamente la astucia, la habilidad o la sofisticación, sino la descarada utilización de los dineros ajenos, la prepotencia, la soberbia y la seguridad que proporciona el haber actuado muchos años en la más absoluta impunidad, con el respaldo del Poder.

El comandante del puesto de la Guardia Civil de Aravaca se presentó al poco tiempo, con el microtransmisor ya reinstalado, y poco después lo hacía un fotógrafo de *El Mundo.* A la mañana siguiente presenté la correspondiente denuncia, y sobre las doce del mediodía una pareja de especialistas de la Guardia Civil, dos representantes, jóvenes e inteligentes, de la nueva imagen del cuerpo, procedieron a retirar definitivamente el microtransmisor del cajetín de mi terminal e incorporarlo a las investigaciones policiales del caso.

¿Durante cuánto tiempo estuve «pinchado»? Ese es uno de los misterios que a mí y a mi compañero «Kas» más nos han intrigado en toda esta historia. Algunos testimonios procedentes del Grupo 16 y recogidos por personas amigas sostienen que mi teléfono ya estaba intervenido mucho antes del 11 de febrero, día del pistoletazo de salida del escándalo Ibercorp.

Juan Tomás de Salas dice tener en su poder veintitrés

cintas con conversaciones mías. Si ello fuera cierto, y teniendo en cuenta que cada cinta puede contener varios días de conversaciones, podría haber estado «pinchado» varios meses. El editor del Grupo 16 entregó a requerimiento judicial en el Juzgado número 16 de Madrid dieciocho cintas. Pero hay quien asegura, citando fuentes internas del Grupo 16, que Salas dispone en realidad de cuarenta y ocho cintas con conversaciones grabadas de distintas personas, entre ellas yo.

Sabemos de forma fehaciente que en julio de 1991, con motivo de la pelea que enfrentó al Grupo Ibercorp con el industrial catalán José Luis Carrillo a propósito de la sociedad Mecalux, Manuel de la Concha y Jaime Soto encargaron a la firma de seguridad de José Luis Alcocer, hermano de Alberto Alcocer y primo de Alberto Cortina, los famosos «Albertos», «ampliar a Cacho» la intervención que ya tenían en marcha de los teléfonos de Carrillo y de Ignacio Loring, consejero delegado de Sistemas Financieros, y a quien dentro de Ibercorp acusaban de estar en connivencia con el empresario catalán [4].

¿Cuál fue la naturaleza del «trabajo» de José Luis Alcocer sobre mi persona y, lo que es más importante, qué periodo de tiempo abarcó? Este tipo de empresas funcionan por un sistema de subcontratas un tanto peculiar. El titular del encargo subarrienda el trabajo a un segundo, a cambio de una cantidad de dinero, y éste hace lo propio con un tercero, dentro de una estrategia de vasos no comunicantes, hasta llegar al «pringao» final que es quien materialmente hace el trabajo de «pinchar» el teléfono por una cifra ciertamente irrisoria. El fin que persigue esta estrategia es dificultar al máximo el rastreo ascendente de esa escalera hasta llegar al último peldaño, el del cliente que realiza el encargo y paga la cifra gorda, una tarea que resulta prácticamente imposible de realizar [5].

Como posibles eslabones en esta cadena se han citado diversas empresas pertenecientes a ese submundo en el que se mueven un número importante de ex miembros de las fuerzas de seguridad del Estado que han abandonado el cuerpo y se ganan la vida de esta manera, ante la indiferencia de las autoridades. Un nombre importante en estos ambientes es el de José (Pepe) Villarejo, con domicilio en la madrileña calle Pobladora del Valle, propietario de la empresa RV Consultores de Investigación, que además posee una serie de empresas pantalla o de cobertura cuya titularidad corresponde a testaferros de su entorno, entre las que se encuentran Visound y Prosound, domiciliadas en la avenida de San Luis de Madrid. Otra de tales empresas es Vilper Consulting, cuyo domicilio social coincide con el de la firma Dun and Brabstreet, S. L., dedicada a las investigaciones comerciales sobre empresas.

Pepe Villarejo es un hombre muy introducido en el Ministerio del Interior, donde cuenta con casi tantos defensores como detractores. Villarejo, que ya trabajó en la OPA del Banco de Bilbao sobre Banesto, subcontrata habitualmente sus encargos, aunque siempre se queda con la información.

Entre los que suelen colaborar con RV Consultores se encuentran las firmas Centripol, Detectives Saint Germain, y Rocha e Hijos, S. A., firma dirigida por Guillermo de la Rocha Puigmal, un hombre de quien se asegura que podría mover los hilos del propio Villarejo en la sombra. Otro subcontratista habitual de Pepe Villarejo es Francisco Javier Díaz de Quijano.

En los ambientes de este submundo madrileño, fue comentada la desaparición de Madrid de Pepe Villarejo cuando estalló el escándalo de las escuchas ilegales en mi domicilio. Se afirma que Villarejo decidió colocarse fuera de la circulación y pasar una temporada en casa de sus familiares cordobeses.

Si mi teléfono hubiera estado intervenido antes incluso de las Navidades de 1991, ello querría decir que ya estaba siendo seguido en mi antigua casa de Pozuelo de Alarcón, como alguna vez he sospechado. Con todo, eso no es lo más relevante, sino la posibilidad de que los señores de Ibercorp hayan estado perfectamente al corriente, durante el segundo semestre del año pasado, de todas mis idas y venidas en torno a la fallida investigación con el enigmático «señor Nebot».

La conclusión que cabría extraer en tal caso es que fueron los propios dueños de Ibercorp, al tanto de mis exigencias para con el misterioso personaje, los que fabricaron las pruebas falsas que hicieron llegar al «señor Nebot» y que a su vez éste me entregó a mí, con el fin de hacernos caer en un error monumental. Se explicarían así las palabras de De la Concha en el restaurante Fortuny: «¡Ay, si llegáis a salir por donde yo pensaba, entonces sí que os hundo...!»

El «señor Nebot» podría haber sido utilizado en la misma medida en que lo fuimos nosotros, y de una manera tan refinada y maquiavélica que contradiría radicalmente mi personal opinión sobre las capacidades de los señores de Ibercorp para la *finezza.*

El resultado final de la intervención ilegal de mi teléfono, al margen de las consideraciones que puedan hacerse sobre la calidad o chapucería del microtransmisor descubierto, sirvió plenamente a los fines que los autores de la fechoría se marcaron: sembrar la confusión en torno al caso. Como resultado de la operación, Juan Tomás de Salas cargó su zurrón de grabaciones más o menos pintorescas, pero irrelevantes en sí mismas, que no obstante fueron utilizadas por el editor para intentar demostrar que todo el escándalo Ibercorp no era sino una «conspiración» urdida por Javier de la Rosa, primero; Mario Conde, a continuación; Jacques Hachuel, más tarde; y Alfonso Guerra antes y después. Ni una palabra de los millones estafados a tantos ahorradores, los expedientes sancionadores puestos en marcha por la CNMV, o sobre la actuación judicial.

Durante semanas Juan Tomás de Salas publicó fragmentos de las conversaciones intervenidas en el teléfono de mi domicilio. Al final, el editor frustrado que un día soñó con emular a Jesús Polanco se cansó de su propia farsa, y la «teoría de la conspiración» se fue diluyendo en sí misma, vacía de contenido, como una tormenta seca de verano, estéril, llena de aire.

La posición de Juan Tomás de Salas encontró un aliado, tan sorprendente como efímero, en el diario *El País* [6]. El domingo 31 de mayo, el diario de Polanco se embarcó en una increíble pirueta en apoyo a la «teoría de la conspiración», reproduciendo mi conversación con Juan Peláez del lunes 16 de marzo, que *Cambio 16* había publicado el miércoles anterior. Dos días después, el diario plegaba velas con un editorial donde condenaba sin paliativos las escuchas ilegales y su publicación. ¿Arrebato de locura, o intento desesperado, una vez «muerto» Mariano y reconocido *de facto* el éxito de la investigación de *El Mundo*, de dañar la imagen del periódico? *El País* no podía consentir que todo el activo del escándalo Ibercorp fuera a parar al haber de un periódico que le está hurtando lectores de forma preocupante.

Dos días después se conocía el acuerdo por el que la Dirección General del Patrimonio del Estado vendía a la SER (Polanco) el 25 por ciento del capital que aún conservaba en la cadena de radiodifusión, por algo más de 2.600 millones de pesetas. Algunos se apresuraron a sacar conclusiones, relacionando esta nueva brillante operación de Jesús Polanco con el sorprendente alineamiento de *El País* con las tesis de la *beautiful*.

La fechoría de *Cambio 16* marca seguramente un hito en la moderna historia del periodismo, más cercano a los métodos de Lucky Luciano que a los de Mariano José de Larra. Unos periodistas revelaban por escrito las fuentes de otro periodista, haciendo uso de un material obtenido ilícitamente. ¿Es esto posible en un Estado de Derecho? Aparentemente sí. El delito es «pinchar» un teléfono sin el consentimiento de su dueño, pero no publicar las conversaciones obtenidas por el ilegal sistema, a menos que se pueda demostrar ante un juez que quien publicó el material fue a la vez quien realizó el «pinchazo». Pero la pregunta aquí no es quién «pinchó» mi teléfono, sino quién mandó «pincharlo».

Pero mis cintas no terminaron su aventura en la cueva de Salas y sus publicaciones, sino que tuvieron el privilegio de instalarse, mucho antes de que *Cambio 16* comenzara su publicación, en las ilustres mesas de despacho de gran parte del Gobierno socialista. En efecto, los hombres de la «biutiful», ¿De la Concha?, ¿el propio Rubio?, utilizaron al teniente general Emilio Alonso Manglano, un «donjuanista» de los tiempos de Estoril y actualmente director general del Centro de Estudios Superiores para la Investigación de la Defensa (CESID), para hacer circular las grabaciones por los distintos ministerios del Gobierno.

Nuestro «topo» en el Ministerio de Economía y Hacienda fue quien alertó a Casimiro.

—Las cintas de las conversaciones de Jesús Cacho están en poder de Carlos Solchaga.

—Pero, ¿las has visto tú personalmente?

—No, yo no he visto cintas, lo que he visto ha sido una transcripción parcial.

—¿Y se sabe quién ha hecho de «correo»?

—No tengo ni idea, pero de todas maneras el ministro no le ha dado el menor crédito.

Estaba claro que haciendo circular las grabaciones por las alturas, los hombres de Ibercorp pretendían que su «teoría de la conspiración» aprobara el examen de grado del Gobierno de la nación, tomando así carta de naturaleza oficial. Obviamente, no lo lograron. Tenemos la certeza absoluta de que las cintas llegaron a la mesa del vicepresidente del Gobierno, Narcís Serra, que las tiene en su poder. Sabemos también que le fueron ofrecidas al ministro del Interior, José Luis Corcuera, y al presidente de la CNMV, Luis Carlos Croissier. Lógicamente han debido llegar a Felipe González, de quien jerárquicamente depende Emilio Alonso Manglano, aunque es de esperar que el Presidente del Gobierno no perdiera un minuto de su tiempo en estos menesteres, y al actual ministro de Defensa, García Vargas.

Que el CESID estaba empeñado en esta tarea de «acarreo» me fue dado a conocer por un antiguo miembro de la institución, amigo mío, que sigue conservando fuertes lazos de amistad dentro del espléndido tinglado montado en la Cuesta de las Perdices, en la salida de la autopista de La Coruña. Algunos de los profesionales que participaron en el reparto del material se sentían molestos por la utilización que se estaba haciendo de la institución, y parecían dispuestos a denunciarla. En la primera semana de mayo mantuve una entrevista en la cafetería New Yearling, en la calle General Martínez Campos, con un hombre del CESID que conocía el caso.

Durante varias semanas mi amigo había tratado de convercerle para que aceptara verme cinco minutos, dándole todo tipo de seguridades de reserva absoluta. Finalmente consintió en ello. Minutos antes de las ocho de la tarde, la hora fijada para el encuentro, mi amigo y yo nos presentamos en la cafetería citada, tomamos asiento en una de las mesas de esquina del local y nos dispusimos a esperar. Transcurrió un cuarto de hora, pasó media hora, y nuestro hombre no aparecía. Mi impaciencia se había desbocado ya, y comencé a urgir a mi amigo a que abandonásemos el local, aquello había fracasado, su «espía» nos había dado esquinazo, que no, replicaba, vamos a esperar unos minutos más, que éstos son así, se toman su tiempo para hacer descubiertas, seguro que alguno de estos que han entrado y salido es compañero suyo, gente que ha venido a chequear si estamos solos, si no has colocado por los alrededores algún fotógrafo camuflado...

Y a las 8.35 apareció por las escaleras un hombre de mediana edad, más bien alto, pelo escaso aunque sin canas, gesto amable y aspecto nada amenazador. Podría tratarse de un profesor de matemáticas en un instituto de enseñanza media. Tenía prisa y no consintió en tomar nada. Tras felicitarme por el trabajo sobre Ibercorp, fue directo al grano. El no estaba directamente al corriente del encargo que había recibido «la casa» de hacer circular las cintas, pero sí sabía quién lo había hecho. De acuerdo con su información, había sido el propio CESID el que había «pinchado» mi teléfono. Yo le mostré mi escepticismo ante esa tesis, y le aseguré que más bien creía que se había dedicado a tareas paralelas como la de actuar de «correo» entre los señores de Ibercorp y el Gobierno. Le pedí ayuda, le ofrecí toda la reserva del mundo, intenté el discursito, era un deber democrático desenmascarar a los culpables de la fechoría, traté de encontrar las frases más rotundas, los argumentos más poderosos para conseguir una promesa de ayuda, pero creo que aquel no fue mi mejor día desde el punto de vista de la oratoria. El «espía» sonreía, y volvió a regalarme los oídos con frases de elogio hacia el periodismo de investigación. Parecía que le divertía conocer a un tipo como yo, pero no daba señales de querer inmiscuirse en el caso, era un asunto complicado, aseguraba, tenía que comprenderle, pero en todo caso trataría de ayudarme, no me prometía nada, estaríamos en contacto a través del amigo común, que a partir de entonces debería llamarme a mí y no yo a él, para evitar sospechas, utilizando un nombre en clave. Y de repente se levantó de su silla, me tendió la mano y con la misma sonrisa se despidió, subiendo a saltos las escaleras del *pub* que conducen a la calle.

No volví a saber nada más de él, ni tuve la menor ayuda de su parte. ¿Qué ocurrió? Durante cerca de un par de semanas esperé alguna señal de mi amigo, el amigo común, en los teléfonos del periódico. Después abandoné las precauciones pactadas y traté de localizarle directamente. Cuando lo logré, casi un mes después de la entrevista en Martínez Campos, mi amigo estaba bastante más frío con respecto al caso de lo que lo había estado nunca, me pidió calma, la gestión no había fracasado, ni hablar, pero las cosas de palacio iban despacio. Tendría que esperar su llamada. Hasta hoy.

El lunes, 28 de septiembre, mantuve una entrevista con el teniente general Alonso Manglano, en la sede del CESID. Don Emilio, un valioso ejemplar de militar demócrata, reconoció la participación de los servicios de inteligencia españoles en el *affaire* Ibercorp, aunque la enmarcó adecuadamente. «Nosotros efectuamos una valoración del escándalo Ibercorp desde el punto de vista de su impacto sobre el prestigio de la institución Banco de España en el extranjero, valiéndonos de nuestra red exterior. El posible daño causado al Banco de España como institución esencial del Estado era un tema de nuestro interés.» ¿Actuó Alonso Manglano de «correo» en el traslado de las cintas a los miembros del Gobierno? Don Emilio, que ni afirma ni niega, esquiva por dos veces la pregunta. «Nosotros no hemos realizado un trabajo exhaustivo con esas cintas. Lo que sí puedo asegurarte es que ni el ministro de Economía, ni el Presidente del Gobierno, ni el vicepresidente, de quienes jerárquicamente dependo, creyeron nunca en la "teoría de la conspiración". Ahí hubo una investigación periodística clara, que luego derivó en un problema político.» ¿Fue el CESID el que «pinchó» los teléfonos de mi casa? «Puedo asegurarte categóricamente, y lo hago empeñando en ello mi palabra, que el CESID no ha "pinchado" ningún teléfono en relación a Ibercorp, y naturalmente tampoco el tuyo. Quienes han expandido esa teoría saben perfectamente que no ha sido esta casa.»

Otros muchos han sufrido los rigores justicieros de Juan Tomás de Salas a cuenta de las famosas cintas. El 21 de julio pasado, el periodista Teodoro Guerrero, que fuera redactor de *Cambio 16* hasta unos días antes de esa fecha y que firmó algunos trabajos publicados por la revista en torno a Ibercorp, realizó ante el titular del Juzgado de Instrucción número 2 de Madrid, donde se sigue una demanda del abogado Juan Peláez contra Juan Tomás de Salas, una comprometedora declaración contra el editor/director de *Cambio 16*, según la cual «el trabajo de intervenir los teléfonos [de Jesús Cacho, entre otros] había supuesto un gasto de veinte millones de pesetas que había pagado Manuel de la Concha a través del señor Salas» [7].

El celo justiciero puesto por Juan Tomás de Salas, marqués de Montecastro, en la defensa de sus amigos de la «biutiful» ha alcanzado cotas insospechadas. En efecto, el marqués-periodista, como un terrible predicador que espada en mano y entre la niebla amenaza a caballo con las penas del infierno a los herejes, se ha dedicado a fustigar y amonestar a diversos personajes cuyas voces aparecen registradas en las cintas como fuentes y/o amigos míos. Uno de estos amigos salía en la madrugada de un sábado de la pasada primavera de cenar con su esposa en el restaurante El Olivo, cuando, al dirigirse hacia su coche, vieron venir a Salas y De la Concha que, acompañados de sus respectivas morganáticas, abandonaban el cercano restaurante Cabo Mayor. Al verlo, Salas interpeló con grandes voces a mi amigo:

—¡Ay, Antonio, traidor, te hemos descubierto, estás en las cintas de Cacho, y te anuncio que te vamos a sacar en *Cambio 16*!

En pleno éxtasis de voces, la figura de Javier Los Arcos,

que aparentemente acababa de salir del restaurante Sacha, todos en un palmo de terreno, apareció por los alrededores, y fue entonces Manuel de la Concha quien comenzó a proferir grandes voces:

—¡Mírales, cómo huyen, como ratas saliendo de las cloacas!

Salas cumplió su promesa sacando en su revista a mi amigo Antonio como parte de la conspiración. Peor le fue, sin embargo, a Graciano Palomo, veterano periodista y autor de libros de éxito, que estando a punto de empezar a publicar en *Cambio 16*, fue descubierto en mis cintas y por tanto condenado de forma automática a las penas del averno.

Mientras todo esto ocurría, el Fiscal General del Estado permanecía mudo a tan escandalosa vulneración de los derechos de la persona, reconocidos en nuestra Constitución [8]. Ni el Fiscal ni el Defensor del Pueblo, tan sensibles por contra a los deseos del Ejecutivo, han dicho esta boca es mía. Nada se sabe del resultado de las investigaciones policiales en torno a la autoría del «pinchazo», y no será —verde y con asas— por falta de pistas. Mientras, un señor llamado Estado de Derecho se arrastra penosamente por la vida española, prematuramente envejecido tras diez años de Gobierno socialista.

Pero ha habido más personas que han probado los métodos empleados por la *onorata società* de Ibercorp con sus considerados enemigos. Tal es el caso de Carlos Sebastián, consejero delegado de Ibercorp Bolsa, y un testigo clave a la hora de determinar la culpabilidad de Manuel de la Concha en la falsificación de las famosas listas de accionistas remitidas a la CNMV.

La vida de Sebastián, catedrático de la Universidad Complutense y amigo de Luis Angel Rojo, comenzó a complicarse aquel 21 de octubre de 1991 cuando, como consejero delegado de Ibercorp Bolsa, puso su firma en un listado de accionistas trucado, a remitir a la CNMV, que De la Concha y Soto lc pusieron sobre la mesa con la visa del director administrativo, Juan Manuel Quesada.

Sólo meses después, en febrero de 1992, supo Sebastián el engaño. Temeroso de haber incurrido en responsabilidad penal, presentó la dimisión de su cargo por vía notarial, y puso su caso en manos de un abogado.

De la Concha, sabedor de la condición de testigo de cargo de Sebastián, siguió cortejándole de forma estrecha para asegurarse su favor o al menos su neutralidad cuando llegara la hora de la investigación judicial. Los consejos del abogado Cobo del Rosal fueron, sin embargo, convenciendo paulatinamente a Sebastián de la necesidad de afrontar el problema de forma resuelta y sin subterfugios. Manuel de la Concha comenzaba a estar en peligro.

A primeros de mayo, el automóvil de Carlos Sebastián sufrió el primer tropiezo serio con algún desaprensivo que le rompió la luna delantera. Seguramente se trataría de una casualidad, un borracho, aunque no dejaba de llamar la atención que los daños se hubieran producido estando el coche en un aparcamiento.

Unos días después volvió a ocurrir lo mismo. Cristales rotos, abolladuras. Sebastián comenzó a preocuparse seriamente, aunque, obstinado en negar la evidencia, quería seguir pensando ciegamente que se trataba de un accidente o una nueva casualidad.

Pero al tercer asalto, la ficción no pudo sostenerse por más tiempo. Era necesario afrontar la realidad. Su abogado le ayudó a convencerse de que estaba siendo víctima de un proceso de amedrentamiento, sin duda destinado a atemorizarle para que no dijera lo que sabía ante el juez.

Los ataques a su automóvil, hasta seis, se sucedieron con periódica regularidad, cuatro de ellos cometidos en un aparcamiento de la céntrica calle de Velázquez. Pero el proceso alcanzó su clímax el sábado 30 de mayo, cuando entre las ocho de la tarde y la una de la madrugada unos desconocidos asaltaron su domicilio, llevándose 30.000 pesetas en dólares y un par de gemelos en los cuales, curiosamente, estaba grabado el logotipo de Ibercorp [9].

En el revoltijo de papeles esparcidos por el dormitorio y el salón, los ladrones no parecieron advertir, o quizá no era eso lo que perseguían, distintos objetos de mucho más valor que los sustraídos, como varios relojes de oro y otras joyas que permanecían intactas en su sitio. Ello avala la tesis de que los asaltantes sustrajeron tan magro botín con la intención de dejar una pista falsa que sirviera para ocultar sus verdaderas intenciones: el robo de documentos comprometedores. El domingo, 31 de mayo, Sebastián presentó la correspondiente denuncia ante la comisaría de policía del distrito de Chamartín.

Después de este asalto, el automóvil de Sebastián sufrió un nuevo ataque, el día 15 de junio, a las diez de la mañana, media hora después de haberlo dejado en el *parking* de la plaza de Colón. Esta vez los agresores se limitaron a romper el cristal del conductor. Estaba claro que Sebastián era seguido desde el mismo momento en que abandonaba su casa.

Aquel día, nada más dejar su coche, Carlos Sebastián se dirigió al cercano hotel Tryp Fénix, donde tenía concertada una entrevista. Aproximadamente una hora después, cuando acompañado de un amigo abandonaba el hotel, ambos pudieron descubrir a un joven que, apostado al pie de un árbol del cercano paseo de La Castellana, esperaba la salida del catedrático con un *walkie-talkie* en la mano, y que rápidamente se dio a la fuga al verse descubierto.

Ha habido otros afectados en la guerra de Ibercorp. El 4 de junio Juan Peláez se veía en la tesitura de acudir a la comisaria de policía del distrito de Usera para interponer una denuncia por las repetidas amenazas que venía recibiendo. Desde que *Cambio 16* publicara su conversación conmigo, el abogado debió soportar un rosario de anónimos e insultos telefónicos en su casa y en su propio despacho, escritos irreproducibles, plagados de insultos, por parte de gente que demostraba conocer al dedillo la vida y milagros del abogado.

Igualmente ha denunciado amenazas el abogado Emilio Rodríguez Menéndez, fustigador judicial del caso Ibercorp como abogado de la acción popular, que denunció el 18 de mayo ser objeto de presiones para que retirara su querella contra los responsables de Ibercorp, y amenazas telefónicas por parte de desconocidos. También su padre recibió amenazas, al igual que dos abogados de su despacho [10].

Otra de las víctimas de la ira de Salas ha sido el financiero catalán Javier de la Rosa, atacado con saña desde *Cambio 16* a cuenta de su supuesta responsabilidad en la «teoría de la conspiración». El 4 de abril el presidente de la Generalitat, Jordi Pujol, realizó una defensa cerrada del financiero: «Me siento moralmente obligado a decir que no creo que haya tenido ninguna intervención en todo el asunto Ibercorp.» [11]

La guerra de Ibercorp se ha cobrado, pues, numerosas víctimas. Tenía razón Manuel de la Concha cuando, a finales de enero, aseguró en el restaurante La Misión que iba a morir matando.

NOTAS AL CAPITULO ONCE

[1] La citada revista pone en boca de Alfredo Fraile la siguiente frase: «La ex mujer de Manuel de la Concha, además de pedir unos 1.500 millones por su divorcio, posee mucha información sobre Ibercorp contenida en unos *diskettes* que se llevó. Esta señora actualmente es amiga de un empresario de la construcción que es accionista del diario *El Mundo*.» Fraile desmintió posteriormente estas manifestaciones.

[2] Lo de la finca en Garciotún es un episodio digno de *La escopeta nacional* de Berlanga: los vecinos del pueblo tienen ahora que dar un rodeo de un kilómetro y medio para llegar al río, después de que el alcalde socialista permitiera a Manolo cerrar un camino que atravesaba la finca. A cambio, don Manuel donó trescientas mil pesetas al pueblo para sufragar las fiestas. En fin, la España profunda, el señorito, el servilismo, la caza, el amiguismo, el campo.

De una carta del alcalde de Garciotún a Manuel de la Concha, dándole cuenta de que ya puede desviar el camino vecinal: «Te adelanto que tenemos que preparar un día campero en tu finca, se lo dije el otro día en Toledo al Presidente Bono y está conforme, ya sabes que le gusta mucho ponerse los vaqueros y salir al campo.»

[3] «Juan Peláez, uno de los abogados habituales de Javier de la Rosa, informó a Jesús Cacho, periodista de *El Mundo*, de las actuaciones legales que un juez de primera instancia de Madrid adoptará en los próximos días contra Mariano Rubio, gobernador del Banco de España.

Peláez, según han asegurado a *Diario 16* fuentes solventes, informó a Cacho a primeros de esta semana que las actuaciones del juez Carlos Ollero concluirían con el gobernador en los Juzgados y, en último extremo, "esposado" camino de la prisión de Carabanchel.»

[4] Véase capítulo dos.

[5] *El Mundo* publicaba el 8 de junio de 1992 una interesante información respecto al caso: «El microtransmisor utilizado en este caso es el

P-620 UHF, el utensilio más sencillo del manual del buen investigador: una antena en forma de cable, dos pinzas de cocodrilo y un transmisor en la frecuencia 139,960 herzios. La labor es fácil: basta localizar el cajetín donde confluyen las líneas telefónicas, abrirlo y "pinchar" con los cocodrilos de metal los dos cables de teléfono. Luego hay que situarse dentro de un radio de 200 metros, para captar las conversaciones con un receptor y grabarlas. Un transmisor como este se encuentra en Proselec, el "supermercado del espía", por 246.000 pesetas. En este supermercado de los detectives, sito en la plaza de España de Madrid, se puede encontrar de todo.»

[6] «Por fin han entrado a por uvas», decía Aurora Pavón en su columna de *ABC* del 1 de junio, «a careta quitada, en el diario gubernamental, publicando una infame grabación telefónica que viola el derecho a la intimidad, que nada tiene que ver con el interés social y que es fruto de una operación policíaca (...) El diario *El País*, montado en esta repugnante grabación, no ha hecho sino darle un golpe bajo al diario *El Mundo* y a su director, en venganza por los ejemplares que este joven periódico le ha quitado en el quiosco.»

[7] Según el acta de la declaración judicial, a la altura del mes de febrero, Salas pidió a Guerrero —que tuvo que abandonar la revista al caer en desgracia tras negarse a trabajar con el material obtenido con la intervención de mi teléfono— que le pusiera en contacto con alguna empresa dedicada a la actividad de intervenir teléfonos. Tras realizar algunas gestiones, Guerrero le puso en contacto con el intermediario de una de tales empresas. Poco tiempo después comenzaron a aparecer publicadas en la revista retazos de las conversaciones por mí mantenidas con mis fuentes y/o amigos.

[8] Francisco Umbral aseguraba el 19 de junio que este ha sido «el más clamoroso y ominoso caso de escucha telefónica que se haya dado nunca en España, ya que las escuchas han sido seguidas de publicación, y todo ello entre graves amenazas al pinchado».

[9] Aurora Pavón escribía en la columna del 3 de junio pasado: «Van a salir más cintas. Esta semana, no; la que viene. Posiblemente con Javier de la Rosa para completar la teoría de la conspiración. Primero se dibuja, luego se señala, luego aparece una cinta, luego dos, luego se asalta un domicilio, después se amenaza a un periodista, luego se rompe un coche, luego otro, y, al final, se demuestra que todo fue una conspiración. Mientras un libro titulado "El Estado de Derecho" permanece en un cajón, ¿dónde está el Fiscal General del Estado? Persiguiendo insumisos. ¿Y el Defensor del Pueblo?»

[10] Al día siguiente de la comparecencia de Rubio ante la jueza del Juzgado de Instrucción número 21, Rodríguez Menéndez había recibido un «ramo de rosas» de Juan Tomás de Salas a través de *Diario 16*: un largo artículo a cinco columnas titulado «Emilio Rodríguez Menéndez, abogado de la mafia».

[11] De la Rosa también ha pagado su precio en términos financieros en este *affaire*. Tras el estallido del escándalo, el catalán vio frustrada una operación que tenía a tiro: la compra de Cofir, la compañía inversora en España de Carlo De Benedetti, con «los Albertos» y otros notables abordo. De la Rosa había alcanzado un acuerdo para financiar la operación con el BBV, pero el banco se asustó tras el estallido del escándalo y la supuesta implicación del financiero, paralizando la operación.

CAPITULO DOCE

LA SOMBRA DE SOLCHAGA ES ALARGADA

El día 6 de febrero de 1992 los inspectores del Banco de España P. Luis Rubio y J. Antonio Gracia concluyeron su informe sobre el Grupo Ibercorp, que integra a las sociedades Banco Ibercorp, Sistemas Financieros y Grupo Financiero Ibercorp.

El informe, que comenzó a elaborarse en el mes de septiembre, era paso obligado para autorizar la fusión de las tres sociedades que darían lugar al nuevo Banco Ibercorp. Las noticias publicadas en el mes de julio de 1991 por *El Mundo* hicieron que los inspectores prestaran especial atención a la autocartera del grupo.

Como datos más significativos, el documento rebaja el patrimonio neto del grupo de 14.386 millones, en que había sido situado por sus gestores, a 3.306 millones de pesetas. Es decir, que los ajustes aplicados por la inspección redujeron el valor patrimonial en 11.000 millones de pesetas.

Las conclusiones del trabajo no dejan lugar a dudas sobre lo que escondía el montaje de Manuel de la Concha y sus amigos:

«—La actividad principal del Grupo (atendiendo a los resultados quc genera) es la especulación y sostenimiento de cotización de las propias acciones.»

«—Si bien los recursos propios computables del Grupo aún son superiores al mínimo necesario, su evolución negativa (consecuencia de la actividad citada en el anterior párrafo) representa un claro riesgo en cuanto al mantenimiento de dicha suficiencia.»

«—Por todo ello, existen serias dudas sobre la viabilidad del proyecto Ibercorp.»

El escueto y rotundo informe (apenas trece páginas en las que se describe con detalle la situación de las empresas del Grupo Ibercorp) fue entregado a Mariano Rubio el 12 de febrero, justo el mismo día en que *El Mundo* publicó la noticia de la falsificación de las listas remitidas a la Comisión Nacional de Valores. Era el primer aldabonazo de lo que se conoció después como «escándalo Ibercorp».

Aquel día, Mario Conde llamó por teléfono a Jaime Soto para comunicarle la falta de interés de Banesto por el Banco Ibercorp. El presidente de Banesto no se imaginó entonces que menos de cuarenta y ocho horas después, el viernes 14 de febrero, fuera el propio gobernador del Banco de España quien le telefoneara a él para replantear con suma urgencia la operación: la compra de Ibercorp por parte de Banesto.

El banquero estaba en Asturias aquel día, pero la urgencia de la llamada le hizo regresar inmediatamente a Madrid. Por la tarde, Conde enfiló Alcalá hacia Cibeles para dirigirse al Banco de España.

La entrevista resultó bastante más tensa que la sostenida tres meses antes, aunque el gobernador estaba convencido de que el presidente de Banesto seguiría en buena disposición para aceptar sus peticiones.

—Tenemos un problema grave, como sabes, con el asunto del Banco Ibercorp, después de lo que han publicado los periódicos estos días. Es un tema difícil que habría que solucionar rápidamente, y he pensado en la conveniencia de que tú compraras ese banco.

—Mariano, precisamente le he explicado a Soto hace menos de cuarenta y ocho horas las dificultades que para nosotros tendría una operación de este tipo, y más, después del lío que se ha montado con lo aparecido en la prensa.

—Ya lo sé, ya lo sé, pero tienes que hacerme este favor. No te preocupes por la información del banco, que tendrás toda la que necesites y, de todos modos, yo te garantizo que el banco está bien de recursos propios y que su situación patrimonial es buena.

—Está bien, no te garantizo nada, pero volveremos a estudiarlo.

—Oye, no, esto hay que hacerlo rápidamente, este follón hay que cerrarlo cuanto antes, porque no nos conviene a ninguno tener esto abierto en la prensa mucho tiempo. Yo quiero que el tema esté solucionado el lunes.

El gobernador del Banco de España, que ya conocía el informe de la inspección, quería cerrar el acuerdo de forma inmediata. Nada menos que en cuarenta y ocho horas y, además, en fin de semana. Un favor así sólo se le puede pedir a un hombre que no tiene demasiadas alternativas.

A última hora de la tarde de aquel viernes, los papeles de Ibercorp, en un sobre del Banco de España, llegaban a la sede de Banesto. Aquella documentación era muy interesante, porque incluía algunas de las cifras básicas contenidas en el informe de la inspección del Banco de España. Pero Rubio se cuidó de eliminar algún dato esencial y, sobre todo, extrajo del documento las demoledoras conclusiones de los inspectores sobre Ibercorp. Así, el propio gobernador corrigió personalmente la valoración realizada por la inspección, situando el neto patrimonial del grupo en 5.000 millones de pesetas.

El sábado, Mario Conde citó a sus más cercanos colaboradores para una reunión urgente en su finca de La Salceda: Arturo Romaní, Ramiro Núñez, César Albiñana y Enrique Lasarte. Ninguno de los presentes tuvo dudas sobre la decisión a adoptar: la respuesta unánime fue «no».

Los argumentos que sustentaban tan rotunda negativa eran obvios para los reunidos. En primer lugar, la compra de Ibercorp era una operación que, tras el estallido del escándalo en la prensa, llevaba aparejada un elevado coste de imagen. La adquisición de Ibercorp por Banesto sería inmediatamente interpretada como una prueba de debilidad por parte de Conde. Además, todo el proceso se haría bajo la presión de los medios de comunicación, con lo que Banesto volvería a estar en el ojo del huracán una vez más. Por último, resultaría muy difícil justificar ante la opinión pública y ante los accionistas la compra de una pequeña entidad que a estas alturas sólo podía presumir de su *badwill.*

Pero, por una cuestión estratégica, la negativa no podía ser planteada a Rubio como una posición cerrada. Había que dejar abierta alguna puerta, siquiera falsa; por ejemplo, la de sugerir la formación de un *pool* de bancos, cualquier cosa antes de aceptar cargar solos con el muerto. No se podía ignorar, por lo demás, que el estallido del escándalo había debilitado grandemente la posición del gobernador. Rubio era casi hombre muerto a estas alturas.

Todos los consejeros del banco fueron consultados por teléfono por el presidente de Banesto. Todos estuvieron de acuerdo en la decisión que se debía adoptar. Conde les convocó para un almuerzo el domingo en el hotel Palace en Madrid, con objeto de rematar orgánicamente el asunto.

Aquella misma tarde, Mario Conde llamó a Jaime Soto por teléfono.

—Te supongo informado de mi conversación de ayer con Mariano. Bueno, hemos estado estudiando el tema, y la verdad es que seguimos viendo el asunto tan complicado como te expliqué el miércoles. He consultado con todo el consejo y, chico, todos dicen lo mismo, que es algo que no tendría explicación.

—Pero, ¿no se te ocurre alguna alternativa?

—Hombre, lo único que hemos contemplado es una compra entre varios bancos, de forma que la operación pudiera plantearse de cara a la opinión pública como una solución casi institucional, una decisión adoptada por toda la banca. Sería más fácil de explicar, ya me entiendes.

—Sí, bueno, podría ser una salida interesante. Se lo tendremos que decir al gobernador.

—Jaime, yo sería partidario de dejar fuera al gobernador de todo esto, o al menos de implicarle lo menos posible. ¡Coño, vamos a ver si somos capaces de solucionar el problema sin su intervención!

Durante toda la tarde, Conde y sus amigos se dedicaron

a desmenuzar el problema. A estudiar «pros» y «contras». A barajar los distintos interrogantes a que daría lugar la adopción de una u otra solución. La pregunta final era siempre la misma: «¿Cómo responderá el gobernador si no colaboramos?»

Ya entrada la noche, Jaime Soto llamó a La Salceda.

—Mario, he estado estudiando con Manolo lo que me has comentado esta tarde, y queremos hacerte una propuesta. ¿A ti qué te parecería si, en lugar de varios bancos, fuerais sólo dos los que comprarais Ibercorp?

—Pues, la verdad, Jaime, no sé qué decirte, pero me gustaría que, como mínimo, fuéramos tres.

—Es que he estado hablando con Mariano y me ha dicho que ha llamado a Botín.

—¿A Emilio...?

—Sí, sí, que ha hablado con él esta misma tarde y le ha dicho que mañana estará en Madrid. Podrías llamarle tú y quedar con él.

—Bueno, de acuerdo, lo haré.

El domingo, 16 de febrero, se presentaba como el día crucial para solucionar el problema Ibercorp.

Mario Conde quedó citado con el presidente del Banco Santander a las 5 de la tarde en su despacho de Alcalá, 14. Previamente, los hombres de Banesto habían celebrado una reunión informal del consejo en el curso de un almuerzo que tuvo como marco el hotel Palace. Allí no se adoptó ninguna decisión, en espera de celebrar una nueva reunión a última hora, cuando ya se conociera el resultado de las gestiones que se iban a realizar en el curso de la tarde.

La reunión entre Botín y Conde duró menos de una hora.

—¿Cómo ves el tema?

—Sencillamente, no lo veo —replicó el banquero santanderino.

—Lo peor de esto es cómo se explica a la opinión pública.

—Evidentemente, ese es el primer escollo. Todo el mundo vería cosas raras en la operación. La prensa le daría mil vueltas, le buscaría tres pies al gato...

—Está claro. Además, para qué nos vamos a engañar, aquí hay un tema bastante feo que afecta al gobernador. Ha habido unos accionistas perjudicados y otros que se han beneficiado con la venta de Sistemas Financieros a la autocartera. Y, entre los beneficiados, está Mariano Rubio. Si compramos el banco todo el mundo va a pensar que estamos ayudando a tapar algún asunto feo.

—Claro, claro. Si fuera una entidad normal no habría problemas para comprarlo, sería cuestión de llegar a un acuerdo en el precio. Pero con todo lo que hay aquí detrás, a mí me asusta un poco este asunto.

—Mira, Emilio, yo creo que deberíamos llamar a Mariano y decírselo claramente.

—Lo mismo creo.

Fue Botín el que descolgó el teléfono y llamó al gobernador a su domicilio. El presidente del Banco Santander le comunicó a Rubio las grandes líneas de la conversación que acababa de mantener con Conde. Pero el gobernador no parecía dispuesto a rendirse tan fácilmente, y les invitó a discutir el tema en su propia casa.

En diez minutos los dos banqueros se presentaron en el domicilio de Mariano Rubio y Carmen Posadas, en la calle Jovellanos, frente al teatro de la Zarzuela, un señor piso decorado por Pascua Ortega, el decorador de moda entre la «biutiful» [1].

Mariano seguía firme: nada de negativas. Aquel asunto tenía que quedar resuelto aquella misma noche.

—Lo que estás pidiendo no es fácil —asegura Conde—. Imagínate lo que dirá la prensa, con todo lo que se ha publicado de nosotros, que si tú ibas a por mí, que si yo soy el único que te ha plantado cara... Pues con todo eso detrás, ahora resulta que aparezco yo comprando el Banco Ibercorp. Aunque sea con el Santander al lado, la gente se hará de cruces, ¿por qué compra éste un banco que ahora no vale nada, que no va a saber qué hacer con él, y que además, y sobre todo, que es propiedad de los amigos del gobernador y después de estallado un follón en el que, querámoslo o no, está metido el propio gobernador...

—¡Yo no estoy metido de ninguna forma!

—Entiéndeme, Mariano. Lo que yo digo es que, por lo que han publicado los periódicos, y parece que es verdad, hay una sociedad que ha comprado unas acciones para su autocartera beneficiando a unos accionistas y perjudicando a otros. Y tú estás entre los que han salido beneficiados, sin que tú hayas tenido nada que ver en ello, por supuesto, pero la realidad es esa.

—Sea como sea, el caso es que hay que solucionar el tema inmediatamente.

—Yo estoy totalmente de acuerdo con Mario en que la compra a secas por parte de Banesto y del Santander no tiene mucho sentido. No sé cómo podríamos explicarlo de forma convincente. En realidad, es que no hay forma de explicarlo. En cualquier caso, y como paso previo, lo primero que tendríamos que intentar solucionar es el conflicto que ha planteado Mario. Es decir, que no haya unos accionistas perjudicados y otros beneficiados.

—Bueno, pues esa puede ser una buena forma de plantear el tema.

—Emilio tiene razón, pero eso implica necesariamente hacer una OPA sobre Sistemas Financieros al mismo precio que los que compraron antes del mes de junio de 1990.

—Pues se hace una OPA. Hacéis una OPA entre los dos bancos y listo. La compra del banco no tendría después ningún problema, porque Sistemas Financieros está en proceso de fusión con el Banco Ibercorp y con el Grupo Financiero, de forma que en el canje de acciones os quedaríais con la mayoría del capital del banco resultante de la fusión.

—Bajo el punto de vista de la imagen —señala Botín—, no cabe duda de que ésta es una solución más satisfactoria.

—Pero cara, Emilio, yo creo que muy cara —advierte Conde—. Sobre todo, porque habría que mirar antes las tripas de todo el grupo. Pueden aparecer quebrantos, fallidos, más autocartera, qué se yo...

—Por supuesto, habría que hacer antes una auditoría —advierte Emilio.

—Una auditoría y algo más. Por ejemplo, que la OPA la hagan Manuel de la Concha y Jaime Soto.

—No creo que ellos tengan la liquidez necesaria como para hacer una OPA —advierte Emilio.

—Bueno, pues entonces que la haga el propio Banco Ibercorp con un crédito del Santander y de Banesto. Pero que el crédito esté garantizado por los bienes personales de Manuel de la Concha y de Jaime Soto.

—Eso me parece correcto. ¿Y tú cómo lo ves, Mariano?

—En principio, bien. Pero hay que consultárselo a ellos, antes de entrar en los detalles de la operación.

No pasó mucho tiempo antes de que Manuel de la Concha y Jaime Soto hicieran su aparición en el domicilio del gobernador.

Tras los saludos de rigor, Mariano explicó a la pareja de recién llegados las líneas generales de lo que allí se había tratado.

Enseguida tomó la palabra Mario Conde.

—La solución que hemos planteado es que el Banco Ibercorp haga una OPA sobre Sistemas Financieros al precio que estaban las acciones antes de junio de 1990. Santander y Banesto concederían un crédito por la cantidad necesaria para llevar adelante la operación, pero vosotros tendríais, claro, que aportar garantías personales.

—¿Cómo? ¿Garantías personales...? —balbucea Soto mientras lanza una rápida mirada a Manolo Concha.

La cara de don Manuel ha pasado, en un segundo, de la sorpresa a la santa indignación:

—¡Esa solución es absolutamente impresentable. Desde luego, si llego a saber eso, no pierdo la tarde de un domingo viniendo aquí...!

—Pues lo siento mucho, Manolo, pero después de darle vueltas, no creo que haya muchas más soluciones.

No se podía avanzar más. Mario Conde y Emilio Botín habían puesto sus condiciones sobre la mesa: si no había garantías personales de por medio, no estaban dispuestos a poner un duro para salvar Ibercorp.

Mariano se vio de pronto preso en su madriguera. La solución más sencilla, la más directa, que me hagan el favor los banqueros, que paguen los banqueros, me lo deben, se le escapaba de la mano, la pieza se le iba en pleno vuelo, dejándole enfangado hasta la cintura en un asunto, el peor de los asuntos posibles, un escándalo que había puesto su credibilidad en la picota, su vida arruinada, y en aquel momento sintió rabia, rabia e impotencia, los dueños del dinero se lavaban las manos, y entonces amenazó, le dijo una frase terrible a Emilio Botín, acuérdate Emilio que si no hubiera sido por mí los Botines estaríais arruinados, yo os salvé de la quema en 1982, acuérdate, yo tuve que salir a dar la cara cuando Ruiz Mateos os puso contra las cuerdas, y fui yo, Mariano Rubio, quien sacó aquel comunicado diciendo que el Banco Santander no tenía ningún problema de solvencia, yo me mojé entonces, os salvé, y ahora tú te escaqueas, quieres salir de aquí como si tal cosa, por cuatro perras, y hay más, sí, hay más y te lo voy a decir, te lo voy a contar todo, os lo voy a contar todo, porque yo os salvé en octubre de 1982, os acordáis ¿no?, victoria socialista por mayoría absoluta, ¿y sabéis qué planes tenía el PSOE para con la banca privada? Lo sabéis, supongo, ¿no? pero en cualquier caso lo sospecháis, pues fui yo quien paró aquella locura, quien frenó aquello, y quien les hizo cambiar de opinión...

Mariano, de tripas corazón, intenta hacer recapacitar a unos y otros, pero lo único que logró al final, cansado, tenso, fue convencer a Manuel de la Concha y a su socio, Jaime Soto, para que reconsideraran el asunto y dieran una respuesta aquella misma noche.

El presidente de Banesto había quedado con su consejo en pleno para cenar en un restaurante cercano al domicilio del gobernador. Cuando abandonaban el piso de la calle Jovellanos, Botín y Conde se dieron de bruces con el gentío que salía del teatro de la Zarzuela, y entre quienes acababan de asistir a la representación de la ópera *Acis*, de Jean Baptiste Lully, hubo quien encontró el verdadero espectáculo en la calle, dos banqueros del porte de Conde y Botín juntos a esa hora de la noche, ¿estarán de copas o se trata de una alucinación? No, no lo parecía, allí estaba Conde driblando puertas abiertas de grandes coches, escoltas por doquier, ¿y ese otro no es Emilio Botín? Reconocer a Botín ya es para nota, pero los había enterados ¿y no vive aquí Mariano Rubio? Una escena realmente encantadora.

El presidente de Banesto no pudo por menos que exclamar a su colega.

—¡Lo que nos faltaba, Emilio!

—Y que lo digas. ¡Como para mantener el secreto!

A su llegada al restaurante donde se encontraba la plana mayor de Banesto, Conde explicó a sus consejeros los pormenores de la reunión. Todos estuvieron de acuerdo en que las garantías personales de los dos propietarios de Ibercorp eran condición *sine qua non* para prestar dinero al grupo.

La respuesta de De la Concha y Soto a la propuesta de los banqueros se hizo esperar. Pasada la una de la madrugada, Jaime Soto llamó al presidente de Banesto.

—Hemos decidido aceptar vuestra propuesta. No es la solución que más nos gusta, por supuesto, pero si no hay otro remedio, daremos garantías personales.

El tema parecía resuelto definitivamente. Mario Conde propuso a Jaime Soto una reunión en Banesto al día siguiente, para ultimar con Juan Belloso los detalles de la operación.

Todo hacía pensar que Mariano Rubio había realizado un fino trabajo de convicción sobre sus amigos, hasta lograr que éstos cedieran en el punto clave. Si lograba cerrar la crisis de Ibercorp en menos de una semana, su prestigio como gobernador podría quedar aparentemente a salvo, minimizando al menos los daños sufridos por el envite.

Pero Conde no se marchó muy tranquilo a su casa aquella noche. Nada más bajar del coche marcó el teléfono de Juan Belloso.

—Mira, Juan, mañana no hay que ceder ni un palmo. Si no hay garantías personales no hay acuerdo. ¿Entendido?

Pero para sorpresa del banquero y del consejero delegado de Banesto, al día siguiente no se presentó nadie en la sede del banco. Ni Jaime Soto ni ninguna otra persona de Ibercorp, dieron señales de vida. Y tampoco hubo la menor explicación para aquel sorprendente plantón.

A última hora de la mañana, y en plena carrera de sorpresas, el gobernador llamó para convocar al presidente de

Banesto a una reunión por la tarde en la sede del Banco de España. Mariano había citado a la misma hora al presidente del Banco Santander.

En la tarde de aquel lunes 17 de febrero, la cara de Rubio era ya un poema.

—He estado dando vueltas a la solución que estudiamos ayer y, aunque desde el punto de vista de la imagen, es bastante buena, financieramente es inviable. La OPA sobre las acciones de Sistemas Financieros que hay en el mercado supondría unos 3.000 millones de pesetas, lo que implicaría una carga financiera de unos 400 millones al año, una carga demasiado pesada que este banco no podría aguantar. Además, con esa solución, la autocartera del grupo aumentaría todavía más, y no habría manera de generar resultados para arreglar todos esos problemas. Por eso, he pensado que lo mejor es olvidarse de esa solución.

¿Qué había ocurrido para que en sólo unas horas el panorama cambiara de forma tan radical?

En primer lugar, Manuel de la Concha y Jaime Soto se habían vuelto atras. El gobernador no se percató de que la operación propuesta por Conde y Botín suponía para sus amigos la renuncia a un principio básico de su filosofía de los negocios: no comprometer nunca dinero propio. Además, esta alternativa echaba por tierra el pelotazo de la operación de venta del Banco Ibercorp, en la medida en que éste quedaría hipotecado con la deuda de 3.000 millones que tendría que asumir con el Santander y Banesto.

La otra razón es que se había abierto una nueva vía para solucionar el problema, dejando fuera de juego a Banesto.

Justo la noche anterior, mientras el consejo de Banesto esperaba cenando la respuesta de Jaime Soto, el presidente del Banco Santander, Emilio Botín, recibía en su domicilio una interesante llamada.

Al otro lado del aparato se encontraba nada menos que el ministro de Economía y Hacienda, Carlos Solchaga, dispuesto a comentar con el que hasta entonces era uno de sus banqueros favoritos, algunos aspectos del asunto Ibercorp.

Puesto al corriente por Mariano de los acontecimientos

que se habían desarrollado por la tarde, Solchaga veía con recelo la presencia de Mario Conde en la venta de Ibercorp. Para el ministro, enemigo acérrimo del presidente de Banesto, Mario no podía hacer otra cosa que enredar, poner trabas y utilizar el escándalo en su beneficio. Por eso, había que retirarle inmediatamente de la escena.

Mariano Rubio ya había sido puesto firme por el ministro, pero, ¿por qué había llamado el gobernador a Mario Conde? Era una pregunta a la que el navarro no conseguía encontrar respuesta.

Y el caso es que el tema era tan grave que todas las precauciones eran pocas. Carlos había tenido mucha suerte hasta entonces, porque el escándalo podía haberle afectado de forma directa. Los expertos del Ministerio de Economía y Hacienda ya habían emitido un informe favorable a las exenciones fiscales solicitadas para la fusión del Banco Ibercorp con el Grupo Financiero y Sistemas Financieros. El único trámite pendiente era la aprobación del expediente por la comisión de fusiones. El visto bueno a la concesión de unas exenciones que rondaban los 2.000 millones de pesetas era cuestión de días. Posiblemente, si el escándalo hubiera tardado una semana en saltar, habría cogido a Ibercorp con las exenciones ya concedidas.

¿Y cómo hubiera explicado entonces Solchaga la generosidad fiscal de su ministerio hacia una empresa que, según los inspectores del Banco de España, tenía como principal objetivo la especulación?

El ministro pensó desde el principio que el verdadero objetivo de lo que estaba publicando *El Mundo* era él, y así lo hizo saber a gente de su entorno. Por eso, tomó todas las precauciones posibles: tenía que evitar que esa bomba le estallara a él en el culo. Y por eso resultaba tarea prioritaria retirar del asunto al presidente de Banesto, la zorra en el gallinero, un personaje en quien el fabuloso navarro creyó descubrir al verdadero inspirador de las noticias aparecidas en el diario.

—Ya me ha comentado Mariano la solución que habéis estado barajando esta tarde con Conde. Y debo decirte que a mí no me gusta nada. El grupo no tendrá ninguna viabilidad si tiene que asumir una deuda tan alta como para hacer frente a la OPA sobre Sistemas Financieros.

—El caso es que no hemos encontrado solución mejor; vamos, que no hay otra solución.

—Hombre, Emilio, sí que la hay, claro que la hay, y muy sencilla: que compres tú el banco...

Las palabras del ministro eran algo más que una sugerencia. El prestigio del gobernador estaba en juego y el escándalo tenía todas las trazas de ir en aumento. Cada día salían a relucir en la prensa nuevas tropelías cometidas por los propietarios del Grupo Ibercorp. Si aquello no se cortaba de raíz, podía poner en peligro no sólo la reelección de Mariano Rubio, sino la credibilidad del propio ministro de Economía y Hacienda, y su carrera política.

Esa fue la razón por la que el lunes ni Jaime Soto ni Manuel de la Concha se presentaron en Banesto. Otra operación se había puesto ya en marcha, auspiciada por parte de las más altas instancias económicas del país.

¿Quién sería el socio del Banco Santander para comprar Ibercorp, una vez descartado Banesto? El *partner* elegido no era otro que el Banco Hispano Americano.

El lunes, 17 de febrero, Mariano Rubio convocó a José María Amusátegui a una reunión en el Banco de España a primera hora de la tarde.

El gobernador se manifiesta muy preocupado por el discurrir del *affaire* Ibercorp. Está intentando buscar una solución y ha estado negociando con Conde y Botín, pero el ministro ha vetado radicalmente a Banesto, así que ha pensado en el Hispano, no hay mucho donde elegir, solo o en compañía del Santander, Mariano se siente tan acorralado que no ha visto que Amusátegui es la peor de las soluciones, un hombre que ha sido padrino de boda de Miguel Boyer, que es considerado parte integrante de la denostada *beautiful*, no puede ahora venir a salvar Ibercorp, escándalo sobre escándalo, Mariano no se da cuenta, pero sí los finos reflejos de José María, su instinto de conservación, yo no puedo, Mariano, no puedo meterme en ese bollo, demasiado bien estoy saliendo del trance, cómo piensas tú que iba yo a poder presentar esto, ni hablar, muy difícil...

—Además está Escámez, primero habría que consultarlo con Escámez. Yo no puedo presentarme delante de él y plantearle como hecho consumado un tema de este calado. No puedo decirle que hemos estado hablando y que tú me lo has pedido. La fusión está todavía en mantillas y hay que tener mucho tacto, y yo no puedo poner en peligro la fusión por salvar Ibercorp. Para mí la fusión es esencial. Yo creo que sería mucho más inteligente que tú se lo vendieras a él como una iniciativa tuya, dejándome a mí al margen.

—Ya, entiendo, entiendo. ¿Le llamas tú entonces y le pones en antecedentes o...?

—Hombre, yo no tengo inconveniente en hablar con él, pero creo que deberías llamarle tú y pedírselo a él como presidente del consejo de administración. Insisto en que estas cosas hay que cuidarlas mucho, y no quiero que se moleste por pensar que has hablado primero conmigo.

—Esta tarde le llamo. Pero quiero que apoyes una respuesta rápida. Este asunto hay que arreglarlo hoy mismo si es posible. No quiero que se pudra, que mira lo que ocurrió con el Banco Europeo de Finanzas. No podemos seguir con el tema abierto en las primeras páginas de los periódicos, mientras la entidad se deteriora.

Además de la sanidad de los activos de Ibercorp, a Rubio le preocupaba otra cosa. La oposición había pedido su comparecencia ante el Parlamento, y la Mesa del Congreso había fijado para el jueves, 20 de febrero, su intervención en la Comisión de Economía, junto a la de Luis Carlos Croissier.

En pocos días, el escándalo Ibercorp había alcanzado grandes proporciones. Las fechorías financieras de Manuel de la Concha y sus compinches estaban en boca de líderes políticos, la comunidad financiera y pueblo llano.

Para el gobernador resultaba crucial presentarse el jueves en el Congreso con el problema resuelto, es decir, con el banco vendido, una circunstancia que ayudaría a amortiguar las voces de los que, cada día en mayor número, le implicaban a él mismo en el *affaire.*

Mariano estaba tan seguro de que sus presiones sobre los banqueros darían el resultado apetecido que a última hora de la tarde estaba citado en el Ministerio de Economía y Hacienda, para explicar a Solchaga la solución final a la crisis.

Terminada una breve entrevista mantenida con Mario Conde y Emilio Botín, que vino a certificar la muerte de la alternativa Santander-Banesto, y tras haber recibido a José María Amusátegui, Mariano Rubio pidió a su secretaria que le pusiera con Alfonso Escámez.

Pero Alfonso Escámez no se puso al teléfono, la secretaria del nuevo marqués de Aguilas se disculpaba, en estos momentos está ocupado y no se puede poner, pero la de Mariano insistía, dígale que se trata del gobernador del Banco de España, el gobernador en persona, y es muy urgente, pero a don Alfonso le daba igual, su secretaria seguía firme, el señor Escámez insiste en que no se puede poner.

Mariano Rubio, el todopoderoso gobernador del Banco de España, no conseguía que Escámez se le pusiera al teléfono.

La afrenta era terrible para un hombre de la soberbia de Rubio, y revelaba en toda la amplitud su posición de debilidad en aquel momento. El gobernador de la crisis bancaria, el hombre cuyas sugerencias eran órdenes para cualquier banquero apenas un mes antes, quedaba ahora desautorizado, incapaz de vender un banquito del tamaño de Ibercorp, y después de haberlo intentado con tres de los grandes. Y, para colmo, terminaba su intentona humillado por uno de ellos. Era la pequeña gran venganza del banquero de Aguilas.

Cuando llegó la hora de acudir a la cita con el ministro de Economía, las manos de Rubio estaban vacías. Acompañado del subgobernador, Mariano se encaminó hacia el caserón de la calle de Alcalá con una idea rondándole la cabeza: la dimisión.

Para Luis Angel Rojo era esencial que el escándalo no acabara salpicando al Banco de España como institución. Mariano Rubio debía defenderse desde fuera. Por otra parte, a sólo cinco meses de la conclusión de su mandato, Rojo creía que no merecía la pena que Mariano sufriera el escarnio de ver su nombre impreso todos los días en letras de molde, relacionado con los manejos de Manuel de la Concha.

Pero Solchaga rechazó de plano la oferta de dimisión de Rubio: tenía que seguir en su puesto y encontrar una solución para Ibercorp, sin ceder a las presiones de la prensa.

Al día siguiente, el gobernador volvió a poner manos a la obra. Para abrir boca, llamó primero a Alfonso Escámez, que en ese momento se encontraba en el Banco de Fomento.

—Antes que nada quiero pedirte disculpas, Alfonso, porque te llamo para un asunto que te imaginarás, Ibercorp, sobre el que ya he hablado con otros banqueros. Así que, la verdad, podrías mandarme a freír espárragos, pero bueno, tampoco he hablado con Emilio Ybarra, eso es cierto, aunque quiero hablar con él cuando cuelgue contigo.

—¿Has estado hablando de este asunto con José María?

—¿Con Amusátegui dices?

—Sí, claro.

—No, no he hablado con él. Hasta ahora lo he hecho con Mario y con Botín.

—Ya.

—Pues, en pocas palabras, hemos estado viendo la posibilidad de una solución entre varios bancos, que empezaría por realizar una OPA sobre Sistemas Financieros para arreglar el problema de los accionistas. Eso tiene un coste de unos 3.000 millones. Luego, tras la fusión que éstos tienen en marcha, los bancos que vayáis a la OPA os quedáis con la mayoría del capital del nuevo Banco Ibercorp.

—¡Huy, Mariano, pero para nosotros un banco como Ibercorp no nos aporta nada! Si no lo quiere comprar nadie, pues lo mejor es que vaya al Fondo de Garantía, total, entre 170 bancos no nos va a suponer ningún sacrificio importante. Claro que el perjuicio será para los pequeños, porque después de lo que ha pasado con el BCCI y al BEF, si ahora Ibercorp acaba en el Fondo no van a tener quien les preste un duro, claro.

—No, no, por supuesto, hay que evitar como sea que Ibercorp acabe en el Fondo de Garantía.

—Pues, hombre, a mí se me ocurre que en lugar de uno grande, que no le iba a aportar nada, que podría ser un banco pequeño, pero sano, claro, el que se hiciera cargo de Ibercorp. Estoy pensando a bote pronto en mi amigo Várez, que tiene el Banco Inversión, donde trabaja Carlos Bustelo, y podría muy bien comprar Ibercorp si se le da alguna ayuda.

—Sí, podría ser una solución.

—Lo que podemos hacer los bancos es dar un crédito a Várez por los 3.000 millones de pesetas de la OPA, y que éste se quede con Ibercorp.

—Bien, bien, voy a llamar a Emilio Ybarra para plantearle el tema.

Pero los propietarios de Ibercorp no se habían quedado con los brazos cruzados, y por su cuenta estaban intentando encontrar un comprador menos exigente que los presidentes de Banesto y Santander.

De hecho, lo encontraron. Fue Gustavo Barrajón, la persona que controlaba el día a día de la entidad como director general, quien propuso su nombre: José Luis Martín Berrocal.

El potencial salvador de Ibercorp, además de amigo de Barrajón, era cliente del banco, donde tenía una cuenta de crédito por importe de 650 millones de pesetas.

El padre de Berrocal era el propietario de una rentable empresa de transportes por carretera, La Sepulvedana, pero la vocación empresarial del hijo apuntó pronto hacia los espectáculos de masas, en los que, como promotor boxístico [2], se dio a conocer en los primeros años setenta.

Sin duda, este no era el mejor currículum para aspirar a convertirse en banquero, pero la situación de Manuel de la Concha y Jaime Soto no estaba como para hacerle ascos a un pretendiente que al menos parecía tener dinero.

El 19 de febrero, un día antes de que Mariano Rubio compareciera ante el Congreso de los Diputados para explicar la crisis de Ibercorp, Manuel de la Concha y Jaime Soto cerraban con Martín Berrocal un principio de acuerdo para la venta del banco, en una reunión que se prolongó hasta las 11 de la noche en la sede de Velázquez 150.

Las bases del acuerdo eran sencillas. Martín Berrocal pagaría en principio una peseta por la entidad, y el precio definitivo se establecería a resultas de una auditoría que tendría que estar concluida en el plazo de seis meses. En caso de que el neto patrimonial fuera positivo, Berrocal pagaría a De la Concha y Soto una cifra equivalente a dicho neto. En caso contrario, el empresario pagaba su peseta y corría con los quebrantos resultantes. Ni De la Concha ni Soto asumían riesgo alguno. Sus bienes personales quedaban a salvo de cualquier vicisitud. La firma definitiva de la operación quedó fijada para el día 24 de febrero, previa autorización del Banco de España.

El día 20 por la tarde, mientras Mariano Rubio explicaba a los señores diputados su versión sobre el escándalo Ibercorp, en el Banco de España tenía lugar una reunión de la que debía salir la luz verde para el acuerdo alcanzado entre los propietarios del grupo y el promotor boxístico.

En torno a la mesa se sentaron Luis Angel Rojo y Miguel Martín, subgobernador y director general de Inspección, respectivamente; Jaime Soto y Gustavo Barrajón, por parte de Ibercorp; y José Luis Martín Berrocal, que acudió acompañado por Jesús Fernández Miranda, quien igualmente figuraba como uno de los compradores del banco.

Pero la reunión no tuvo mucha historia. Una vez que los presentes explicaron el principio de acuerdo alcanzado la noche anterior, tomó la palabra Miguel Martín:

—El señor Martín Berrocal no es la persona más adecuada para comprar el banco.

—¿Y por qué razón? —replicó el aludido.

—Porque tiene usted luces y sombras...

—¡Pero tengo también La Sepulvedana!

Todos se miraron con gesto desconcertado, pero nadie dijo nada. El Banco de España había dicho lo que pensaba del asunto. El día 24, los todavía propietarios de Ibercorp no se presentaron ante el notario para la firma del acuerdo con Berrocal.

La venta del Banco Ibercorp iba a resultar mucho más difícil de lo que se pensó en un principio. Tras desechar otras opciones, como las de los agentes de cambio y bolsa Osuna & Marco, la única alternativa seria para colocar Ibercorp fue la del amigo de Alfonso Escámez, José Luis Várez [3].

Dada la fortuna personal de Várez, cuando el gobernador habló con Ybarra y con Botín de la propuesta de Escámez, los banqueros dijeron que sí inmediatamente. Sólo el retrato del Conde Duque de Olivares que cuelga en las paredes de su casa, vale mucho más que el Banco Ibercorp con todas sus filiales. Prestar 3.000 millones a Várez era algo así como dejárselos al mismísimo Banco de España.

Pronto se formó una comisión tripartita compuesta por Luis Blázquez (por parte del BCH), Rodrigo Echenique (Santander) y Alfredo Sáenz (BBV), para tratar el asunto del crédito a conceder a Várez y sus garantías.

Pero el dueño de Agepasa, además de cuadros valiosos, tiene también muchos espolones. La operación resultó un espejismo. Várez aceptó negociar, por supuesto, que él no tenía nada que perder, pero con la vista puesta en realizar un gran negocio. El amigo de Escámez quería ni más ni menos que los bancos, además de los préstamos, le garantizasen los posibles quebrantos que aparecieran en el grupo. Es decir, limpiar la casa con dinero ajeno, para, en el plazo de dos o tres años, poderla vender a algún rico banco alemán embolsándose varios miles de millones de pesetas.

El Santander fue el primer banco en desengancharse de la terna, tras descubrir que cada día que pasaba aumentaban las exigencias de Várez para quedarse con Ibercorp.

A finales de febrero la opción de Várez estaba prácticamente desechada.

El día 2 de marzo, la mutua de seguros francesa La Mondiale cumplió con el compromiso de desembolsar una parte del pago aplazado —1.800 millones de pesetas— por la compra de la aseguradora Munat al grupo Ibercorp, ingresando en el Banco Ibercorp 800 millones de pesetas.

Nada más producirse el ingreso, Jaime Soto ordenó que uno de los cheques, por importe de 500 millones de pesetas, se depositara en una cuenta abierta en la oficina central del Banco Hispano Americano, sita en la plaza de Canalejas.

Pero Soto tuvo la mala suerte de que Gustavo Barrajón, director general del Banco Ibercorp, se topara en Velázquez 150 con el empleado al que Jaime Soto había ordenado tan extraordinaria transacción, e inmediatamente llamó al Banco de España para informar del asunto.

A las dos horas, Miguel Martín proponía la intervención del Banco Ibercorp por parte del Banco de España, como única forma eficaz de evitar que Soto y Concha desviaran a sus cuentas particulares el dinero que, en buena lógica, debería ir a parar a los bolsillos de los acreedores, el principal de los cuales era el propio Banco de España.

Cuatro días más tarde, el 6 de marzo, con toda la prensa nacional pendiente del escándalo, vencía un crédito de 2.000 millones de pesetas concedido al Banco Ibercorp por el Banco de Fomento Exterior de Portugal. Cuando la oficina principal del Banco Ibercorp ya tenía preparado el cheque, los interventores del Banco de España paralizaron la operación. El banco emisor no autorizó que se dispusiera de esa cantidad que, para colmo, provenía de los 5.400 millones que Mariano Rubio había prestado a sus amigos en el mes de noviembre de 1991.

Este hecho provocó la inmediata suspensión de pagos del Banco Ibercorp. Manuel de la Concha y Jaime Soto, los innovadores que pretendieron redimir las finanzas hispanas de sus ancestrales vicios, sufrieron el bochornoso espectáculo de ver a su buque insignia abordado por los interventores judiciales.

Pero si marzo contempló el definitivo hundimiento en el barro de los dueños de Ibercorp, también asistió en primera fila a la brutal ofensiva que Carlos Solchaga y Mariano Rubio desataron contra el que creían responsable máximo del desmoronamiento de la *beautiful*: Mario Conde.

A mediados del mes de marzo, Banesto estuvo a punto de quedarse sin liquidez en el mercado interbancario. El departamento de tesorería del banco, que había tomado posiciones a largo plazo, estaba financiando a la entidad con apelaciones al mercado interbancario en el día a día. Esta operación es muy común en la banca cuando se está apostando a una bajada de tipos de interés a medio plazo.

La luz roja se encendió cuando un buen día La Caixa dejó colgado a Banesto con una petición de crédito de 10.000 millones de pesetas. Según los operadores de la entidad catalana, un problema con la línea telefónica había impedido realizar la operación, pero Conde y su equipo no tragaron ese anzuelo, creyendo ver en aquel desgraciado incidente la mano oculta del gobernador del Banco de España y del ministro de Economía y Hacienda.

No era el primer día que Banesto tenía problemas en el interbancario. Ya el Banco Popular y el Banco Central Hispano habían puesto algunas dificultades para prestar a Banesto. Pero la operación de La Caixa estuvo a punto de dejar al banco de Mario Conde en una situación crítica.

El peligro era tan inminente que Conde ordenó a su departamento de tesorería deshacer las operaciones a plazo para lograr liquidez y no depender del mercado interbancario. Este cambio de posiciones le costó a Banesto más de 3.000 millones de pesetas.

El siguiente aldabonazo fue absolutamente directo. El Banco de España pidió a Banesto que no repartiera dividendos con cargo al ejercicio de 1991.

Las conversaciones de Juan Belloso con las autoridades monetarias fueron dramáticas. Dejar a un banco sin dividendos es lo mismo que condenar a muerte a su presidente. Los accionistas aguantan prácticamente todo, menos que les dejen sin sus 200 pesetas por acción.

La presión fue tan grande que Mario Conde tuvo que echar toda la carne en el asador.

—Si Mariano te salta con que no podemos repartir dividendos, dile que en la junta del banco voy a contar toda la verdad. Dile que hablaré, que lo contaré todo y que voy a montar un pollo de aquí te espero.

Las amenzas de Conde dieron resultado, pero no paralizaron la ofensiva.

Sin pretenderlo, el presidente de Banesto iba a encontrarse con un aliado tan valioso como inesperado: Emilio Botín. En efecto, el presidente y máximo accionista del Banco Santander, un hombre tradicionalmente bien relacionado con el Gobierno, en general, y el ministro de Economía y Hacienda, en particular, había cometido un error de insospechadas consecuencias. Su actitud pasiva en el caso Ibercorp le había granjeado la animadversión del orgulloso Carlos Solchaga.

La batalla contra Botín comenzó cuando la ofensiva contra Mario Conde estaba a punto de alcanzar su cenit.

El 15 de abril, la prensa se hacía eco de una noticia que tuvo el efecto de un terremoto en el mundo financiero: «El juez de delitos monetarios investiga las cesiones de crédito del Banco Santander.»

El juez Moreiras había decidido pasar a la acción tras recibir un informe del Ministerio de Hacienda en el que se daba cuenta de las operaciones de cesiones de créditos realizadas por el Santander entre 1987 y 1989. En total, estas operaciones habían supuesto unos 400.000 millones de pesetas. El informe de Hacienda señalaba que una parte de estas cesiones habían servido para colocar dinero negro y que muchos de los titulares figuraban con nombres falsos.

Emilio Botín, que ya había sufrido en una ocasión los efectos de una campaña contra la imagen de su banco, se temió lo peor. Un enfrentamiento abierto con el Ministerio de Hacienda, con la prensa como testigo, puede significar una huida masiva de depósitos, la ruina para un gran banco.

Algunas grandes entidades se frotaron las manos al ver al insolidario Botín perseguido por el implacable ministro de Hacienda. El presidente del Santander, el primero que rompió con la institucional comida de los siete grandes una vez al mes, se había granjeado la enemistad de la mayoría de sus colegas por desatar la guerra del pasivo con el lanzamiento, en septiembre de 1989, de su supercuenta, lo que desencadenó una pelea a muerte por la clientela bancaria a base de subidas de tipos de interés y de peligrosas reducciones de márgenes.

Un acosado y perplejo Botín, que se negaba los primeros días a creer en la evidencia de que Carlos Solchaga le estaba pasando factura por su insolente «no» a la compra de Ibercorp, sólo recibió palabras de aliento y de apoyo de un hombre que sabía muy bien lo que era enfrentarse con el poder: Mario Conde.

Y fue precisamente un buen amigo de Conde, el abogado Matías Cortés, quien, en unión del también abogado Horacio Oliva, se encargó de la estrategia defensiva de Botín contra Solchaga y Moreiras.

Para Cortés no había duda de que aquella era una batalla más política que jurídica y, en buena lógica había que jugarla en el terreno político si se quería ganar.

Carlos Solchaga dejaba escapar algún suspiro intencionado por los pasillos del ministerio, «qué pena lo que le está haciendo Moreiras a mi amigo Botín», pero quienes conocen las mañas del navarro por haber trabajado a su lado, saben de sobra que ése es precisamente el truco más utilizado por el político: propalar una idea que es justamente la contraria a lo que está haciendo o pensando. ¿Por qué la Inspección de Hacienda había mostrado en el caso de Botín tan ejemplar celo remitiendo al juez las actuaciones acerca de las cesiones de crédito del Santander?

En el frente de Conde, la ofensiva estaba a punto de entrar en su recta final. Una semana antes de que se celebrara la junta de accionistas de Banesto tuvo lugar la de la Corporación Industrial. En aquella junta, Mario Conde tuvo que hacer frente a uno de los momentos más duros de su carrera. El director financiero de British Petroleum en España, José Andrés, bien asesorado por el bufete de abogados Gómez-Acebo y Pombo, representante legal en España de la multinacional británica, sorprendió al presidente de Banesto y de la Corporación Industrial con una auténtica batería de veinte requisitorias contra la gestión del grupo.

La multinacional británica, que había comprado en 1991 la participación de Banesto en Petromed, había exigido la recompra de las acciones de Banesto que figuraban en la cartera de Petromed a los precios que tenían cuando se cerró el acuerdo. Es decir, exigía nada menos que 12.000 millones a Banesto por la recompra de un paquete de 2.800.000 títulos del banco.

Los abogados del banco sostenían que en el acuerdo no se fijó precio alguno y que la transacción debía efectuarse a la cotización del momento en que se realizara.

Los representantes de BP amenazaron a Banesto con torpedear la junta de accionistas y presionaron al Banco de España para forzar a Mario Conde a aceptar sus condiciones. El hombre encargado de trasladar el chantaje al Banco de España fue Eugenio Mazón, que, además de secretario del consejo de BP en España es miembro de los servicios jurídicos del propio Banco de España.

Conde no cedió y tuvo que soportar los durísimos ataques de los representantes de BP en la junta de la Corporación. El incidente significó un daño notorio para el prestigio de Mario Conde. Ni siquiera en la época de la guerra contra «los Albertos» las disputas por el poder se habían dirimido en el foro de una junta de accionistas.

El 30 de mayo, Banesto celebró su junta anual sin que los representantes de BP hicieran acto de presencia.

Aquel día Carlos Solchaga asistía a un banquete en su Navarra natal. El ministro había ironizado a la hora del aperitivo con lo que le esperaba al banquero en su junta de accionistas.

—Hoy sí que le van a dar a éste «pal pelo».

Llegada la hora del telediario de las tres de la tarde, alguien abandonó el ágape para ver qué anunciaba la televisión. Pero el enviado regresó a su asiento a los pocos minutos con cara de circunstancias.

—¡No ha pasado nada. Han dicho que no ha pasado nada!

—¿Cóóóómo? —exclamó un incrédulo Solchaga—, ¿quieres decir que no han intervenido los abogados de BP...?

Los que se sentaban cerca del ministro, viendo su cara descompuesta, tuvieron claro en aquel momento que alguien había faltado a su palabra.

El plan había fallado.

En su discurso, Mario Conde lanzó un mensaje que advertía sobre la situación de Banesto: la actual normativa penaliza a los bancos con grupos industriales, y, por lo tanto, la política del banco en el futuro iba a estar orientada hacia la desinversión industrial.

Conde, el banquero que había criticado al Gobierno por su falta de política industrial, que había creado la Corporación Banesto bajo la bandera de consolidar el primer grupo privado de empresas del país, daba un giro de 180 grados en su estrategia. ¿Qué estaba ocurriendo?

Al margen de que el banco estuviera necesitado de atípicos para mejorar su cuenta de resultados, Conde estaba atrapado en la última fase de la ofensiva de Solchaga y Rubio para acabar con él utilizando la palanca de los dos problemas históricos de la entidad: el déficit de recursos propios y la concentración de riesgos de Banesto.

Justo unos días antes de la junta de Banesto, en plena ofensiva de la BP, el banco presidido por Mario Conde estuvo a punto de ser intervenido por el Banco de España.

Mariano Rubio, un gobernador «muerto» y amortizado ya por el sistema financiero español, se atrevió a proponer la intervención de Banesto en el Consejo Ejecutivo del banco emisor. La razón para tomar tan drástica decisión, que llevaba aparejada la destitución del presidente y del consejo en pleno, era el déficit de recursos propios de la entidad, que alcanzaba los 20.000 millones de pesetas y que, sumados a la penalización por concentración de riesgos, se elevaba a un total de 40.000 millones.

El pacto entre Rubio y Conde había saltado por los aires tras el estallido del escándalo Ibercorp. El presidente de Banesto pensó que el gobernador jamás recurriría a una medida tan drástica como la intervención, y por ello había dejado al descubierto su flanco más débil. Sin saberlo, se había puesto en manos de Rubio que, en esta ocasión, y como despedida, sí que estaba dispuesto a apretar el gatillo.

A Mario Conde le salvó un detalle: que el equilibrio de fuerzas ya no era el mismo ni para Rubio, ni para el propio Carlos Solchaga.

La mayoría del consejo del Banco de España se mostró reticente a la intervención de Banesto. Los consejeros opinaron que la medida sería interpretada como una venganza en toda regla por parte del gobernador, y una clara muestra de la discrecionalidad con que actuaba la autoridad monetaria. Mariano, al que sólo le quedaban dos meses como gobernador, no podía permitirse el lujo de morir matando, como era su intención, a costa del prestigio de la institución.

No cabe duda de que si Rubio y Solchaga hubieran estado más fuertes en ese momento, la oposición del Consejo Ejecutivo del Banco de España no hubiera bastado para detener las ansias de venganza del gobernador y el ministro.

Pero la estrategia desarrollada por Matías Cortés dio un excelente resultado. Se trataba de poner el asunto en toda su crudeza sobre la mesa del presidente del Gobierno, Felipe González. Dos de los cinco grandes bancos de este país estaban sufriendo una persecución sin precedentes por el simple hecho de haberse negado a colaborar en la limpieza de cara del gobernador del Banco de España por el asunto Ibercorp.

Un ministro, para colmo el titular de Economía y Hacienda, herido en su orgullo, amenazaba con poner en la picota la credibilidad del sistema financiero español con tal de demostrar su poder, de dejar bien claro que él y nada más que él era el gallo del corral.

El presidente del Gobierno paró personalmente la operación derribo. Solchaga midió mal sus fuerzas. Pensó que tras su victoria sobre Alfonso Guerra había conseguido situarse como valido número uno del Presidente, pero no era así. El ministro no sólo contaba con la oposición frontal del aparato del partido, controlado en gran parte todavía por el vicesecretario general del PSOE, sino con la desconfianza de un personaje cada vez más influyente en la política nacional, el vicepresidente del Gobierno, Narcís Serra, y el recelo del emergente grupo liderado por Javier Solana, el llamado «clan de Chamartín».

Para estos núcleos de poder del socialismo español, Solchaga había ido demasiado lejos. Y, lo que era más grave todavía, podía poner en riesgo la estabilidad del mapa político al promover con su alocada persecución la aparición de una nueva alternativa liderada por Mario Conde.

Para estas familias del PSOE, la intervención de Banesto

por el Banco de España suponía poner en bandeja el salto a la política del banquero. Dar una oportunidad a su victimismo para encabezar un partido apoyado fundamentalmente en su todavía intacto carisma. Las encuestas de opinión seguían proporcionando al banquero un nivel de popularidad semejante al del propio González. Posiblemente, pensaban, Conde no hubiera podido arrebatar por sí solo la supremacía política al PSOE, pero sí que hubiera supuesto un elemento de distorsión suficiente como para arrebatarles de forma irrecuperable su mayoría absoluta.

José María Benegas, secretario de organización del PSOE, un hombre de la plena confianza de Alfonso Guerra, tuvo un papel decisivo en desactivar la ofensiva desencadenada por Carlos Solchaga.

El día 6 de junio, en Sevilla, Mario Conde pronunció un discurso netamente político, proponiendo la celebración en España de un referéndum para ratificar el tratado de Maastricht. El banquero había decidido salvarse a sí mismo acudiendo a esa vieja táctica que asegura que la mejor defensa es un buen ataque. Añadir más presión a la caldera colectiva equivalía a blindarse frente a un golpe de mano hostil de Carlos Solchaga. La mayor parte de las citas/provocaciones de contenido político efectuadas por Conde en la primera mitad de este año, sólo tienen explicación en el contexto de esta pelea.

Un día antes, el 5 de junio, Luis Angel Rojo y Carlos Solchaga coincidían en la capital andaluza, donde se celebraba la asamblea anual de la Confederación Española de Cajas de Ahorro. El ministro comunicó al subgobernador que el presidente del Gobierno, Felipe González, había decidido nombrarle sustituto de Mariano Rubio.

La tensión, la presión sobre Banesto, se deshizo de repente como un azucarillo en un vaso de agua.

La ofensiva había terminado, al menos momentáneamente. Unos días más tarde, el 19 de junio, el juez Moreiras decretó la libertad sin fianza de Emilio Botín, después de que prestara declaración sobre las cesiones de crédito efectuadas por su banco entre 1987 y 1989.

Mariano Rubio y Carlos Solchaga debían admitir su derrota.

Por las mismas fechas, sin embargo, Mario Conde se comprometía, de la mano del editor catalán Antonio Asensio, propietario del Grupo Z, en una peculiar operación de desembarco en el capital social de Antena 3 TV, desalojando del mismo al también catalán y editor Conde de Godó. El resultado de esta operación, que ha sido interpretada en medios periodísticos como un favor de Mario Conde al Gobierno socialista —el banquero habría hecho de Judith entregando a Saúl-González la cabeza de Elofernes-Ferrand—, ha sido un cambio radical en la línea crítica de la cadena televisiva hacia la política del Gobierno.

¿Ha sido también Conde otro de los derrotados de la pelea Ibercorp? ¿Ha entrado finalmente el banquero díscolo por el aro del poder político socialista?

NOTAS AL CAPITULO DOCE

[1] Entre la «gente guapa» fue muy comentado el hecho de que Pascua, un profesional muy caro, recibiese de forma paralela el encargo de decorar parte del Banco de España, un contrato por el que suspiraría cualquier decorador de postín.

[2] Como rey de las veladas de boxeo, Berrocal trabó amistad con el ministro Villar Palasí, que le procuró aún mayor fama al conseguir que se televisaran sus peleas. Martín Berrocal alcanzó su cenit como promotor con el combate que enfrentó en la plaza de toros de Las Ventas a Fred Galiana y al británico David Moore. Entre sus pupilos más conocidos han estado el peso medio Perico Fernández, el no muy afortunado Alfredo Evangelista, y el valiente Miguel Velázquez, todos aspirantes a campeones del mundo. En lo más alto de su carrera, Martín Berrocal también se hizo con la explotación para el negocio taurino de la plaza de toros de Las Ventas.

A pesar de sus éxitos como promotor de boxeo y empresario de lidias, Berrocal no alcanzó el sueño de su vida: ser presidente del Atlético de Madrid, cargo que ocupaba Vicente Calderón, y al que sustituyó el inefable doctor Cabeza, sin que Berrocal tuviera siquiera opción de arrebatárselo.

Su pasión por lograr la presidencia de un club de fútbol le llevó a hacerse con las riendas del Huelva F. C., pero allí también fracasó, no sin antes verse envuelto en el escándalo de haber participado en la compra de varios árbitros para que beneficiaran a su equipo.

[3] La vida de José Luis Várez, consejero delegado y accionista de la empresa Laminaciones de Lesaca, cambió bruscamente cuando el terrorismo etarra, que ya comenzaba a hacer mella en el País Vasco, escribió su nombre junto a una amenaza de muerte en una gran pintada aparecida una mañana sobre los muros de la fábrica.

El empresario vendió la compañía a Altos Hornos de Vizcaya y se vino a Madrid convertido en una de las mayores fortunas del país. A partir de la década de los setenta se dedicó a administrar patrimonios a través de Agepasa, la firma de su propiedad que en los buenos años de la bolsa llegó a manejar más de 200.000 millones de pesetas. En 1987, y aprovechando la ruptura del *status quo* bancario provocado por la venta del Banco de Trelles a Manuel de la Concha, Várez compró el Banco de Huesca al Banco Bilbao, al que cambió de nombre para llamarlo Banco Inversión.

El amigo de Escámez es un hombre atípico. Se levanta a las 5 de la mañana y comienza a trabajar en el sistema informático instalado en su domicilio con los resultados de la Bolsa de Tokio. Durante la mañana sigue las bolsas europeas desde sus oficinas de la carrera de San Jerónimo. Y por la tarde le toma el pulso a Wall Street de nuevo desde su casa-palacio de La Moraleja. Su vida de asceta no tiene más licencias conocidas que las bolsas de valores de todo el mundo y la gran pintura. Su casa de Madrid es un auténtico museo, en el que cuelgan telas del Greco, Goya y Velázquez, entre otros maestros, en una colección valorada entre 5.000 y 10.000 millones de pesetas. Otros vicios menores son la buena comida y las sesiones de ópera a las que suele asistir del brazo del presidente del Banco Central Hispano.

EPILOGO

EL FIN DEL *SOUFFLÉ*

A finales del pasado mes de febrero, con el escándalo Ibercorp ya convertido en menú diario de la opinión pública española, nuestro «topo» en el Ministerio de Economía y Hacienda realizó una inquietante predicción a Casimiro García-Abadillo en el curso de uno de sus encuentros semiclandestinos.

—La batalla de Ibercorp va a deparar tres víctimas «civiles», por decirlo de una manera gráfica: Javier de la Rosa, Mario Conde, y el diario *El Mundo.*

El vaticinio de nuestro hombre, que obviamente debía tener razones suficientes para decir lo que dijo, casi se ha cumplido al pie de la letra. Los tres destinatarios de los «derrotes» del escándalo Ibercorp han sufrido la embestida de la fiera herida. Los tres han salido de la refriega mejor o peor librados, pero dejando en esa gatera algunas plumas.

Javier de la Rosa ya no es hoy el hombre de KIO en España, origen y razón de su posición actual en el mundo de los negocios españoles, después de una tempestuosa ruptura con los nuevos hombres fuertes de la «Office». De alguna forma se cumplió, en el caso de De la Rosa, la predicción realizada por Mariano Rubio en septiembre de 1991.

Mario Conde ha librado una nueva batalla, tan dura como las anteriores, con sus tradicionales oponentes del ala neoliberal del PSOE. De nuevo ha vuelto a salir airoso del envite, aunque no son pocos los que opinan que para ello ha tenido esta vez que pactar con su enemigo. El enemigo del banquero, ciertamente, está hoy bastante más deteriorado que en 1987. Pero, ¿cómo está Conde?

Entre las víctimas se ha encontrado también alguna no citada por nuestro «topo», como el banquero Emilio Botín, quien, tras años de apostar fuerte por Felipe González y sus dos ministros de Economía y Hacienda, se ha visto sorprendido en el *aftermatch* del escándalo Ibercorp con uno de esos calambrazos secos, tremendos, administrados por un ministro no acostumbrado a ver desairados sus deseos.

En cuanto a *El Mundo*, ha perdido quizá en la pelea de Ibercorp una cierta virginidad, y ha aprendido lo duro que resulta, que va a resultar, seguir sobreviviendo y luchando en un medio ambiente oficial plenamente hostil.

Los intentos de desestabilizar el periódico no han terminado y no terminarán en tanto en cuanto no se altere el actual mapa político. El último episodio ha tenido como excusa una información publicada por el diario el pasado mes de agosto, referida a la persona de Su Majestad el Rey de España. Con su director en el extranjero, *El Mundo* se hizo este verano eco de algunas informaciones aparecidas en distintos medios de comunicación europeos, en concreto la revista francesa *Point de Vue* y la italiana *Oggi*, en las que se vertían distintas opiniones sobre el Rey de España referidas a una reciente estancia en tierras suizas.

La información de *El Mundo* tuvo el efecto de desperezar de su siesta de siglos la tradicional superchería de algunas fuerzas vivas hispanas. El asunto escandalizó a esa cierta élite para la que colocar al Rey como objetivo de una información más o menos crítica es desestabilizar el sistema, en tanto en cuanto ello supone desestabilizar su condición de «minoría satisfecha» —epígona de la «mayoría satisfecha» de la que habla Galbraith—, decidida partidaria de hacer respetar a rajatabla esa «Constitución» no escrita según la cual de la Casa Real se habla, pero no se escribe, porque es tema tabú.

Inmediatamente se soliviantó el «clan de Sotogrande», esa reserva donde pasa el verano buena parte de la *beautiful people* madrileña, que vio en el asunto una buena ocasión para devolverle a *El Mundo* parte de los favores recibidos con el escándalo Ibercorp.

De nuevo las dos publicaciones de Juan Tomás de Salas (*Diario 16* y *Cambio 16*) empuñaron la antorcha de la defensa interesada de la institución monárquica, convertidos en sorprendentes adalides de la Real Casa. Tan peculiar aliado no causó precisamente la alegría de la Casa ni de su jefe, Sabino Fernández Campo.

El diario de Salas acusaba a *El Mundo* de estar al frente de una campaña contra el Rey, en la que «círculos informados de la costa mediterránea» (se supone que la «guapa gente» de Sotogrande) implicaban sin el menor dato a Mario Conde, a quien se acusaba de «estar detrás» del asunto. La Moncloa mataba así dos pájaros de un tiro: a *El Mundo* y al banquero Conde, su auténtica bestia negra.

El plato era demasiado áspero para ser consumido en España, pero evidentemente aquel era un precocinado que no iba destinado al mercado nacional, sino al extranjero.

El círculo se cerró con unas declaraciones del Presidente del Gobierno en Mallorca, precisamente con ocasión de un despacho con Su Majestad, en las cuales aseguró que «cabe la posibilidad de que existan intereses extranjeros para debilitar a España y a la Corona, que es la institución que la representa». Para Felipe «España está yendo muy bien desde el punto de vista internacional, y a veces demasiado bien, según algunos interesados en deteriorar y debilitar la imagen del país». Tales declaraciones, que enlazaban con la mejor fraseología del franquismo, no eran fruto de la casualidad. Al contrario, era un mensaje muy meditado que tenía un destinatario claro: un multimillonario italiano residente en Milán y presidente de la Fiat, Giovanni Agnelli.

A la música de Felipe le puso letra Juan Tomás de Salas, contando con los buenos oficios como intermediaria en la operación de la portavoz del Gobierno, Rosa Conde, improvisada comadrona en el intento de abortar *El Mundo*.

En efecto, la operación de cierre de tenaza se completó cuando la revista *Cambio 16* publicó una historia en la que lo único de interés era el título de portada, de gran alarde tipográfico: «Agnelli contra el Rey.»

Es de suponer que el *tycoon* transalpino habría prestado a la reyerta de verano en la prensa española la misma atención que a una tormenta tropical que ocurre a miles de kilómetros de distancia. Por eso la sorpresa del *avvocato* fue mayúscula cuando, a finales de agosto, recibió cierto día una llamada telefónica desde Palma de Mallorca. Al otro lado del hilo se encontraba el Rey de España en persona, que quería comentar a su amigo Gianni un asunto periodístico que le había «molestado» recientemente.

Il avvocato, normalmente ocupado en otros menesteres, mostró su sorpresa por la llamada y su contenido, y prometió enterarse.

Y así fue como se puso en marcha la cadena de mando hacia abajo. Agnelli telefoneó al presidente de Gemina, éste al presidente de Rizzoli, y así sucesivamente hasta recalar en las arenas de Sánchez Pacheco 61.

El mensaje del poderoso patrón italiano a los directivos de sus negocios editoriales había sido conciliador.

—No digo nada, sólo os pido que tratéis bien a mi amigo el Rey de España.

Es evidente que Agnelli y la Fiat tienen fuertes intereses en España, incrementados tras la última compra de la empresa Enasa/Pegaso. En esa dirección caminaban las insinuaciones de Felipe González en Palma. De lo que se trata es de amenazar esos intereses de Agnelli y la Fiat en España, para forzar a Rizzoli bien a decapitar a Pedro J. Ramírez como director de *El Mundo* —tarea ardua desde un punto de vista legal, a tenor de la redacción de los contratos suscritos entre ambas partes—, o bien a abandonar su participación accionarial en Unidad Editorial, S. A., dejando el proyecto financieramente al pairo.

Aquel intento del «felipismo» ya es historia. Desde entonces se han producido otros nuevos. Esta es ya casi la saga interminable de un medio de comunicación crítico con el «felipismo» que, con el respaldo de una masa creciente de lectores, trata de resistir las embestidas de un poder político dispuesto a aliarse con el diablo, o a recurrir al Fiscal General del Estado, con tal de acabar con esa voz.

Lo ha dicho en repetidas ocasiones doña Rosa Conde: A Felipe le preocupa *El Mundo*, y a tono con esa preocupación ha enviado embajadores a Italia de más peso que Mariano Rubio o su asesor jurídico.

En la segunda mitad del pasado año, mientras la investigación Ibercorp se perdía en las marismas del «señor Nebot», el vicepresidente del Gobierno, Narcís Serra, el personaje que con mayor dedicación persigue desde la sombra a *El Mundo*, realizó una incursión italiana, más peligrosa, de más calado que la de Mariano Rubio, contra la línea del periódico.

Aquella intentona fue realizada por intermedio de Nerio Nessi, íntimo amigo de Alfonso Guerra y destacada personalidad del Partido Socialista italiano, ante el propio Cesare Romiti. Nessi, que dijo hablar en nombre del vicepresidente del Gobierno español, Narcís Serra, hizo saber al vicepresidente de Fiat la preocupación del Gobierno de Madrid por la línea informativa del diario.

El más reciente de esos intentos, coletazos postreros de la bestia herida de Ibercorp, tuvo su punto culminante el sábado, 3 de octubre, en las oficinas de J. P. Morgan en Londres. También se ha parado. ¿Cuál será el próximo?

Es mal síntoma que un Gobierno que atraviesa el peor momento de sus diez años de historia, acosado por una crisis económica y social profunda, eche el resto intentando acabar con los medios de prensa críticos, llámense *Antena 3* o *El Mundo*. Mal síntoma porque, al margen de revelar su visceral incapacidad para aceptar las voces hostiles, esa predisposición a las maniobras para acabar con el discrepante parece indicar su firme voluntad de defender el machito con uñas y dientes, de no dejar el poder por las buenas.

El escándalo Ibercorp, uno de esos casos «de libro» donde el instinto básico del pueblo llano ha funcionado a la perfección, ha contribuido a poner al descubierto los falsos pilares sobre los que se asentaba el proyecto político y económico del llamado «felipismo».

Felipe González ha fracasado en su intento de «refundar» una nueva derecha que, marginando a esa otra derecha tradicional heredera del franquismo, debía de actuar como contrapeso acomodaticio a veinte, treinta o quizá cincuenta años de Gobierno socialista en España.

En esa derecha *light* se integraban desde algunos ricos amigos personales del Presidente, hasta altos funcionarios de la Administración (Mariano y sus amigos), pasando por las grandes fortunas de la construcción, editores millonarios, banqueros acomodaticios, la élite de la abogacía madrileña, y una parte no desdeñable del nuevo empresariado surgido tras el franquismo.

En ese bloque, y por mera razón de conveniencia, han participado las dos grandes fortunas históricas del país: los March y los Botín.

Este nuevo *establishment* del dinero crecido en torno a los Gobiernos de Felipe, ha funcionado como soporte o columna vertebral del régimen, a cambio de las ventajas, en términos de informacion confidencial y/o financiación privilegiada, que comporta estar cerca del Poder. Pero, aún más importante, ha venido a servir de coartada final de esa vocación difusa de Movimiento Nacional —todos los partidos, todas las clases, embarcados en la misma nave— que late en la raíz del llamado «felipismo».

El cogollo, la argamasa en torno a la cual fragua ese nuevo *establishment*, es la *beautiful people*. Pues bien, el caso Ibercorp ha venido a demostrar que esta supuesta élite que durante diez años ha alardeado y disfrutado de su condición de minoría dirigente —el que no estaba con ellos, quedaba condenado extramuros del sistema—, es una clase de malos empresarios, malos demócratas y pésimos administradores del dinero ajeno.

Esta es la dimensión ideológica que subyace en el apoyo de Felipe González a Mariano Rubio. El gobernador engaña al Presidente, no le dice toda la verdad, le comenta de una forma sospechosa la existencia de una Schaff que aparentemente no viene a cuento. Y cuando Felipe se entera de la dimensión del asunto, se enfurece, pero no le destituye. Porque al final, Mariano Rubio, parodiando el título de una famosa película, es «uno de los nuestros», uno de los suyos, alguien a quien hay que defender porque también él es parte del Poder.

El Gobierno de Felipe González, arrumbado inesperadamente a una crisis económica de grandes proporciones, víctima de la pérdida de credibilidad que acarrean los constantes casos de corrupción política, debe ahora tratar de encontrar su nueva clase dirigente, una nueva élite en la que seguir apoyándose.

La *beautiful people* no está muerta, ni mucho menos. El «primer círculo» del clan, el círculo de los poderosos, los amos del dinero, los Entrecanales, Del Pino y demás familia, siguen en su sitial.

Pero lo que ha cambiado tras Ibercorp es que jamás podrán volver a presentarse como ejemplo a seguir, jamás podrán volver a demandar la primogenitura de un país habitado por una sociedad crítica y madura.

Pero es en el terreno económico donde el caso Ibercorp se convierte en verdadera fábula moral del «felipismo». Tras el verano de 1992, los mercados de valores y de cambios han conocido una sacudida sin precedentes. La «tormenta monetaria», como se ha dado en llamar al fenómeno, en tanto en cuanto expresión de las desigualdades y dificultades de las diversas economías, ha puesto en cuestión el logro de la Unión Económica y Monetaria europea suscrito en los acuerdos de Maastricht. Alemania emerge como una gran superpotencia, dispuesta a imponer su *diktat* al resto de los países.

La «tormenta monetaria» ha surtido el efecto de poner al descubierto las vergüenzas de la economía española. El capital extranjero huye despavorido, y la falta de confianza en España pone de manifiesto la debilidad intrínseca del modelo de crecimiento que comenzó a tomar cuerpo en nuestro país a partir de 1986.

El *soufflé*, que dijo Xabier Arzallus, se está hundiendo. La supuesta España rica, la España del «pelotazo», de la información confidencial, del amiguismo, de las comisiones, de la corruptela; la España donde se podía ganar más dinero mucho más rapidamente (Solchaga *dixit*), ha mostrado de repente y de forma descarnada todas sus carencias. El Gobierno de Felipe González, como conmemoración a sus diez años de reinado absoluto, acaba de presentar un proyecto de Presupuestos que ofrece a los españoles más paro, más inflación y más aumento de impuestos, sean por derecho o camuflados.

Los mejores años de la historia reciente española, desde el punto de vista del contexto económico y del ánimo colectivo de los españoles, se han desaprovechado lamentablemente. El *boom* estuvo basado casi exclusivamente en la especulación. Aquel fue un fenómeno efímero y artificial del que no se benefició el país en su conjunto: no se crearon empleos estables ni se atendió la regeneración del tejido industrial. A Carlos Solchaga, la niña de los ojos de Felipe, sólo le importaban las «cuatro reglas» del monetarismo («fundamentalismo monetarista», lo ha llamado alguien), con absoluto desprecio de la realidad industrial del país.

Al final, el globo se ha pinchado. El escándalo Ibercorp, paradigma de ese globo, es el crisol donde se funden todos los males del modelo puesto en práctica por la política neoliberal de Felipe González y su portaestandarte, Carlos Solchaga.

¿Qué queda del modelo Ibercorp, del modelo de crecimiento Solchaga? «¿Qué fue de tanto galán, qué fue de tanta invención como truxeron?» Lo dijo el poeta: verduras de las eras. Algunas grandes fortunas, sí, hechas a la sombra de la especulación bursátil e inmobiliaria, que tienen motivos para reírse de la crisis, y un modelo cultural edificado sobre el culto al dinero, el «pelotazo», la corruptela, la información confidencial, la insolidaridad, el individualismo, el desapego al trabajo bien hecho, etc. Ahora empezamos a pagar las consecuencias de aquel modelo.

Ahora, cuando llega la recesión, cuando se hunde el *soufflé* y las campanas llaman a rebato, millones de españoles se interrogan sobre el gran misterio, se preguntan cómo ha sido posible pasar en un suspiro de ser un país próspero a no ver más que problemas, cómo es posible que un país que se acostó rico se haya levantado pobre. ¿Qué había detrás de aquel gran biombo de riqueza, dinero fácil y especulación? Sólo Ibercorp.

INDICE ONOMASTICO